地质学概论

范存辉　杨西燕　苏培东　主　编
张哨楠　王兴志　主　审

科学出版社
北　京

内 容 简 介

本书内容分两大部分：普通地质部分，包括地球系统与地质作用、岩浆作用与岩浆岩、变质作用与变质岩、外动力地质作用与沉积岩、地质年代与地层系统五章；构造地质部分，包括构造运动与地质体产状、地层接触关系、构造力学分析原理、褶皱、节理、断层、地震与板块构造七章。

本书可作为勘查技术与工程、资源勘查工程、地质学、地质工程、土木工程、地下空间工程等高校地学相关工科专业的教材，也可供相关科研院所、现场地质技术人员参考。

图书在版编目(CIP)数据

地质学概论 / 范存辉，杨西燕，苏培东主编.—北京：科学出版社，2016.9 (2025.1 重印)

ISBN 978-7-03-048299-0

Ⅰ.①地… Ⅱ.①范…②杨… ③苏… Ⅲ.①地质学-高等学校-教材 Ⅳ. ①P5

中国版本图书馆 CIP 数据核字（2015）第 105312 号

责任编辑：罗 莉 / 责任校对：彭 映

责任印制：罗 科 / 封面设计：墨创文化

科学出版社出版

北京东黄城根北街16号

邮政编码：100717

http://www.sciencep.com

四川青于蓝文化传播有限责任公司印刷

科学出版社发行 各地新华书店经销

*

2016 年 9 月第 一 版 开本：787*1092 1/16

2025 年 1 月第三次印刷 印张：19 3/4

字数：466 000

定价：42.00 元

《地质学概论》编委会

主　　编：范存辉　杨西燕　苏培东

主　　审：张哨楠　王兴志

参编人员：陈　伟　胡　明　陈晓慧　葛玉辉

连承波　黄　勇　许　建　陆廷清

吴亚子　王喜华　周小军　李世琴

曾德铭　王占磊　黄　程　孟立丰

前　　言

现代地球科学已经进入坚持可持续发展前提下的环境型和社会型地球科学时代，现代地球科学不仅需要研究地壳或岩石圈的物质组成、内部构造、外部特征、各圈层之间的相互作用，更要注重其动态演变过程及对人类生产生活的影响。因此，地质类工科学生掌握这方面的理论知识和工作技能尤为重要。本书主要以地球-地质作用-矿物、岩石和地层-地质构造为主线，强调地球系统各要素之间的相互联系和作用过程，突出地质学基本理论和基础知识，并强化理论在实践应用中的方法性和适用性。

本书主要由普通地质和构造地质两大部分内容组成。普通地质部分包括地球系统与地质作用、岩浆作用与岩浆岩、变质作用与变质岩、外动力地质作用与沉积岩以及地质年代与地层系统；构造地质部分包括构造运动与地质体产状、地层接触关系、构造力学分析原理，褶皱、节理、断层等主要地质构造的类型、特征、组合和形成机理以及地震与板块构造。本书将普通地质学、地球科学概论、地质学基础和构造地质学等课程教学内容有机结合在一起，强调地质学的综合性、系统性和实用性，是一门理论性与实践性并重的课程。

本书由西南石油大学地球科学与技术学院范存辉、杨西燕、苏培东主编。具体分工为：绪论、第六、第七、第九、第十、第十一章由范存辉编写，第二、第三、第四章和第五章第一节由杨西燕编写，第一章第一、第二节由许建、吴亚子、曾德铭、黄勇编写，第一章第三、第四节由范存辉、王喜华、陈晓慧、葛玉辉、连承波编写，第五章第二节由王占磊、陆廷清、黄程编写，第八章由苏培东、陈伟、李世琴、孟立丰编写，第十二章由范存辉、杨西燕、胡明、周小军编写。书中图件清绘工作由研究生卢丹阳、朱梦月、王晓蕾、刘志毅、毛凯兰、方昉、王瀚等完成，全书由范存辉统稿定稿。

西南石油大学张哨楠教授和王兴志教授对本书进行了详细的审阅，提出了许多宝贵的修改意见和建议，在此深表谢忱。

本书的出版得到了西南石油大学地球科学与技术学院领导、专家和西南石油大学教务处、地球科学与技术学院基础地质教研室领导和同事的支持。在此，表示感谢！

书中难免有错误和不当之处，衷心希望读者不吝赐正。

2016 年 4 月

目　录

绪　论

一、地质学的研究对象、内容及分科

地球科学是以整体的地球系统作为研究对象的一门自然科学。所谓地球系统，是指由固体地球、水和生物圈构成的一个复杂的开放系统。目前，由于探测的深度有限，地球科学主要局限于地球的表层，即大气圈、水圈、生物圈和岩石圈。地球科学是一门重要的基础自然科学，包括地质学、地理学、气象学、海洋学、土壤学、地球物理学等众多分支。

地质学作为地球科学的一个重要分支，是以地球的岩石圈为主要研究对象的科学。地质学的研究内容包括：地球内部组成物质的成分及其形成、分布和演化规律；地球内部的结构和构造；地表形态及其发展变化规律；勘查地下资源的技术方法等。

随着生产的发展和科学的进步，地质学的研究内容越来越广泛和深入，并随之出现了很多分支学科。按其研究内容和任务的不同，主要分为以下分支学科：

(1)研究岩石圈的物质组成、分布和变化规律。对应的分支学科包括矿物学、结晶学、岩石学、矿床学、地球化学等。

(2)研究局部地区、大陆以至整个岩石圈和地球的发展及演化史。对应的分支学科包括地史学、古生物学、地层学、同位素年代学、古气候学、古地理学、第四纪地质学等。

(3)研究区域地质构造、岩石圈的结构和运动规律等。对应的分支学科包括动力地质学、地球动力学、构造地质学、区域构造学、大地构造学、地震地质学、板块构造学、构造物理学、地质力学等。

(4)研究地质学的应用问题。对应的分支学科包括矿床学、石油地质学、煤田地质学、水文地质学、环境地质学、工程地质学、探矿工程学、灾害地质学等。

(5)研究地球矿产资源勘探的理论和方法。对应的分支学科包括地质制图学、地震勘探原理、地球物理勘探、地球化学勘探、矿产调查与勘探、油气田开发地质学等。

二、地质学的特点

1.时间的漫长性

据科学测算，地球的年龄长达 46 亿年。在这漫长的时间里，地球上曾发生过许多重要的自然事件，如岩石形成、海陆变迁、山脉隆起、海底扩张、生物进化等，这些事件的发生过程多数是极其缓慢的，往往要经过数百万年甚至数千万年的时间才能完成，短暂的人生很难目睹这些事件发生的全过程。因此，地质学中一般以百万年(Ma)为单位来计算时间，如喜马拉雅山山脉从海底隆起至今约有 25Ma；大西洋的形成至今约 200Ma；恐龙的灭绝发生在 65Ma 前。有些地质作用看起来其表现时间很短，如地震、火山爆发等，但其能量骤然释放之前的能量聚集则需很长的时间。因此，许多地质作用和地质过程是很难详细观察的，也很难在实验室中再现。

2.空间的广泛性

地质学的研究对象是整个地球岩石圈。地质现象在空间上分布广阔，可以发生在地表和地下深处的每一角落。此外，一些地质系统非常大，难以在实验室内复制，如火山、大陆、海洋等。所以，地质学的研究对象体现了空间广泛性的特点。

3.地质现象的复杂性

地质现象的产生往往是多种因素、多种作用综合影响的结果，如海陆的变迁、板块的运动等。因此，地质结论常常是概率性的，而不是确定性的。同时，各种地质现象的形成因素非常复杂：从性质上，包括物理的、化学的、生物的；从规模上，大到全球乃至太阳系的宏观现象，小至原子和离子的微观过程。另外，地质学涉及生物、气象、天文、地理等一系列学科，知识领域极其广阔。

三、地质学的研究方法

1.野外实践出真知

地质学是实践性非常强的一门学科。野外地质现象的观察是地质学研究的基本工作方法。早期的地质工作者凭着地质锤、放大镜和罗盘(地质三件宝)，对地表出露的矿物、岩石和地质现象仔细观察和综合研究，总结出规律性的认识。虽说现代科学技术已高度发展，但对地质学的研究来说，直接到野外去识别矿物、岩石、地层、构造和多种地质现象仍然是理解和掌握地质学基本原理和基础知识的重要方法和手段。

2.室内实验和模拟

实验和模拟是指对野外采集的矿物、岩石、古生物、矿产以及其他各种分析化验样品进行鉴定、测试，了解它们的形成、特征及控制因素，近似地模拟某些地质构造的形成和历史，再现地质作用的过程，它是地质学非常重要和应用较广的一种研究方法。

3.历史比较法

历史比较法最早是由英国地质学家 C.Lyell(1797～1875 年)提出来的，又叫“将今论古”和“现实主义原则”，是指通过各种地质事件遗留下来的地质现象与结果，利用现今地质作用的规律，反推古代地质事件发生的条件、过程及其特点。

4.掌握辩证的思维方法

地质现象是复杂的，地质作用的发生也是多种因素综合影响的结果，研究地质问题必须具有全局的、发展变化的观念以及由表及里的辩证唯物主义思维。要真正认识某一地质产物，必须了解它是在哪一个地质时代形成的，是在什么样的条件(古气候、古地理、温度、压力等)下形成的，哪种因素占主导地位等。

四、“地质学概论”课程的任务和内容

地质学概论是勘查技术与工程、资源勘查工程等相关专业的必修课程，其任务是为地球物理勘探原理、地球物理资料综合解释与应用、石油地质学等后续课程奠定地质学的基本理论、基本知识和基本技能。

地质学概论课程内容包括普通地质和构造地质两部分，普通地质部分包括地球系统与地质作用、岩浆作用与岩浆岩、变质作用与变质岩、外动力地质作用与沉积岩、地质年代与地层系统五个部分；构造地质部分包括构造运动和地质体产状、地层接触关系、构造力学分析原理、褶皱、节理、断层、地震与板块构造七个部分。

勘查技术与工程、资源勘查工程的研究工作中，数据的处理与解释必须结合地质资料和地质学原理进行，只有对地质体有了深刻的了解，对地质规律有了比较深刻、全面的把握之后，才能保证数据处理与解释工作的正确性和合理性。由此可见，掌握的地质知识越丰富，在专业工作中就越有成效。

第一章　地球系统与地质作用

从地质学的角度上说，地球是我们研究的对象。地球是太阳系中的八大行星之一。围绕着太阳旋转的八大行星，自内向外依次是水星、金星、地球、火星、木星、土星、天王星和海王星。地球是目前发现的太阳系中唯一具有浓密大气、大量液态水和有生命存在的星球。

关于地球的起源有几种不同的看法，如康德（1755 年）与拉普拉斯（1796 年）的星云假说、吉恩兹（1916 年）的潮汐假说和施密特（1946 年）的俘获假说。目前流行的观点认为，地球是在大约 46 亿年前，由太阳星云中分化出的原始地球逐渐演化而成，即星云假说。

第一节　地球的基本特征

一、地球的形状和大小

地球的外表被一层大气所环绕，透过大气则为崎岖不平的固体地球表面，其大部分为海水所覆盖。地球的几何形状一般是用大地测量方法测得的，为便于测算，以平均海平面通过大陆延伸所形成的封闭曲面（即大地水准面）作为参考面，地球的形状和大小就是指大地水准面的形态和大小。

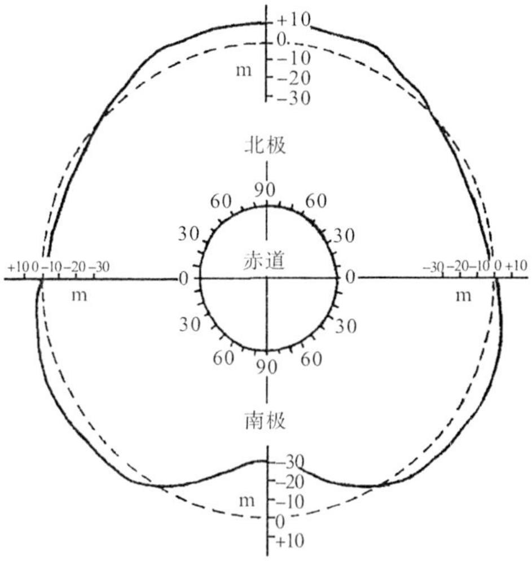

图 1-1　地球形状示意图（据 King-Hele et al., 1969）

实线为大地水准面的圈闭形状，虚线为地理理想旋转椭球体

通过对人造卫星轨道参数进行分析和测算，一般认为地球的真实形状为北极略凸、南极略凹的极近似于旋转椭球体的星体。地球的实际形状与该椭球体稍有差异，赤道一带稍微凸出，南北半球也不对称，北极凸出约 10m，南极凹进约 30m，中纬度地区在北半球稍凹进，而在南半球稍凸出(不到 10m)，看似一个梨形(图 1-1)。

地球的外形是其内部特征的反映：第一，地球接近于旋转椭球体，说明地球具有一定的塑性，是地球自转离心力作用的结果；第二，地球的实际外形与旋转椭球体并不完全重合，说明地球内部物质是不均匀的。

1980 年，国际大地测量和地球物理学联合会(International Union of Geodesy and Geophysics，IUGG)修订和公布的关于地球大小的数据如表 1-1 所示。

表 1-1 地球特征大小的参数

地球大小参数	数值
赤道半径(a)，km	6378.137
两极半径(c)，km	6356.752
平均半径(R)，km	6371.012
扁平率[$(a-c)/a$]	1/298.253
赤道周长($2\pi a$)，km	40075.7
子午线周长($2\pi c$)，km	40008.08
表面积($4\pi R^2$)，km^2	5.101×10^8
体积($4\pi R^3/3$)，km^3	1.0832×10^{12}
质量(m)，kg	$(5.9742\pm0.0006)\times10^{24}$

二、地球的表面形态特征

地球表面形态最明显的特征是高低起伏不平。以平均海平面为界，地球表面明显地分为大陆和海洋两大地理单元(图 1-2)。海洋盆地总面积为 $3.61\times10^8km^2$，占地表面积的 70.8%，其平均水深约为 3729m，最深处是西太平洋的马里亚纳海沟，水深为 11034m。大陆面积为 $1.49\times10^8km^2$，占地球表面积的 29.2%，平均海拔为 875m，最高处为喜马拉雅山山脉的珠穆朗玛峰，海拔为 8844m。

(一) 大陆地形

按照高程和起伏特征，大陆地形可分为山地、高原、盆地、丘陵、平原等类型。

1.山地

山地是海拔超过 500m，具有明显山峰、山坡和山麓的地形单元。线状起伏延伸的山体叫山脉，成因上相联系的若干相邻山脉组成山系。其中 500～1000m 为低山区，1000～3500m 为中山区，3500～5000m 为高山区，超过 5000m 为极高山区。

2.高原

高原是指海拔超过 600m，广阔而平坦的地区。全球最高的高原是我国的青藏高原(海拔超过 4000m)，面积最大的高原是南美洲的巴西高原(面积为 $5\times10^6km^2$)。

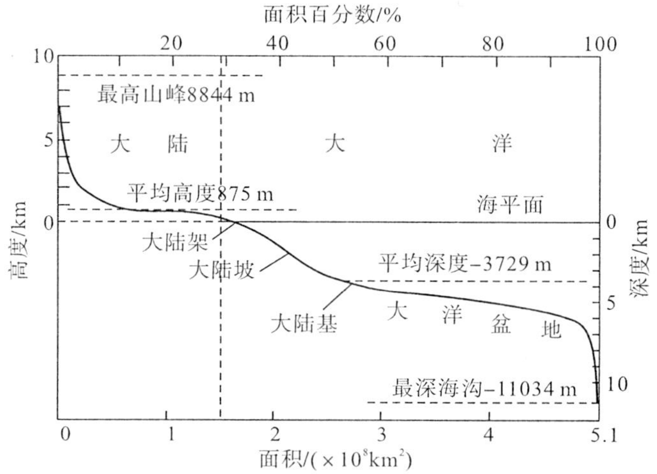

图 1-2 海陆起伏曲线图

3.盆地

盆地是指四周被高原或山地包围，中央较低且起伏不大的地区。全球面积最大的盆地是非洲中部的刚果盆地(面积为 $337\times10^4km^2$)。我国主要的盆地有塔里木盆地、四川盆地、柴达木盆地、准噶尔盆地、鄂尔多斯盆地、渤海湾盆地、松辽盆地等。盆地是石油、天然气勘探和开发的主要场所和目标。

4.丘陵

丘陵是指海拔在 500m 以下，具有一定起伏(相对高差不超过 200m)的地区，如川中丘陵、闽浙丘陵等。

5.平原

平原是指海拔在 200m 以下，内部相对高差不超过数十米，地形广阔而平坦的地区，如成都平原、华北平原、松辽平原、西西伯利亚平原等。

除此之外，在陆地表面还有一些规模宏伟的线状低洼谷地，这是板块运动过程中地壳被拉张而裂开的地区，其延伸可达数千千米，宽度仅数十千米，这类谷地称为裂谷或大陆裂谷系统。

(二)海洋洋底地形

海洋洋底长期被海水所覆盖，根据水深，把海洋从海岸线到大洋中心依次划分为滨海、浅海、半深海和深海四种环境，与之对应的海底地形分别称为海岸带、大陆架、大陆坡、岛弧、海沟、大陆基、深海盆地、大洋脊(图 1-3)。

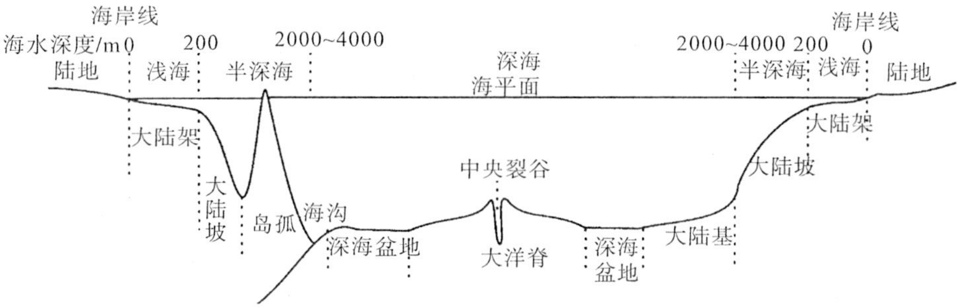

图 1-3　海洋的环境分区和海底地形(据陶世龙等，1999)

1.大陆边缘

大陆与大洋相连接的过渡地带称为大陆边缘，其总面积为 80.7×106km^2，占洋底总面积的 22.3%，相当于大陆面积的 54%。大陆边缘包括大陆架、大陆坡、大陆基、海沟岛弧系。

1) 大陆架

大陆架又叫陆棚，是与陆地接壤的近海浅水平台。其表面地势平坦，平均坡度小于 0.3°，平均水深为 130m，平缓地区以 200m 水深与大陆坡分界。世界大陆架平均宽度为 75km，我国超过 200km。

2) 大陆坡

大陆坡是指大陆架外缘地形坡度明显变陡的斜坡地带。其平均坡度为 3°～4°，最大可超过 20°；水深范围为 200～3000m；宽度为 20～40km，平均为 28km。

3) 大陆基

大陆基是指大陆坡缓缓倾向海洋的倾斜地区，由海底浊流和滑塌作用所带来的物质堆积而成。大陆基水深为 2000～4000m，在大西洋和印度洋宽度可达 500km，在太平洋不发育。

4) 海沟和岛弧

一般把海底的长条形洼地称为海槽，其中较深且边坡较陡的地带称为海沟。海沟是地球表面最低洼的地区，其深度一般大于 6000m，其宽度一般小于 100km，但延伸可达数千千米。海沟是大陆地壳和大洋地壳的分界线，横剖面呈不对称的“V”字形，靠大洋一侧坡度较缓，靠大陆一侧坡度较陡。

海沟的一个重要特征是在其靠大陆一侧有一条平行的隆起地形，该隆起地形上常排列着一系列大小岛屿，呈弧形排列，弧顶朝向大洋一侧，称为岛弧。海沟和岛弧合称为岛弧-海沟系。

2.洋盆

洋盆是指位于海沟和海底山脉之间宽阔而又相对平坦的大洋底，水深一般为4000～5000m。洋盆总面积为 $157.2\times10^6km^2$，约占海底面积的一半，为大陆面积的1.055 倍。洋盆内可分为深海丘陵、深海平原、海山。

1)深海丘陵

深海丘陵由高度在几十米到几百米的圆形或椭圆形山丘组成，集中分布在大洋脊或岛屿附近，由火山活动形成。在太平洋中这类地形占据了 80%～90%的洋底，成为分布最广的地形单元之一。

2)深海平原

深海丘陵向大陆方向逐渐过渡为深海平原，深海平原水深一般为 4000～5000m，地势平坦，平均坡度小于千分之一，甚至小于万分之一，是固体地球表面最平坦的地区，广布于大西洋大洋脊两侧。

3)海山

海山是指深海盆地中规模不大、地势比较凸出的孤立高地(其相对高程大于1000m)，一般多呈圆锥形，边坡较陡。有些大的海山顶部出露于海平面以上，称为岛屿。

3.洋脊

洋脊是位于洋盆中央或一侧、延伸几万千米的海底山脉。洋脊的中央地带分布有一条中央裂谷，深 1～2km，宽数十千米，称为中央裂谷。但在东太平洋大洋脊无明显的裂谷，地震活动较弱，称为大洋隆。

从上述特征来看，海底地形或洋底地形与陆地地形类似，但有比大陆更广阔平坦的平原，也有更险峻、宏伟的山脉和陡深的峡谷。但因海底不像大陆那样长期经受各种自然因素的破坏，故总体来说比大陆地表形态更简单些。

三、地球的物理性质

地球的物理性质主要包括密度、重力、压力、温度(地温)、磁性、弹性和塑性等。

(一)地球的质量和密度

根据牛顿万有引力定律进行计算，地球的总质量为 $(5.9742\pm0.0006)\times10^{24}kg$(IUGG，1980)，平均密度为 $5.516g/cm^3$。但是地球表层各类岩石的平均密度仅为 $2.6\sim2.9g/cm^3$，远小于地球的平均密度。由此可以推断，地球内部大部分物质都应大于地球的平均密度。

目前世界上最深的钻孔仅达到 12km 深度。因此，对地球内部物质的研究主要依靠地震波速、地内重力、转动惯量等间接手段推算。推算结果认为，地球内部的密度是随深度的加深而增加的［图 1-4(d)］。但不是均匀增加的，而是存在几个明显变化的界面。

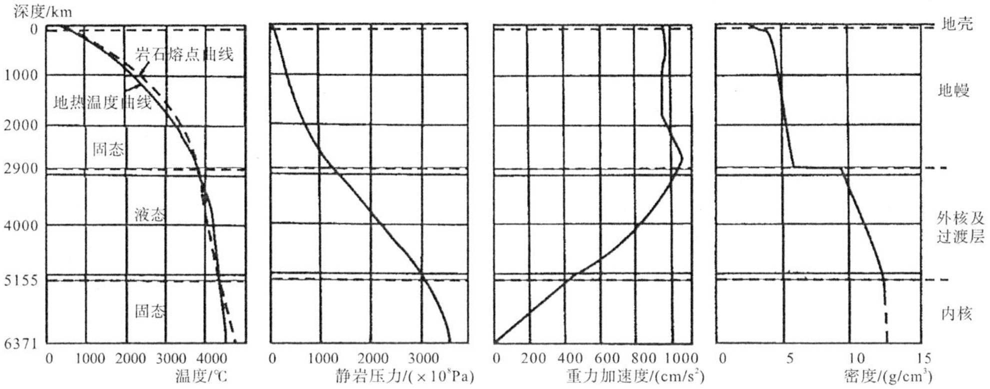

(a)　(b)　(c)　(d)

图 1-4　地球内部物理性质垂直分布图(据叶俊林等，1996)

(二)地球的重力

地球上某处的重力是该处所受地心引力与地球自转离心力的合力。地球表面的重力随纬度值的增高而增大，赤道上的重力加速度为 978.0318cm/s^2，在两极处为 983.2177cm/s^2。此外，重力随着海拔的增高而减小。地表海拔每升高 1km，重力加速度就减少 31cm/s^2。

在地球内部，重力加速度随着深度的增加而缓慢增大，到 2891km 深处，重力加速度达到极大值 1068cm/s^2。2891km 以下，重力加速度急剧减小，地心处的重力加速度为零，重力也为零［图 1-4(c)］。

进行重力研究时，将地球视为一个圆滑的均匀球体，以其大地水准面为基准，计算得出的重力值称为理论重力值或正常重力值。但实际上各地实测重力值与理论重力值有差异，这种实测的重力值与理论值之间的明显偏离称为重力异常。引起重力异常的原因很多，主要是由于地下物质组成不同而引起的。实测值比理论值大称为正异常，表明地下埋藏着密度大的物质，如铁、铜、铅、锌等金属矿产；实测值比理论值小称为负异常，表明地下可能有石油、煤、盐、地下水等低密度物质。因此通过重力测量可以探测地下矿产以及研究地球内部情况。

(三)压力

地球内部某处的压力是指该处上覆地球物质的重量所产生的静压力。静压力的大小与所处的深度、上覆物质的平均密度及重力加速度呈正相关关系，但是由于物质密度与深度的增加是一种非线性递增的关系，压力-深度图也不是一条直线而是一条曲线［图 1-4(b)］。总体上，地球内部的压力总是随着深度的增加而增大。

(四)温度

火山爆发、温泉及深矿井温度升高等现象都说明地球内部是热的，自地面向地下深处，地温的增加是不均匀的［图 1-4(a)］，根据地内温度变化状况可以分为外热层、常温层和内热层三层。

1.外热层

为固体地球的最表层，主要受太阳辐射的影响，其温度随着季节、昼夜的变化而变化，故又称为变温层。外热层年变化影响的深度一般为 10～20m，内陆或沙漠地区可达 30～40m。日变化影响深度较小，一般仅 1～1.5m。由于组成地表的岩石或土层导热率小，温度向下迅速减低。到一定深度，温度变化开始不明显，此处即为外热层的下界。

2.常温层

在外热层下界一带，是一个厚度不大的层带。由于这个带内温度常年不变，相当于当地的年平均温度，故称常温层。深度为 20～40m。常温层在中纬度区及内陆区位置较深，在滨海地区及高纬度地区位置较浅。

3.内热层

在常温层之下，地温随深度增大而增加，热量由地球内热提供，不受太阳辐射影响，而且不同地区差异较大。目前常用地温梯度和地温深度来度量地温的增加。深度每增加 100m 所升高的温度数值，称地温梯度或地热增温率；温度每升高 1℃所增加的深度，称地温深度，又称地热增温级。上述两种表示方法互为倒数，例如地温梯度为 2℃/100m，则地温深度为 50m。地温梯度一般为 0.9～5.2℃/100m，平均为 2.5℃/100m。不同地区的地温梯度不同，如亚洲地区平均为 2.5℃/100m，欧洲多数地区为 3～3.5℃/100m，北美地区为 2～2.5℃/100m；在火山地震区和山区可高达 5.2℃/100m 以上。

地温梯度的高低与热源及岩石热导率有关。若地下存在较高的热源，如火山地震和年轻山区，则地温梯度较高。地温梯度在不同深度也不同，地表以下 70km 深度以上的地温梯度为 2.5℃/100m；再往深处则逐渐变小，为 0.5～1.2℃/100m。

(五)磁性

地球是一个磁化的球体，有自身的磁场。地磁场近似磁偶极子的磁场，具有两个地磁极。地磁场的南北两极和地理南北极并不一致，两者相差 1280km。这是因为地磁轴和地球自转轴之间有 11.5° 交角(图 1-5)。地磁极的位置也不是固定的，它逐年发生一定的变化。

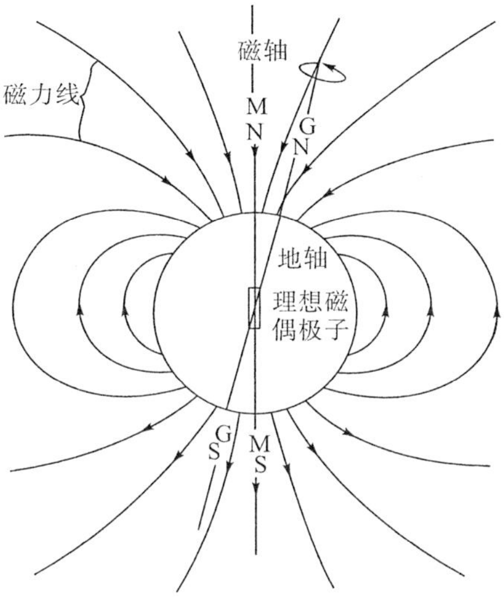

图 1-5 地球的磁场

地磁场由磁场强度(*F*)、磁偏角(*D*)和磁倾角(*I*)三个地磁要素来表示。地磁场中无数条通过南北两个磁极的磁子午线，它与地理子午线之间的交角叫作磁偏角(*D*)，正是由于磁偏角的存在，磁针所指的不是地理南北，而是地磁南北。指北针偏在地理子午线东边者叫东偏角，用“＋”表示；指北针偏在地理子午线西边者叫西偏角，用“－”表示。

地磁磁力线在赤道地区是水平的，在两极地区则是直立的，除此之外的其他地区，地磁磁力线与水平面有一定的夹角，这个夹角就是磁倾角(*I*)。

在地球磁场内，磁力的大小称磁场强度，一般以特斯拉(T)作为计量单位。地球的磁场强度一般很弱，平均为 50μT，只有永久磁铁的万分之一左右。

把地磁场看成一个均匀的磁化球体产生的磁场，这种磁场称为正常磁场；如果某地区实测到的地磁场与正常磁场不一致，则称为磁异常。同重力异常类似，如果实际测得的磁场大于正常磁场者叫作正磁异常，实际测得的磁场小于正常磁场者叫作负磁异常。利用磁异常来探测地下矿产的方法叫作磁法勘探，它是重要的物探方法之一。一般情况下，正磁异常多是由于地下赋存着高磁性的矿物或岩石，如磁铁矿、镍铁矿等；负磁异常则多由地下赋存的石油、盐矿、铜矿和花岗岩等低磁性或反磁性矿物或岩石引起。

(六)地球的弹性和塑性

地球具有弹性，表现在能传播地震波，因为地震波是弹性波；另外固体地球也和海水一样，在日月引力作用下会产生潮汐现象，这种潮汐叫固体潮。固体潮没有液体潮明显，地壳因潮汐作用升降最大仅几十厘米，这也说明地球具有弹性。

固体地球具有塑性，表现在地球为自转作用下呈一个近似旋转椭球体；另外，野外经常见到岩石发生各种各样的弯曲而没有断裂，这也是塑性变形的一种表现。

此外，地球还具有电性、放射性等物理性质。

第二节 地球的圈层结构

地球不是一个均质体，而是具有圈层结构的球体，其组成物质的分布呈同心圈层结构。以地表为界，可将地球分为外部圈层和内部圈层两部分。外部圈层主要包括大气圈、水圈和生物圈。内部圈层主要是固体地球部分。

一、地球的外部圈层

地球外部圈层就是包围着固体地球表层的地球物质组成部分，包括大气圈、水圈和生物圈。它们包围着地球，各自形成连续完整的圈层。

(一) 大气圈

大气圈(atmosphere)是地球最外面的一个圈层，主要由包围在地球外面的大气层构成，厚度可达几万千米以上。大气圈总质量估计为 5.136×10^{15}t，约为地球总质量的千万分之九。由于受地心引力的作用，大气质量的 97%主要集中在底部小于 29km 的范围内，其中 75%又集中于 10km 以下的高度范围内。因此，越接近地面，大气密度越大。根据气温和密度的垂直变化，大气圈可以分为对流层、平流层、中间层、热层和散逸层。

对流层是大气圈的最低层，在赤道其平均高度为 10.5km，在两极约为 9km，平均 10.5km。对流层气体质量约占大气圈总质量的 75%，其主要成分是氮和氧，还有少量的二氧化碳、水汽和固态杂质。对流层的热量主要来自吸收地表反射的太阳辐射热，气温随高度增加而递减。由于热空气上升和冷空气下沉，空气产生垂直对流。不同纬度的气温差异又能使空气产生水平方向的对流。大气对流是对流层的一个重要特征。它是产生风、雨、雪、雾多种天气现象的主要原因。

对流层顶以上 50～55km 以内的大气层为平流层。平流层大气以水平移动为主，气温基本上不受地面影响。在 30～50km 的高空上存在大量臭氧，形成一个臭氧层。臭氧能吸收太阳辐射紫外线，保护地面的生物免受强烈紫外线伤害。

(二) 水圈

水是地球上的生命之源，是地表变化的主要媒介。地球表面 3/4 被水体(海洋、冰川、湖泊、沼泽及河流等）覆盖，地表以下岩石的空隙和土壤中也存在大量的地下水，它们共同组成一个连续的圈层，称为水圈(hydrosphere)。水圈的总质量为 14×10^{16}t，占地球总质量的四千分之一。

海水、陆地水和大气水随时随地都通过相变和运动进行大规模的交换，这种交换过程就构成了水圈的循环(图 1-6)。通过水的循环，地球上的各种水体得以相互沟通、转换，维持着水体的动态平衡，并对整个地球内外圈层的变化产生重要影响。

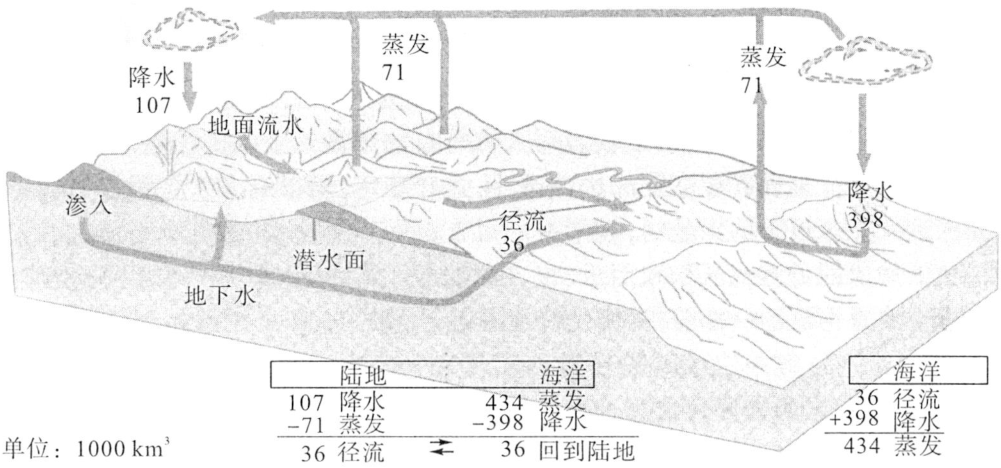

图 1-6　水圈的循环

(三)生物圈

生物圈(biosphere)是指地球表层由生物及其生命活动的地带所构成的连续圈层，是地球上所有生物及其生存环境的总称。生物圈中各种有机体的总质量为 11.48×10^{12}t，占地壳总质量的十万分之一。

生物圈是一个十分活跃的圈层，由于它的存在，使得地球上各个自然圈层之间发生更加紧密的联系，并使得地球上的自然环境发生极其深刻的变化。生物通过活动、新陈代谢及遗体腐烂分解等方式对地表岩石进行风化和破坏，是改造地表面貌的重要动力之一。生物遗体被埋藏、保存和演化可形成大量的有机可燃矿产，如石油、天然气、煤等。

二、地球的内部圈层

地球的内圈就是地球内部物质分布的圈层。目前为止，还不能直接观察地球的内部圈层，世界上最深的钻井也只不过 12km，只占地球半径的 1/530。因此，对地球内部圈层的研究主要通过各种间接的依据和手段。其中最为丰富和有效的手段是利用地震方法。

因为地球具有弹性，地震时会产生两种弹性波：纵波、横波。纵波(P 波，主波)

是质点的振动方向与波的传播方向一致的地震波，在固态、液态及气态介质中均能传播。横波(S 波，次波)是质点的振动方向与波的前进方向垂直的地震波，只能在固态物质中传播。同一介质中 P 波的速度是 S 波的 1.75 倍，当两种波传播到两种不同介质的界面时，会发生波速的变化并产生反射和折射。

研究发现，地震波在地球内部传播过程中，存在着地震波速度突变的若干界面，这些界面显示了地球内部具有圈层结构(图 1-7)。其中最明显、最重要的地震波波速变化界面有两个。一个是莫霍面，该界面是前南斯拉夫学者莫霍洛维奇(Mohorovicic)于 1909 年首先发现的，是地壳与地幔的分界面，在大陆上其平均深度是 33km，在大洋底为 11～12km；地震波在穿越莫霍面时，波速突然增大，纵波由 6～7km/s 突增至 8.0km/s。另一个界面是古登堡面，该界面是美国地球物理学家古登堡(Gutenberg)于 1914 年提出的，其深度为 2898km，是地幔与地核的分界面；地震波穿越该面时，波速突然降低，其中纵波由 13.3km/s 突降至 8.1km/s，横波波速则降为零，说明横波不能穿越。

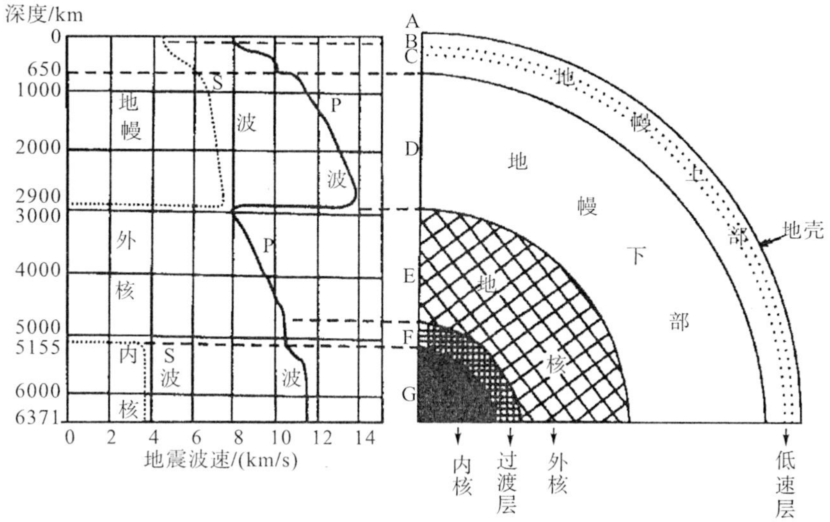

图 1-7 地球内部结构与地震波速的变化

(引自陶世龙等，1999；略有改动)

P 波为纵波，S 波为横波；A 层为地壳；B、C、D 层为地幔(其中 B 层为上地幔，C 层为过渡层，D 层为下地幔)；E、F、G 层为地核(其中 E 层为外核，F 层为内、外核过渡层，G 层为内核)

以上两个界面是地球内部的第一级界面，它将地球内部分为地壳、地幔、地核三个圈层。随着研究工作的深入，相继又发现了一些界面，它们将地球内部进一步分成了若干次一级圈层(表 1-2)。

(一)地壳

地壳(crust)是固体地球的最外一圈，是指由地表至莫霍面之间的固体地球部分。地壳主要由各类岩石组成，厚度变化较大，大洋区较薄，平均 7km，大陆区较厚，平均 33km。全球地壳平均厚度约 16km，只有地球半径的 1/400。地壳体积占地球总体积的 0.8%，质量约 24×10^{24}g，占地球总质量的 0.4%。

表 1-2　地球内部分层和地球物理特征

圈层		代号	深度/km	纵波速 V_P/(km/s)	横波速 V_S/(km/s)	密度 ρ/(g/cm^3)	压力/Pa	重力/(cm/s^2)	温度/℃	其他
地壳	沉积岩层 花岗岩质层	A	0	5.6	3.4	2.6	0	982	14	有明显的构造变动，是深部构造作用的反映；岩石圈
				6.0	3.6	2.7				
			10				3000	983	180~300	
	玄武岩质层			6.6	3.6	2.9				
				7.6	4.2	3.0				
地幔	上地幔	B	33				9000	985	600~800	
				8.0	4.4	3.32				
			60	8.2	4.6	3.34				活跃的构造活动带，岩浆活动本源可深达80~140 km，深震源可影响到720 km；软流圈
			150	7.7	4.0	3.5				
		C	413	8.97	4.98	3.85				物质不均匀
	下地幔	D	984	11.43	6.35	4.6	40万	994		地幔-地核边界ρ和V_P突然改变，V_S不能进入界面
				13.32	7.11	5.7				
地核	外核	E	2900				150万	1037	4200	构造活动相对平静带液态
				8.1	0	9.7				
	“过渡层”	F	4640	10.4	2.07	12.0		610		
			4900	10.4	1.24	12.5				
	内核	G	5155	11.0	3.6	12.7		430		
			6371	11.3	3.7	13.0	360万	0	<5000	

地壳的大陆部分和大洋部分在结构及演变历史上均有明显差异，据此可以将地壳分为大陆地壳(陆壳)和大洋地壳(洋壳)两种类型(图 1-8)。

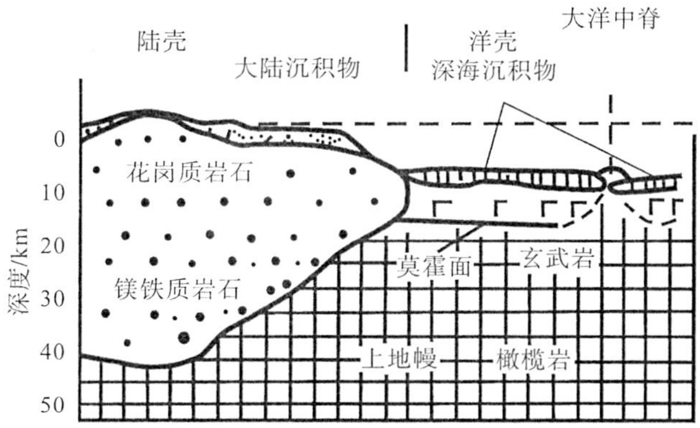

图 1-8　地壳结构示意图(据刘本培等，2000)

大陆地壳(陆壳)分布在大陆和被海水淹没的大陆边缘地区，厚度较大，平均为33～36km，但厚度不均匀。总体上陆壳厚度与地表地形起伏呈镜像关系，高山区和高原区地壳较厚，可达50～70km；丘陵和平原区较薄，厚度为30～40km，并向大陆架、大陆坡减薄为10～20km。陆壳具有双层结构，上层主要成分是氧、硅、铝等轻元素，故称硅铝层，其平均密度为2.7g/cm^3，主要岩石为酸性岩浆岩(如花岗岩)和变质岩(如片麻岩)等，故也叫花岗岩质层；下层主要成分是氧、硅、铁、镁，故称硅镁层，其平均密度为3.0g/cm^3，主要岩石为基性岩浆岩(玄武岩)，故又称为玄武岩质层。大洋地壳(洋壳)分布在大洋盆地和洋中脊等洋底地区，厚度较薄，平均厚度 6～8km，厚度较稳定，变化较小，一般洋中脊地壳最薄，有的小于5km；洋盆的地壳厚度较均匀，接近平均值，并向大陆方向增厚，在大陆斜坡下部向大陆地壳过渡。洋壳普遍缺失硅铝层，主要由硅镁层组成。

(二)地幔

地幔(mantle)是莫霍面和古登堡面之间的地球部分，厚度达2865km，占地球总体积的83%，质量约4030×10^{24}g，占地球总质量的67.6%，平均密度为4.5g/cm^3。地幔的横向变化比较均匀，根据地震波速的变化进一步划分出三个次级圈层：上地幔(33～400km，由橄榄石结构的铁镁硅酸盐组成)、过渡带(400～670km，由尖晶石结构的铁镁硅酸盐组成)和下地幔(670～2891km，由钙钛矿结构的铁镁硅酸盐组成)三层。

在上地幔顶部，存在一个地震波的低速层，深度为60～220km。特别是在100～150km 的深度范围内降低最为明显，横波在此带的部分地段不能通过，这说明该带的物质可能为熔融状态，所以称该地震波速降低的低速带为软流圈(asthenosphere)。并把其上的由固体岩石组成的上地幔的一部分和地壳合称为岩石圈(lithospheric)。因此，岩石圈包括花岗岩质层、玄武岩质层和超基性岩层，它是地球的一个刚性外壳，“浮”在具塑性状态的软流圈之上。地质学研究的各种地质作用几乎全发生在岩石圈中。

(三)地核

地核(core)是古登堡面(2891km 处)以下至地心的地球圈层部分，占地球体积的16.2%，质量为1900×10^{24}g，占地球总质量的32%。根据地震波速的变化，地核可进一步划分为外核、过渡带和内核三个次级圈层。

外核深度为2891～4640km，平均密度约10.5g/cm^3，由于纵波速度降低，横波不能通过，说明刚性为零，呈液体状态。过渡带为4640～5155km，波速变化复杂，并测到速度不大的横波，可能是由液态开始向固态过渡。内核自5155km至地心，平均密度约12.9g/cm^3，内核的纵波速度为11.2km/s，横波速度为3.7km/s，表明内核为固体。

地核的成分是铁，含5%～20%镍，除此之外，还混有少量较轻的硅、硫等元素，相当于铁陨石成分。

第三节 地壳的物质组成

固体地球的最外圈是地壳，它是地质学最直接的研究对象。地壳的物质成分包括元素、矿物和岩石。

一、元素

组成地壳的矿物都是由元素(element)组成的。目前已知的元素有100多种，但是它们的分布极不均匀。19世纪以来，众多学者从世界各地采集了具有代表性的岩石标本进行定量分析，确定各种元素在地壳中的含量。美国人克拉克(F. W. Clark，1847～1931)在大量工作的基础上提出了地壳中各类元素分布的百分含量(丰度)，后来为纪念他，国际上将某种元素在地壳中分布的重量百分比称之为克拉克值。

地壳中各元素的含量是极不均匀的。O、Si、Al、Fe、Ca、Na、K、Mg、Ti、H等10种元素占到了99.96%，其中O、Si、Al、Fe四种元素占88.31%(表1-3)。可以看出，组成地壳的元素中，大部分是氧和硅，其次是铝、铁等(表1-3)。

表1-3 地壳主要元素质量百分数(%)(引自刘英俊，1984)

主要元素		质量百分数/%	主要元素		质量百分数/%
氧	O	46.30	钠	Na	2.36
硅	Si	28.15	钾	K	2.09
铝	Al	8.23	镁	Mg	2.33
铁	Fe	5.63	钛	Ti	0.57
钙	Ca	4.15	氢	H	0.15

二、矿物

矿物(mineral)是天然产出的，具有一定化学成分和物理性质的化合物。大多数矿物是由两种或者两种以上的元素组成的化合物，如石英(SiO_2)、钾长石($K[AlSi_3O_8]$)、方铅矿(PbS)、石盐(NaCl)、方解石($CaCO_3$)等；少数是由一种元素构成的单质，如石墨(C)、金刚石(C)、自然金(Au)等。大多数矿物以固态产出；但是也可以呈液态(如水、水银等)或气态(如火山蒸气中的CO_2和水蒸气等)形式存在。

矿物内部质点在三维空间呈规律性排列或者具有格子构造的固体称为晶体，如果组成矿物的内部质点在三维空间无规律排列的固体则称为非晶体。自然界中已发现的3000多种矿物中，绝大多数都是晶体。例如石盐(NaCl)内部的Na^+和Cl^-在任一方向上都是按照一定间隔重复出现并排列成格子状图形，所以是晶体；再如石英(SiO_2)的内部构造，Si和O作规则的六边形排列，也是晶体，而蛋白石的成分也是SiO_2，但

Si 和 O 呈不规则、杂乱无章的排列，所以是非晶体。

由于化学成分与内部结构不同，不同矿物具有不同性质与特征，根据其形态与物理性质就能够识别和鉴定它们。

(一)矿物的形态

具有一定成分和内部结构的矿物具有一定的晶体形态特征，其形态特征主要受矿物本身的内部结构和形成时的外在环境制约，可分为矿物单体形态和矿物集合体形态。自然界矿物多数呈集合体出现。同种矿物多个单体聚集在一起组成的整体称为矿物集合体。

1.矿物的单体形态

矿物单体即矿物的单个晶体，在生长条件一定时，同种晶体总是趋向于形成某种特定的晶形和形态特征，这称为结晶习性，简称晶习。

根据矿物晶体在三维空间发育的程度不同，即相对比例不同，可将晶习大体分为三类(图 1-9)：

(1)一向延伸。晶体沿一个方向特别发育，其余两个方向发育差，呈柱状、针状、纤维状等，如石英、角闪石、阳起石及石膏等。

(2)二向延展。晶体沿两个方向特别发育，而第三个方向不发育或发育差，呈片状、板状。如镜铁矿、石墨、重晶石、石膏、黑钨矿等。

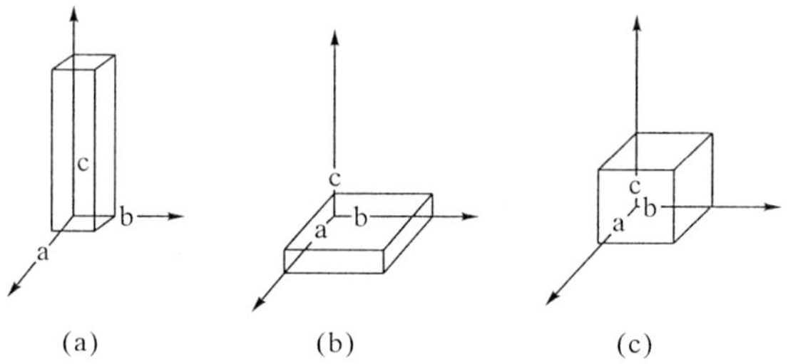

图 1-9　结晶习性分类示意图(据李亚美等，1984)

(a)一向延伸；(b)二向延展；(c)三向等长

(3)三向等长(等轴状)。晶体沿三个方向大致相等发育，呈粒状。如石榴子石、黄铁矿、磁铁矿等。

除了以上三种基本类型外，矿物的结晶习性还有一些过渡类型，如长柱状、短柱、厚板状及板柱状等。总之，自然界中矿物形态是多种多样的，在描述晶习时要从实际出发恰当分辨。

2.矿物的集合体形态

矿物的集合体形态取决于单体的形态和它们的集合方式。根据集合体中结晶颗粒大小，矿物集合体可以分为显晶集合体(肉眼可以看出晶体颗粒)、隐晶集合体(肉眼不能，但显微镜下可以看出晶体颗粒)和胶态集合体(显微镜下也不能看出晶体颗粒)。

1)显晶集合体

显晶集合体形态按照单体的晶习及几何方式，可以分为四种类型：

(1)粒状集合体。主要由三向等长的粒状晶体颗粒构成。按颗粒直径大小，又可分为粗粒状(颗粒直径>5mm)、中粒状(颗粒直径 1～5mm)和细粒状(颗粒直径<1mm)集合体。如纯橄榄岩中的橄榄石即粒状集合体。

(2)片状、鳞片状、板状集合体。主要由二向延展的片状、鳞片状、板状晶体颗粒构成，如云母、石墨、重晶石等。

(3)针状、纤维状、柱状集合体。主要由一向延伸的集合体针状、纤维状、柱状体颗粒构成，如红柱石的放射状集合体(图 1-10)。

(4)晶簇状集合体。指在岩石的空洞或裂隙中，以洞壁或裂隙壁作为共同基底而生长的晶体群。常见的有石英晶簇(图 1-11)、方解石晶簇等。

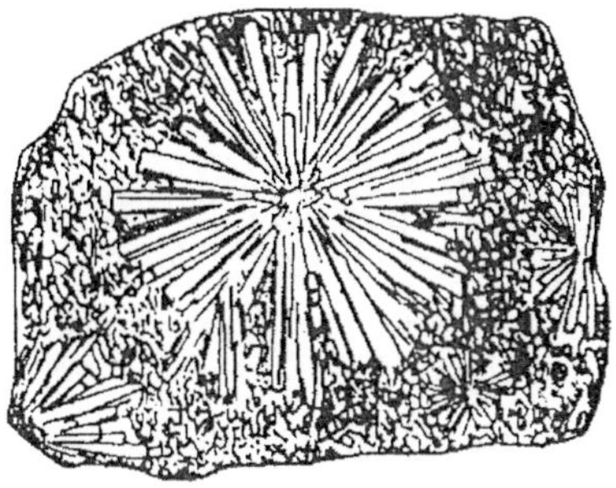

图 1-10　红柱石的放射状集合体素描图

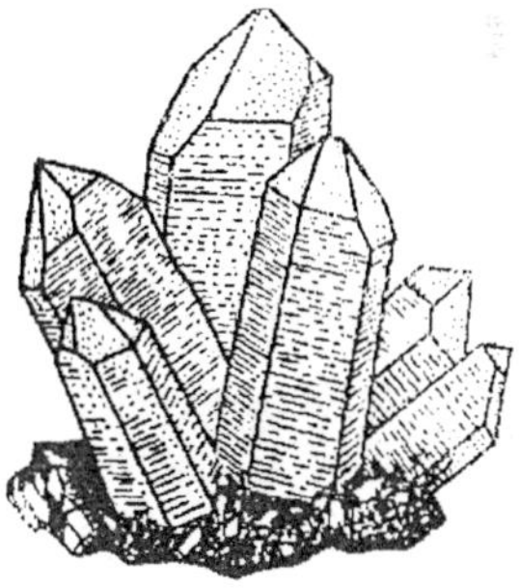

图 1-11　石英晶簇素描图

2)隐晶质和胶态集合体

隐晶物质的晶粒及胶体的胶粒都是肉眼无法看出的。按照其形成方式和外表特征，隐晶质或胶态集合主要分为以下类型：

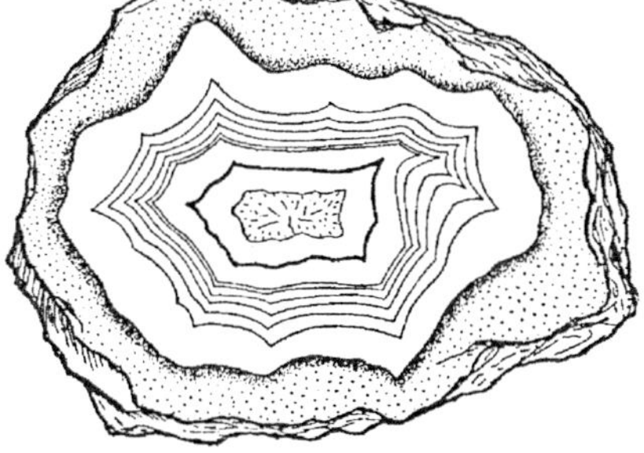

图 1-12　玛瑙的晶腺

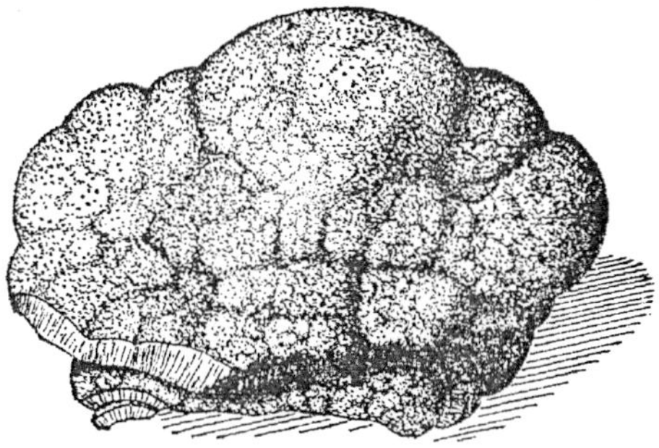

图 1-13　肾状赤铁矿的肾状集合体

(1)分泌体。在形状不规则或球状空洞中，胶体或晶质矿物由洞壁向中心逐层沉淀填充而成。其平均直径大于 1cm 者，叫晶腺；平均直径小于 1cm 者，叫杏仁体。在晶腺中常可见到由于胶体或晶质矿物的周期性扩散沉淀所造成的环带，如 SiO_2 形成的玛瑙(图 1-12)。

(2)结核体。是围绕某一中心(砂粒、有机质碎片或气泡等)自内向外逐渐生长而成的球状体。其内部呈致密状或同心层状构造，也有呈放射状构造者。组成结核体的矿物可以是微细的结晶质或非晶质。常呈结核体产出的矿物有：黄铁矿、鳞灰石等。

(3)鲕状及豆状体。具同心层状构造，直径小于 2mm 的球状体称为鲕状集合体，直径大于 2mm 者称豆状体。它们多由物质围绕悬浮的核心沉淀而成，有明显的圈层结构。如菱铁矿等。

(4)钟乳状集合体。通常由胶体凝聚或溶液在较宽敞的空间经蒸发结晶或凝固，逐层沉积而成。一般将其形状与常见的物体类比而给予不同名称，如葡萄状、肾状(图 1-13)、钟乳状等。

(二)矿物的物理性质

矿物的物理性质包括光学性质、力学性质，另外还有热学性质、电学性质、磁学性质、放射性等。我们着重讨论肉眼观察到的物理性质。

1.矿物的光学性质

矿物的光学性质是指矿物对可见光吸收、反射、折射和透射时所表现出的各种特征以及矿物所引起的光线干涉和散射现象。肉眼可以观察到的矿物的光学性质包括：颜色、条痕、透明度及光泽等。

1)颜色

矿物的颜色是矿物对不同波长可见光的不同程度的吸收、反射的效应。它是矿物最明显、最容易识别的标志。当矿物对白光中的各种波长的光波均匀地吸收，则随吸收程度的增加，分别呈现为白色、灰色、黑色；当矿物选择性地吸收其中某一或某些波长的光波时，则矿物呈现被吸收色光的补色。

根据矿物颜色产生的原因，可将其分为自色、他色和假色三种类型。自色是指矿物自身固有的化学成分和结晶结构所决定的颜色，如赤铁矿的红色。他色是由非矿物本身固有的因素引起的颜色，而是矿物含有呈机械混入物状态的外来带色杂质所染成，如红宝石(Al_2O_3)的红色是由于有微量的 Cr^{3+}替代 Al^{3+}引起的。假色是由矿物表面的氧化或解理面所引起的光线干涉作用造成的颜色，与矿物自身性质(成分和结构)无关，与杂质、机械混入物也无关。如方解石、云母等矿物解理面上所见到的彩虹般的晕色。

矿物颜色繁多，为了描述时便于比较和统一，常以标准色谱：红、橙、黄、绿、蓝、靛、紫以及白、灰、黑等色来说明矿物的颜色。当矿物颜色与标准色谱有差异时，可加上适当的形容词，如淡绿、暗红、灰白色等。有些矿物的颜色介于两种色谱之间时，常用二名法来描述，如黄绿色，即矿物以绿色为主稍带黄色。另外，也可以依最常见的实物颜色来描述矿物的颜色，如砖红色、橘黄色、草绿色、猪肝色等。

2）条痕

条痕（streak）是矿物粉末的颜色，通常用矿物在白色无釉瓷板上擦划所留下的粉末颜色。对于硬度大于瓷板的矿物，需要碾成粉末在白纸上进行观察。条痕去掉了矿物因反射所造成的色差，增加了吸收率，扩大了眼睛对不同颜色的敏感度，可以取消假色，减弱他色，保存自色，所以常比其他颜色更为固定，因此更具有鉴定意义。

条痕对不透明的金属、半金属光泽矿物的鉴定很重要，而对透明、玻璃光泽矿物来说，意义不大，因为它们的条痕都是白色或近于白色。在鉴定条痕时，必须选取矿物的新鲜部分，以保证准确性。

3）透明度

透明度是矿物允许可见光透过的程度。一般以 0.03mm 厚的矿物薄片透过光的程度为标准进行对比。在矿物的肉眼鉴定工作中，通常将透明度大体分为透明、半透明和不透明三级。其中透明矿物允许绝大部分光波透过矿物，如石英、长石等；不透明矿物基本上不允许光波透过矿物，完全看不到薄片后面的物像，如黄铁矿、磁铁矿等；半透明矿物允许部分光波透过矿物，在矿物颗粒的边缘或裂隙处的颜色变浅，透过规定厚度的薄片，仅能模糊地见到其后面物像的轮廓，如辰砂、浅色闪锌矿等。

这种划分很粗略，彼此无严格的界限，是相互过渡的。因此，观察时应尽量用矿物的薄片及边缘处，并以相同厚度的薄片及同样强度的光源比较加以确定。

4）光泽

光泽（luster）是矿物表面对可见光的反射能力。一般地说，矿物表面反射出来的光线愈多，则透射到矿物内部的光线愈少，矿物就愈不透明，光泽也就愈强。反之，若投射到矿物内部的光线愈多，矿物的透明度愈好，矿物的光泽也就愈弱。矿物的光泽按其强弱分为四级：

（1）金属光泽。反光很强，犹如电镀的金属表面那样光亮耀眼，如自然金、方铅矿等。

（2）半金属光泽。比金属的亮光弱，似未磨光的铁器表面，如磁铁矿、镜铁矿等。

（3）金刚光泽。反光较强，以金刚石晶面的闪光最为典型，比金属与半金属光泽弱，但强于玻璃光泽，如金刚石、锡石等。

（4）玻璃光泽。反光弱，如同玻璃表面的光泽，如石英、长石及萤石等。

以上各级光泽是指矿物平坦表面的反射情况。若反射表面不平坦或成隐晶质或非晶质集合体时，由于光线产生散射、内反射等现象，致使光泽发生变异。主要变异光泽有：油脂光泽、珍珠光泽、丝绢光泽、土状光泽等。

2.矿物的力学性质

矿物的力学性质是指矿物在外力作用下表现出来的硬度、解理、断口、延展性、弹性、挠性和脆性等物理性质。其中的硬度、解理、断口等对矿物鉴定最有意义。

1）硬度

硬度（hardness）是矿物对外来机械作用力的抵抗能力。根据机械作用力的性质不同，可将硬度划分为若干类：刻划硬度、压入硬度、研磨硬度等。

在肉眼鉴定矿物的工作中广泛采用的是摩氏硬度，由德国矿物学家摩斯(Frederich Mohs)首先提出，他选择了十种标准矿物相互刻划，按硬度相对大小顺序把矿物硬度分为十级，排列在后边的矿物均能刻动前边的矿物。这十种标准矿物是：①滑石，②石膏，③方解石，④萤石，⑤磷灰石，⑥正长石，⑦石英，⑧黄玉，⑨刚玉，⑩金刚石。

由上述十种矿物组成了摩氏硬度计。其他矿物的硬度可通过与摩氏硬度计中的标准矿物相互刻划，经过比较来确定。如某矿物能刻划方解石，但是又能被萤石刻划，则该矿物的硬度为3～4。

当缺少摩氏标准矿物时，可以用其他简单的工具进行测试，如指甲的硬度为2～2.5，钥匙的硬度为3，小刀的硬度为5～5.5，玻璃的硬度为6。

2)解理和断口

矿物在外力作用下沿晶体格架的一定方向裂开呈光滑平面的性质称为解理(cleavage)。裂开的光滑面称为解理面；有些矿物则沿任意方向发生不规则的破裂，其破裂面参差不齐，这种破裂面则称断口(fracture)。解理和断口是互为消长关系的，即解理发育者，断口不发育；相反，不显解理者，断口发育。

矿物的解理按其解理面的完好程度和光滑程度不同，通常划分为四级：

(1)极完全解理。解理面极完好，平坦而极光滑，矿物晶体可辟成薄片，如云母、辉钼矿等。

(2)完全解理。矿物晶体容易劈成小的规整的碎块或厚板块，解理面完好、平坦、光滑，在平行解理面的破裂面上不易找到断口，如方解石、方铅矿等。

(3)中等解理。破裂面不甚光滑，往往不连续，即在单晶的同一个破裂面上可以见到断口和解理面，解理面被断口隔开成阶梯状，如辉石、白钨矿等。

(4)不完全解理。一般难发现解理面，即使偶尔见到解理面，也是小而粗糙，因此在破裂面上常见有不平坦断口，如磷辉石、锡石等。

晶体的破裂面完全为断口者，称无解理或称极不完全解理，如黄铁矿、石榴子石等。

断口可按其破裂面的形状描述为贝壳状(如石英及许多非晶质矿物)、参差状(如黄铁矿、磁铁矿等)等。断口在鉴定矿物中，除特殊情况外，一般意义不大。

应当指出，矿物晶体并非都有解理，而且不同矿物其解理等级也不尽相同，这与结晶结构及化学键有密切关系。由于晶体具有格子状结晶结构，所以若矿物沿某方向具有解理，就不会只出现一个解理面，而是在该方向上有相互平行的一系列解理面，这一系列解理面称为一组解理。若矿物沿着两个或两个以上不同方向上同时具有解理，称两组或两组以上的解理。并且这些不同方向的解理面之间有一定夹角。

除硬度、解理、断口外，矿物的脆性、延展性、弹性和挠性等力学性质也分别对某些矿物的鉴定有意义。脆性是指矿物受力作用时容易破碎的性质，如岩盐、方解石等具脆性；延展性是指矿物在碾压或拉伸时分别容易成为薄片或细丝的性质，如自然金、自然铜等具延展性；弹性是指矿物在外力作用下弯曲变形，外力解除后又恢复原状的性质，如云母等矿物具弹性；挠性是指矿物受力弯曲变形，外力解除后不能恢复原状的性质，如绿泥石具挠性。

3.矿物的其他物理性质

1）比重

矿物的比重是指纯净、均匀的单矿物在空气中（一个大气压）的重量与同体积纯水在 4℃时重量之比，以 G 标记。矿物比重和密度的数值相等，但比重无量纲。根据比重大小，一般把矿物分为轻级矿物（比重小于 2.5）、中级矿物（比重为 2.5～4.0）和重级矿物（比重大于 4.0）。

2）磁性

矿物的磁性是指矿物晶体在外磁场中被磁化时所表现的性质。包括矿物被外磁场所吸引、排斥以及被磁化的矿物对外界产生磁场等。在矿物的手标本鉴定过程中，通常根据矿物粉末能否被普通磁铁吸引，将其分为磁性矿物和无磁性矿物。

3）放射性

含放射性元素矿物自发地放出粒子或射线，同时释放能量，这种性质称放射性。通常将含有放射性元素的矿物叫作放射性矿物。也有人只将主要由放射性元素组成的矿物（如晶质铀矿 UO_2、方钍矿 ThO_2 等）称为放射性矿物，将含有少量放射性元素的矿物（如锆石、独居石等）称为含放射性元素矿物。

除此之外，矿物的其他性质还包括导电性、介电性、压电性、焦电性等电学性质。

（三）矿物的分类及鉴定

1.矿物的分类

根据矿物的化学成分和晶体结构，可将矿物分为如下五大类：

（1）自然元素矿物：如金、金刚石、石墨、硫黄、铜、银、汞等。

（2）硫化物及其类似化合物：如黄铁矿、黄铜矿、方铅矿、闪锌矿等。

（3）氧化物和氢氧化物：如赤铁矿、磁铁矿、软锰矿、石英等。

（4）含氧酸盐矿物：如石膏、重晶石、方解石、白云石、长石、云母、辉石、角闪石、橄榄石等。

（5）卤化物：如石盐、萤石等。

2.矿物的鉴定

已知矿物有 3000 种左右。但岩石中常见的造岩矿物种类有限。现择主要的简介如下。

（1）石墨。俗称黑铅，分子式为 C，常为鳞片状集合体，有时为块状或土状。铁黑色到钢灰色，条痕为黑色。不透明。金属光泽。有一组极好解理，易劈开成薄片。硬度 1～2，指甲可刻划。可污手，有滑感。比重为 2.09～2.23。电的良导体。耐高温。不溶于酸。纯净者少，常含有一定数量的各种杂质。

石墨用于制作冶金用坩埚、润滑剂、电极、防腐油漆颜料、铅笔芯和原子反应堆中的中子减速剂等。

(2)黄铁矿。分子式为 FeS_2，大多呈块状、粒状集合体，还有球状结核体，也有发育成立方体单晶者。立方体表面上具条纹，晶面上条纹互相垂直(图 1-14)。浅铜黄色，表面常有斑点状黄褐色的锖色，条痕为绿黑或褐黑色。不透明。金属光泽。硬度 6～6.5。性脆，参差状断口。比重 5。导电性良好。无磁性。含硫达 53.45%。黄铁矿为提取硫、制硫酸的主要矿物原料。此外，有时可以提取混入的其他元素。

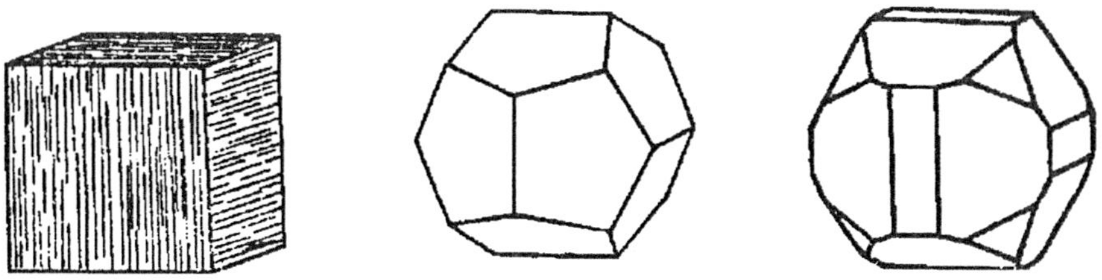

图 1-14　黄铁矿的晶形及晶面条纹

(3)黄铜矿。分子式为 $CuFeS_2$，常呈致密块状或分散粒状集合体，完好晶形极少见。铜黄色，条痕为绿黑色。金属光泽。不透明。硬度为 3.5～4。比重 4.1～4.3。性脆。导电性良好。无磁性。黄铜矿以颜色较深且硬度小可与黄铁矿相区别。黄铜矿为提取铜的重要矿物之一。

(4)赤铁矿。分子式为 Fe_2O_3，晶形完好的晶体呈板状及片状(图 1-15)，但极少见。集合体常呈致密块体，隐晶质、胶状者常呈鲕状、豆状及肾状。具有晶形者为钢灰色至铁黑色，隐晶质或粉末状者呈红色。条痕为樱红色或红棕色。不透明。半金属光泽。硬度 5.5～6.5，为粉末状隐晶质时硬度降低。性脆。无解理。比重 5.0～5.3。一般无磁性，有时具弱—中等磁性。大多数赤铁矿为中等导电性。赤铁矿为炼铁的主要矿物之一。鲕状、肾状者俗称丁头赭石，可入中药。

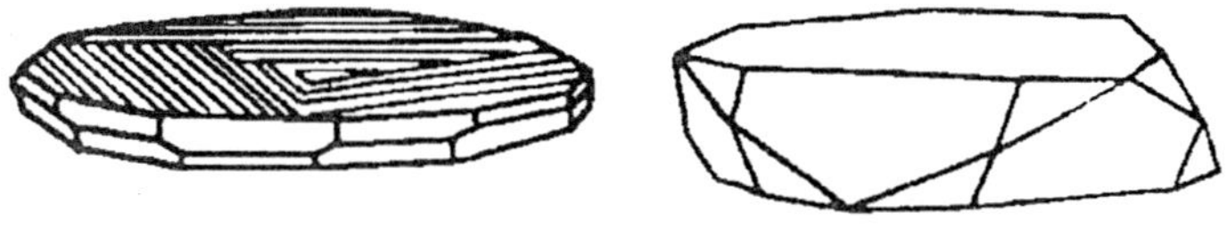

图 1-15　赤铁矿的晶形及晶面花纹

(5)磁铁矿。分子式为 Fe_3O_4，集合体通常为致密块状体，或呈分散粒状及细脉状，完好晶形为八面体及菱形十二面体(图 1-16)。铁黑色，条痕为黑色。不透明，半金属光泽至金属光泽。硬度为 5.5～6。性脆，无解理。比重 4.52～5.20。具强磁性。导电性良好。磁铁矿是炼铁的主要原料之一。

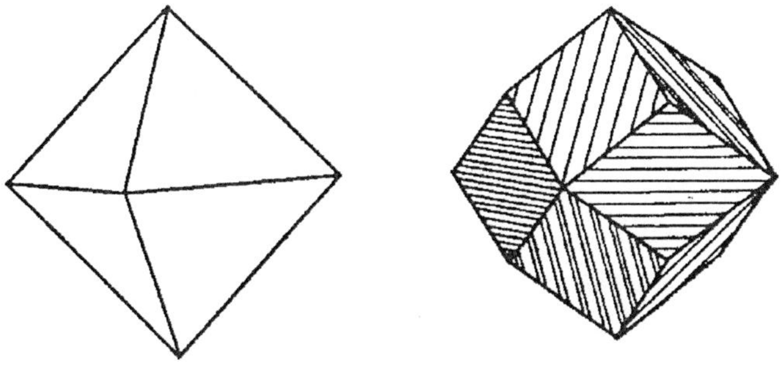

图 1-16　磁铁矿的晶形及晶面花纹

(6)褐铁矿。实际上不是一种矿物而是多种矿物的混合物，主要成分是含水的氧化铁($Fe_2O_3 \cdot nH_2O$)，并含有泥质及二氧化硅等。矿物颗粒很细，肉眼难以区别。常呈肾状、钟乳状、葡萄状、结核状、鲕状等胶态集合体和似胶态条带状或土状、疏松多孔状等集合体产出。浅褐至褐黑色，粉末状者显浅黄褐色。硬度 1～4。比重不定(一般 3.3～4.0)。导电性中等至劣等。具弱磁性。可作炼铁的矿石原料。

(7)石英。分子式为 SiO_2，完好晶体很常见，通常呈六方柱状，在柱面上常具横纹(图 1-11)。集合体有晶簇状、不规则粒状、致密块状脉石英。纯净的石英无色透明，称为水晶。脉石英呈白色、乳白色、灰色。石英因含杂质可呈各种色调，如含 Fe^{3+}呈紫色。玻璃光泽，断口为油脂光泽。无解理，贝壳状断口。硬度 7。比重 2.65。电的不良导体。无磁性。具有压电性。

隐晶质的石英称为石髓(玉髓)，常呈肾状、钟乳状及葡萄状等集合体。一般为浅灰色、淡黄色及乳白色，偶有红褐色及苹果绿色。微透明。具有多色环状条带的石髓称为玛瑙。大而纯净的单体石英可制作压电石英片及光学仪器的部件。块大而无裂隙的玉髓可用于制作玛瑙乳钵及某些仪表的轴承等零件，还可作宝石、雕刻材料。质纯的石英砂可作玻璃和陶瓷原料等。

(8)萤石。分子式为 CaF_2，晶形常呈完好的立方体(图 1-17)，集合体为粒状、致密块状。常呈各种颜色，有紫红、蓝、绿和无色等。透明。玻璃光泽。硬度 4。四组完全解理。性脆。比重 3.18。受热时发出淡紫色磷光。无磁性。劣导电性。

萤石主要用作炼铁熔剂。也用作玻璃工业和制取氟化物的原料。无色(或色浅)透明。结晶完好的萤石，可磨制光学仪器元件。色彩鲜艳者可作工艺品原料。

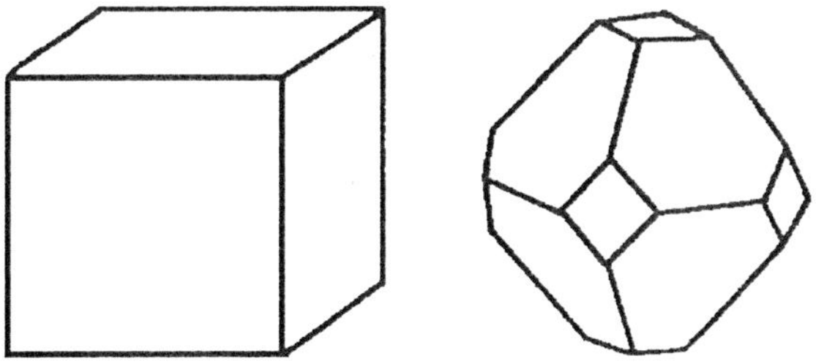

图 1-17　萤石的晶形

(9)石盐。分子式为 NaCl，常见完好立方体晶形。集合体为粒状、块状、球状、盐华状等。纯净者无色透明，但常因含各种杂质而呈灰、黄、红、蓝、褐、黑等色。玻璃光泽，风化后呈油脂光泽。硬度为 2。性脆。三组解理完全。比重 2.1～2.2。易溶于水。味咸。固体不导电。广泛作为食料和防腐剂。可提取金属钠、制盐酸和其他多种化工原料。

(10)方解石。分子式为 $CaCO_3$，常呈现晶形完好的晶体。晶形复杂(图 1-18)，多为各种菱面体和六方柱体。常见集合体有晶簇状、致密块状、鲕状、钟乳状、泉华状、多孔状及土状等。质纯者无色透明或白色，玻璃光泽。三组菱面体解理完全。性脆。硬度为 3。比重 2.6～2.8。劣导电性。无磁性。遇冷稀盐酸剧烈起泡。

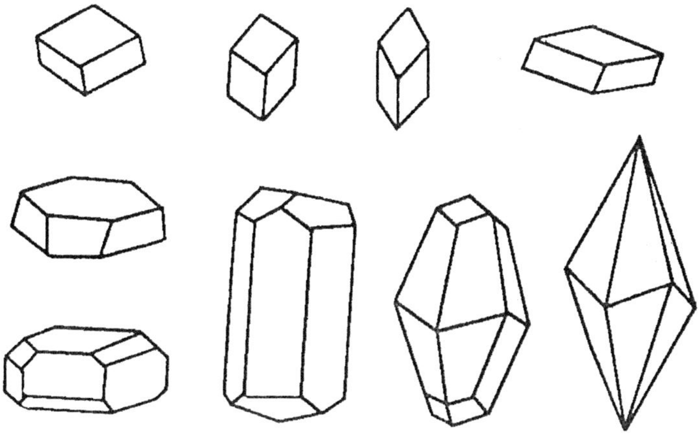

图 1-18 方解石的晶体外形

由方解石组成的石灰岩、大理岩、白垩等岩石，广泛用于化工、冶金、建筑等工业部门，如烧石灰、冶炼矿石的熔剂、制水泥和提取碳酸。纯度高的石灰岩是塑料、尼龙的重要原料。纯净透明的方解石叫冰洲石，具有双折射现象，如无裂隙和双晶，大于 2.5cm×1.2cm×1.2cm 时，为贵重的光学材料。方解石还可作为提高钻井液密度的加重剂。大理岩可作雕刻和建筑石材。

(11)白云石。分子式为 $CaMg[CO_3]_2$，单晶为菱面体，晶面常弯曲成马鞍形。集合体常呈粒状、致密块状。纯者为白色，含铁者为灰色，微带浅黄、浅褐、浅绿色调。玻璃光泽。硬度为 3.5～4。比重 2.85。三组完全解理，解理面常弯曲。性脆。劣导电性。无磁性。遇冷盐酸起泡不剧烈，加热则剧烈起泡。白云石主要作为冶金工业用耐火材料、熔剂，并可作建筑材料和玻璃、陶瓷的配料。

(12)硬石膏。分子式为 $CaSO_4$，单晶呈等轴状或厚板状。集合体常呈块状或粒状，有时呈纤维状。纯净者透明。无色或白色，常因含杂质而呈暗灰色。玻璃光泽，解理面显珍珠光泽。硬度 3～3.5。比重为 2.9～3.0。三组互相垂直的解理，解理完全。无磁性，劣导电性。用于造型塑像、医疗、造纸等方面，用量最大的是水泥工业。

(13)石膏。分子式为 $CaSO_4 \cdot 2H_2O$，完好晶形常呈板状、片状，少数呈柱状、针状、粒状(图 1-19)。集合体多呈致密块状或纤维状，还有土状、片状。通常为白色及无色，由于含不同杂质被染成灰、浅黄、浅褐等色。条痕为白色。玻璃光泽，解理面呈珍珠光泽，纤维状石膏呈丝绢光泽。硬度为 2。具一组极完全解理和两组中等解理。解理片具挠性。比重 2.317。无磁性。劣导电性。

石膏中透明而呈月白色反光者称透明石膏，纤维状者称纤维石膏，细粒状者称雪花石膏。石膏主要用于制水泥、塑造模型、医药及肥料等。农业上可用石膏粉来改良碱性土壤。极纯的透明晶体用于光学仪器上。

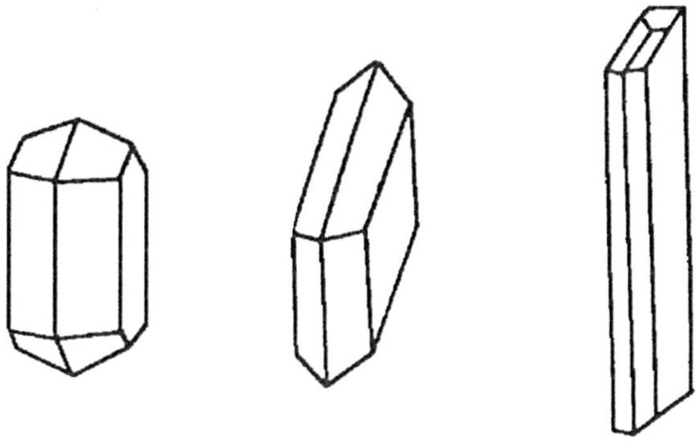

图 1-19 石膏的晶形

(14)重晶石。分子式为 $BaSO_4$，完好晶形常呈板状、柱状(图 1-20)，少数情况下呈粒状。集合体为板状、少数呈致密块状。纯净的晶体为无色透明。一般呈白色、灰色，可因含杂质而被染成黄白色、浅黄色、淡红色、淡褐色等。条痕为白色。玻璃光泽，解理面呈珍珠光泽。三组解理完全。硬度为 3～3.5。比重 4.3～4.5。无磁性。劣导电性。

重晶石用于提取钡的原料。在钻井液中作加重剂。制无机农药。利用重晶石具有吸收 X 射线的性能，用于代替铅板。重晶石还可应用于玻璃、陶瓷、焰火、制革、制糖、造纸、橡胶、炼油等工业方面。

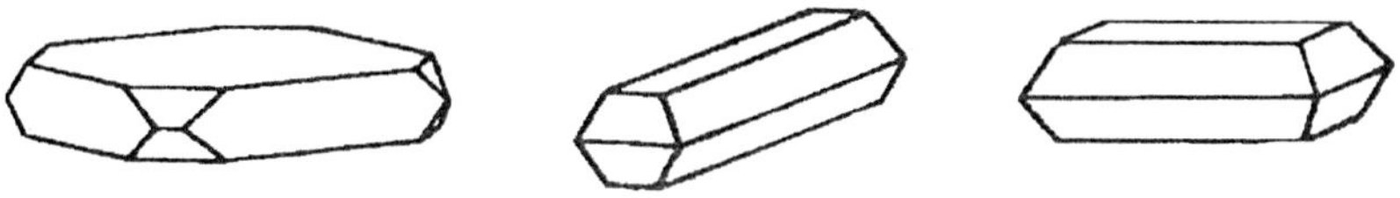

图 1-20 重晶石的晶体形态

(15)磷灰石。分子式为 $Ca_5[PO_4]_3\cdot(F, Cl, OH)$，晶形完好者呈六方柱状、板状，集合体为粒状、致密块状，由表生作用形成者呈纤维状、土状和结核状。纯净者为无色透明，一般呈浅的黄、褐、绿、黄褐、褐红、紫等色。沉积岩中形成的磷灰石，因含有机质染成深灰色到黑色。玻璃光泽，断口呈油脂光泽。硬度为 5。断口参差状。

比重为 3.18～3.21。无磁性。劣导电性。主要用于制造磷肥，还可提取纯磷、制磷酸及各种磷酸盐的原料。

（16）橄榄石。分子式为 $(Mg，Fe)_2 \cdot SiO_4$，晶形完好者少见，为短柱状、厚板状（图 1-21）。一般呈他形粒状晶体。浅黄、黄绿至黑绿色，随着铁的含量增加而颜色变深。透明。玻璃光泽，含铁多时近金刚光泽。贝壳状断口，断口油脂光泽。硬度 6.5～7。比重 3.3～3.5。劣导电性。具弱磁性。橄榄石用于耐火砖的原料。色彩鲜艳的橄榄石晶体可作宝石。

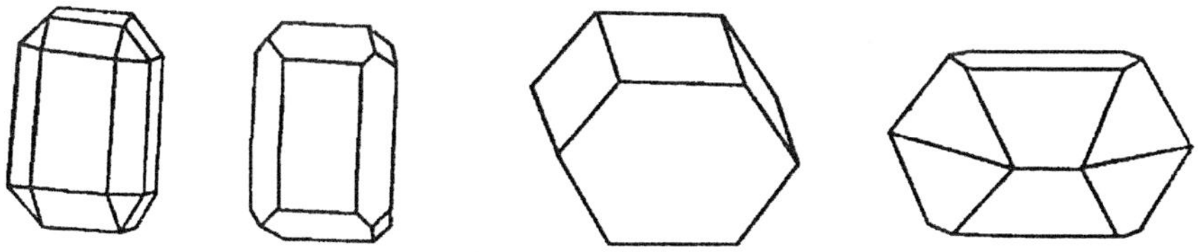

图 1-21　橄榄石的晶体形态

（17）普通辉石。分子式为 $Ca(Mg，Fe^{2+}，Fe^{3+}，Ti，Al)[(Al，Si)_2O_6]$，晶体常呈短柱状（图 1-22）。多为粒状，集合体常为致密块状—粒状。黑绿色，少数为褐、灰褐色。含钛高时呈现紫色色调。两组柱面解理，夹角 87°（93°）。硬度 5～6。比重 3.43～3.60。劣导电性。弱磁性。

普通辉石本身无实用价值，仅具地质上的意义。

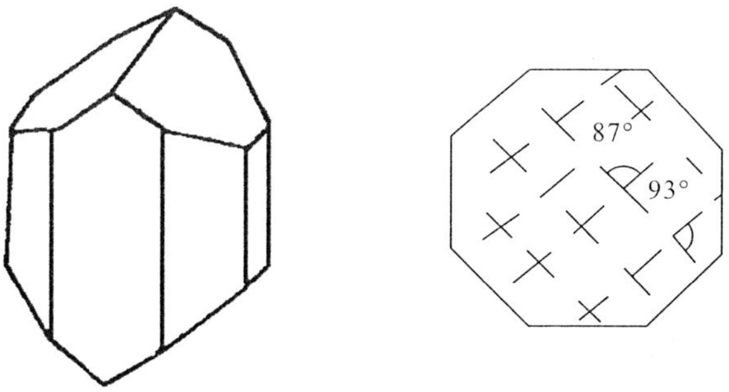

图 1-22　普通辉石的晶形及横截面和解理

（18）普通角闪石。分子式为 $Ca_2Na(Mg，Fe^{2+})_4(Al，Fe^{3+})[(Si，Al)_4O_{11}]_2(OH)_2$，晶体呈长柱状，有时呈纤维状集合体。单体的横截面为菱形或近菱形的六边形（图 1-23）。暗绿—绿黑色，有时为褐色。玻璃光泽。透明至半透明。两组斜方柱解理中等至完全，其夹角 56°（124°）。硬度 5.5～6。比重 3.0～3.4。劣导电性。具弱磁性。

普通角闪石不具实用价值，在矿物学、岩石学等方面的理论意义较大。

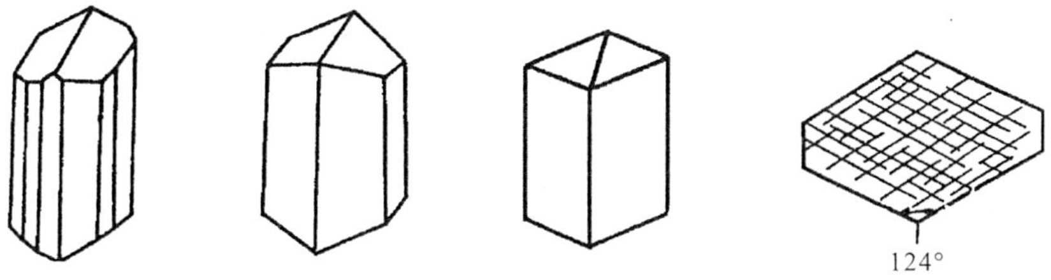

图 1-23　普通角闪石的晶形及横截面和解理

(19)白云母。分子式为 $KAl_2[AlSi_3O_{10}](OH)_2$，一般呈片状、鳞片状集合体，亦有板状集合体，单体呈扁平的假六方柱(板状)。具有丝绢光泽，呈细小鳞片状集合体产出的白云母称绢云母。一般无色透明。因含不同的杂质，带不同色调。含铬或含铁时带绿色，含锂时带玫瑰色，含少量锰而不含 Fe^{2+}时呈茶色，含 Fe^{3+}时显浅黄、褐色，同时含有 Fe^{3+}和 Ti 呈红色。玻璃光泽，解理面呈珍珠光泽。一组解理极完全，薄片具弹性。硬度 2.5～3。比重 2.76～3.10。劣导电性。无磁性。易溶于酸。作为绝缘材料广泛应用于电器工业上。

(20)黑云母。分子式为 $K(Mg, Fe)_3[AlSi_3O_{10}](OH, F)_2$，一般呈片状、鳞片状集合体，亦有板状集合体，单体呈扁平的假六方柱(板状)。一般颜色较深，呈深褐色、黑色，有时带有红色或绿色。透明。玻璃光泽。一组解理极完全，薄片具弹性。硬度 2.5～3。比重 2.7～3.3。劣导电性。具中等至弱磁性。

(21)滑石。分子式为 $Mg_3[Si_4O_{10}](OH)_2$，晶体微细，呈六方或菱形板状。通常呈致密块状、鳞片状、纤维状等集合体。纯者为白色或灰白色。玻璃光泽。一组解理极完全。解理面呈现珍珠光泽晕彩。致密块状者呈贝壳状断口。硬度为 1。富有滑腻感。解理薄片具挠性。比重 2.58～2.83。劣导电性。无磁性。耐热、耐酸。滑石广泛应用于造纸、陶瓷、橡胶、油漆、染料、铸造等工业。

(22)高岭石。高岭石一名来自我国江西省景德镇的高岭(山名)，因该地所产高岭土质地优良，在国内外久负盛名。高岭石为高岭土的主要组成矿物，但在高岭土中选出单纯的高岭石是很困难的。因此，常把以高岭石为主要成分的高岭土作为研究对象。

分子式为 $Al_4[Si_4O_{10}](OH)_8$，多为隐晶质致密块状和土状集合体。在电子显微镜下可观察到其单体形态，呈六角形板状，书本状集合体。致密块状，为白色，有时含有各种杂质而带有浅黄、浅褐、红、绿、蓝等色调。土状光泽。干燥的土状块体易捏碎成粉末。干燥时有吸水性(粘舌)，潮湿后有可塑性，但不膨胀。比重 2.61～2.68。

颜色白，不含砂粒，较纯的高岭土是陶瓷的主要原料(俗称白土、陶土)；在造纸、橡胶工业中作填充原料。油气层中高岭石颗粒大而附着力弱，常常因运移堵塞孔喉而降低渗透率。

(23)蒙脱石。又称微晶高岭石或胶岭石。分子式为 $Na_2Al_2[Al_2Si_{4-x}O_{10}](OH)_8 \cdot 4H_2O$，成分复杂，变化不定。常呈土状隐晶质块体，有时呈细小鳞片状集合体。白色，有时为浅灰、粉红、浅绿色。含铁高的绿高岭石为黄绿色、褐绿色。土状光泽，致密块状者显蜡状光泽。鳞片状者具一组完全解理，硬度2～2.5，比重2～2.7，柔软，有滑感。加水膨胀，体积增加几倍，并变成糊状物。具很强的吸附力和阳离子交换能力。劣导电性。无磁性。

利用其很强的吸附力，应用于石油工业和纺织工业。亦可应用于橡胶、肥皂、化妆品和造纸工业中作填充剂。蒙脱石是配制钻井液的好材料，但地层中蒙脱石也会因水化膨胀而造成井塌和油层损害。

(24)伊利石。分子式为 $K_{1\sim1.5}Al_4[Si_{6.5\sim7}Al_{1\sim1.5}O_{20}](OH)_4$，伊利石呈显微或超显微的鳞片状。在电子显微镜下，常呈不规则的集合体，类似蒙脱石。个别鳞片成六方形，大小为1～3μm。纯者白色，因杂质而染成黄、绿、褐色。块状体可呈油脂光泽。硬度为1～2。具一组解理。比重2.6～2.9。可作为配制钻井液的材料。

(25)绿泥石。分子式为 $(Mg, Al, Fe)_6[(Si, Al)_4O_{10}](OH)_8$，单晶呈假六方片状或板状，但很少见。集合体常呈鳞片状和隐晶质。呈各种不同深浅的绿色，含铁多者色深。透明。玻璃光泽，解理面呈珍珠光泽，隐晶质集合体呈蜡状光泽至油脂光泽。一组解理极完全。硬度为2～2.5。比重为2.68～3.40。无磁性至弱磁性。硬度、比重、磁性随含铁量增高而增大。当绿泥石大量积聚时可作铁矿石加以利用。绿泥石对油气层的最大危害是对酸的敏感性。

(26)斜长石。分子式为 $K[AlSi_3O_8]$，通常呈板状及板柱状晶体，在岩石中常呈板状或不规则粒状。一般为白色，或带灰、浅红、浅绿、浅黄等色调。玻璃光泽。硬度为6～6.5。两组解理完全，彼此近于正交。比重为2.61～2.75，劣导电性。无磁性。斜长石可作为玻璃工业的原料。

(27)正长石。分子式为 $(100-n)Na(AlSi_3O_8) \cdot nCa(Al_2Si_2O_8)$，单晶体常为柱状或板柱状(图1-24)。常为肉红色、粉红色、浅黄或褐黄色以及白色等。无色透明的低温亚种称为冰长石。透明。玻璃光泽。两组解理，彼此正交，一组完全，一组中等。硬度为6。比重2.56～2.58。劣导电性。无磁性。主要用于陶瓷工业和玻璃工业，富含钾长石的岩石，可作为制作钾肥的原料。

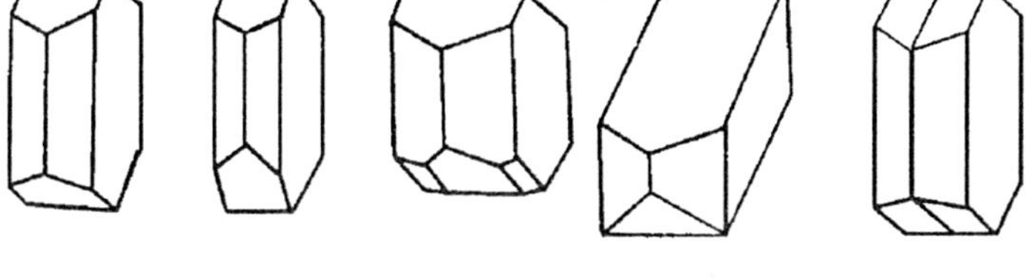

图1-24 正长石的晶体形态

三、岩石

岩石(rock)是矿物的天然集合体，它是地壳的直接组成部分。有些岩石是由一种矿物组成的，如纯洁的大理岩完全由方解石组成；但是大多数岩石都是由两种或两种以上的矿物组成的。地壳中的岩石种类较多，按其成因主要包括岩浆岩、变质岩和沉积岩三大类，在地表，沉积岩的覆盖面积占地球表面总面积的 75%，岩浆岩和变质岩仅占 25%。但就整个地壳而言，沉积岩仅占地壳总体积的 5%，岩浆岩和变质岩却占了 95%，说明由地表向地下沉积岩的分布逐渐减少。

第四节 地 质 作 用

一、地质作用的概念和类型

(一)地质作用的概念

地质作用(geological processes)是引起岩石圈或地球的物质组成、内部结构和构造及地表形态发生变化的作用。引起地质作用的自然力称为地质营力，而传播能量的媒介称为介质。地质作用一方面对已有矿物、岩石、地质构造和地表形态等进行改造和破坏；另一方面又不断形成新的矿物、岩石、地质构造和地表形态。

(二)地质作用的类型

任何地质作用都要消耗能量，按照能量的来源不同，地质作用分为内动力地质作用和外动力地质作用。内动力地质作用(endogenic geological process)是由地球内部的能量引起的、作用在整个地壳甚至整个岩石圈的地质作用，其能量来源主要包括地内热能、重力能、地球旋转能、化学能和结晶能等。外动力地质作用(exogenic geological process)是由地球以外的能量引起的、作用在地壳表层的地质作用，其能量来源主要包括太阳辐射能、潮汐能、生物能等。

表 1-4 地质作用分类表

地质作用	内动力地质作用	构造运动
		岩浆作用
		变质作用
		地震
	外动力地质作用	风化作用
		剥蚀作用
		搬运作用
		沉积作用
		沉积后作用(固结成岩作用)

根据地质作用能量的主要来源和作用的主要部位，内动力地质作用和外动力地质作用又可分出许多次一级的作用(表 1-4)。

二、内动力地质作用

内动力地质作用是由于地球的内热、地球自转与重力等能量所激发，并主要发生在地球内部的作用。内动力地质作用按其作用的不同可分为构造运动、岩浆作用、变质作用和地震四种类型。

(1)构造运动(tectonism)：又叫地壳运动，由地球内能引起的岩石圈(地壳)变形、变位的作用。按运动方向可分为水平运动与垂直运动。

(2)岩浆作用(magmatism)：是指岩浆的发育、运动及其冷凝固结成岩浆岩的作用。按其作用的部位分为侵入作用和喷出作用。由岩浆作用形成的岩石称为岩浆岩，岩浆岩又可分为侵入岩和喷出岩。

(3)变质作用(metamorphism)：基本处于固态的原岩，由于温度、压力及化学活动性流体的作用使矿物成分、化学成分或结构发生变化，称为变质作用。由变质作用形成的岩石称为变质岩。

(4)地震(earthquake)：地震是地下某处岩块中集聚的地应力突然释放引起的地壳快速颤动，是地壳运动的一种特殊表现形式。

地震是一种严重的地质灾害。地震的发源地称为震源，震源在地面的投影区称为震中，震中与震源之间的距离称为震源深度。按照震源深度的不同，地震可分为浅源地震(0～70km)、中源地震(70～300km)和深源地震(300～720km)。一般来说，浅源地震最多，约占地震总量的 72.5%，中源地震和深源地震相对较少。地震震级是表示震源释放能量大小的级别，释放的能量越大，震级也就越大，破坏能力也就越强。全球的地震带主要包括环太平洋地震带、地中海—喜马拉雅—印尼地震带、大洋中脊地震带、大陆裂谷地震带和大陆内部活动断裂地震带。我国位于环太平洋与地中海—喜马拉雅—印尼两大地震带交会的三角区内，加上境内分布着很多活动断裂带，因而地震活动较频繁。

三、外动力地质作用

外动力地质作用是由于大气、水和生物在太阳辐射、重力以及日月引力等能源的作用下所进行的各种作用，它们都发生在地球的表层。所以外动力地质作用又叫地表地质作用。外动力地质作用分为风化作用、剥蚀作用、搬运作用、沉积作用和固结成岩作用五种类型。

(1)风化作用(weathering)。地表岩石在大气、水、气温变化和生物等作用下发生机械崩解或化学分解，变为松散的碎块、碎屑直至土壤，并残留原地。

(2)剥蚀作用(denudation)。岩石在地表水、地下水、风、冰川、海洋等介质作用下被破坏，破坏的产物同时被剥离原地。

(3)搬运作用(transportation)。外动力把风化、剥蚀的产物搬运至其他地方的作用。

(4)沉积作用(sedimentation)。被搬运的物质到达合适的场所，由于介质条件的改变而发生沉积，形成松散堆积物的作用。

(5)沉积后作用(postdeposition)。松散沉积物固结变成坚硬岩石的作用。

上述是按照外动力地质作用发生的序列和性质划分的不同类型，也可按照地质营力作用的介质类型划分为河流地质作用、地下水地质作用、冰川地质作用、湖泊和沼泽地质作用、风力地质作用和海洋地质作用等。

复习思考题：

1.地球有哪些基本的物理性质？

2.简述地球内部圈层划分的依据和方案。

3.什么是岩石圈？组成岩石圈的主要岩石有哪些？

4.什么是克拉克值？地壳中含量最高的元素有哪些？

5.什么是矿物？肉眼鉴定矿物的主要依据有哪些？举例说明。

6.什么叫作地质作用？地质作用的能量来源有哪些？

7.什么是内动力地质作用？有哪些基本类型？

8.什么是外动力地质作用？有哪些基本类型？

第二章 岩浆作用与岩浆岩

岩浆岩(igneous rock)又叫火成岩，它是三大类岩石的主体，占地壳岩石体积的64.7%。它由岩浆冷凝形成，是岩浆作用的最终产物。岩浆作用(magmatism)是指岩浆的发育、运动及其冷凝固结成岩浆岩的作用。它包括喷出作用与侵入作用两个方面。

第一节 喷出作用与侵入作用

一、岩浆的概念及特征

在地下深处天然生成的，高温、高压富含挥发性组分的硅酸盐熔融物质称为岩浆，它是形成各种岩浆岩和岩浆矿床的母体。它的温度为 650～1400℃，一般为 800～1200℃。其成分除硅酸盐外，可含有少量碳酸盐、氧化物，并含有 1%～8%以水为主的挥发组分。岩浆一般产生于地下数公里到数十公里，在地下强大压力下，其中挥发物质主要呈溶解状态，部分呈气泡状态存在。

岩浆是具有较大黏性的流体。黏性的大小首先取决于岩浆的化学成分。岩浆的化学成分主要是两部分，一部分是硅和部分铝的氧化物，它们构成岩浆中的络阴离子，其基本形式为$[SiO_4]^{4-}$和$[AlSi_3O_8]^-$；另一部分是铁、镁、钙、钠、钾等金属离子构成的阳离子。Si、Al 的含量和 Fe、Mg、Ca 的含量互为消长，若 Si、Al 的含量较低时，有较多的阳离子游离在络阴离子周围，使后者较少联结成复杂的络阴离子，岩浆黏性就小一些；若 Si、Al 的含量较高时，因阴离子数量不足，较多的络阴离子通过共用Si^{4+}而相互联结，成为体积较大且结构复杂的络阴离子，它们妨碍岩浆自由变形，提高了岩浆的黏性。因此，岩浆中硅氧四面体或硅铝氧化物含量高，岩浆黏性就大。

温度是影响岩浆黏性大小的另一因素。岩浆的温度越高，其黏性越小；岩浆温度越低，其黏性越大。因此同种化学成分的岩浆因其温度不同，其黏性就有明显差异。

此外，岩浆中气泡与呈溶解状态的挥发物的多少也影响岩浆的黏性，气泡多者黏性大，气泡少者黏性小。

岩浆黏性的大小决定了火山喷发的猛烈程度。黏性越大，火山喷发越猛烈。

岩浆的化学成分对岩浆的性质及岩浆喷发特征起着决定性作用，而岩浆的 SiO_2 含量又具有关键意义。因此，一般根据 SiO_2 含量对岩浆进行分类：<45%，超基性岩浆；45%～52%，基性岩浆；52%～65%，中性岩浆；>65%，酸性岩浆。各类岩浆的特征见表 2-1。

表 2-1 岩浆分类及其特点

类型	SiO_2 含量/%	黏度	温度/℃
超基性岩浆	<45	小	
基性岩浆(玄武岩浆)	45～52	较小	1000～1200
中性岩浆(安山岩浆)	52～65	较大	900～1000
酸性岩浆(花岗岩浆)	>65	大	600～800

二、喷出作用

1.火山喷出物质

岩浆喷出地表的作用称喷出作用(eruption)，又称火山作用(volcanism)。喷出物的数量、大小及类型等多种多样，其化学成分也很复杂，但就其物态来讲，可分为气态、液态和固态三种。

1)气态物质

气态喷出物主要来源于岩浆中的挥发组分，少部分来自火山附近的围岩。其主要成分是水蒸气，含量一般占 70%～90%，此外，还有 CO_2、CO、NH_3、NH_4Cl、HF、H_2、HCl、S、N 等。气体的喷出一般是火山喷发的前导，并贯穿于火山喷发的始终，火山喷发的气体量往往很大。如 1912 年阿拉斯加的卡特曼火山喷发的气体中，仅盐酸就多达 1.25×10^6t，氢氟酸达 2.0×10^5t。

2)液态物质

火山喷出的液态物质又称熔岩(lava)(图 2-1)，它是喷出地面而丧失了气体的岩浆。熔岩因黏性不同其流动能力也不同，自火山口溢出后沿低洼地面流动，形成舌状的熔岩流(lava flow)，分布面积宽广的熔岩流，称为熔岩被。熔岩因黏性不同，其流动能力不等。黏性较小、流动性较强的熔岩多形成波状或绳状熔岩(pahoehoe)(图 2-2)；黏性较大、流动性较弱的熔岩常形成块状熔岩(massive lava)。黏性较小的岩浆喷出地表后在近喷出口的地方常形成波状或绳状熔岩，在远离喷出口的地方因熔岩温度较低、黏性增大可过渡为块状熔岩。地表熔岩可形成大面积高原，如印度德干高原，由玄武岩组成，厚 3000m，面积 $50\times10^4km^2$。

图 2-1 熔岩(夏威夷几劳亚火山)

图 2-2 绳状熔岩

3）固态物质

火山喷出的固态物质即为火山碎屑。火山碎屑按其直径大小可分为：火山灰、火山尘，直径 0.05～2mm；火山砾、火山砂，直径 2～100mm；火山弹，直径>100mm（图 2-3）。这些固态的火山碎屑，经固结成岩后，形成各种火山碎屑岩。

火山喷出的火山灰可扩散到高空，长期悬浮，甚至随风漂移到数千米之外才逐渐堆积下来。如 2010 年 4 月，由于冰岛火山喷发产生的大量火山灰在欧洲上空弥漫，导致欧洲航空系统混乱。

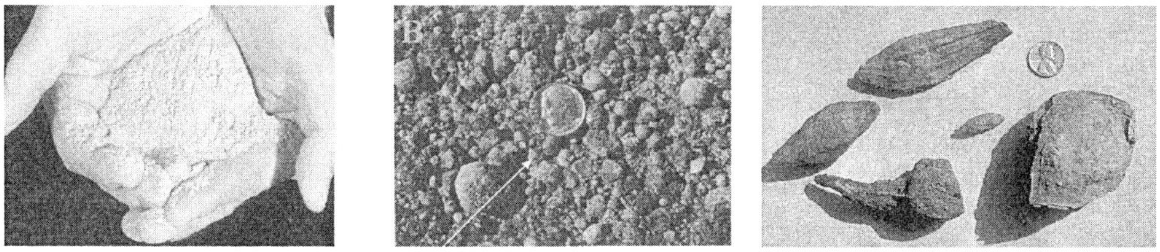

(a) 火山灰　(b) 火山砾　(c) 火山弹

图 2-3　火山固态喷出物

较粗的固态喷出物及熔岩一般就地堆积，在地面形成一个锥形山，称火山锥（volcanic cone）。锥顶常为大漏斗地形，是火山物质喷溢的出口，称火山口（crater）。连接火山口与地下岩浆源区-岩浆房的通道，称火山通道（volcanic vent）。火山通道上部已经冷凝的筒状熔岩，称火山颈（volcanic neck）。如新墨西哥舰崖是最著名的火山颈，高约 450m，如图 2-4。

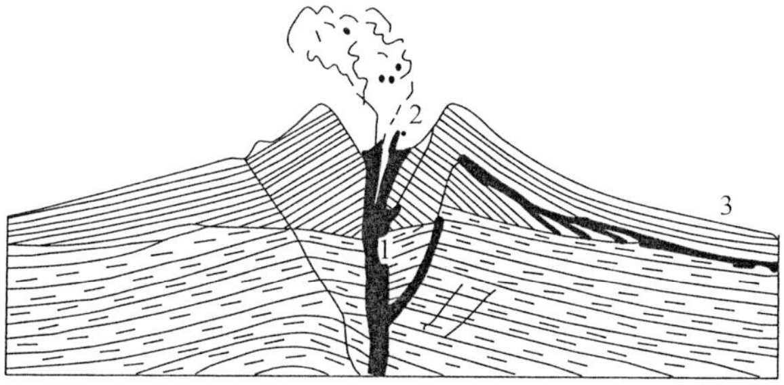

图 2-4　火山构造示意图

1.火山通道和火山颈；2.火山口；3.火山锥

2.火山活动

自古以来，人们就注意到火山活动的现象。黑龙江省德都县五大连池共有 14 座火山，其中有两座火山-火烧山和老黑山，曾于康熙五十八年和五十九年（1719 年和 1720 年）有过喷发活动。由于这次喷发，熔岩堵塞了附近的白河河道，形成了五个湖泊，称为五大连池。

火山喷发方式主要有两种：中心式喷发(central eruption)和裂隙式喷发(fissure eruption)(图 2-5、图 2-6)。前者是岩浆沿管状通道上涌，从火山口中喷出，其火山锥在平面上多呈圆形或椭圆形；后者是岩浆沿地壳中狭长裂缝(断裂带)喷出，其火山锥的形态通常是不典型的。

火山喷发是火山快速释放物质的过程；而物质的补充，即地下岩浆物质与能量的储集则需要一定的时间。因此火山喷发表现出间歇性和阶段性，喷发间歇期长短不一；有的数年，有的数十年、数百年甚至更长。意大利埃特纳火山是欧洲最大的活火山，它平均不到四年喷发一次。2007 年初以来，其活动更频繁，至同年 4 月 5 日止，已喷发三次。圣海伦斯火山是经过了 123 年间歇后于 1980 年再次活动的。

图 2-5　海底中心式喷发的火山

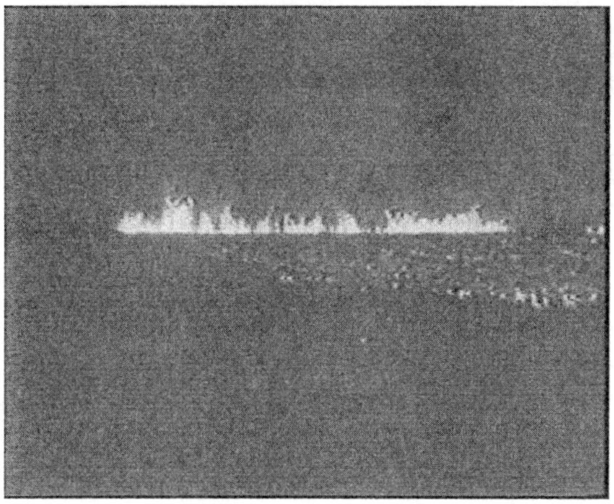

图 2-6　裂隙式喷发的火山

无论间歇期多长，凡是在人类历史时期有过活动的火山，都称为活火山(active volcano)，在人类历史中未曾喷发过的火山，则称为死火山(extinct volcano)。

地球上已知的活火山约 518 座，集中在以下几个地带：

(1)环太平洋火山带：从南北美洲西岸、阿拉斯加西岸，经阿留申群岛、堪察加半岛、日本群岛、菲律宾群岛到新西兰，这一火山带上有活火山 300 余座，占全球活火山数的 60%以上。

(2)地中海—印度尼西亚火山带：这一带共有活火山 70 余座，其中地中海沿线有 13 座，印度尼西亚有 60 余座。这一火山带喷发的岩浆性质从基性到酸性都有，不同的火山表现不同，同一火山的不同喷发阶段也有变化。

(3)洋中脊(ocean ridge)火山带：它分布于大西洋、太平洋及印度洋的洋中脊部位。有的火山在水下喷发，有的火山已出露水面，成为火山岛。洋中脊是绵延全球各大洋洋底的山脉，发育火山活动与地震。洋中脊带有活火山 60 余座，其中，太平洋中有 15 座，大西洋中有 22 座，冰岛及扬马延岛上有 22 座，印度洋中有 4 座。

(4)红海沿岸与东非火山带：该火山带有活火山 22 座。应该指出的是，某些死火山锥体保存十分完好，有的还在冒气。它们很可能在几千年前喷发过，据不完全统计，其数量有 750 座。

我国活火山有限，形成于第四纪，主要见于台湾及东北。火山地形保留完好的死火山则广泛分布于内蒙古、山西、云南、长江中下游、海南岛、广东等地区。

三、侵入作用

深部岩浆向上运移，侵入周围岩石而未到达地表，称为侵入作用(intrusion)。岩浆在侵入过程中变冷、结晶而形成的岩石叫侵入岩(intrusive rock)。侵入岩是被周围岩石封闭起来的岩浆固结体，故又称侵入体(intrusive body)。包围侵入体的原有岩石称为围岩(country rock)。

侵入体形成深度不一可分为深成侵入体(深度大于 10km)、中深成侵入体(深度 3～10km)和浅成侵入体(深度小于 3km)。

1.侵入岩的产状

侵入岩的产状(occurrence)，是指其形态、大小、展布方向及其与围岩的关系。由于岩浆冷凝的深度、岩浆的规模与成分，以及围岩的产出状态不同，因此侵入岩有多种产状(图 2-7)。

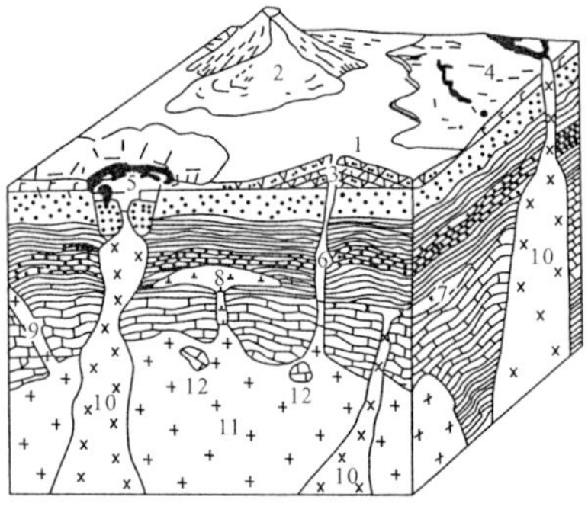

图 2-7　侵入岩体与喷出岩体产状示意图
1.火山锥；2.熔岩流；3.火山颈；4.熔岩被；5.破火山口；6、9.岩墙；7.岩床；8.岩盘；10.岩株；11.岩基；12.捕虏体

图 2-8　岩浆岩中的岩墙(四川旺苍)

1) 岩墙(dyke)、岩脉

呈狭长形的侵入体。当围岩是成层的岩石时，它切割围岩的成层方向。其规模变化大，宽由数厘米(或更小)到数十米(或更大)，长由数米(或更小)到数千米或数万米(或更大)。它是岩浆沿围岩的裂缝挤入后冷凝形成的(图 2-8)。

2) 岩床(sill)

围岩为成层的岩石，岩浆顺围岩的层间空隙挤入、扩展后冷凝，固结成岩。侵入体呈层状或板状，其延伸方向与围岩层理平行。厚度常为数米到数百米。岩浆的成分常为基性。其规模差别很大。

3）岩盆（lopolith）和岩盖（laccolith）

围岩为近水平延伸的成层岩石，侵入体的展布方向与围岩的成层方向大致吻合。若侵入体中间部分略下凹，似盆状，称为岩盆；若侵入体是底平上凸的盖状或蘑菇状，称为岩盖。岩浆的成分多为中酸性。

4）岩株（stock）

横截面积为数十平方千米以内的侵入体。其形态不规则，与围岩的接触面不平直，边缘常有规模较小、形态规则或不规则的分支侵入体贯入围岩。岩株的岩浆成分多样，以酸性和中性常见。

5）岩基（batholith）

规模极大的侵入体。其横截面积常达数百到数千平方千米。形态不规则，通常略沿一个方向伸长，边界弯曲，其边缘常以较小规模的岩脉或岩株形式穿插到围岩中。岩基主要由花岗岩组成，因此又称花岗岩岩基。往往是地壳在断裂引张力的持续作用下，通过多次侵入作用完成的。

2.岩浆的演化

从岩浆侵入活动开始，即形成、向上运移直至冷凝成岩的结束，是一系列物理、化学性质的演化过程。在这个过程中，围岩浆挤入围岩向上运移，同时将热量传给围岩，本身温度降低，引起矿物的结晶。

1）同化作用（assimilation）与混染作用（contamination）

岩浆在侵入过程中，岩浆熔化围岩，将围岩改变成为岩浆的一部分，称为同化作用。同化作用的规模和程度受岩浆的成分、温度、规模以及围岩的规模和性质控制。一般来说，岩浆如温度高、规模大而围岩属于熔点较低的岩石，且规模较小，同化作用就易于广泛发生。岩浆如果温度较低、规模较小，且围岩性质偏基性，就难以发生同化。此外，如果围岩破碎，则碎块易混入岩浆，就将促进同化作用的发生。混入岩浆中的围岩碎块可以完全被熔化，也可以部分被熔化。部分未熔化的围岩碎块称捕虏体或俘虏体（xenolith）（图 2-9），其大小不等，直径可超过数十米，也可以是数厘米。多见于侵入体的边缘。

图 2-9　花岗岩中的俘虏体（四川旺苍）

岩浆因同化围岩而改变自己原有的成分称为混染作用。同化和混染作用，是从两个侧面来描述同一作用过程，围岩被岩浆所同化，岩浆则被围岩所混染。岩浆正是在这种不断改变周围岩石成分与产状的过程中，同时不断地改变着自身的成分与结构，使岩浆作用呈现千变万化的复杂过程。

2)结晶分异作用(fractional crystallization)

一种成分的岩浆按矿物熔点的高低可依次结晶出不同成分的矿物，并依次形成不同种类的岩石。这种作用称结晶分异作用。

当岩浆缓慢冷却时，熔点高、密度大的矿物首先结晶。其中一部分晶体因密度大而沉入岩浆底部，或因其他原因从岩浆中分离出来，聚集成为熔点较高的岩石。另一部分未能沉入底部，或因某种原因从岩浆中分离出来，与剩余岩浆发生反应，致使岩浆成分发生部分变化。当这种岩浆继续冷却到适当温度时，又有相应熔点的矿物结晶并分离出来，形成熔点较低的岩石。类似作用不断发生，从而完成分离结晶过程。

美国岩石学家鲍温(N. L. Bowen)1922年通过实验证明了上述结晶分异的过程。实验表明，富含橄榄石成分的玄武岩浆，在其温度逐渐降低过程中，首先形成由橄榄石组成的超基性岩，继而形成由辉石与基性斜长石组成的基性岩-辉长岩，再后形成由角闪石与中长石组成的中性岩-闪长岩，最后形成由石英、黑云母、白云母、钾长石与酸性斜长石组成的酸性岩-花岗岩。

在岩浆结晶分异过程中，矿物是按两个系列结晶出来的。一个是连续反应系列，另一个是不连续反应系列。在连续反应系列中，通过反应，即部分先结晶出来的矿物同剩余岩浆之间发生作用，形成在化学成分上存在连续变化，而其内部结构无根本改变的一系列矿物，这就是钙长石、培长石、拉长石、中长石、更长石及钠长石系列。这个系列中的六种长石，总称为斜长石，其中更长石与钠长石常称酸性斜长石，拉长石、培长石及钙长石常称为基性斜长石。在不连续反应系列中，通过反应形成既有化学成分差异，也有内部结构显著改变的矿物，这就是橄榄石、辉石、角闪石及黑云母系列。最后，上述两系列又联合起来形成一个不连续的反应系列，依次结晶出钾长石、白云母和石英。它们总称为鲍温反应系列(图2-10)。

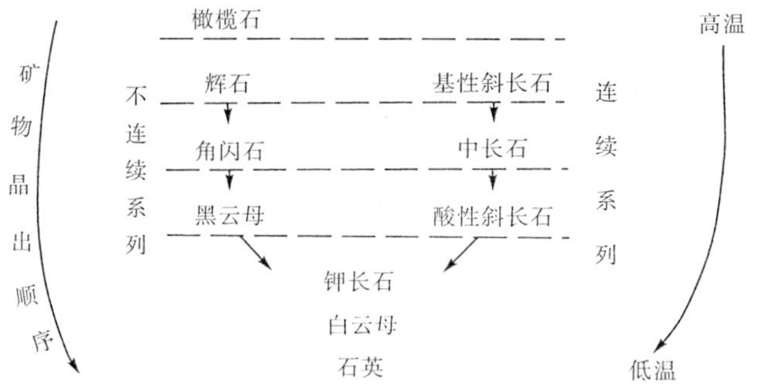

图2-10 鲍温反应系列

在上述矿物中，石英、钾长石以及各种斜长石，称为长英质矿物，其色浅，又称浅色矿物。黑云母、角闪石、辉石、橄榄石富含 Fe、Mg 成分，称为铁镁质矿物，其色深，常呈暗黑色，故又称暗色矿物。这两类矿物是构成火成岩的基本矿物。

分离结晶是存在的，某些中、酸性火成岩是由基性岩浆分离结晶形成的。但是，不能由此认为：原始岩浆只有玄武岩浆一种，所有火成岩都是通过玄武岩浆分离结晶而成的。事实上，很多花岗岩并不是由玄武岩浆分离结晶而成的。因此，鲍温反应系列只能代表矿物结晶顺序的一般规律，它不能解释岩浆结晶过程中的所有复杂现象。

第二节 岩浆岩的基本特征

一、岩浆岩的矿物成分

组成岩浆岩的矿物以硅酸盐矿物为主，其中最多的是石英、长石、黑云母、角闪石、辉石、橄榄石(其中石英属于氧化物)，占岩浆岩矿物总含量的 99%，所以这些矿物为岩浆岩的重要造岩矿物。其中颜色较浅的，称浅色矿物，因为以二氧化硅和钾、钠的铝硅酸盐类为主，又称硅铝矿物，如石英、长石等；颜色较深的，称暗色矿物，因以含铁、镁的硅酸盐类为主，又称铁镁矿物，如黑云母、角闪石、辉石、橄榄石等。

二、岩浆岩的结构

岩浆岩的结构(texture)是指岩石中矿物的结晶程度、颗粒大小、形状及矿物颗粒间的相互关系所表现出来的岩石特征。结构能反映岩浆结晶的冷凝速度、温度和深度。

影响岩浆岩结构的因素首先是岩浆冷凝的速度。冷凝慢时，晶粒粗大，晶形完好；冷凝快时，众多晶芽同时析出，彼此争夺生长空间，导致矿物晶粒细小、晶形不规则；冷凝速度极快时，形成非晶质。岩浆冷凝速度与岩浆的成分、规模、冷凝深度以及温度有关。

此外，岩浆中矿物结晶的先后顺序也是影响结构的重要因素。早结晶的矿物晶粒较粗，晶形好；晚结晶的矿物受空间的限制，晶粒细小，晶形不完整或不规则。

1.根据结晶程度划分

根据岩浆岩中矿物的结晶程度可分为全晶质结构、半晶质结构、玻璃质结构(图 2-11)。

(1)全晶质结构。岩浆在地下温度缓慢下降的条件下，从容结晶形成。多为深成侵入岩，如花岗岩。

(2)半晶质结构。岩石由结晶质和玻璃质两部分组成，多见于喷出岩和浅成侵入岩边缘，如安山岩。

(3)玻璃质结构。岩浆喷出地表温度骤然降低，来不及结晶形成。多为酸性喷出岩，如黑曜岩。玻璃质极不稳定，易产生玻化作用，逐渐转化为结晶物质。

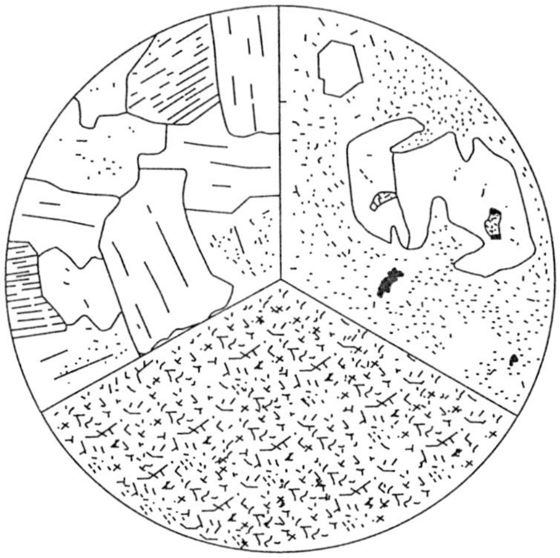

图 2-11 按结晶程度来分的三种结构示意图

左上：全晶质结构；右上：半晶质结构；下部：玻璃质结构

2.根据矿物颗粒大小划分

肉眼观察时可区分出显晶质结构和隐晶质结构。其中显晶质结构又可分为粗粒（粒径>5mm）、中粒（粒径 1～5mm）和细粒（粒径 0.1～1mm）。

3.依照矿物颗粒的相对大小划分

根据岩浆岩中矿物的相对大小划分为等粒、不等粒结构及斑状、似斑状结构。

（1）等粒结构。矿物颗粒大小大致一致。

（2）不等粒结构。岩石中同种主要矿物颗粒大小不等。如颗粒粒度依次降低，可称为连续不等粒结构。不等粒结构主要出现在浅成侵入岩中。

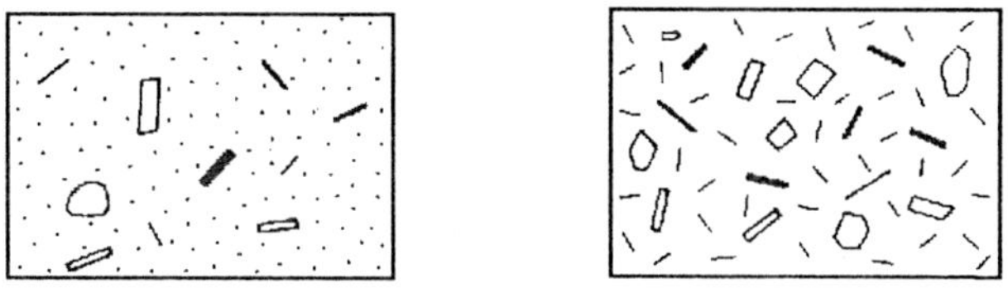

(a) (b)

图 2-12 斑状结构(a)与似斑状结构(b)

图中细点代表隐晶质或非晶质的基质，细短线代表显晶质的基质，粗大者为斑晶

（3）斑状结构和似斑状结构（图 2-12）。岩石中所有矿物颗粒可分成大小截然不同的两群，大颗粒分布在小颗粒之中，大颗粒称为斑晶（phenocryst），其晶形完整，是

在温度较高的深处慢慢结晶形成的；细小者称为基质(matrix)，其晶形多不规则，通常形成于冷凝较快的较浅的环境中。如果基质为显晶质，且基质的成分与斑晶的成分相同者，称为似斑状结构(porphyroid texture)；如果基质为隐晶质或非晶质者，则称为斑状结构(prophyritic texture)。

三、岩浆岩的构造

岩浆岩的构造(structure)是指岩石组成部分的排列方式及充填方式所表现出来的岩石特征。岩浆岩常见的构造有以下几种：

(1)块状构造(massive structure)。又称均一构造，其特点是组成岩石的矿物在整块岩石中分布是均匀的，岩石各部分在成分上或结构上都是一样的。这是一种分布最广的构造。

(2)气孔构造(vesicular structure)与杏仁构造(amygdaloidal structure)。岩浆喷溢地表，所含挥发性组分形成气泡，部分逸散大气中，部分因岩浆冷凝而保留在岩石中，形成气孔构造(图 2-13)。当气孔被岩浆期后矿物充填时，形成杏仁构造。充填物为方解石、石英、绿泥石等。气孔、杏仁构造是喷出岩特有的构造。

(3)流动构造(flow structure)。岩石中柱状或片状矿物或捕虏体彼此平行呈定向排列，表明岩浆一边流动一边冷凝。这种结构既可见于火山熔岩，也可见于侵入岩边缘。当火山熔岩中不同颜色、成分的条纹和拉长的气孔相互平行排列，称为流纹构造(rhyolitic structure)(图 2-14)，在酸性喷出岩中常见，流纹岩因此而得名。

图 2-13　气孔状构造

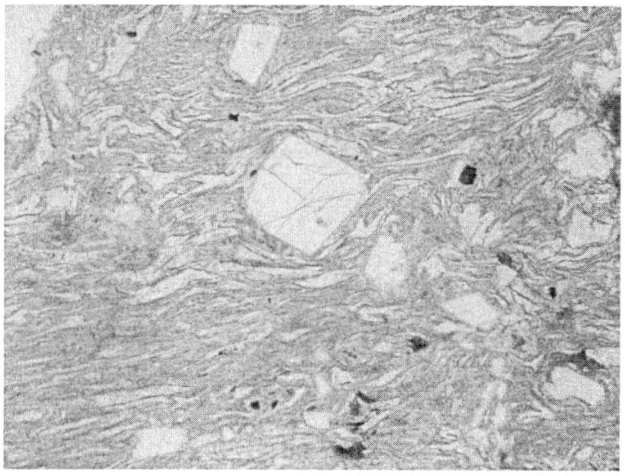

图 2-14　流纹构造[显微镜照片，(—)，×10]

(4)原生节理。岩浆侵入地壳表层或喷出地表冷凝时，因体积收缩，岩石产生裂缝，从而形成原生节理。如玄武岩中常见的柱状节理(图 2-15)。

(5)枕状构造(orbicular structure)。岩浆喷发在水下流动中形成的构造(图 2-16)。熔浆进入水中表面冷凝成硬壳，内部熔浆沿裂缝冲出硬壳继续流动，又冷凝而形成枕状体，底面较平，顶面上凸，且常有沉积物充填、胶结。枕状构造常见于基性喷出岩。

图 2-15 柱状节理(四川峨眉山)

图 2-16 枕状构造

(6)晶洞构造(miarolitic structure)。侵入岩中具有若干小型不规则孔洞构造，孔洞内常生有长晶体或晶簇，如石英(图 2-17)。一般认为是黏度很大的岩浆在冷凝收缩过程中形成的。常见于碱性花岗岩中。

(7)球状构造(orbicular structure)。岩石中矿物围绕某些中心呈同心层分布，外形呈椭圆状，各圈层中的矿物呈放射状分布(图 2-18)。这是岩浆中某些成分脉动式饱和结晶形成的，多发育在辉长岩和闪长岩中。

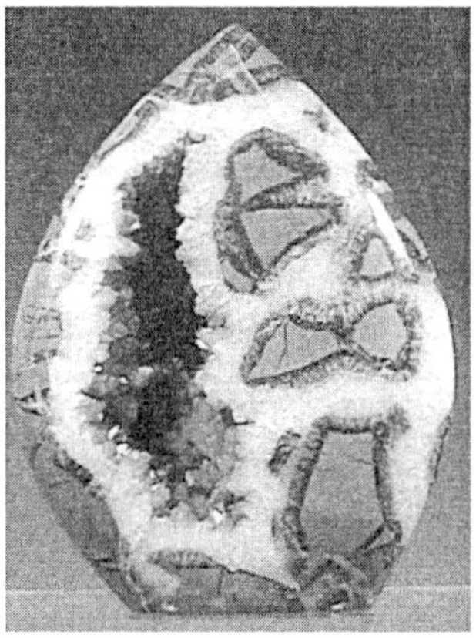

图 2-17 晶洞构造(晶洞中为石英)

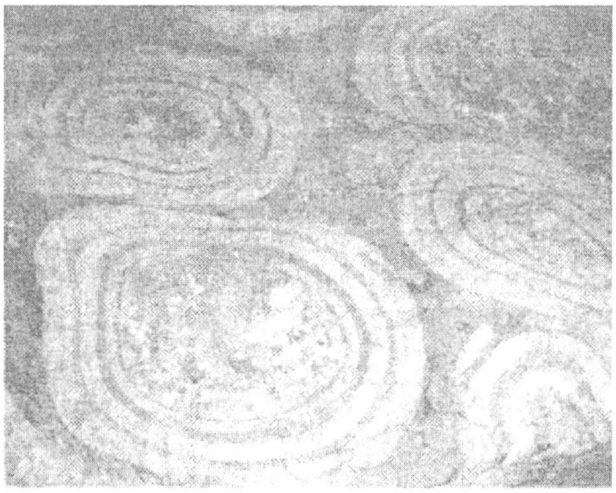

图 2-18 球状构造(浙江诸暨)

第三节 岩浆岩的分类和主要类型

一、岩浆岩的分类

岩浆岩种类很多。不同岩浆岩的差别主要体现在矿物成分、不同矿物的相对含量、岩石的结构和构造等方面。造成上述差别的基本因素是岩浆的类型及其冷凝环境，因此将这二者作为岩浆岩基本类型划分的依据(表 2-2)。

表 2-2　岩浆岩分类简表

岩石类型			超基性岩	基性岩	中性岩	酸性岩
化学成分		SiO_2 含量	＜45%	45%～52%	52%～65%	＞65%
矿物成分		石英含量	无	无或很少	0%～20%	＞20%
		长石种类	无或很少斜长石	斜长石为主	斜长石为主可含钾长石	钾长石为主可含斜长石
		铁镁矿物种类及含量	橄榄石、辉石含量＞90%	辉石为主，橄榄石、角闪石、黑云母少 40%～70%	角闪石为主，辉石、黑云母次之 20%～70%	黑云母为主，角闪石、辉石次之 10%
喷出岩		斑晶、隐晶质或玻璃质结构；气孔、杏仁、流纹、块状构造	苦橄岩 苦橄玢岩	玄武岩	安山岩 英安岩	流纹岩
侵入岩	浅成岩	全晶质、等粒结构；斑状或似斑状结构；伟晶、细粒结构；块状构造	金伯利岩	辉绿岩 辉绿玢岩	闪长玢岩 石英闪长玢岩	花岗斑岩
	深成岩	全晶质粗一中粒等粒或似斑状结构；块状、带状构造	纯橄榄岩 橄榄岩 辉石岩 角闪石岩	辉长岩 斜长岩	闪长岩 石英闪长岩	花岗岩 花岗闪长岩

首先，根据岩浆岩的 SiO_2 含量，可以将岩浆岩分成四种基本类型：超基性岩、基性岩、中性岩和酸性岩。由于岩石的化学成分决定了岩石中矿物的种类及不同的数量关系，所以这四种岩浆岩就具有各自特有的矿物及其数量关系。肉眼识别岩浆岩时，虽不能直接知道化学成分，但是能够鉴定其矿物，从而推知其化学成分。所以鉴定岩浆岩的矿物便是识别岩浆岩的基本途径。超基性岩全由铁镁矿物，主要是橄榄石和辉石组成，不存在长石和石英。其他岩石都兼有铁镁矿物和硅铝矿物。基性岩中铁镁矿物主要是辉石，硅铝矿物主要是基性斜长石。中性岩中铁镁矿物主要是角闪石，硅铝矿物主要是中长石。酸性岩中铁镁矿物主要是黑云母，硅铝矿物主要是酸性斜长石、钾长石、石英和白云母。从基性岩经中性岩到酸性岩，铁镁矿物含量逐渐减少，硅铝矿物含量逐渐增多；岩石的颜色由深变浅由暗变亮；相对密度由大变小。

岩浆岩分类的另一个标志是岩浆岩的冷凝环境。根据这一标准，首先将岩浆岩分为侵入岩和喷出岩，再将侵入岩分为深成侵入岩(深成岩)与浅成侵入岩(浅成岩)。深成岩具有晶质结构，颗粒较粗或为似斑状。浅成岩具有晶质结构，颗粒较细或为隐晶质，常成为斑状。喷出岩一般为隐晶质结构，极少数为非晶质结构，常有斑状结构。喷出岩还具有层状构造、流纹构造、气孔构造及杏仁构造等。因此，同一类岩石，由于产状、结构、构造不同，有不同岩石名称。

二、岩浆岩的主要类型

1.超基性岩类(橄榄岩—苦橄岩类)

超基性岩石分布很少。超基性岩类 SiO_2 含量<45%，富含 FeO、MgO，反映在矿物成分上，铁镁矿物占绝对优势，主要是橄榄石、辉石、角闪石；硅铝矿物很少。颜色深，比重大。超基性岩在地表分布面积小，占岩浆岩分布面积的 0.4%。侵入岩规模小，喷出岩罕见。

超基性岩类深成岩如橄榄岩(图 2-19)，其主要矿物为橄榄石及辉石，次要矿物为角闪石、黑云母、基性斜长石；副矿物有磁铁矿、铬铁矿、钛铁矿等。多呈全晶质粗、中粒结构，部分辉石呈斑晶出现，块状构造。新鲜岩石近于绿色或黑色，但在地表条件下橄榄石极易风化变成蛇纹石，使颜色变浅。

图 2-19 橄榄岩

超基性岩类浅成岩如金伯利岩是原生金刚石的母岩，因最初发现于南非的金伯利镇而得名。金伯利岩的主要矿物成分为橄榄石、金云母等，岩石颜色呈绿色、灰绿色，具细粒结构、斑状结构等。

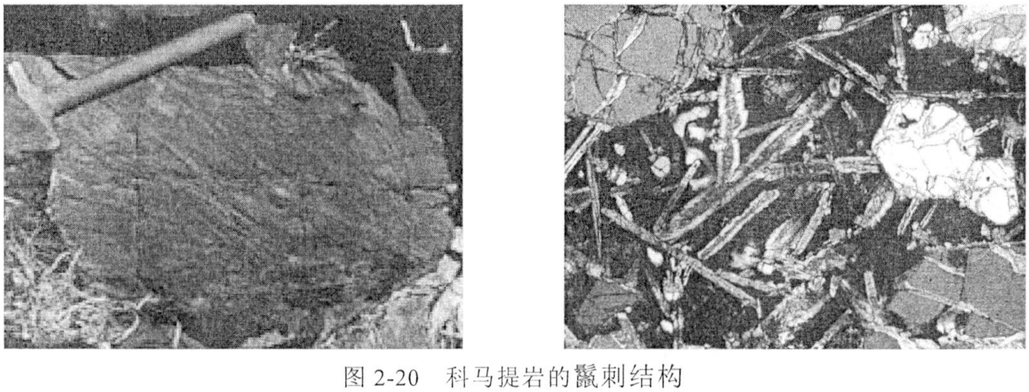

图 2-20 科马提岩的鬣刺结构

左图：野外照片；右图：显微镜照片，(+)，×15

超基性岩类喷出岩如苦橄岩，绿色至黑色，隐晶质结构，块状构造，有时见气孔及杏仁构造。若具斑状结构，则称苦橄玢岩。又如科马提岩，因在南非科马提河发现而得名，呈发育独特的鬣刺结构(图 2-20)，其特点是橄榄石或辉石呈细长的锯齿状骸晶，近平行排列或丛生，状如鬣刺草。超基性喷出岩分布较少，常与玄武岩共生，产生于玄武岩的底部，很少单独出现。

2.基性岩类(辉长岩—玄武岩类)

基性岩类 SiO_2 含量 45%～52%，FeO、MgO 含量低于超基性岩类，Al_2O_3、CaO 含量高于超基性岩类。反映在矿物成分上铁镁矿物显著减少，浅色矿物约占 50%，主要矿物成分是辉石和基性斜长石，有时也见有橄榄岩、角闪石、黑云母等次要矿物，不含或少含石英，岩石颜色较深。

基性岩类深成岩是辉长岩，岩石呈黑色，中—粗粒结构，块状构造，由辉石和斜长石组成的深浅相间的条带构造也常见。

基性岩类浅成岩是辉绿岩，岩石呈暗绿色—黑色，细粒结构和辉绿结构，辉绿结构是由自形—半自形的长条形斜长石组成网络，自形程度差的辉石充填于网络的空隙之中。

基性岩类的喷出岩是玄武岩(图 2-13、图 2-15)，岩石呈黑色、灰黑色、暗紫色，具细粒—隐晶结构及斑状结构，斑晶为辉石及斜长石，基质为隐晶质、微晶质结构，气孔及杏仁构造发育。风化后岩石呈黄褐-红褐色。

基性侵入岩数量少，但基性喷出岩-玄武岩数量极多，是喷出岩中分布最广的岩石，相当于其他各喷出岩类总量的 5 倍，而海洋底几乎全部为玄武岩(上覆海洋沉积物)。

3.中性岩类(闪长岩—安山岩类)

中性岩类 SiO_2 含量 52%～65%，FeO、MgO、CaO 含量进一步降低，Na_2O、K_2O 含量增加，反映在矿物成分上的铁镁矿物减少，含量约占 30%，以角闪石为主；浅色矿物增加，含量约占 70%，主要为中性斜长石，并出现钾长石及少量石英。岩石颜色较基性岩浅。

中性岩类深成岩是闪长岩，岩石呈灰白色、浅绿色，全晶质中—粗粒结构或似斑状结构，块状构造。主要矿物为中性斜长石和普通角闪石，次要矿物有辉石、黑云母等，有时可见少量石英。暗色矿物含量为 30%左右，岩石颜色较基性岩稍浅。若石英、钾长石含量增加，则为石英闪长岩及花岗闪长岩。

中性岩类浅成岩是闪长玢岩，岩石呈灰白色—灰色，有次生变化时为灰绿色，斑状结构，基质为细粒或隐晶质结构，斑晶为中性斜长石及普通角闪石，偶见黑云母，块状构造。

中性岩类喷出岩是安山岩，岩石呈灰紫色、紫褐色，常具斑状结构，斑晶以中性斜长石及普通角闪石为主，或偶见黑云母及辉石，基质多为隐晶质；有时斑晶定性排列，有明显流动构造，或具气孔及杏仁构造及块状构造。

中性侵入岩数量少，分布也不广，很少形成独立岩体，纵有也是小型岩株、岩盘或岩脉，常与辉长岩及花岗岩伴生，成为其岩体的边缘部分。但是中性喷出岩-安山岩分布广泛，仅次于玄武岩，主要分布于环太平洋活动大陆边缘及岛弧地带。

4.酸性岩类(花岗岩—流纹岩类)

酸性岩类 SiO_2 含量>65%，属 SiO_2 过饱和岩石，FeO、MgO、CaO 含量低，Na_2O、K_2O 含量较高，反映在矿物成分上，暗色矿物往往<10%，浅色矿物往往>90%，石英含量较高。岩石颜色较浅。

酸性岩类深成岩是花岗岩(图 2-21)，岩石呈浅灰色、浅灰红色、肉红色，等粒结构，块状构造，主要矿物成分为石英、钾长石、酸性斜长石，且钾长石多于斜长石；次要矿物为黑云母、角闪石，亦见少量辉石。

图 2-21　肉红色和灰白色花岗岩(四川峨眉山)

酸性岩类浅成岩是花岗斑岩，岩石呈灰白色、肉红色，成分与花岗岩相当，全晶质斑状结构。斑晶主要是石英、钾长石，有时也可见黑云母、角闪石、辉石；基质为微晶—隐晶结构；若基质为细—粗粒结构时，称为似斑状结构，岩石为似斑状花岗岩。

酸性岩类喷出岩是流纹岩(图 2-14)，岩石呈灰红、粉红、灰白色，少数为深灰色、砖红色，具斑状结构，含少量石英、透长石斑晶；基质为隐晶质或玻璃质，多具流纹构造，并常与火山碎屑物质相伴生。

酸性岩类分布很广，侵入岩分布远远超过喷出岩，花岗岩的分布面积占所有侵入岩面积的 80%以上；且多呈大型的岩基及岩株。

复习思考题：

1.岩浆有哪些基本类型？

2.岩浆的黏性是由什么决定的？

3.火山有哪些喷发物质？

4.名词解释：熔岩、岩浆、绳状熔岩、柱状节理、枕状构造、气孔杏仁状构造

5.名词解释：火山、火山锥、火山口、火山通道、火山颈、岩浆房

6.世界火山分布有何规律？

7.名词解释：侵入作用、围岩、侵入岩、喷出作用、喷出岩

8.何谓同化作用和混染作用？它们对岩浆成分的改变有何意义？

9.何谓结晶分异作用？

10.鲍温反应系列中连续反应系列和不连续反应系列各包含哪些依次结晶出的矿物？两系列中的矿物相互间的对应关系怎样？

11.火成岩产状有哪些类型？

12.何谓岩浆岩的结构？应该从哪些方面研究岩浆岩的结构？

13.何谓岩浆岩的构造？岩浆岩的构造有哪些类型？

14.岩浆岩如何分类？熟悉各类岩浆岩中代表性岩石的特点，并鉴定它们。

第三章　变质作用与变质岩

变质岩(metamorphic rock)是组成地壳三大类岩石之一，占地壳总体积的27.4%。主要产于地壳较下层位，它在地面的分布范围较小，也不均匀。它是由岩浆岩或沉积岩或先成的变质岩经变质作用所形成的岩石。变质岩的前身称为原岩。变质岩在我国和世界皆有广泛分布。特别是前寒武纪地层，绝大部分都是变质岩组成的。在古生代及其以后的岩层中，在岩浆岩体的周围和在断裂带附近，也均有变质岩分布。变质岩中含有丰富的金属矿和非金属矿，例如全世界铁矿储量，有70%储藏于前寒武纪古老变质岩中，如我国大型的鞍山铁矿。一些名贵宝石以及大理岩、石棉、石墨等矿产，均产自变质岩。

第一节　变质作用概述

一、变质作用的概念

基本处于固态的原岩，由于温度、压力及化学活动性流体的作用使其矿物成分、化学成分或结构发生变化，称为变质作用(metamorphism)。由变质作用所形成的岩石就是变质岩。

如果由高温、高压使原岩从固态转变成熔融状态后，就变成了岩浆，然后冷凝结晶，就属于岩浆作用的范畴。在许多情况下，变质作用对沉积岩的改造是沉积作用中固结成岩之后的自然延伸，二者之间的温度、压力条件没有一个截然的界限。地表岩石在常温、常压下，主要由外动力地质作用引起各种变化，也不是变质作用，而是属于风化作用。在地下不太深，温度、压力不高的条件下，使松散沉积物固结成岩石的过程也不是变质作用，而是固结成岩作用。因此，岩石是否发生变质作用并形成了新的变质岩，通常视其有无变质矿物出现为标志，大部分学者认为，浊沸石是最早出现的变质矿物。经过变质作用形成的岩石，与原岩相比，除在结构、构造或化学成分等方面发生了变化外，一般都比原岩更致密、更坚硬。

由岩浆岩变质而成的岩石称为正变质岩，由沉积岩变质而成的岩石称为副变质岩。

二、引起变质作用的因素

岩石变质的因素，主要是岩石所处环境物理条件和化学条件的改变，物理条件主要指温度和压力，而化学条件主要指从岩浆中析出的气体和溶液。这些条件或者说因素的变化，主要来源于构造活动、岩浆活动和地下热流。因此，变质作用属于内动力作用的范畴。

1.温度

地表岩石由于某种原因(如构造运动)使岩层沉到地下深处，就要受到地热的影响；由于岩浆活动，岩浆侵入围岩，岩石将会受到岩浆热能的影响；由于岩石构造变形，发生断裂，断裂块体相互错动和挤压，产生剪切热，导致岩石升温。温度是引起变质作用的基本因素，很多变质作用都是在温度升高条件下进行的。温度的升高可加强组成原岩矿物的原子、离子等质点的活动性，削弱这些质点之间的连接力，增大矿物的溶解度和岩石孔隙中流体的渗透、扩散及化学活动能力。因此，温度升高，可使原岩基本在固态下发生矿物的重结晶和重组合。

(1)重结晶作用：是使非晶质的原岩变为结晶质岩石，或使结晶细粒的原岩结晶颗粒增大的作用(图 3-1)。重结晶作用是在固态条件下，成分相同的矿物，通过大颗粒的部分溶解或小颗粒的溶解，并同时沉淀，不断加大其他颗粒的情况下发生的。如隐晶质灰岩变成显晶质大理岩，砂岩变成石英岩等。

(2)重组合作用：是在温度增高时，组成原岩的不同种矿物之间通过特定的化学反应而重新组合成新矿物的作用(图 3-2)。实际上这也是一种重结晶作用。例如，高岭石和其他黏土矿物在高温影响下可形成红柱石和石英：

$$\underset{\text{高岭石}}{H_4Al_2Si_2O_9} \longrightarrow \underset{\text{红柱石}}{Al_2SiO_5} + \underset{\text{石英}}{SiO_2} + 2H_2O$$

又如含有 SiO_2 等杂质的硅质灰岩，温度升高时则可获得新的变质矿物硅灰石：

$$\underset{\text{方解石}}{CaCO_3} + \underset{\text{燧石}}{SiO_2} \xrightarrow{500°C} \underset{\text{硅灰石}}{CaSiO_3} + CO_2\uparrow$$

重组合作用的结果，不仅改变了原岩的结构、构造，而且也改变了矿物成分，但岩石总的化学成分基本上未发生变化。

温度增高除使原岩重结晶和重组合外，还可使矿物发生部分熔融。熔融部分主要是低熔点的长英质组分，并形成流体而进一步促进变质作用的发展。

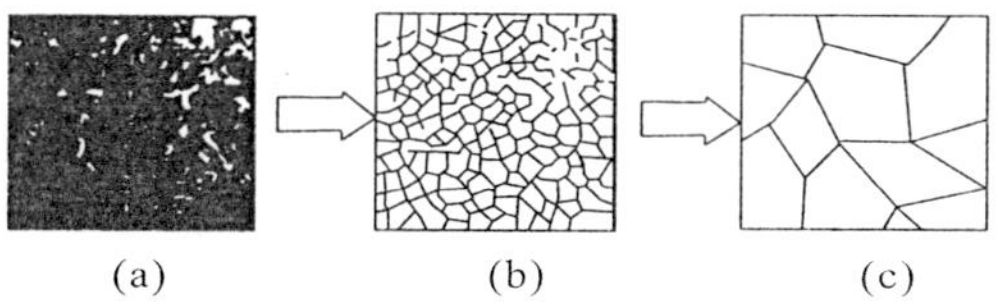

图 3-1　重结晶作用示意图

(a)非晶质；(b)细晶；(c)粗晶

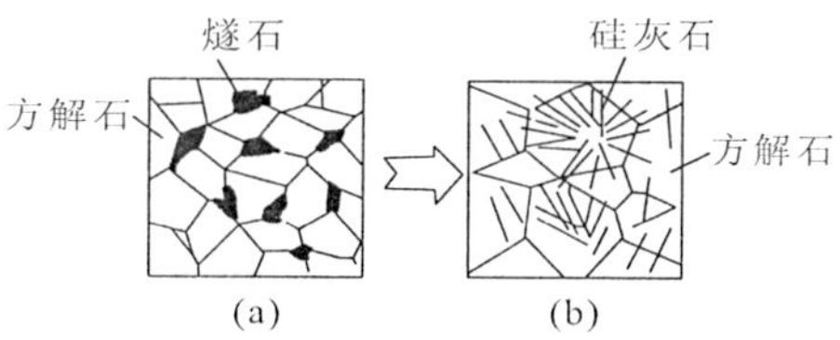

图 3-2　重组合作用示意图

(a)原岩；(b)变质后的岩石

2.压力

压力有静压力和定向压力两种。

(1)静压力(static pressure)与流体压力(fluid pressure):静压力是上覆岩层对下覆岩层的负荷压力,它具有均向性。随着深度增加,其负荷压力越大。在离地表 40km 深度范围内,每加深 10km,压力增加 275kPa。该压力无论多大都不会使岩石遭到破坏,而只能使其体积缩小,密度加大。但静压力越大,温度的影响越大。当岩石在静压力和温度相结合的情况下,则会发生矿物的重结晶和重组合,甚至部分熔融,并形成分子容积小、密度大的一些矿物。如基性岩中的钙长石(密度 2.76 ρ)和橄榄石(密度 3.3 ρ)在高压下形成石榴子石(密度 3.5～4.3):

$$\underset{\text{钙长石}}{CaAl_2Si_2O_8} + \underset{\text{橄榄石}}{(Mg,Fe)_2SiO_4} \longrightarrow \underset{\text{石榴子石}}{Ca(Mg,Fe)_2Al_2[SiO_4]_3}$$

如果计算三种矿物的分子体积(等于分子量/密度),则钙长石为 101.1,橄榄石为 43.9,石榴子石为 121,前二者之和为 145,其与石榴子石之差为 24。

静压力在岩石中的传递不只是通过固体的岩石质点,也可以通过循环于岩石空隙中的流体传递,形成流体压力。当岩石处于密闭状态时,上覆岩石的重量都传递给了各部位的流体,此时流体压力的数值等于岩石的静压值。当上覆岩石中有大量彼此连接,并与地面沟通的裂缝时,流体本身属于开放系统,此时流体压力仅由流体本身的重量决定,它低于岩石的静压力。流体的成分及其压力的大小控制着许多化学反应的进程,对于岩石的变质具有重要影响。

(2)定向压力(oriented pressure):为具有一定方向的压力。定向压力主要由构造运动引起,其次由岩浆活动引起。在地壳浅处,定向压力的作用使岩石发生变形、破碎;在地壳深处,由于温度和压力增高,岩石塑性增大,定向压力使塑性岩石在重结晶时呈定向排列,即矿物在沿定向压力作用方向上溶解,同时在其垂直定向压力方向上沉淀,形成柱状或片状矿物,沿垂直压力方向呈定向排列。此外,在重组合形成的片、柱状矿物,以及在定向压力使岩石变形过程中,刚性矿物的颗粒转动和晶体内部质点滑动,也使矿物沿垂直压力方向呈定向排列,从而形成变质岩中特有的片理构造。

3.化学活动性流体

引起变质作用的化学活动性流体,主要是水和二氧化碳,此外还有一些其他的挥发组分,如 F、Cl、B 和 P 等。它们来源广泛而复杂:沉积岩孔隙中的流体(含水量可达 5.54%,CO_2 达 3.86%);岩石变质过程中不断析出的变质水;岩浆分异形成的热气、热液等。这些流体在温度、压力较高的环境下,具有很大的活动性。它们活动于岩石的孔隙中,促使原岩中的矿物或矿物的某些组分溶解并增大其扩散速度,从而加速重结晶和重组合作用的进行,同时,还可成为促进矿物或组分之间化学反应的催化剂,加速变质矿物的形成。另外,流体溶液的存在还会大大降低岩石的重熔温度,使岩石在较低温度下出现部分熔融。

化学活动性流体在变质作用过程中,主要是通过它产生物质置换的交代作用。流体中的某些组分，通过与原岩中某些组分或矿物发生反应带入岩石中，同时，又将置换出来的一些组分带走，这就使原岩中的一些矿物被分解或消失，同时又形成一些新矿物。在交代过程中，原岩的体积基本保持不变。如含 SiO_2 的热水溶液与岩石中的橄榄石发生交代，则要形成含“OH^-”的蛇纹石。在化学活动性流体的参与下的变质作用，不仅可改变原岩的结构、构造和矿物成分，而且能使岩石的化学成分发生显著的变化。

上述三种变质因素在变质作用过程中是相互联系的，同时存在的，但在具体条件下，往往仅由其中的一种或两种因素起主导作用，而且各种因素持续时间的长短也会影响变质作用的进行。必须指出，尽管温度、压力和化学活动性流体是引起岩石变质的重要因素，但原岩性质也是一种不容忽视，而且是更为重要的因素。不同的岩石在相同的条件下，可以有不同的变质结果。如在同样的热力条件下，石灰岩变质成大理岩，砂岩变质成石英岩。另外，相同的岩石，在不同的条件下，也可有不同的变质结果。例如同是石灰岩，在单纯温度影响下产生大理岩化现象，即方解石由细粒重结晶成粗粒；若在岩浆侵入接触的条件下，便会产生交代作用，形成许多新的矿物。因此，对变质作用的研究，应根据具体地质环境，主要变质作用因素和变质岩石中矿物成分、结构和构造等特征进行综合分析，才能得出较为正确的结论来。

第二节 变质岩的特征

变质岩的特征，最主要有两点：一是岩石重结晶明显，二是岩石具有一定的结构和构造，特别是在一定压力下矿物重结晶形成的片理构造。变质岩和岩浆岩相比，一般来讲二者都可能具有结晶结构，但变质岩中往往具有典型的变质矿物，且有些具有片理构造。变质岩和沉积岩相比，其区别更明显，沉积岩具有层理构造，常含有化石，且沉积岩中除了化学岩和生物岩外，一般不具结晶粒状结构，而变质岩则大部分是重结晶的岩石，只是结晶程度有所差异而已。

一、变质岩中的矿物成分

变质岩常具有某些特征性矿物，这些矿物只能由变质作用形成，称为变质矿物(metamorphic mineral)。变质矿物有红柱石、蓝晶石、夕线石、硅灰石、石榴子石、滑石、十字石、透闪石、阳起石、蓝闪石、透辉石、蛇纹石、石墨等。变质矿物的出现就是变质作用发生的最有力的证明。

除了典型的变质矿物之外，变质岩中也有既能存在于岩浆岩又能存在于沉积岩的矿物，它们或者是在变质作用中形成的，或者是从原岩中继承下来的。属于这样的矿物有石英、钾长石、钠长石、白云母、黑云母等。这些矿物能够适应温度、压力较大幅度的变化而保持稳定状态。不过云母虽然也存在于岩浆岩与沉积岩之中，但数量少，是作为次要矿物出现的；如果岩石中云母大量存在，成为岩石的主要矿物，那么，它就是变质作用造成的。

然而，那些只能适应常温、常压条件下的黏土、蛋白石、玉髓、石膏等沉积矿物在变质岩中是难以存在的。

二、变质岩的结构

岩浆岩与沉积岩的结构通过变质作用可以全部消失或者部分消失，形成变质岩的结构。变质岩的结构有以下主要类型：

1) 变晶结构(crystalloblastic texture)

变晶结构是原岩发生重结晶而形成的结构，它表现为矿物形成、长大而且晶粒相互紧密嵌合。重结晶作用在沉积岩的固结成岩过程中即已开始，在变质过程中尤为重要和普遍。变晶结构的出现意味着岩浆岩及沉积岩中特有的非晶质结构、碎屑结构及生物结构趋于消失，并伴随着物质成分的迁移或新矿物的形成。由重结晶作用形成的晶粒称为变晶。按变晶的大小可分为粗粒、中粒、细粒等。按变晶大小的相对关系可分为等粒变晶(图 3-3)及斑状变晶(图 3-4、图 3-5)。前者的变晶颗粒等大，后者的变晶颗粒有两种，其粒径相差悬殊。变晶的形态各异：由石英、长石等矿物组成者为粒状，由云母、绿泥石等矿物组成者为鳞片状，由阳起石、硅灰石等矿物组成者为纤维状。

2) 变余结构(palimpsest texture)

变余结构是变质程度不深时残留的原岩结构，如变余斑状结构(保留有原岩的斑状结构)、变余砾状结构(保留有原岩的砾状结构)、变余砂状结构(保留有原岩的砂状结构)等。

3) 碎裂结构(cataclastic texture)

碎裂结构又称压碎结构。岩石在压力作用下，其中矿物颗粒破碎，形成外形不规则的带棱角的碎屑，碎屑边缘常呈锯齿状，并常有裂隙及扭曲变形等现象。它是动力变质岩常有的一种结构。

4) 交代结构(metasomatic texture)

交代结构是变质作用过程中，通过化学交代作用(物质的带出或加入)形成的结构(图 3-6)。其特点是在岩石中原有矿物被分解消失，形成新矿物。

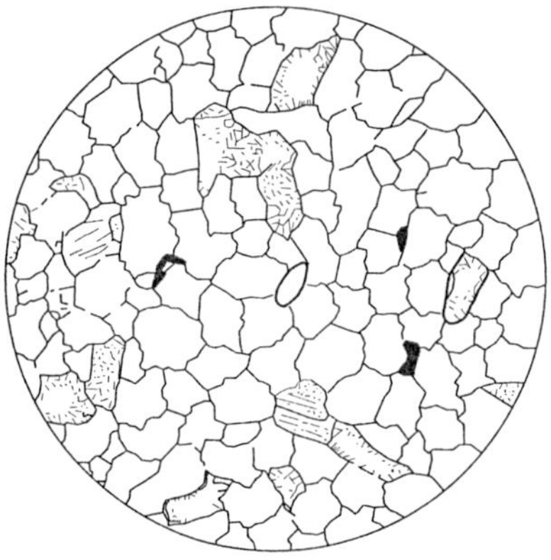

图 3-3　等粒变晶结构

(显微镜下的石英岩)

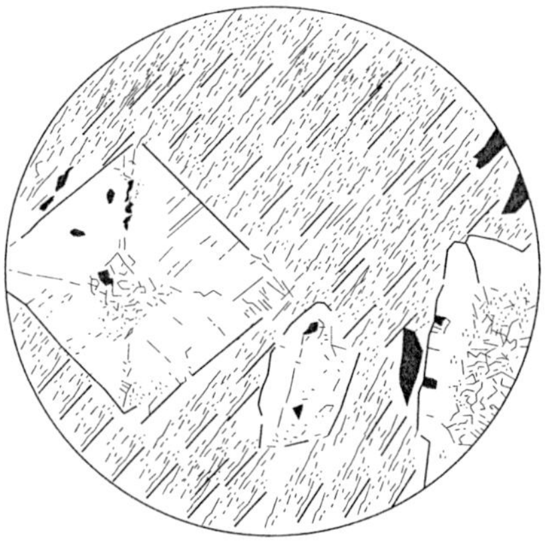

图 3-4　斑状变晶结构

(显微镜下板岩中的红柱石变斑晶，基质矿物呈定向排列)

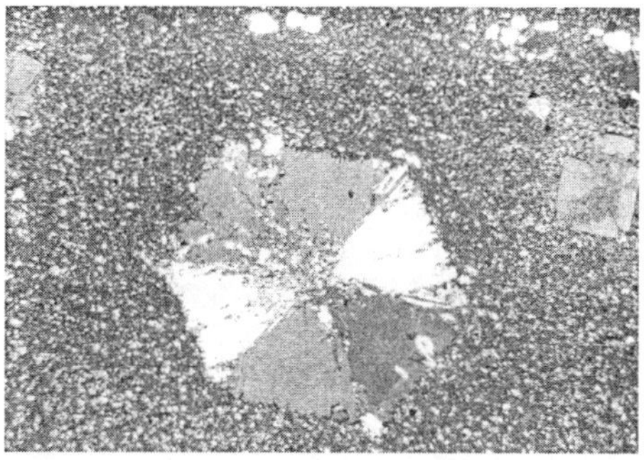

图 3-5　斑状变晶结构

（斑晶为堇青石，基质为显微粒状变晶矿物；正交偏光，×30）

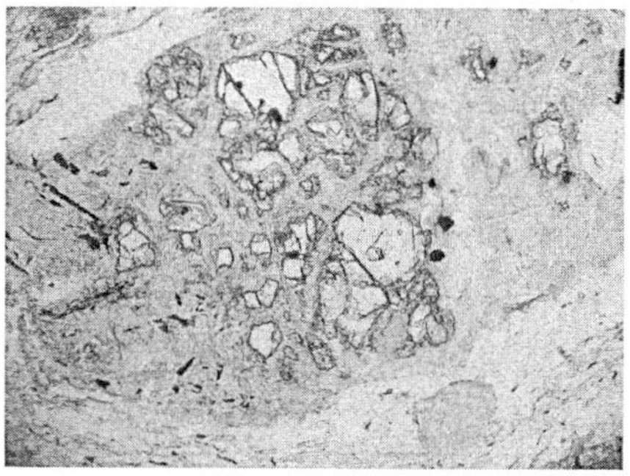

图 3-6　交代结构

（石榴子石被绿泥石交代）

除此之外，一种变质岩经常同时具有两种或更多种结构，如兼有斑状变晶结构与鳞片变晶结构等。此外，在同一岩石中变余结构也可与变晶结构并存。

三、变质岩的构造

岩浆岩与沉积岩的构造通过变质作用可以全部消失或部分消失，形成变质岩的构造。变质岩的构造有以下主要类型：

1）变成构造（metamorphic structure）

变成构造是通过变质作用而形成的新构造，有以下类型：

（1）斑点状构造（spotted structure）。岩石中某些组分集中成或疏或密的斑点。斑点为圆形或不规则形状，直径常为数毫米，成分常为碳质、硅质、铁质、云母或红柱石等，基质为隐晶质，它是在较低变质温度影响下，岩石中部分化学组分发生迁移并重新组合而成。如温度进一步升高，斑点即可转变成变斑晶。

（2）板状构造（platy structure）。岩石具有平行、密集而平坦的破裂面，沿此面岩石易分裂成薄板（图 3-7）。此种岩石常具有变余泥状结构或显微变晶结构。它是岩石受较轻的定向压力作用而形成的。

（3）片理构造（schistose structure）。岩石中片状或长条状矿物连续而平行排列，形成平行、密集而不甚平坦的纹理—片理，沿片理方向岩石易于劈开。如岩石的矿物颗粒细小且在片理面上出现丝绢光泽与细小皱纹者称为千枚状构造（phyllite structure）（图 3-8）；如矿物颗粒较粗肉眼能清楚识别者称为片状构造（schistose structure）（图 3-9、图 3-10）。

（4）片麻状构造（gneissic structure）。组成岩石的矿物是以长石为主的粒状矿物，伴随有部分平行定向排列的片状、柱状矿物，后者在前者中成断续的带状分布（图 3-11）。片麻状构造的形成除与造成片理的因素有关外，还有可能受原岩成分的影响，即不同成分的层变质成为不同矿物的条带；也可以是在变质过程中岩石的不同组分发生分异并分别聚集的结果。

具有片麻状构造的岩石，其矿物的颗粒较粗。其中长石特别粗大，好似眼球者，称为眼球状构造。

(5)块状构造(massive structure)。矿物均匀分布，无定向排列。它是岩石受到温度和静压力的联合作用而形成的(图 3-12)。

图 3-7 板状构造

图 3-8 千枚状构造

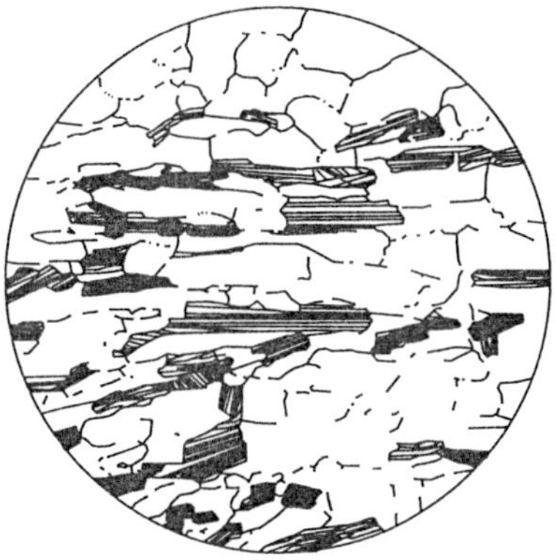

图 3-9 片状构造(×10)(据陆廷清等，2009)

图 3-10 片状构造(白云母片岩)(正交偏光，×40)

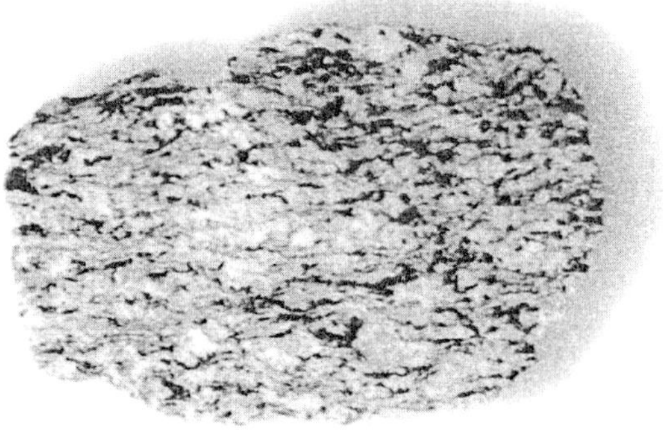

图 3-11 片麻岩

图 3-12 块状构造(石英岩)

2) 变余构造(palimpsest structure)

变余构造是变质岩中残留的原岩的构造，如变余枕状构造、变余杏仁构造、变余层理构造、变余泥裂构造等(图 3-13、图 3-14)。

图 3-13　变余层理构造

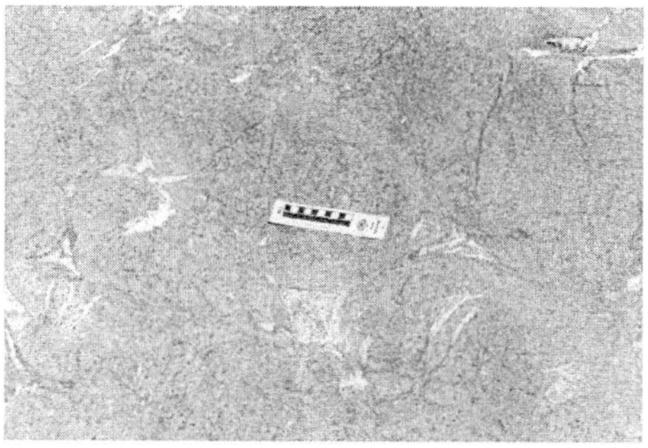

图 3-14　变余枕状构造

应该指出，当变质程度不深时，原岩的构造易于部分保留。因此，变余构造的存在成为判断原岩属于岩浆岩还是沉积岩的重要依据。前面所说的变余结构也起着类似的作用。

第三节　变质作用类型及其代表性岩石

由于引起岩石变质的地质条件和主导因素不同，变质作用类型及其形成的相应岩石特征也不同。这里着重介绍接触变质作用、区域变质作用、动力变质作用和混合岩化作用，以及它们代表性的岩石。

一、接触变质作用

发生在岩浆岩(主要是侵入岩)与围岩之间的接触带上并主要由温度和挥发性物质所引起的变质作用称为接触变质作用。接触变质作用所需的温度较高，一般为 300～800℃，有时达 1000℃；所需的静压力较低，仅为 1×10^8～3×10^8Pa。按照引起接触变质的主导因素不同，接触变质作用分为以下两类。

1.接触热变质作用

引起变质的主要因素是温度。岩石受热后发生矿物的重结晶、脱水、脱炭以及物质成分的重组合，形成新矿物与变晶结构，但是，岩石中总的化学成分并无显著改变。其代表性的岩石有：

(1) 斑点斑岩。具有斑点状构造。岩石重结晶程度低，多为变余泥状结构，有时出现显微鳞片及粒状变晶结构。矿物成分的重组合不普遍，仅有少量石英、绢云母、绿泥石等矿物，常呈斑点状。原岩主要是黏土岩、凝灰岩等，其变质温度较低。

(2)角岩。具有显微粒状变晶结构，主要为块状构造。岩石常很致密、坚硬。原岩可以是泥质、粉砂质、砂质的沉积岩，也可以是岩浆岩。因原岩成分不同以及变质程度的差异，角岩中的矿物多种多样。其中具有变余层理者称为角页岩，是由页岩或富含泥质的沉积岩变质而来，致密坚硬并常具有变余层理及变余交错层理等构造。颜色常为暗色，具有灰绿色、灰黑色、肉红色等色调。

(3)大理岩。主要由方解石组成，为粒状变晶结构，块状构造，常有变层理构造。原岩为石灰岩。纯粹的大理岩几乎不含杂质，洁白似玉，称汉白玉。多数大理岩因含有杂质，显示不同颜色的条带。如蛇纹石大理岩因含蛇纹石而显绿色条带，是由含镁质石灰岩变质而来。

(4)石英岩。主要由石英组成，具有粒状变晶结构，块状构造。岩石极为坚硬。原岩为石英砂岩。

2.接触交代变质作用

引起变质的因素除温度以外，从岩浆中分泌的挥发性物质所产生的交代作用同样具有重要意义。挥发性物质和热液进入岩石裂隙，在一定的温度、压力条件下，发生化学反应，原有矿物一边破坏，新的矿物一边形成，其结果是原有矿物逐渐为新矿物所代替。故岩石的化学成分有显著变化，新矿物大量产生。变质作用发生在侵入体与围岩的接触带上，同时影响到围岩及侵入体的边缘。由接触交代变质作用形成的典型岩石是矽卡岩。从岩浆中析出的气水热液往往携带某些金属和非金属元素，通过交代作用可形成接触交代矿床，称为矽卡岩型矿床。

组成矽卡岩的主要矿物是石榴子石、绿帘石、透闪石、透辉石、阳起石、硅灰石等，有时还有云母、长石、石英、萤石、方解石。矽卡岩经常包含两三种主要矿物及一些次要矿物，多数矽卡岩含有铁镁质硅酸盐矿物，常为暗绿色或暗棕色。部分矽卡岩主要由硅灰石、透闪石等浅色矿物组成，为浅灰色。岩石常为粒状或不等粒状变晶结构，块状结构。矽卡岩主要分布在中、酸性侵入体与碳酸盐岩的接触带上(图 3-15)。

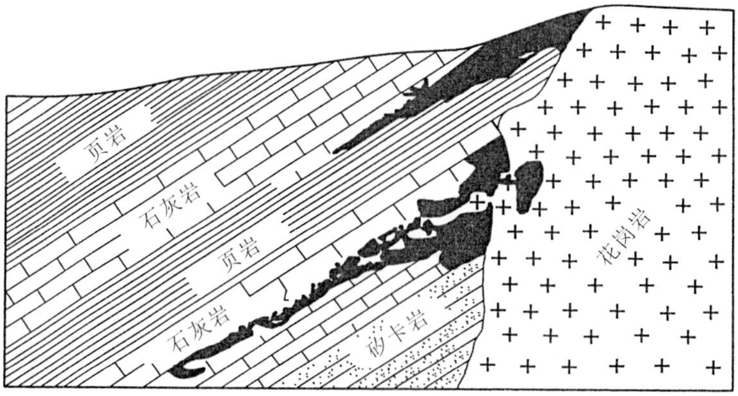

图 3-15　矽卡岩产状示意图(据杨伦等，1998)

二、区域变质作用

区域变质作用是最常见的变质作用，是在广大范围内发生，并由温度、压力以及化学活动性流体等多种因素引起的变质作用。区域变质作用影响范围可达数千到数万平方公里以上，影响深度可达 20km 以上。区域变质作用的温度下限为 200～300℃，上限为 700～800℃，压力变化在 $(1\sim2)\times10^8$Pa 和 $(13\sim14)\times10^8$Pa 之间。除了静压力以外，定向压力常起重要作用。区域变质作用的发生常常和构造运动有关。构造运动可以对岩石施以强大的定向压力，使岩层弯曲、揉皱、破裂；也可以使浅层岩石沉入地下深处以遭受地热和围压的作用；或使深层岩石推挤到表层。构造运动还能导致岩浆的形成与侵入，从而带来热量和化学物质，或从地下深处引来化学活动性流体。此外，由构造运动所造成的破裂，是热能和化学能向围岩渗透的良好通道。因而，构造运动为岩石的区域变质创造了极为有利的物理、化学条件。

区域变质作用中温度与压力总是联合作用并相辅相成的。一般说来，地下的温度与压力随深度增加而增长。但是，由于各处地壳的结构与构造运动性质不同，因而温度与压力随深度而增长的速度并非处处相同。有的变质地区压力增加慢，而温度增加快；有的变质地区压力增加快，而温度增加慢，这样就出现了不同的区域变质环境。

在区域变质作用中原岩的矿物可以发生重结晶、重组合以及交代作用；岩石的结构构造也发生综合性变化，以具有鳞片变晶结构及片理构造、片麻状构造为特征。其代表性岩石：

(1)板岩。具有板状构造。原岩主要是黏土岩、黏土质粉砂岩和中酸性凝灰岩。重结晶作用不明显，主要矿物是石英、绢云母及绿泥石等。板岩常具变余泥状结构及显微鳞片变晶结构，是变质程度轻微的产物。板岩中含炭质者，为黑色，称为炭质板岩，其他板岩常根据颜色定名。

(2)千枚岩。具千枚构造。原岩性质与板岩相似，但重结晶程度较高，基本上已全部重结晶。矿物主要是绢云母、绿泥石及石英等。岩石具有显微鳞片变晶结构，片理面上常能见到定向排列的绢云母细小鳞片，呈丝绢光泽。千枚岩可以根据颜色定名。

(3)片岩。具有片状构造。原岩已全部重结晶。矿物主要是白云母、黑云母、绿泥石、滑石、角闪石、阳起石、石英及长石等，有时出现石榴子石、夕线石、蓝晶石、蓝闪石等。岩石中片岩或柱状的矿物含量少于 1/3，以鳞片变晶、纤状变晶及粒状变晶结构为主，有时出现斑状变晶结构。肉眼能清楚分辨矿物，可根据其中主要矿物(或特征性矿物)进一步命名，如云母片岩、石英片岩、绿泥石片岩、角闪石片岩、夕线石片岩和蓝闪石片岩等。

(4)片麻岩。具有片麻状构造，中、粗粒粒状变晶结构并含长石较多的岩石。主要矿物是长石、石英、黑云母、角闪石等，有时出现辉石或红柱石、蓝晶石、夕线石、石榴子石等。片麻岩中长石与石英的含量大于 1/2，而且长石含量大于石英。如钾长石为主者称为钾长片麻岩，以斜长石为主者称为斜长片麻岩。此外，还可根据片状、柱状或特征性的变质矿物作补充命名，如角闪石斜长片麻岩、夕线石钾长片麻岩、黑云母钾长片麻岩等。所谓花岗片麻岩就是其成分与花岗岩相当，由钾长石、石英及黑云母组成的片麻岩。

三、动力变质作用

动力变质作用又称碎裂变质作用，它的形成与地壳发生断裂(主要由剪切力造成的断裂)有关。出现在断裂带两侧：在地壳的上层，表现为岩石的破裂，形成构造角砾岩；在地壳的较下层位，因具备较高温度和静压力等条件，能发生矿物的塑性变形、重结晶以及出现新矿物，形成糜棱岩。

(1)构造角砾岩。是在断裂带中由于应力作用原岩破碎成角砾状，并被碎裂的细屑及部分外来的溶解物质胶结的岩石。在由动力变质作用形成的岩石中是破碎程度最轻的，具破碎角砾结构，角砾大小不一，排列杂乱无章，有时因挤压、滚动而稍有圆化和定向排列，还可能出现裂隙和压扁现象，不过仍保持原岩的岩性特征。

(2)碎裂岩。是指具碎裂结构或碎斑结构的岩石。原岩在较强应力下，挤压破碎而成，主要发育在刚性岩石中，如花岗岩和石英岩中较为常见。碎裂岩较构造角砾岩碎裂程度高。

(3)糜棱岩。是指具有糜棱结构的岩石，由于强烈的压扭应力和较高温度使原岩发生错动、研磨、粉碎并重结晶、出现新矿物，岩石颗粒粒径＜0.5mm，致密坚硬。往往分布在断裂带的两侧，有时在断面上见有透镜体、呈定向排列的碎斑。糜棱岩的原岩多为化学性质稳定的岩石如花岗岩、石英砂岩等。具有明显千枚状构造的糜棱岩称为千糜岩。

四、混合岩化作用

混合岩化作用即超深变质作用，它是由变质作用向岩浆作用的过渡性地质作用。当区域变质作用进一步发展，特别是在温度很高时，岩石受热而发生部分熔融并形成酸性成分的熔体，同时由地下深部也能分泌出富含钾、钠、硅的热液，这些熔体和热液沿着已形成的区域变质岩的裂隙或片理渗透、扩散、贯入，甚至和变质岩发生化学反应，以形成新的岩石，这就是混合岩化作用。

混合岩化作用所形成的岩石称为混合岩(图3-16)。混合岩一般包含两部分，一部分是变质岩，称为基体，它一般是变质程度较高的各种片岩、片麻岩，颜色常较深；另一部分是从外来的熔体或热液中沉淀的物质，称脉体，其成分是石英、长石，颜色常较浅。混合岩中脉体与基体的相对数量关系及其状态不同，反映了混合岩化的不同程度，相应地有不同特征的混合岩。

除了上述四种主要变质作用类型外，还有洋底变质作用。洋底变质作用是在大洋中脊一定深度范围内所发生的变质作用，主要是洋中脊附近的岩石受到岩浆热液和海水受到上涌的炽热岩浆而产生的对流循环引起的。由于变质时的温度、压力限制和洋底不断位移等原因，故洋底变质作用一般均比较弱，不像大陆上可形成变质程度较深的变质岩。

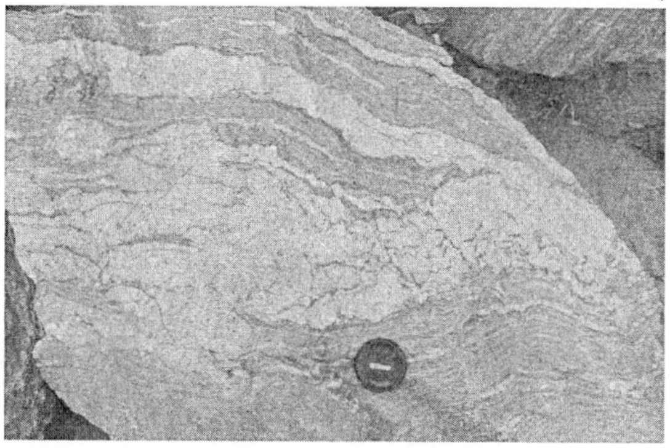

图 3-16 混合岩(四川旺苍)

还有一种冲击变质作用，是由陨石冲击地面时产生的极高温度和压力，并在极短时间内发生的一种变质作用。它的变质范围小，仅分布在陨石冲击坑周围。

复习思考题：

1.何谓变质作用、变质岩？

2.变质作用与岩浆作用、构造运动有何关系？

3.引起岩石变质的因素有哪些？其作用如何？

4.变质岩中常见的矿物有哪些？其中哪些是变质岩所特有的？

5.变质岩特征性的结构和构造分别有哪些？

6.变质作用是如何分类的？每种变质作用代表性的岩石有哪些？如何鉴定？

第四章　外动力地质作用与沉积岩

沉积岩(sedimentary rock)是组成岩石圈的三大类岩石之一，是在地表及地表下不太深的地方形成的地质体。它是在地壳表层条件下，由母岩的风化产物、火山物质、生物源物质等沉积岩的原始物质成分，经过搬运作用、沉积作用及沉积后作用而形成的一类岩石。

“地壳表层”是指包围着地球表面的一个圈层。与岩浆作用和变质作用的条件相比，其特点是低温、常压，受大气、水、生物化学和重力的作用明显。

沉积岩分布面积很广，大陆表面约有75%的面积覆盖着沉积层，大洋底几乎100%为沉积物覆盖着。

一层层沉积岩犹如万卷书，记录着地壳的发展历程。沉积岩中又蕴藏着丰富的矿产资源。世界资源总储量的70%～85%是沉积和沉积变质成因的。石油、天然气、煤、油页岩等化石能源矿产以及盐类矿产几乎全是沉积成因的。

在油田勘探、开发中，对沉积岩和沉积相的研究受到极大重视。石油的勘探实践证明，世界上绝大部分的石油和天然气都是形成和储集于沉积岩中，要弄清油气的分布规律首先要研究沉积岩。

第一节　外动力地质作用

一、引起外动力地质作用的因素

引起外动力地质作用的因素有大气、水与生物。它们构成了地球系统的三个外部圈层。

1.大气

大气圈(atmosphere)的成分主要有氮气(占 78.1%)、氧气(占 20.9%)、氩气(占 0.93%)，还有少量的二氧化碳。大气圈具有重要的地质意义：

(1)大气成分是许多地质作用得以发生的物质因素。氧是氧化作用发生的物质基础，同时是生命存在的条件。二氧化碳是植物制造有机质的物质来源，它直接参与生物成岩的过程。此外，氧和二氧化碳在水体中的浓度影响着沉积物的性质和特征。

(2)大气圈是生命的保护层。大气圈中的臭氧层吸收了绝大部分紫外线，大大降低了透入地面的紫外线含量，保护了地面生物，使地球上生命得以繁衍。

(3)由于大气圈的存在，地球表面才具有适宜的温度。太阳热能通过大气进入地面时，约 1/3 的能量消耗于大气的扩散和云层的反射，直接返回太空，其余的能量通过大气吸收后再传导给地面，因而使地表白天的温度不至于过高。同时，大气中的二氧化碳含量尽管很低，但能够“捕获”从地面辐射出来的一部分热能，使地面在夜晚也不至于过冷。这样，才使得地表的昼夜温差不会很大。此外，因为有了大气，才会有地球上的各种气候现象，从而引起各种外动力地质作用。

(4)风的作用。风是热和水蒸气的主要传送者，它影响着气候。风也是塑造地表形态和搬运物质的动力。它吹扬砂石，破坏岩石，搬运尘土，形成沙漠，产生沙尘暴；它推动海水运动，形成波浪和洋流，影响海水地质作用的进程。

2.水

大量的水以液体和固体状态存在于固体地球表层。海水是地表水的主体，占水体总量的 97.3%。大陆上的水存在于河流、湖泊、土壤、岩石的空隙以及高山和寒区的冰雪中，约占水体总量的 2.7%。大气中水蒸气含量极微，仅为自然界水体总量的 0.001%。

地表水围绕地球表层构成连续圈层，称为水圈(hydrosphere)。

水是重要的外动力因素。地表水中往往含有酸类成分(CO_2、腐殖酸等)，是很好的无机溶剂，能溶解矿物和岩石。水还能促进各种化学反应的进行，在水的参与下，矿物易于发生各种化学变化，海水与湖水中含有许多化学元素与化合物，是许多矿物和岩石的物质来源。运动的水体以其动能破坏岩石，并将其搬运到低洼场所堆积，从而改变地表的地貌。存在于土壤和岩石空隙中的水，通过结冰膨胀、溶解等方式破坏岩石。

水是构成生物的物质。只有地球有了游离水，才会产生生物。同时，水在地表的循环影响着生物界的面貌，从而制约生物地质作用。

3.生物

生物广泛分布于大陆和海洋，在地球表面构成生物圈(biosphere)。微生物的活动范围从大气圈的下部到地下 4200m 深处。但是对地质作用有重要意义的则是位于地表上(包括海水及海底表层)的动植物和微生物。

生物是形成煤、石油、天然气及石灰岩、硅质岩、磷块岩等矿产和岩石的物质之一。同时，生物的生命活动能选择吸收某些元素，对沉积岩中一些稀有元素与微量元素矿产的形成具有积极意义。

此外，生物的生命活动也对岩石起着破坏作用。如微生物和细菌分泌的有机酸可以促使岩石中矿物的分解，岩石裂缝中植物根系生长促使岩石崩裂。植物通过光合作用吸收大气中的 CO_2，放出 O_2 并制造有机物。植物大规模生长时，必定会消耗大量 CO_2，将导致大气成分的变化，从而影响气候。

二、外动力地质作用的类型

大气、水和生物引起地质作用的具体形式是不同的，同种因素引起的地质作用的形式也是多样的。外动力地质作用可分为以下几类。

(一) 风化作用 (weathering)

1. 风化作用的概念及分类

风化作用是指地壳表层岩石在大气、水、生物等营力的影响下，发生机械和化学变化的一种作用。包括物理风化作用、化学风化作用和生物风化作用三种基本类型。

(1) 物理风化作用。是指岩石主要发生机械破碎，而化学成分不改变的风化作用。物理风化的总趋势是使母岩崩解，产生碎屑物质，其中包括岩石碎屑和矿物碎屑等。一般来说，在严寒的极地，气候干燥、温度变化剧烈的沙漠地带及温带的高山区，物理风化起着主导作用。

(2) 化学风化作用。是指在氧、水和溶于水中的各种酸的作用下，母岩遭受氧化、水解和溶滤等化学变化，使其分解而产生新矿物的作用。化学风化作用不仅使母岩破碎，而且使其矿物成分和化学成分发生本质的改变。它们在适当的条件下就形成黏土物质和化学沉淀物质(真溶液及胶体溶液物质)。

(3) 生物风化作用。实质上是由生物引起的破坏作用。生物对岩石的破坏方式既有机械作用如根劈作用(图 4-1)，又有化学作用和生物化学作用；既有直接的作用，也有间接的作用。

图 4-1　根劈作用(生物风化作用，四川南江)

在自然界中，物理风化、化学风化和生物风化三种作用不是彼此孤立，而是相互联系、相互促进、相互影响的，而在特定的环境中，常以某种作用为主。

2. 影响风化作用的主要因素

影响风化作用的主要因素有母岩成分、气候和地形等。

1) *母岩成分*

母岩的成分是决定风化作用及其产物性质的根本因素。在风化带中，各种造岩矿物抵抗风化作用的能力的不同，它们组成的岩石抗风化能力也相差较大。常见矿物的风化特征如下所述：

石英是沉积岩的主要造岩矿物。它在风化作用中稳定性极高，在长期的风化作用以及搬运和沉积作用过程中，风化稳定性较低的一些矿物就逐渐被破坏从而相应地减少了，而风化稳定性高的石英却逐渐地相对地富集起来。因此，石英就成了碎屑沉积岩的最主要的造岩矿物(图 4-2)。

长石风化稳定性次于石英(图 4-3)。在长石中，钾长石的稳定性较高，中性斜长石又次之，多钙的基性斜长石稳定性最低。因此，在沉积岩中钾长石多于斜长石，基性斜长石很少见到。长石在风化过程中形成水云母、高岭石、铝土矿、蒙脱石、蛋白石、各种沸石、绿帘石、黝帘石、方解石等。

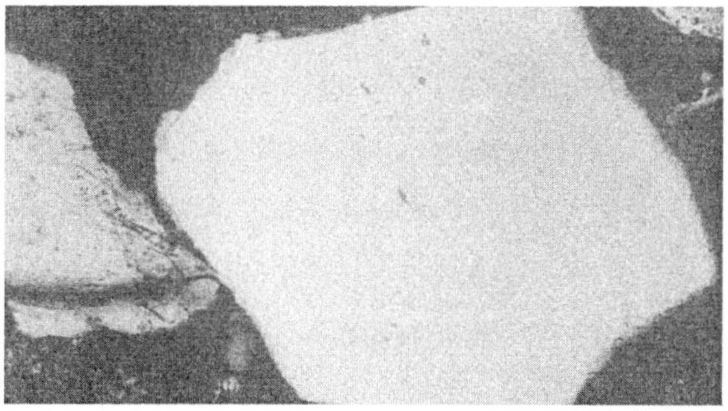

图 4-2　石英表面很光洁，抗风化

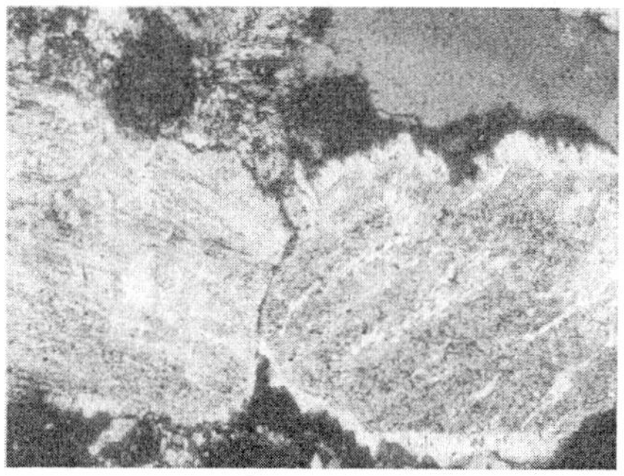

图 4-3　长石易风化，常发生高岭石化和绢云母化

在云母类中，白云母的抗风化能力较强，只有在较强风化作用中，白云母才会风化，所以它在沉积岩中相当常见。黑云母的稳定性较低，风化时常形成水云母和绿泥石，最终变为褐铁矿、高岭石等黏土矿物。

橄榄石、辉石、角闪石等铁镁硅酸盐矿物，它们的稳定性比石英、长石、云母都低得多，其中橄榄石最易风化分解，辉石次之，角闪石又次之。这些矿物在风化剥蚀产物中保留较少，故在沉积岩中较少见。它们在风化带中形成褐铁矿、蛋白石等。

碳酸盐矿物如方解石、白云石等，稳定性甚小，很易溶解于水并顺水转移，因此在碎屑沉积岩中很难看到它们。只有在干旱的气候条件下，距母岩很近的快速搬运和堆积中，才可能看到由它们组成的岩屑。

黏土矿物如高岭石、蒙脱石、水云母等，本来就是在风化条件下或者沉积环境中生成的，因此相当稳定。但是在一定的条件下，它们也还要发生变化，转变为更加稳定的矿物，如铝土矿、蛋白石等。

硫酸盐矿物(如石膏、硬石膏)、硫化物矿物(如黄铁矿)、卤化物矿物(如石盐)等，它们的稳定性最低，最易溶于水中，呈溶液状流失走。

2) 气候

雨量和温度是影响风化的气候因素。雨量控制着化学风化不可少的水的多少，而温度则影响化学反应的速度、植物的数量和类型(图 4-4)。在气候严寒或干燥地区，液态水少，以物理风化作用为主，生物风化作用和化学风化作用极微弱。岩石破碎成大小不等的碎屑。岩石碎屑风化不深，基本残留原来岩石的面貌。在气候潮湿炎热的地区，气温高，液态水充足，生物风化作用和化学风化作用都极为强烈，形成大量残余黏土。在有利条件下，风化作用形成的残积物和土壤组成的土壤层均较厚。

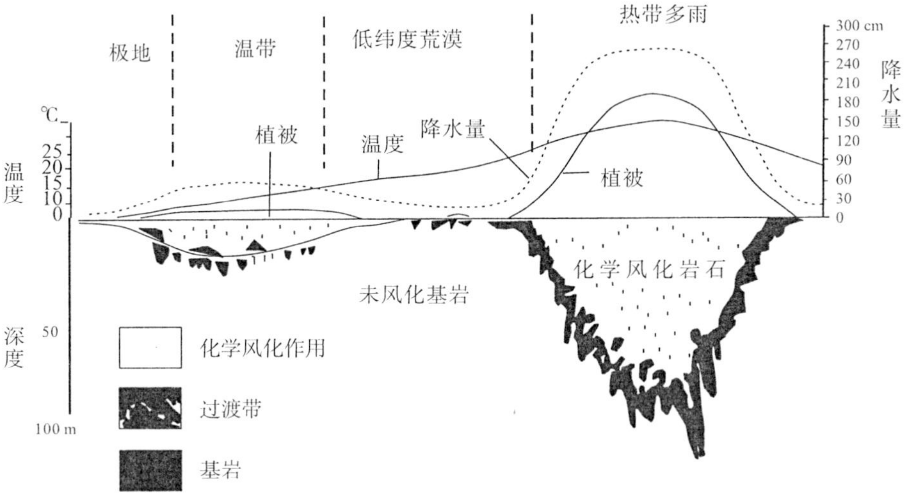

图 4-4　不同气候带风化作用的强度(据 Hamblin，1980)

3) 地形

地形条件对风化作用的影响主要表现在：地形对气候局部变化的影响；山坡的陡缓会对地下水位、植物生长等有影响；阴坡和阳坡接受阳光的强度、日照的时间以及植被的发育程度不同。

3. 母岩风化产物——沉积物的主要来源

岩石的风化产物按其性质大致可归纳为三类：

(1) 碎屑物质。主要是指母岩的岩石碎屑或矿物碎屑。在风化作用的早期以及从母岩区剥蚀不久的阶段，这种碎屑物质最发育。到后期阶段，这种物质减少，只有那些稳定性最高极难风化的石英等才保留了下来。这种碎屑物质在初始阶段大部分残留在母岩区，后来可能被各种营力搬运走。

(2)新生成的矿物。主要是指在化学风化作用过程中新生成的一些矿物，如水云母、高岭石、蒙脱石、蛋白石、铝土矿、褐铁矿等，它们以黏土矿物为主。这些物质在初始阶段也大都存在于母岩的风化带中，所以也常称为“化学残余物质”。后来，它们也将被各种营力搬运走。

(3)化学溶解物质。主要是指母岩在化学风化作用过程中形成的较易溶解的成分和胶体，如 Cl、S、Ca、Na、Mg、K、Si、Fe、Al、P 等。这些物质大都呈真溶液或胶体溶液状态顺水流走，转移至远离母岩区的湖泊或海洋中去。

母岩风化产物是沉积岩最主要的物质来源。这三类风化产物也就构成了最常见的三类沉积岩的基本物质：碎屑物质是陆源碎屑岩的主要成分；不溶残积物中的黏土矿物是陆源沉积岩中黏土岩的主要成分；化学溶解物质则构成了化学和生物化学岩(内源沉积岩)。

地壳表层岩石风化的结果，除一部分溶解物质流失以外，其碎屑残余物质和新生成的化学残余物质大都残留在原来岩石的表层。这个由风化残余物质组成的地表岩石的表层部分，或者说已风化了的地表岩石的表层部分，就称为风化壳或风化带。风化壳分为现代的和古代的，两者常以第四纪作为划分界限。古风化壳有很大的地质意义和经济意义，其中常蕴藏着一些重要的金属和非金属矿床(如高岭石矿、铝土矿、铁矿、镍矿等)，在古风化壳中或其下带可以形成油气藏，如潜山油气藏。

(二)剥蚀作用(denudation)

岩石风化后，为冰川、河流、地下水、海洋等对岩石的破坏作用创造了有利条件。这些运动着的外界营力对地面岩石及风化产物产生破坏，并将破坏产物搬离原地的作用，称剥蚀作用。

剥蚀作用方式有机械剥蚀(mechanical denudation)和化学剥蚀(溶蚀)(chemical dissolution)两种。按作用介质分为河流、海洋、湖水、地下水、冰川和风的剥蚀作用。其中由于湖盆较小，水较浅，湖水相对较静止，所以湖泊的搬运作用、剥蚀作用弱(其特点类似于海洋的搬运和剥蚀作用)，湖泊的地质作用以沉积作用为主。因此此处主要介绍河流、海水、地下水、冰川和风的剥蚀作用。

1. 河流的剥蚀作用

河流等地表流水对地表的剥蚀作用，表现为机械剥蚀作用和化学溶蚀作用两种，但河流的化学溶蚀作用仅表现在可溶性岩石地区，且与河流流速关系不大，与河流流量和河水的化学性能有关。由于河流的化学作用很小，故在此主要叙述河流的机械剥蚀作用。

河流的机械侵蚀作用按侵蚀方向可分为下蚀作用和侧蚀作用。

1)河流的下蚀作用

河流在水流作用下垂直向下侵蚀河床底部岩石，使河谷不断加深的作用称下蚀作用，也叫垂直侵蚀作用。

一般地说，河流下蚀作用明显地表现在一条河流的上游区或河流发育的幼年期。河谷纵剖面坡度较陡，流速较大，河流以河水自身的冲击力向下冲蚀以及河水携带的砾石和沙石撞击、磨蚀河床，使河谷不断加深，往往在河床上形成急流、瀑布和“V”形峡谷(图 4-5)。如我国金沙江横穿玉龙雪山和中甸雪山的虎跳峡以及横穿鄂西山岭处的三峡都是举世闻名的“V”字形峡谷。其中虎跳峡江面宽 30～60m，谷深达 3000m，最陡处谷坡在 70°以上。

图 4-5 金沙江“V”型峡谷

2) 河流的侧蚀作用

河流侵蚀河床两侧和谷坡，使河床左右迁徙和谷坡后退的作用称为河流的侧蚀作用。侧蚀作用主要出现在河流中、下游或河流发育的中、老年期，这时河床坡降变缓、下蚀作用处于次要地位。

河流产生侧蚀作用的原因是单向环流的表流对河岸的冲刷作用。水质点作单向的螺旋形运动的水流，称单向环流。当水流进入弯曲河段时，河水在离心力的作用下，水质点向凹岸偏离，造成凹岸(深水区)一侧壅水。这时两岸出现水位差。在重力作用下，河水下沉，水从河床底部流向凸岸。同时，水在向前流动。因此，水质点的运行是螺旋形的(图 4-6)。在平直河段，由于科里奥利力的作用也可产生单向环流。

在河道弯曲处，河水受惯性离心力驱使，其主流线逐渐向凹岸偏移至河弯顶部，主流线已紧靠凹岸，因此凹岸受到猛烈冲蚀而遭侧蚀。

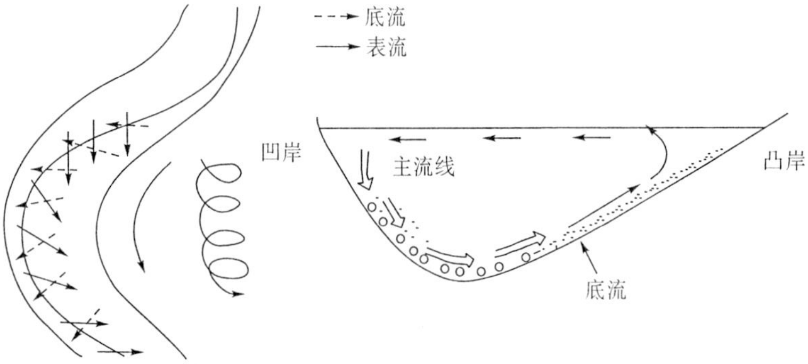

图 4-6 单向环流示意图

在单向环流主流线偏移产生的侧蚀作用下，凹岸受到冲刷而受到强烈破坏。长期作用的结果导致谷坡下部被掏空，上部岩石失去支撑而崩塌，逐渐地凹岸谷坡向凹岸偏下游方向后退。与此同时，环流又将侧蚀和上游带来的碎屑物带到凸岸的下游侧沉积下来。由于凹岸不断后退，凸岸不断地沉积而前伸，河道曲率不断增加，河流变得越来越弯曲，这种河流称为曲流(图 4-7、图 4-8)。

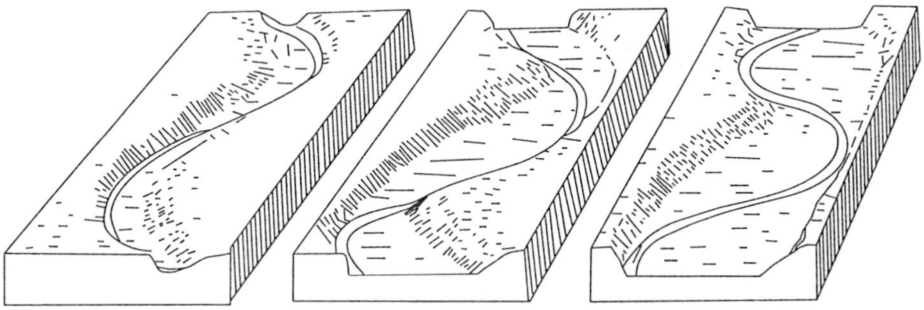

图 4-7　河流的机械侵蚀作用使河谷加宽

综上所述，河流的下蚀作用和侧蚀作用不断地改造着地表。对于一条河流来说，下蚀作用和侧蚀作用同时进行。但上游区或河流发育的幼年期以下蚀作用为主；中、下游或河流发育的中、老年期以侧蚀作用为主。前者常常塑造出峡谷地貌，产生急流、瀑布和溯源侵蚀，后者则形成宽广的河谷和使河床变弯曲形成曲流、蛇曲、牛轭湖等。

图 4-8　曲流河

2. 海洋的剥蚀作用

海洋地质作用的方式和特点主要受海水运动影响，其运动方式主要表现为海浪、潮汐、洋流和浊流四种。

海水对海岸和海底的破坏作用称海蚀作用。它是海水运动时的动能、海水的溶解作用和海洋生物活动等因素引起的海岸及海底的破坏作用。因此，按海蚀作用因素将海蚀作用分为机械剥蚀、化学剥蚀和生物剥蚀三种作用。但生物剥蚀作用本身可分为机械的和化学的。所以海蚀作用实际上可分为机械剥蚀和化学剥蚀两种。

海水的机械剥蚀是由海水运动引起的。按其作用方式可分为冲蚀和磨蚀两种。冲蚀作用是指海水运动产生的动力直接冲击海岸，使海岸破坏的作用；磨蚀作用是指海水中携带的砂砾对海岸的磨蚀和撞击作用。海水的化学剥蚀作用又称溶蚀作用。因海水含较多的二氧化碳等溶剂，它们可对可溶性岩石组成的海底及海岸溶蚀。由于化学溶蚀作用仅在易溶岩石组成的海底及海岸作用明显，因此海蚀作用以机械剥蚀作用为主。

由基岩组成的海岸一般地形较陡峭。在海浪的频频作用下，会形成各种海蚀地貌，如海蚀凹槽、海蚀崖、波切台、波筑台等(图 4-9)，引起海岸的后退；在河口区，潮汐侵蚀作用形成喇叭形河口(图 4-10)；在海底大陆斜坡上，浊流侵蚀作用形成海底峡谷；由于洋流的动能较小，分布局限，其机械侵蚀作用较弱。

图 4-9　海蚀地貌

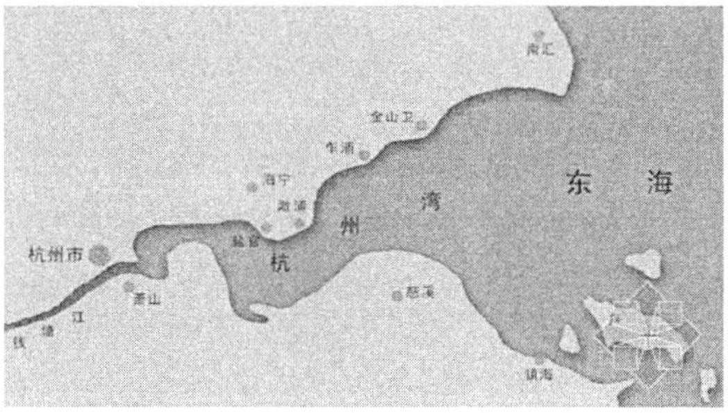

图 4-10　喇叭形河口

3. 地下水的侵蚀作用

地下水的地质作用包括机械作用和化学作用。但就整个地下水地质作用而言，则以化学作用为主，机械作用为辅。其主要原因是大部分地下水在裂缝和孔隙中运动，流动速度慢，所以其动能很小(地下河除外)，机械作用弱。但也正是地下水的缓慢流动，使岩石或矿物颗粒接触水的时间增长，接触面积增大，加之水中常含有酸类物质(如有机酸和 CO_2 等)，使地下水具有较强的化学作用能力。

1)机械潜蚀作用

由于地下水的冲力一般来说比较小(除地下河之外)，它仅能冲出松散物中细小的粉砂和黏土，因此地下水的机械潜蚀作用通常是比较弱的。

位于洞穴中的地下河的潜蚀作用则是比较强的。其潜蚀作用与地面河流剥蚀作用相同，所以在此不再叙述。

2)化学溶蚀作用及岩溶地貌的形成

地下水对岩石、矿物的溶解所产生的破坏作用，称化学溶蚀作用，也称岩溶作用或喀斯特作用。地下水中常含有 CO_2 和大量有机酸，且在岩石中流动缓慢。如果岩石为可溶性岩石，如碳酸盐岩、石膏、岩盐等，则其溶蚀能力极强。

在可溶性碳酸盐岩广泛分布的地区，地下水沿层面及孔隙流动，在流动过程中不断溶蚀沿途岩石。其化学反应式为

$$CaCO_3+CO_2+H_2O \longrightarrow Ca(HCO_3)_2$$

其结果使流动通道扩大，并把溶蚀后生成的重碳酸钙带走。

溶蚀作用为主，再加上地表水的共同作用，使地表和地下形成一些特殊地形，这些地形称岩溶地貌或喀斯特地貌。碳酸盐岩在地球的分布较其他可溶性岩石广，所以常见的岩溶地貌是碳酸盐岩岩溶地貌。

可溶性岩石区岩溶地貌(喀斯特地貌)的形成过程如下：在地表或地表附近，地下水沿岩石裂缝或顺斜坡向下流动过程中，溶蚀岩石使地表形成几厘米至几米的沟槽称溶沟；沟与沟之间的突出石脊为石芽(stony sprout)；溶沟、石芽继续扩大，石芽可成为高耸壁立、远看似树林的石林；若地表水沿两组节理交叉处向下渗流、溶蚀，则可形成垂向的井状洞穴，称为落水洞；落水洞洞口若陷落或溶蚀成漏斗状地形，称为溶蚀漏斗；在潜水面附近，地下水的运动是沿潜水面从高处往低处运动的，因此地下水沿岩石裂缝和层理溶蚀形成近于水平方向延伸的地下洞穴，即溶洞；地下水在溶洞中流动则形成地下河；溶蚀作用不断进行，溶洞逐渐扩大，导致顶部垮塌，使溶洞底部出露于地表，形成溶蚀谷；溶蚀谷顶大部分垮塌，部分岩石残留未垮落，则形成天生桥；溶蚀谷继续扩大，形成溶蚀盆地；盆地之间残留的陡峭山峰，称为孤峰。我国广西、四川、云南、贵州碳酸盐岩广泛分布，因此喀斯特地貌极发育，如广西桂林山水、云南路南石林(图 4-11)和贵州龙宫、打鸡洞等都是以喀斯特地貌而著名的风景区。

图 4-11 云南石林

综上所述，岩溶发育的基本条件为：丰富的可流动的地下水；产状平缓的厚层可溶性岩石；发育有为水流动提供空间的裂隙。

地下岩溶发育不均一。这主要是可溶性岩石的差异溶蚀造成的。在岩溶发育之前，可溶性岩石中分布有张开的构造裂缝，具有溶蚀能力的水在其中流动，溶解缝壁上的碳酸盐岩，使裂缝逐渐扩大。细小的裂缝阻力大，水流速慢，溶蚀能力相对较差。宽大裂缝阻力小，水流畅通，渗流速度大，溶蚀作用使裂缝迅速扩宽，使水流动更快，同时还夺走了小裂缝中的水，使小裂缝中水更少，流速更小。因此，宽裂缝进一步发展为溶蚀管道。这就造成了碳酸盐分布区岩溶发育空间的极不均一性，为碳酸盐岩地区地下洞穴的预测带来了困难。

地下岩溶发育还具有分带性。从岩溶地貌形成过程的描述中可知：早期发育在地表附近的溶蚀裂缝、落水洞、溶蚀漏斗、石林等是潜水面以上地下水垂向下渗运动溶蚀形成的，即在包气带中的岩石被溶蚀形成，位于包气带范围；潜水面附近或以下一定深度内，水以大体水平方向流动为主，形成水平方向的溶洞管道系统或洞穴。

在碳酸盐岩分布区，碳酸盐岩岩溶缝洞(尤其是古岩溶缝洞)是很好的储集空间。因此，研究岩溶对油气地质工作等具有重要的意义。

4. 冰川的剥蚀作用

冰川及其挟带的岩石碎块对冰床的破坏作用，称为冰川的刨蚀作用。它是一种纯机械剥蚀作用。刨蚀作用破坏力巨大。刨蚀作用的方式主要有两种：一种是挖掘作用，即由于冰川本身的巨大压力将冰床上的脆性岩石和节理发育的岩石压碎，同时融化的冰水渗入裂缝中后又和冰川冻结在一起，当冰川运动时，连挖带拔，加上推铲，像犁头翻土一样使冰床遭受强烈的破坏；另一种方式是磨蚀作用，它主要是冰川中挟带的岩石碎屑对冰床岩石进行磨蚀，像锉子锉磨岩石一样使冰川流经的谷底和谷壁基岩遭到破坏。以上两种作用同时进行，但以挖掘作用破坏力最大。

在海拔较高的高山区，高山洼地积雪形成冰川后，由于冰川的刨蚀作用以及冰劈作用，会形成各种刨蚀地貌，如冰斗、冰蚀谷、切割山嘴、羊背石、鳍脊(图 4-12)。而在极地区，冰川几乎覆盖了整个发育区的陆地地面。刨蚀作用易形成冰蚀洼地和羊背石。冰川消融后，洼地积水形成冰蚀湖。有千湖之国之称的芬兰有众多的湖泊，这些湖泊主要就是大陆冰川刨蚀作用形成的冰蚀湖。

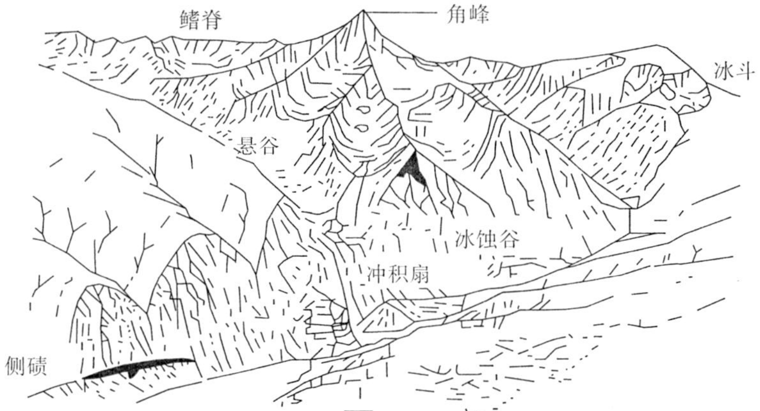

图 4-12 冰川的刨蚀地貌

5. 风的剥蚀作用

风以其自身的力量和所挟带的沙石对地表岩石进行冲击和摩擦，使地表岩石遭受破坏的作用称风蚀作用。按作用方式分为吹蚀(吹扬)作用和磨蚀作用。吹蚀作用指风以自身的动力把在地表的疏松物质吹离原地的作用；磨蚀作用是指风所挟带的沙和石块对地表岩石的冲击、摩擦使岩石遭受破坏的作用。风蚀作用的强度取决于风力大小、组成地面的碎屑的颗粒大小以及植被覆盖状况。能被吹扬离开地表的碎屑通常是粒径＜2mm 的砂和黏土。砾石则常留在原地。磨蚀作用除与风力大小和地面岩石的松软、破碎程度有关外，还与风中的含沙量有关。通常距地面 0～20cm 高度范围内，被吹起的沙石数量最多，磨蚀作用最强烈。在沙漠区常见到电线杆等的基部被磨成凹槽即为此原因造成。

风蚀作用还把地表松散物中的石块磨成表面光滑、棱角明显的砾石，称为风棱石。此外，在风蚀作用以及其他外动力地质作用的参与下，可以形成一些特殊的地貌，称为风蚀地貌。最常见的有蜂窝石、风蚀蘑菇、风蚀谷、风蚀洼地、风城等(图 4-13、图 4-14)。

图 4-13 风蚀蘑菇

图 4-14 新疆魔鬼城

(三)搬运作用(transportation)和沉积作用(sedimentation)

沉积岩的原始物质通过母岩风化、生物作用以及火山作用形成后，除少部分在原始堆积外，大部分在流水、风、冰川、重力等作用下都要被搬运走，并在新的地方沉积下来，一般碎屑物质及大部分的黏土物质是以悬浮搬运和底部推移搬运(包括滚动搬运和跳跃搬运)方式进行搬运的。这种搬运与沉积作用受流体力学的定律所支配，称为机械搬运与沉积作用。而化学物质以溶液(包括真溶液和胶体溶液)方式进行搬运的，这种搬运和沉积作用受着化学、物理化学的定律所支配，称为化学搬运和沉积作用。

1. 机械搬运和沉积作用

1)流水的机械搬运和沉积作用

搬运碎屑物质和大部分的泥质物质的最重要流体是水。流水的状态和特点在很大程度与流水的速度有关，所以碎屑颗粒在流水中的搬运和沉积主要与流水的速度有关，此外，它们还与流量以及颗粒本身的性质(如比重、形状、大小)有很大的关系。

流水的机械搬运作用搬运碎屑物质的方式，即碎屑载荷方式，主要有两种，即推移搬运(或滚动搬运或称推移载荷)和悬浮搬运(或悬移搬运或称悬浮载荷)。至于跳跃搬运，它基本属于推移搬运。

较粗的碎屑大多沿流水的底部移动、滚动或跳跃式前进。较细的碎屑，如粉砂和黏土，在流水中常呈悬浮状搬运。

而已处于搬运状态的碎屑物质，在一定条件下，主要是当流水的动力不足以克服碎屑重力时，碎屑物质就会沉积下来。如悬浮的粉砂或黏土在流速减到一定限度(小于沉速的 12 倍)时就会下沉。

碎屑物质在流水搬运的过程中，还将发生许多变化(图 4-15)。①成分上的变化：随着碎屑物质被流水搬运的时间和距离的增长，其中不稳定成分就逐渐减少，稳定成分则相应增多，同时成分也就变得更加简单了；②粒度变小、圆度变好：碎屑在流水搬运过程中，碎屑与碎屑之间、碎屑与河床之间的互相撞击和摩擦作用，将导致碎屑颗粒由大变小，圆度逐渐变好；③球度有所增高：球度的变化不够明显，有增高的趋势。

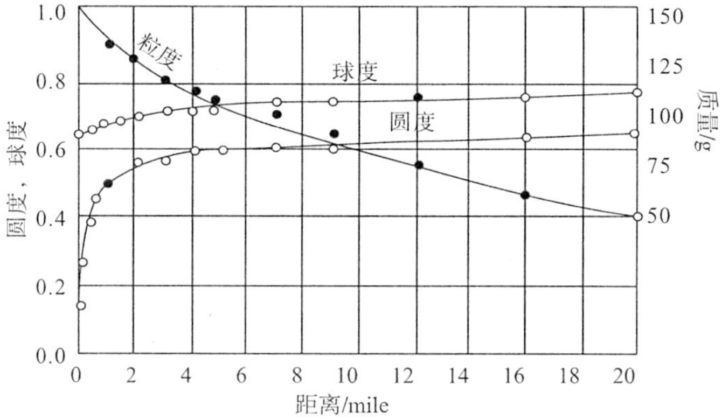

图 4-15 石灰岩碎屑在流水过程搬运中，其粒度、球度、圆度的变化

(据克鲁宾，1941；转引自冯增昭，1993)1mile=1609.344m

2)风的机械搬运和沉积作用

空气是仅次于水的一种很重要的搬运营力和沉积介质，它不仅在大陆、沙漠中搬运大量的砂，也可将海滩砂携至内陆，或将粉砂和黏土以尘暴形式经长距离搬运到远洋中沉积下来。尤其在干旱的沙漠和滨海砂岸地区。

空气中的悬移载荷可作长距离搬运，在距来源地很远的大陆或海洋中沉积下来；推移载荷则多半在来源地(沙漠或海滩)附近堆积下来，其最主要的堆积形式是沙丘。当风沙流运行遇到障碍物(陡崖、植被、大砾石等)时，因遇阻而减速使碎屑沉积下来，称为障碍堆积。

3)冰的搬运和沉积作用

冰川和浮冰是一种搬运能力巨大的搬运介质。冰川和浮冰的搬运和沉积作用发生在两极地区和高寒的山区。现代冰川覆盖面积约占陆地的 10%，在地质历史中的一些时期曾有更广泛的冰川分布。

冰川主要搬运碎屑物质，它们可浮于冰上或包于冰内。碎屑物质可来自冰川对底部和两壁基岩的侵蚀，或由两侧山坡崩塌而来。由于冰川是固体搬运，因而搬运能力很大，可搬运大致直径数十米、重达数千吨的岩块。由于碎屑不能在冰体中自由移动，彼此间极少撞击和摩擦，因此碎屑缺乏磨圆与分选，大小混杂堆积在一起。碎屑与底壁基岩间的磨蚀和刻划，以及塑性流动所产生的部分岩块间的摩擦，都可产生特殊的冰川擦痕(钉子头抓痕)。

冰川流动到雪线以下就要逐渐消融，所载运的碎屑就沉积下来。沉积作用主要发生在冰川后退或暂时停顿期，随着冰川的消融就有冰水产生，冰碛物遭到流水的改造即成为冰水沉积物。

4)重力流的搬运和沉积作用

沉积物重力流是一种在重力作用下发生流动的弥散有大量沉积物的高密度流体。沉积物重力流是非牛顿流体。

沉积物重力流可以分为水下的和大气的两大类。水下沉积物重力流是指在水体底部流动的沉积物与水混合的高密度流体。米德尔顿和汉普顿(Middleton and Hampton，1973)根据碎屑支撑机理，即碎屑呈悬浮状态的机理，将水下重力流分为四类：碎屑流或泥石流、颗粒流、液化沉积物流和浊流。

陆上的重力流沉积物由于处于地球表面的风化剥蚀区，因此极容易受到破坏而不能够很好保存，而水下沉积物重力流是形成在湖泊、海洋等地球表面的低洼地带，因此它们可以很好地、长期地保存。目前在水下重力流沉积的岩石中已发现了重要的油气产层。仅在北海一处自1970年以来就发现了大约2.5亿桶石油，2264亿立方米天然气。随着石油工业的发展、科学技术的进步，人们从浅水找油将向深水发展，深水重力流将是重要的研究油气勘探目标。

2. 化学搬运与沉积作用

母岩风化产物中的溶解物质可以呈胶体溶液或真溶液被搬运，这与物质的溶解度有关。Al、Fe、Mn、Si的氧化物难溶于水，常呈胶体溶液搬运；而Ca、Na、Mg、K的盐类则常呈真溶液搬运(图4-16)。

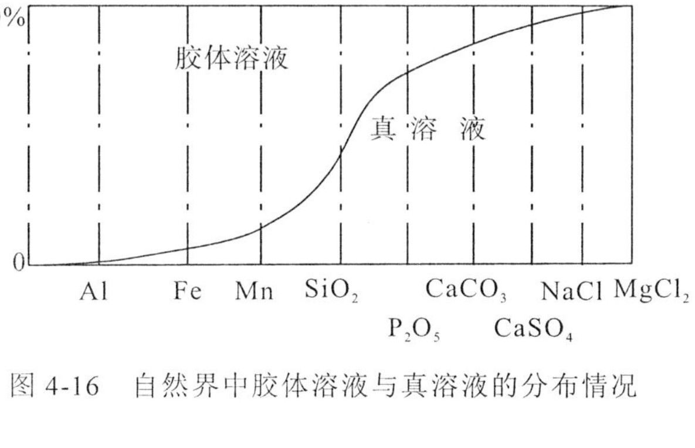

图4-16　自然界中胶体溶液与真溶液的分布情况

1)胶体溶液的搬运与沉积

低溶解度的金属氧化物、氢氧化物和硫化物常呈胶体溶液被搬运。胶体溶液的性质介于粗分散系(悬浮液)和离子分散系(真溶液)之间；胶体粒子直径为1～100nm，在普通显微镜下不能识别。胶体质点常带电荷。带正电荷的为正胶体，如铁、铝等的含水氧化物胶体；带负电荷的为负胶体，如硅、锰等含水氧化物胶体。

胶体凝聚沉积而成的沉积物呈胶状或糊状，当它们固结后呈钟乳状、肾状或豆状。

2）真溶液物质的搬运和沉积

在母岩风化产物中，Cl、S、Ca、Na、Mg、K 等多呈离子状态溶解于水中被搬运，即呈真溶液状态被搬运。有时 Fe、Mn、Si 和 Al 也可以呈离子状态在水中被搬运。

真溶液物质的搬运和沉积作用的根本控制因素是它们的溶解度。即溶解度愈大，愈易搬运，愈难沉积；反之，溶解度愈小，则愈易沉积，愈难搬运，即化学沉积分异作用（图 4-17）。

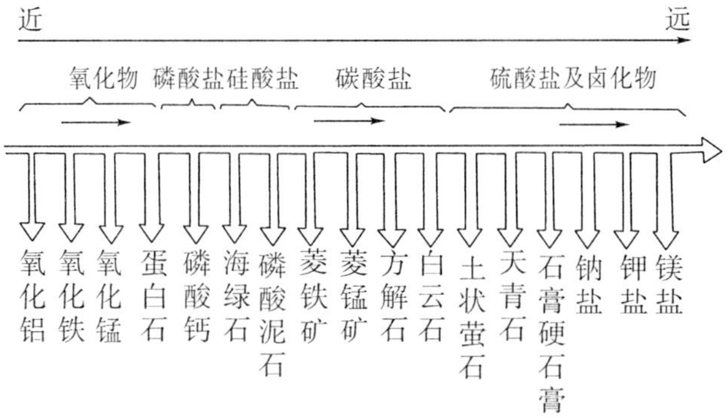

图 4-17 物质的化学沉积分异示意图

（据普斯托瓦洛夫，1954）

3. 生物的搬运和沉积作用

生物作为一种搬运营力的意义较小，但生物的沉积作用却是很重要的，它不仅可使溶解物质大量沉淀，还可使部分黏土物质和内源粒屑物质，以及大量大气迁移元素沉积下来。自从地球上出现生命以来，生物就参与沉积形成作用，并且随着地质历史的进展，生物在沉积岩和沉积矿产形成作用中的意义也越来越大，它们通过自己的生命活动，直接或间接地对物质的搬运和沉积起着重要的作用。在各类生物中，藻类和细菌等微生物的沉积形成作用尤为巨大，不仅由于这类生物繁殖快、分布广、数量多、适应性强，而且在地质历史中出现得早，被认为是确信无疑的最早的生命记录。

生物沉积作用包括两个方面。一是生物遗体的直接堆积形成岩石或沉积矿床。例如海中生物死亡后，骨骼或贝壳堆积在海底，可以形成磷质岩、硅质岩和石灰岩等。二是生物化学沉积（间接沉积作用），即在生物的生命活动过程中或生物遗体分解过程中引起介质物化环境的变化，从而促使某些溶解物质沉淀，或由于有机质的吸附作用而使某些元素沉积（例如海生藻类进行光合作用，由于吸收海水中的 CO_2，对石灰岩沉积起很大的作用）；还可以在生物生命活动过程中通过捕获、黏结或障积等作用使沉积物发生沉积。

(四)沉积后作用

母岩的风化产物以及其他来源的物质，在经过搬运作用及沉积作用后，就变成了沉积物。但沉积物还不是沉积岩。沉积物堆积以后，由于温度、压力、地层水等作用，会使其由疏松的沉积物变成坚硬的岩石，当埋到一定深度会向变质岩演化；也可以由于构造抬升或基准面下降暴露于大气中发生风化作用。把沉积物形成后到变质作用或风化作用之前所发生的作用称为沉积后作用。

沉积后作用又叫广义的成岩作用，它包括一系列复杂的变化和过程。主要的变化阶段有狭义的成岩作用和后生作用两个阶段。

疏松沉积物经过一定的物理、化学、生物化学以及其他的变化和改造，如水分排出、孔隙度减小、比重加大、胶结、重结晶、产生新矿物等，变成固结的岩石的过程叫成岩作用(狭义的成岩作用)。成岩作用是沉积岩形成的最后阶段。沉积物的成岩作用是很复杂的，主要包括以下几个方面(图 4-18)。

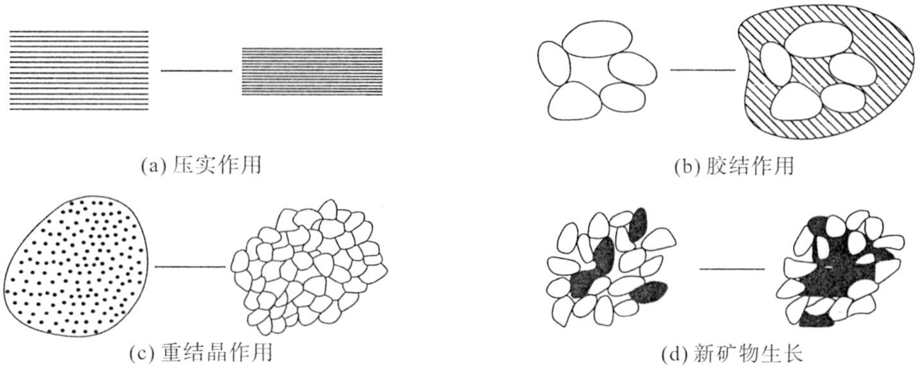

图 4-18 成岩作用的几种途径

1. 压实作用(compression)

由于上覆沉积物逐渐增厚，压力也不断增大，因此，沉积物中的附着水逐渐排出，颗粒间的孔隙减少，体积缩小，颗粒之间的联系力增强，进而使沉积物固结变硬，这就是压实作用。压实作用是黏土沉积物成岩的主要方式，例如新鲜的黏土孔隙度可达 80%，压固成页岩后孔隙度可减小至 20%，甚至更小。

随着压力的增大，温度也有增加。在温度和压力作用之下，不仅排出沉积物颗粒之间的附着水，而且许多含水胶体和含水矿物也会产生失水作用而变为新矿物，例如蛋白石($SiO_2 \cdot nH_2O$)变为玉髓(SiO_2)，褐铁矿($Fe_2O_3 \cdot nH_2O$)变为赤铁矿(Fe_2O_3)，石膏($CaSO_4 \cdot 2H_2O$)变为硬石膏($CaSO_4$)等。矿物失水也可引起沉积物体积收缩现象。

2. 胶结作用(cementation)

填充在沉积物孔隙中的矿物质将分散的颗粒黏结在一起，称为胶结作用。最常见的胶结物质成分是硅质(SiO_2)、钙质($CaCO_3$)、铁质(Fe_2O_3)、黏土质等。这些物质是与沉积物同时形成的，或者是在成岩过程中形成的新矿物，也可以是后来地下水带来沉淀的。胶结作用是碎屑沉积物成岩的主要方式，如砾和砂胶结后形成砾岩和砂岩。

3. 重结晶作用(recrystallization)

沉积物受温度和压力影响重新结晶，使非结晶物质变成结晶物质，使细粒结晶物质变成粗粒结晶物质，这种作用称重结晶作用。一般说，颗粒细，易溶解的沉积物，容易产生重结晶作用。重结晶后，沉积物孔隙减少，比重增大，形成坚硬岩石。重结晶作用是各类化学岩和生物化学岩(石灰岩、白云岩等)成岩的主要方式。

4. 新矿物生长

各种风化剥蚀物质，当其被搬运到新环境中沉积时，常常随着环境的特点(例如气候干燥或气候湿热，氧化环境或是还原环境)改变，而使沉积物发生变化产生新的矿物和形成新的矿物组合。如在还原环境下，可以使高价化合物变为低价化合物等等。因此在成岩过程中，不仅使沉积物的物理性质发生变化，而且其化学成分也可发生相应的改变，如结核作用、氧化作用和还原作用都可使化学成分变化。

沉积岩形成后还将发生一些变化。沉积岩形成以后，到其风化作用和变质作用以前，这一漫长阶段中的变化或作用称后生作用。后生作用方式主要有胶体陈化、重结晶、淋滤和溶解作用、水化作用、压溶作用、结核作用。

沉积后作用阶段的一些作用可使岩石(或沉积物)中孔隙度降低，另一些作用使岩石中的孔隙度增加。它们对油气储集和油气开发起着重要的作用，因此它是石油地质学及开发地质学研究的重要内容之一。

第二节　沉积岩的基本特征

沉积岩是组成岩石圈的三大类岩石之一，它是在地壳表层条件下由母岩(岩浆岩、变质岩、先成的沉积岩)的风化产物、生物来源的物质、火山物质、宇宙物质等原始物质，经过搬运作用、沉积作用和沉积后作用而形成的岩石。

一、沉积岩的化学成分

将沉积岩和岩浆岩的平均化学成分(表 4-1)进行比较，可以发现其数据十分接近。这是由于沉积岩基本上是由岩浆岩的风化产物所形成。但仔细观察它们之间仍有一些差别：

(1)两者铁的总量大体相等，但在岩浆岩中 FeO 高于 Fe_2O_3，而在沉积岩中则相反。这是由于地表比地下深处有更多的自由氧，故沉积岩中高价铁多。

(2)沉积岩中碱金属含量远低于岩浆岩，尤其是 Na 的含量。这是由于它们在地表条件下易于从母岩中析出，大量流失进入到海水中成为氧化物、硫酸盐等可溶性盐类，浓集于海水中。

K_2O 和 Na_2O 的含量对比，沉积岩中总是 Na 比 K 少，而在岩浆岩中却是 Na 比 K 多。其原因是除大量 Na 进入海水中外，还因相当部分 K 被黏土矿物所吸附，保留于沉积岩中，加上白云母、绢云母等含钾矿物在地表亦相当稳定，因此也就造成了沉积岩中 K_2O 含量高于 Na_2O。

(3)沉积岩中富含 CO_2 和 H_2O，而岩浆岩中则极少。这与沉积岩形成于地表附近的环境有关。

(4)大量有机质存在于沉积岩中。有机质在地表分布很广，而且从地球上产生生物以来，有机质的总量是在不断增加。大量有机质的存在是沉积岩与岩浆岩最重要的区别之一。

表 4-1　沉积岩与岩浆岩的平均化学成分(按氧化物百分含量：%)

氧化物	沉积岩			岩浆岩
	克拉克(1924 年)	克拉里(1941 年)	苏科夫斯基(1952 年)	(克拉克，1924 年)
SiO_2	57.95	58.16	59.17	59.12
TiO_2	0.57	0.94	0.77	1.05
Al_2O_3	13.39	15.93	14.47	15.34
Fe_2O_3	3.47	8.54 (Fe_2O_3+FeO)	6.32	3.08
FeO	2.08		0.99	3.80
MnO	—	0.64	0.80	0.12
MgO	2.65	3.58	1.85	3.49
CaO	5.89	6.26	9.90	5.08
Na_2O	1.13	1.85	1.76	3.84
K_2O	2.86	2.85	2.77	3.13
P_2O_5	0.13	0.26	0.22	0.30
ZrO_2	—	—	—	0.039
Cr_2O_3	—	—	—	0.055
CO_2	5.38	—	—	0.102
H_2O	3.23	—	—	1.15
其他	—	—	—	0.304
总计	98.73	99.01	99.02	100.00

(转引自陆廷清，2015)

表 4-2 沉积岩和岩浆岩的平均矿物成分(%)

矿物	沉积岩		岩浆岩(65%花岗岩+35%玄武岩)
	利思与米德(1915年)	克里宁(1948年)	
橄榄岩	—	—	2.65
普通角闪石	—	—	1.60
普通辉石	—	—	12.90
长石	15.57	7.50	49.29
石英	34.80	31.50	20.40
云母+绿泥石	20.40	19.00	7.76
氧化铁矿物	4.10	3.00	4.6
玉髓	—	9.00	—
黏土矿物	9.22	7.50	—
碳酸盐矿物	13.63	20.50	—
石膏	0.97	—	—
碳质	0.73	—	—
其他	0.58	3.0	0.88

(转引自陆廷清，2015)

二、沉积岩的矿物成分

沉积岩中已发现的矿物达160种以上，但常见的只有20余种。而在一种岩石中的主要(造岩)矿物只有1～3种，通常不超过5～6种。沉积岩的矿物成分与岩浆岩不同(表4-2)，其特点为：

(1)高温矿物少见。在岩浆岩中大量出现，而在沉积岩中少见或不出现的矿物有橄榄石、辉石、角闪石等铁镁矿物及基性斜长石等。因这些矿物是在高温、高压下由岩浆结晶而成，转入地表条件下则不稳定。

(2)低温矿物富集。在岩浆岩中含量较多的矿物，如钾长石、酸性斜长石和石英，在沉积岩中也广泛存在。这些矿物形成于岩浆结晶晚期温度不很高时，故在地表环境中就比较稳定。其中以石英最为稳定。由于中、基性斜长石在地表不稳定，在沉积岩中少见，因此沉积岩中长石总量比岩浆岩中少得多。

(3)沉积岩中有其特有的自生矿物。有些矿物是在沉积作用过程中新生成的，如某些氧化物和氢氧化物、黏土矿物、盐类矿物、碳酸盐矿物。它们是沉积岩的主要矿物成分之一，但在岩浆岩中极少或缺乏。这些矿物是在地表常温、常压并富O_2、CO_2、H_2O的条件下生成的，又称作自生矿物。

三、沉积岩的颜色

颜色是沉积岩最醒目的标志，在鉴定岩石、地层划分和对比、沉积环境及古地理分析和地球物理资料的正确解释等方面具有极其重要的意义。按成因可分为三类，即继承色、自生色(二者合称为原生色)和次生色。

1)继承色

碎屑岩的颜色继承了母岩碎屑的颜色。如由正长石组成的长石砂岩为肉红色。

2)自生色

由沉积作用中从溶液中沉淀出的及早期成岩过程中形成的矿物所反映的岩石颜色，称自生色。比如，含海绿石或鲕绿泥石的岩石常呈绿色和黄绿色，红色软泥是因为其中含赤铁矿。

3)次生色

主要是在成岩作用阶段或风化过程中，沉积岩原生组分发生次生变化，由新生成的次生矿物所反映的颜色。这种颜色多半是由氧化作用或还原作用、水化作用或脱水作用，以及各种矿物(化合物)带入岩石中或从岩石中析出等引起的。

四、沉积岩的结构

沉积岩的结构与岩石的形成方式相关。由机械搬运和沉积形成的陆源碎屑组成的沉积岩具“碎屑结构”(clastic texture)；由化学风化形成的陆源黏土组成的岩石具“泥状结构”(或称“黏土结构”)；机械作用形成的盆内颗粒沉积岩则具“粒屑结构”；由生物作用形成的岩石则具“生物结构”。沉积盆地内由化学作用、生物化学作用以及重结晶作用形成晶粒结构。所以沉积岩的结构比岩浆岩更为多样，其中碎屑结构、粒屑结构、生物结构、黏土结构是沉积岩所特有的。

五、沉积岩的构造

沉积岩的构造是指组成沉积岩的组分在空间的分布和排列方式，它是沉积物沉积时，或沉积后，由于物理作用、化学作用和生物作用形成的各种构造。在沉积物沉积过程中及沉积物固结成岩之前形成的构造即原生构造，例如层理、波痕等；固结成岩后形成的构造为次生构造，如缝合线等。

对沉积岩原生沉积构造的研究，可以确定沉积物搬运和沉积方式、沉积介质性质以及流体的水动力状况，从而有助于分析沉积环境，分析恢复水流系统以及水流状态，有的还可以确定地层的顶底层序。

按照形态，沉积构造可分为层理构造、层面构造以及结核三种类型。

以下主要介绍有关沉积岩的构造的基本概念。

1. 岩层

岩层是由成分基本一致的层状岩石组成的单元，由两个平行或近于平行的界面所限制。它是在较大区域内，在基本稳定的自然条件下沉积而成的。岩层的上、下界面叫层面，上层面又称顶面，下层面称底面。两个岩层的接触面，既是上覆岩层的底面，又是下伏岩层的顶面。

同一岩层的成分、结构和颜色大体上是一致的，并由两个相当清楚的界面将其与上覆岩层和下伏岩层分隔开。但在同一岩层内，沿垂直方向的剖面，有颗粒粗细、颜色深浅甚至含有其他物质多少的变化。根据这些变化，岩层内还可以细分为若干更小的层。所以，层是岩层的基本组成单位，一个岩层可以由一个或几个层组成。

层没有限定的厚度，其厚度变化范围很大，可自数毫米至数十米，但通常是数厘米至数十厘米。按厚度可划分为：块状层(＞1.0m)、厚层(0.5～1.0m)、中层(0.1～0.5m)、薄层(0.01～0.1m)、微细层或页状层(＜0.01m)。

一个层可以包括一个或若干个纹层、层系或层系组(图 4-19)。纹层(细层)是组成层理的最基本的、最小的单位。层系由许多在成分、结构、厚度和产状上近似的同类型纹层组合而成的单元。它们形成于相同的沉积条件下，是一段时间内水动力条件相对稳定的产物。层系组(层组)由两个或两个以上岩性(成分、结构)基本一致的相似层系或性质不同，但成因上有联系的层系叠覆组成的单元。

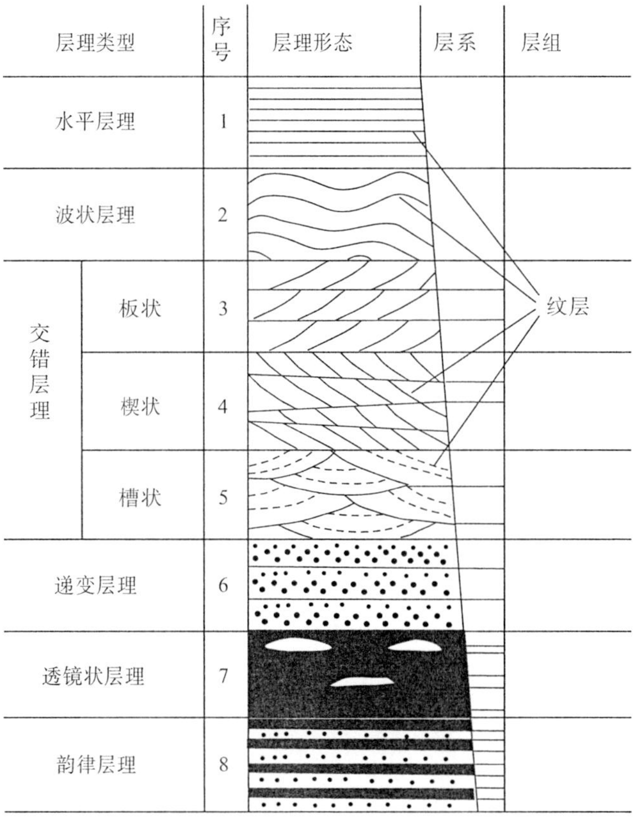

图 4-19 层理的基本类型及有关术语

2.层理(bedding)

层理是沉积岩中最普遍的原生构造。它是岩石性质沿垂向变化的一种层状构造，可以通过矿物成分、结构、颜色的突变或渐变而显现出来。层理的形成及其特征，与组成岩石的成分即形成岩石的地质、地理环境、介质运动特征有关。

层理的类型很多，下面介绍常见的几种。

1)块状层理(均匀构造)

层内物质均匀、组分和结构上无差异、不显细层构造的层理，称为块状层理(图 4-20)。在泥岩及厚层的粗碎屑岩中常见。一般认为块状层理是由悬浮物的快速堆积、沉积物来不及分异因而不显细层，如河流洪泛期快速堆积形成的泥岩层。另外，块状层理也可由沉积物重力流快速堆积而成；在若干情况下，块状层理是由强烈的生物扰动、重结晶或交代作用破坏原生层理所形成的。

图 4-20 块状层理(鄂尔多斯盆地)

2)韵律层理

韵律层理由层与层间平行或近于平行的、从数毫米至数十厘米的等厚或不等厚的、两种或两种以上的岩性层的互层重复出现所组成，常见砂质层和泥质的韵律互层，称为砂泥互层层理。韵律层理的成因很多，可以由潮汐环境中潮汐流的周期变化形成潮汐韵律层理；也可以由气候的季节性变化形成浅色层与深色层的成对互层，即季节性韵律层理；还可由浊流沉积形成复理石韵律层理等。

3)交错层理(斜层理)(cross bedding)

交错层理是最常见的一种层理类型。在层系的内部由一组倾斜的细层(前积层)与层面或层系界面相交，所以又称为斜层理。根据交错层理内层系的形状不同，通常分为：板状交错层理、楔状交错层理、槽状交错层理等(图 4-21)。

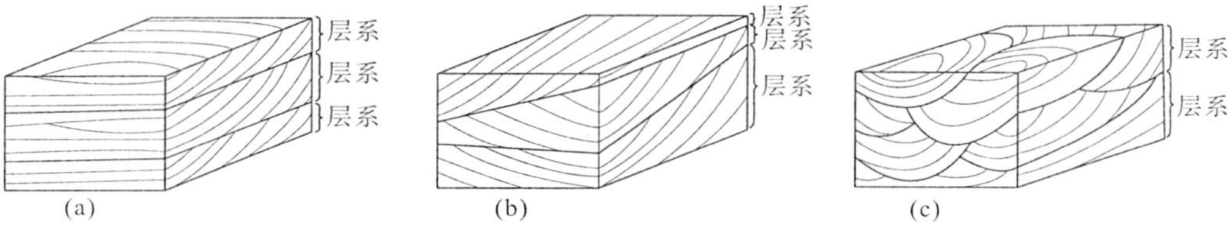

图 4-21 交错层理的常见类型

(a)板状交错层理；(b)楔状交错层理；(c)槽状交错层理

斜层理可用来确定岩层顶、底面的方向，其判别特征是：每组细层理与层系顶部主层面呈截交的关系，而与层系底部主层面呈收敛变缓而相切的关系，弧形层理凹向顶面(图 4-22)。

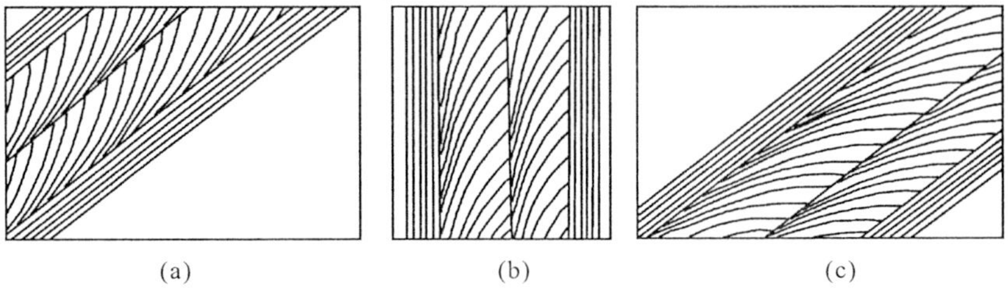

图 4-22 根据斜层理确定岩层顶、底面(据毕令斯，1959)

4) 粒序层理(graded bedding)

粒序层理又称为递变层理，其特点是底部常有一冲刷面，由底至顶除了颗粒粒度的变化外，无内部纹层。从层的底部至顶部，粒度由粗逐渐变细者称为正粒序(正韵律)，若由细逐渐变粗则称为逆粒序(逆韵律)。

粒序层理有多种成因，可在不同的环境中形成。主要由悬移搬运的沉积物，在搬运和沉积过程中，因流动强度减小、流水携带能力减弱、沉积物按粒度大小依次先后沉降而形成。根据内部构造特征，粒序层理主要有两种基本类型：

(1) 颗粒向上逐渐变细，但下部不含细粒物质，可能是由于水流速度或强度逐渐减低而沉积的[图 4-23(a)]。

(2) 以细粒物质作为基质全层均匀分布，粗粒物质向上逐渐减少和变细，可能是由于悬浮体含有各种大小不等的颗粒，在流速减低时因重力分异而整体堆积的结果[图 4-23(b)]。属于浊流成因，大部分粒序层理属于这种类型。

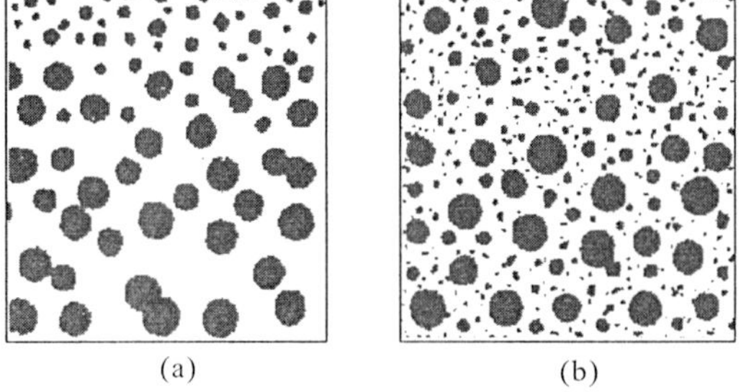

图 4-23 粒序层理的两种基本类型(据 Reineck et al.，1973)

粒序层理在相邻两粒级层之间，下层面常受过冲刷，因而两层在粒度上或成分上不是递变而是突变的。根据粒序层理的这种下粗上细粒度递变的特征，可以确定岩层的顶、底面(图 4-24)。

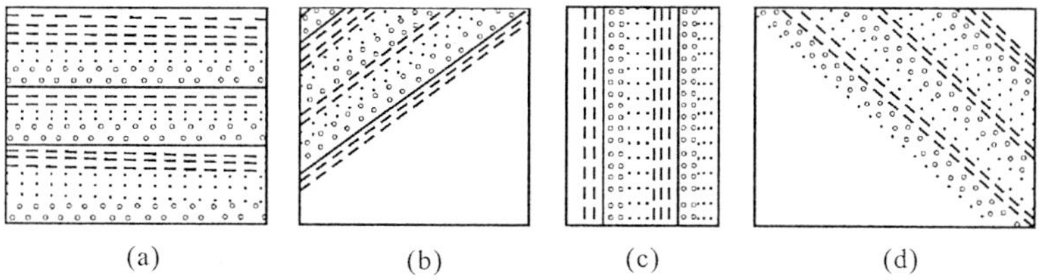

图 4-24　根据粒级层理确定岩层顶、底面(据毕令斯，1959)
(a)水平岩层，每层自底到顶由粗变细；(b)正常倾斜岩层，顶面在左上方；
(c)直立岩层，顶面在右边；(d)倒转岩层，顶面在左下方

5)水平层理(horizontal bedding)与平行层理(parallel bedding)

水平层理主要产于细碎屑岩(泥质岩、粉砂岩)和泥晶灰岩中，细层平直并与层面平行，细层可连续或断续。水平层理是在比较弱的水动力条件下，由悬浮物沉积而成，因此，它出现在低能的环境中，如湖泊深水区、潟湖及深海环境。

平行层理主要产于砂岩中，在外貌上与水平层理极相似，是在较强的水动力条件下，高流态中由平坦的床沙迁移，床面上连续滚动的砂粒产生粗细分离而显出的水平细层。因此，细层的侧向延伸较差，沿层理面易剥开，在剥开面上可见到剥离线理构造(图 4-25)。平行层理一般出现在急流及能量高的环境中，如河道、湖岸、海滩等环境中。常与大型交错层理共生。往往构成好的储层，如我国塔里木盆地柯克亚凝析气田的主力产层即为河流相红色平行层理砂岩，与之共生的沉积构造有大型槽状、板状交错层理、生物潜穴和剥离线理等。

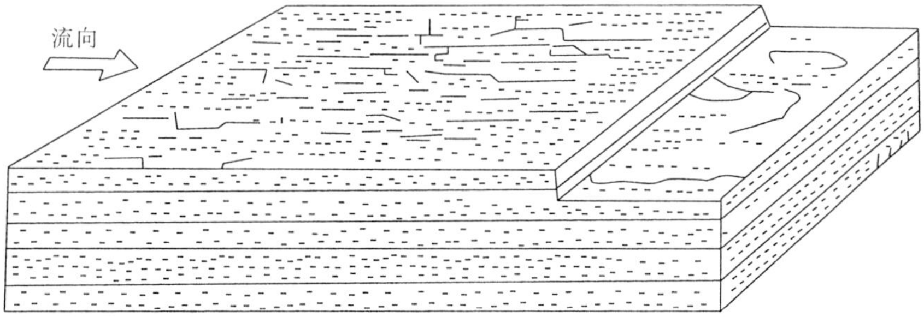

图 4-25　平行层理(内表面显示剥离线理)

6)波状层理(wave bedding)

波纹层理是纹层成连续的波状，或薄的泥纹层和砂纹层成波状的互层。纹层呈对称或不对称波状，但其总的方向平行于层面(图 4-26)。其主要是沉积介质的波浪振荡运动造成的。一般形成波状层理要有大量的悬浮物质沉积。当沉积速率大于流水的侵蚀速率时，可保存连续的波状细层。

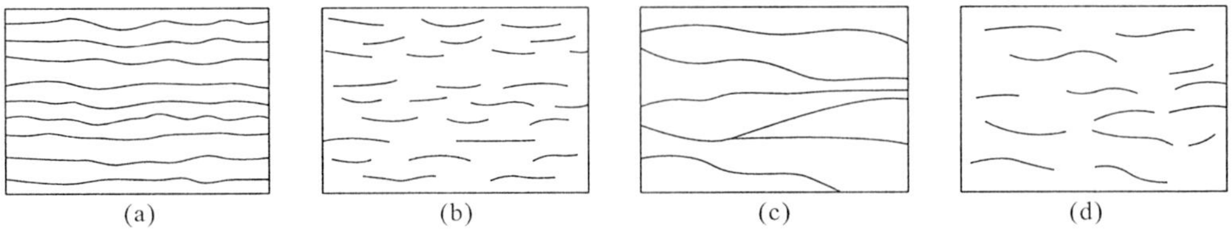

图 4-26 波状层理几种类型

(a)平行且连续；(b)平行，断续；(c)不平行，但连续；(d)不平行且断续

7)脉状层理和透镜状层理(flaser bedding and lenticular bedding)

脉状层理和透镜状层理是在砂、泥沉积中的一种复合层理。它们是在水动力条件强弱交替的情况下，由砂泥交互沉积而成的。在强水流活动时期，砂以波痕形式搬运和沉积，而泥保持悬浮状态；在水流减弱或静止时期，悬浮的泥沉积下来。它们或者沉积在波痕的波谷中，或者在泥较充足时覆盖整个波痕。依据砂、泥沉积层的相对比例，内部构造和空间上的连续性，可分为脉状、波状复合和透镜状层理(图 4-27)。这三种层理常相互伴生。

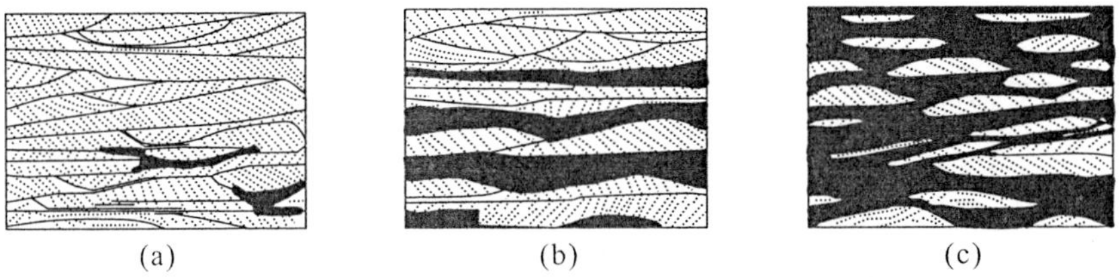

图 4-27 脉状层理、波状复合层理和透镜状层理(据 Pettijohn，1975)

(a)脉状层理；(b)波状复合层理；(c)透镜状层理

3.层面(bedding plane)

当岩层沿着层面分开时，在层面上可出现各种构造和铸模，有的保存在岩层顶面上，如波痕、剥离线理、干裂纹、雨痕等；有的保存在岩层的底面上，特别是下伏层为泥岩的砂岩底面上保存下来的铸模，如沟模、槽模等，总称为层面构造。

1)波痕(ripple mark)

波痕是运动介质(风、流水、波浪)在沉积物表面形成的一种波状起伏的构造。它的形态反映了形成环境，特别是水动力状况。按成因，波痕可以分成三类：流水波痕、浪成波痕和风成波痕(图 4-28、图 4-29、图 4-30)。

流水波痕由定向流动的水流形成，见于河流和存在有底流的海湖近岸地带，呈不对称状。在海、湖滨岸，波峰走向大致平行岸的延伸方向，陡坡朝向陆地。浪成波痕一般由产生波浪的动荡水流形成，常见于海湖浅水地带，其陡坡朝向岸的一方，可呈对称状或不对称状。风成波痕由定向风形成，常见于沙漠及海、湖滨岸的沙丘沉积中，呈极不对称状。应当指出的是，风成波痕呈石化状态的极为罕见。

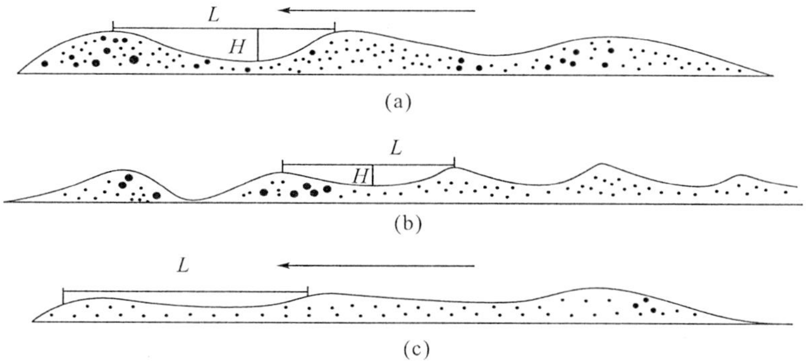

图 4-28 波痕的几种类型

(a)流水波痕；(b)浪成波痕；(c)风成波痕

（L.波长，相邻波峰或波谷间的水平距离；H.波高，波峰与波谷之间高差）

图 4-29 现代风成波痕

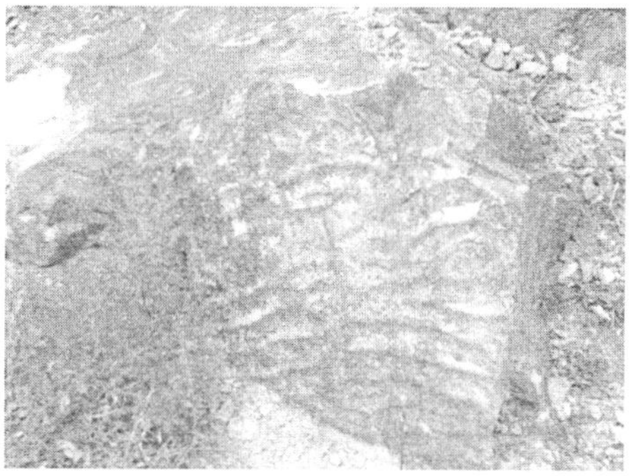

图 4-30 岩层面上发育的波痕

在波痕的不同类型中，能够用来指示岩层顶底面的主要是对称浪成波痕(图 4-31)。它的波峰呈尖棱形，波谷呈圆弧形。这种波痕无论是原型还是印模，都是波峰尖端指向岩层的顶面，圆弧形波谷凸向底面。对称型浪成波痕主要发育在粉砂岩、砂岩及碳酸盐岩的表面，在细砾岩中也可见到。

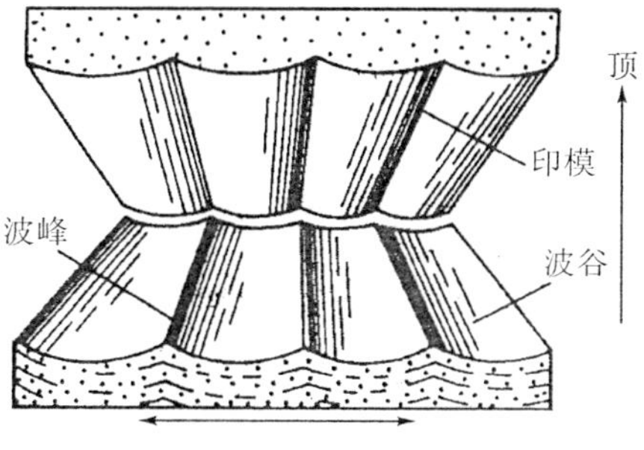

图 4-31 对称型浪成波痕及其印模

（据 Shrock，1948）

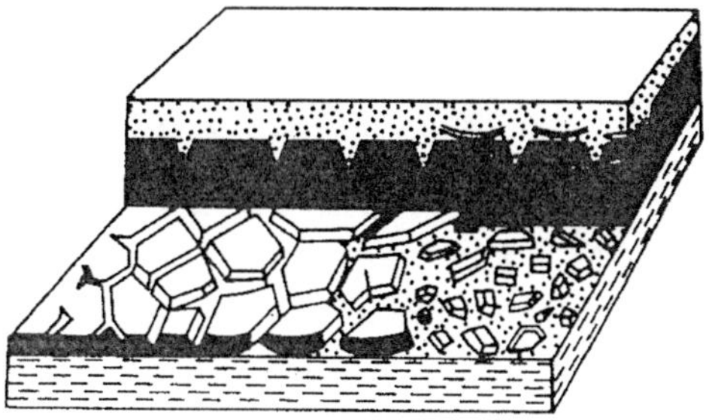

图 4-32 泥裂的立体示意图

（据 Shrock，1948）

2) 泥裂(mud crack)

泥裂也称干裂，是未固结的沉积物露出水面后，经暴晒干涸时，因收缩而形成的与层面大致垂直的楔状裂缝。泥裂常使层面构成网状、放射状或不规则分叉状的裂缝，剖面上则呈“V”形或“U”形裂口。这些裂缝被上覆沉积物填充时，使填充层的底面成脊形印模。无论是楔形裂缝或脊形印模，其尖端均指向岩层的底面，即指向较老岩层(图 4-32)。泥裂常见于干涸的沼泽、盐湖、湖泊或潟湖的滨岸带、废弃的河道、河漫滩及潮间带等；在黏土岩、粉砂岩及细砂岩层面上常见，偶尔也见于碳酸盐岩层面上。

3) 雨痕、冰雹痕

雨痕是指雨滴降落在松软沉积物表面时所形成的小型撞击凹穴。如果雨滴垂直降落，则凹穴为圆形；如果雨滴倾斜降落，则凹穴略呈椭圆形。凹穴边沿耸起，略高于地面，且粗糙。降雨多时，凹穴形状多不规则；在偶有降雨的地方，雨痕易于保存。所以，雨痕主要见于干旱与半干旱气候条件下的陆相泥质沉积。

冰雹痕形似雨痕，冰雹痕较大、较深，且不规则，其边缘比雨痕更为参差不齐。

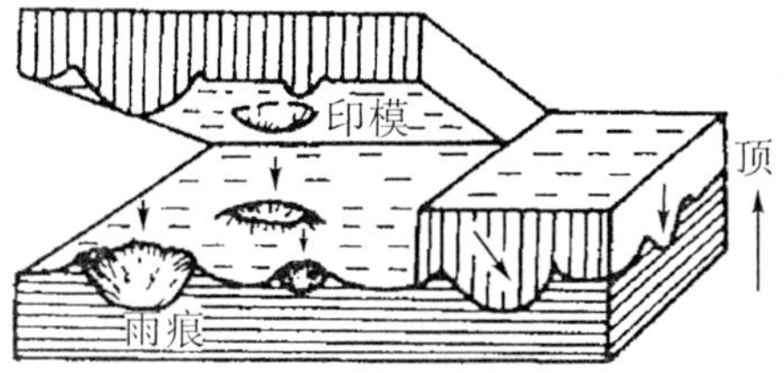

图 4-33 雨痕及其印模的立体示意图
(据 Shrock，1948)
小箭头指雨或冰雹的下落方向，旁侧的大箭头指层位的顶、底

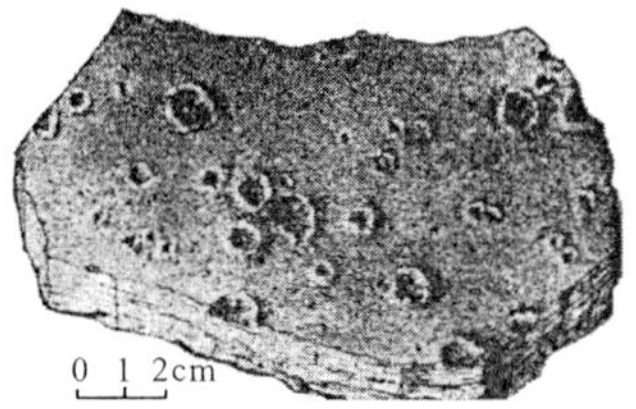

图 4-34 四川广元三叠系飞仙关组紫红色砂质页岩之雨痕(李尚宽绘)
雨痕凹坑所在，表明为上层面

两种凹坑形成后又被上覆沉积物填充掩埋，成岩后使上覆岩层的底面形成圆形或椭圆形的瘤状突起印模。因此，凹坑总是分布在岩层的顶面，瘤状突起的印模则位于岩层的底面。或者说，凹坑和瘤状突起印模的圆弧形面均凸向岩层的底面(图 4-33、图 4-34)。根据这一特征，利用雨痕和冰雹痕亦可判断岩层顶底面。

4) 冲刷面

冲刷面是当地壳上升或水流速度加大时，对已沉积下来的固结和半固结的沉积岩层再冲刷，在沉积层的顶再造成凹凸不平的冲刷面。此后，这些不平整的冲刷面上又堆积物质时，被冲刷下来的下伏岩层的碎块和砾石，有可能在原冲刷沟、槽、坑处又堆积下来，形成自下而上由粗变细的充填物。这种冲刷沟、槽、坑和下粗上细的充填物特征，可以作为判别岩层的顶、底面的标志(图 4-35)。

5) 沟模和槽模

沟模是砂质岩层底面上一些稍微突起的直线形的平行脊状构造。脊的起伏通常只有 1～2mm，极少超过 1cm，但可延长较远，且较平直。它是由下伏泥质岩层面上的细沟被砂质物充填而成。

沟模可与槽模共生(图 4-36)，在浊积砂岩底部最常见。

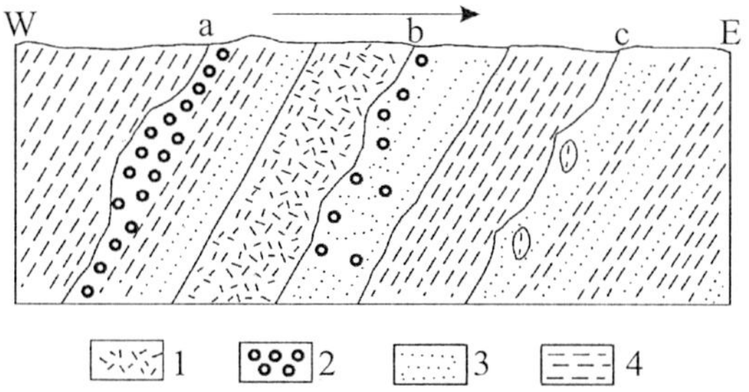

图 4-35　根据冲刷面特征确定岩层相对层序

(据毕令斯，1959)

1.熔岩；2.砾岩；3.砂岩；4.页岩

从 a、b、c 等处冲刷面形态及砾石碎块岩性等特征，说明岩层西边老，东边新，岩层又向西倾斜，所以这套岩层是倒转层位

图 4-36　沟模与槽模

4.其他成因构造

1) 晶体印痕(crystal imprints)

如果条件适宜，在松软沉积物表面上可形成盐类和冰等物质的结晶体，这些晶体后来由于熔融、溶解作用等而消失，从而在层面上留下特殊的晶体印痕。这些晶体可被后来其他物质交代，或晶痕为其他沉积物充填，从而形成晶体假象即假晶(crystal pseudomophos)。晶体印痕一般在泥质沉积物中容易保存。

石盐晶体印痕最为常见，它的存在表示环境的盐度增高(图 4-37)。它在海相和非海相环境中均可出现，后者主要是指受周期性干化的内陆盐湖。

2) 结核(concretion，nodules)

结核是岩石中的自生矿物集合体。这种集合体在成分、结构、颜色等方面与围岩有显著不同，形状常呈球状、椭球状及不规则的团块状，大小从几毫米到几十厘米，分布较广。主要出现在黏土岩、粉砂岩、碳酸盐岩及煤系地层中，可以孤立地出现，或成群、成串珠状出现(图 4-38)。

图 4-37　石盐假晶

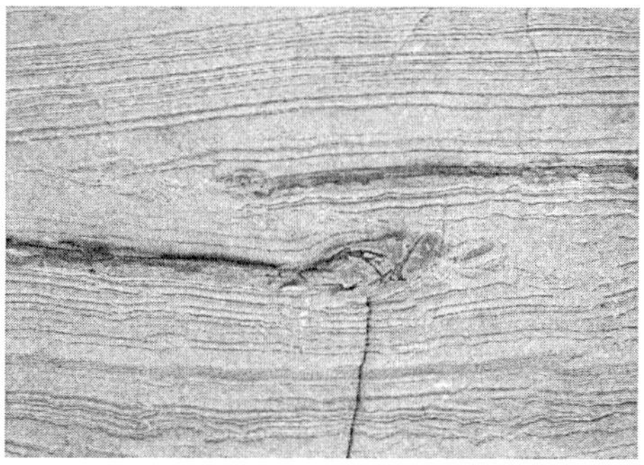

图 4-38　结核

3) 缝合线(stylolites)

缝合线产于较纯净的碳酸盐岩中，有时也出现在石英砂岩、盐岩、硅岩中，指的是将横剖面中相邻两个岩层或同一岩层的两个相邻部分连接起来的锯齿状的接缝。它实际上是缝合面在横剖面上的反映。这种线两侧的岩石大多呈不规则犬牙交错状或相互穿插状连接起来(图 4-39)。缝合线中常富集该种岩石的不溶残余物，如黏土、有机质、砂等。

4) 生物遗迹构造

生物遗迹构造是指由生物活动而产生于沉积物表面或内部并具有一定形态的各种痕迹，包括生物生存期间的运动、居住、觅食和摄食等行为留下的痕迹，所以又称痕迹化石或遗迹化石(图 4-40)。

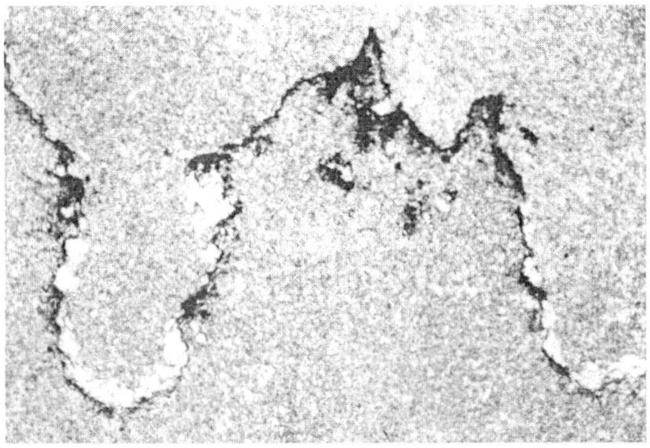

图 4-39　显微镜下粉晶白云岩中的缝合线，被石英和沥青充填，(—)，×30
(鄂尔多斯盆地)

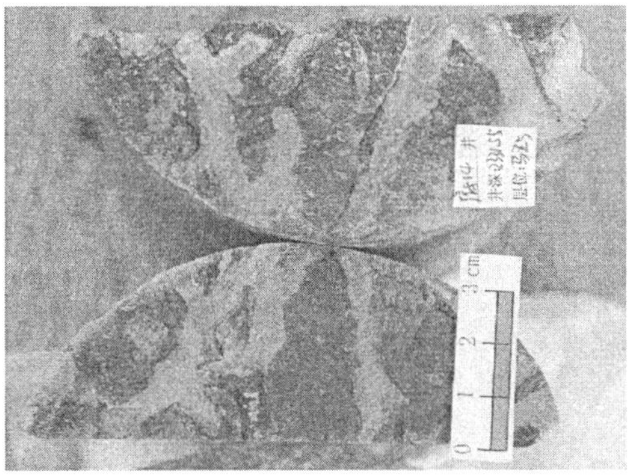

图 4-40　岩心中遗迹化石
(鄂尔多斯盆地)

第三节　沉积岩分类和主要沉积岩

一、沉积岩的分类

沉积岩的分类方案很多。这里，根据沉积岩的形成作用，先把沉积岩的大类或基本类型划分出来。根据沉积岩的原始物质成分的来源，可首先把沉积岩划分为三类：

1) 主要由母岩风化产物组成的沉积岩

主要由母岩风化产物组成的沉积岩是最主要的沉积岩类型，它还可以根据母岩风化产物的类型(碎屑物质及溶解物质)和其搬运沉积作用的不同(机械的和化学的)，再划分为两类即碎屑岩和化学岩。

碎屑岩还可以根据其主要的结构特征即粒度，进一步划分为砾岩、砂岩、粉砂岩及黏土岩。

化学岩还可以根据其主要成分特征，再进一步划分为碳酸盐岩、硫酸盐岩、卤化物岩、硅质岩及其他化学岩。

2）主要由火山碎屑物质组成的沉积岩

主要由火山碎屑物质组成的沉积岩即火山碎屑岩，还可以根据其岩性特征再进行细分。

3）主要由生物遗体组成的沉积岩

主要由生物遗体组成的沉积岩即生物岩或有机岩，还可以根据其是否可燃，再划分为可燃生物岩（如煤、油页岩）和非可燃生物岩。

以上是本书采用的分类系统，如图 4-41 所示。

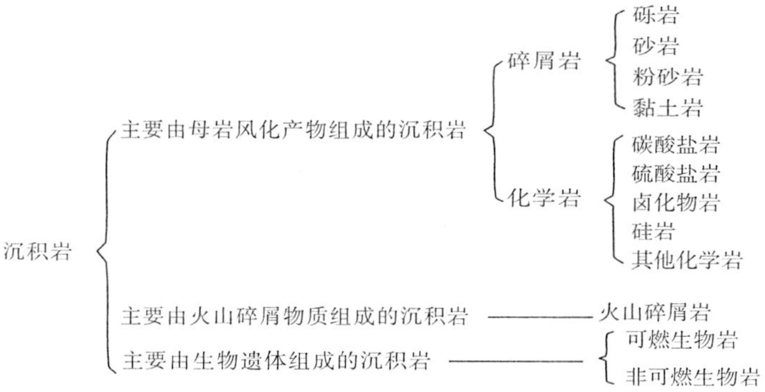

图 4-41　沉积岩分类（引自冯增昭，1993）

二、陆源碎屑岩及其特征

陆源碎屑岩（clastic rock of terrigenous origin）简称碎屑岩（clastic rock），主要是由母岩机械破碎的产物——砾、砂、粉砂、黏土物质，经过搬运、沉积和沉积后形成的。碎屑岩的特征描述的内容有成分、结构、构造和颜色。

（一）碎屑岩的物质成分

根据成因和结构特征的不同，碎屑岩的组成可划分为碎屑颗粒（clastic grains）、杂基（matrix）、胶结物（cement）和孔隙（pore）（图 4-42、图 4-43）。

碎屑颗粒简称颗粒或碎屑，是碎屑岩最主要的组成部分，碎屑岩中碎屑含量大于50%，它决定了碎屑岩的基本特征；杂基和胶结物合称为填隙物，对碎屑颗粒起着填隙和胶结的作用。杂基（或基质），是指与碎屑颗粒一起机械沉积下来的较细粒物质，主要是黏土物质，还有细粉砂；胶结物是对碎屑颗粒起胶结作用的化学沉淀物，形成于沉积后阶段。孔隙是指岩石中未被固体物质所占据的部分。

1.碎屑

主要来源于陆源区母岩机械破坏的产物，也称为陆源碎屑。除陆源矿物碎屑外，还有各种岩石碎屑。一般说来，岩屑在粗碎屑岩中出现比较多，而矿物碎屑则大量出现在中细粒碎屑岩中。

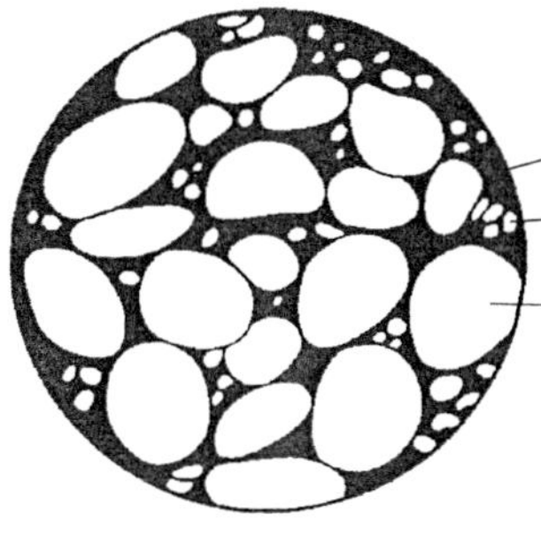

图 4-42 碎屑、基质和胶结物

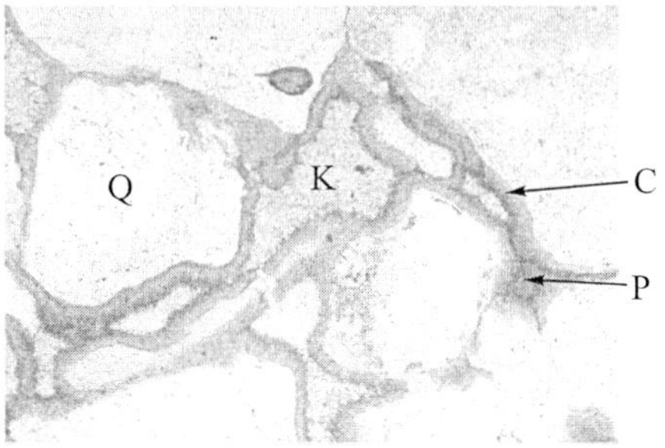

图 4-43 粗粒石英砂岩，碎屑石英(Q)被铁绿泥石(C)环边胶结，孔隙被石英和高岭石(K)胶结物充填，残余部分孔隙(P)；(—)，×110

1) *矿物碎屑*

矿物碎屑是指母岩机械破碎后呈单一状态出现的矿物颗粒。目前已发现的矿物碎屑约有 160 种，常见的约有 20 种。在一种碎屑岩中通常不超过 3～5 种。主要有以下几种：

(1) 石英。由于抗风化能力最强，既抗磨又难分解，而大部分母岩中石英含量又高，因此，石英是碎屑岩中分布最广的一种碎屑矿物，在砂岩、粉砂岩中平均含量达 66.8%。在砾岩中含量较少，在黏土岩中含量更少。

(2) 长石。在碎屑岩中长石的含量远较石英为少。在砂岩中长石的平均含量为 10%～15%，黏土岩中占 4%。这是由于长石的风化稳定性远较石英为小，在风化和搬运的过程中，长石逐渐地被淘汰所致。但也有例外，在有些砂岩中长石的含量可以相当高。例如我国某些陆相沉积的储油岩层中，长石的含量可达到 50%。

(3) 重矿物。在碎屑岩中比重大于 2.86 的矿物称重矿物，它们在岩石中含量一般不超过 1%，主要分布在细砂岩中。

(4) 云母。在云母类的矿物碎屑中以白云母居多，因为其抗化学风化的能力要比黑云母强得多，常破碎为细碎片分布于细砂岩和粉砂岩的层面上。黑云母易风化，一般只出现于距母岩较近地区的成分复杂的砂岩中，常分解为绿泥石和磁铁矿。

2) *岩石碎屑*

岩石碎屑又称岩屑，是母岩经机械破碎而形成的岩石碎块，保留着母岩的结构特点，因此岩屑是判断母岩成分及沉积来源的重要标志。

在自然界中有各种类型的岩屑。砾岩中岩屑种类多，含量高。而在砂岩中，一般存在细粒结构及隐晶结构的岩屑。粉砂岩中几乎不存在岩屑。

2. 杂基

杂基是指充填于碎屑颗粒之间的细小机械混入物，一般为粉砂和黏土物质，粒度小于 0.03mm，杂基的成分，最常见的是高岭石、水云母、蒙脱石等黏土矿物，有时见有灰泥和云泥。各种细粉砂级碎屑，如绢云母、绿泥石、石英、长石及隐晶结构的岩石碎屑等，也属于杂基范围。它们是悬浮载荷经卸载后形成的堆积产物。

一般说来，杂基含量多的岩石，孔隙性不好，常呈土黄色或褐色。可形成于水动力特别强的浊流环境，也可形成于水动力弱的静水环境。

3. 胶结物

胶结物是碎屑岩中以化学沉淀方式形成于粒间孔隙中的自生矿物。它们有的形成于沉积同生期，但多数是成岩后生期的沉淀产物。常见的胶结物有以下四种：硅质、碳酸盐、氧化铁和自生黏土矿物。

(二)陆源碎屑岩的结构

沉积岩的结构是指沉积岩各组分的几何特征(大小、形态等)及其相互关系。故碎屑岩的结构应包括碎屑颗粒的特征(粒度、圆度、形状)、杂基和胶结物的特征，以及它们之间的关系。

1. 碎屑颗粒的结构

(1)粒度。碎屑颗粒的大小称为粒度。一般用颗粒直径表示。碎屑颗粒的大小直接决定着岩石的类型和性质，是碎屑岩分类命名的重要依据。

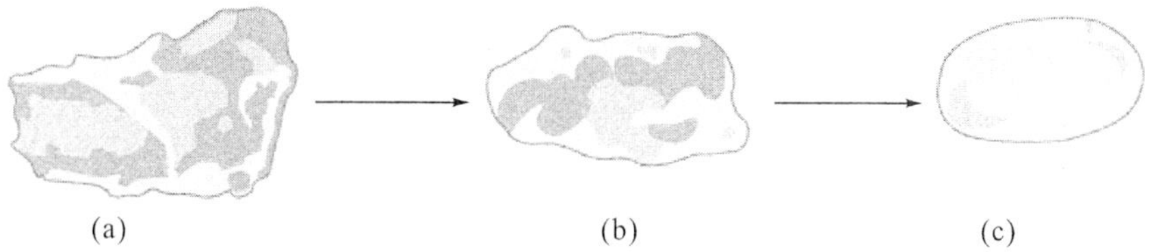

图 4-44 碎屑颗粒圆度示意图

(a)圆度差(棱角状)；(b)圆度中(半圆状)；(c)圆度好(圆状)

关于碎屑的粒度分级，目前有着各种不同的划分方案。常用的碎屑颗粒粒度分级见表 4-3。从表中可以看出，不同分类方案的粒级界限有着明显的差别。

(2)圆度。碎屑颗粒原始棱角被磨圆的程度称圆度，一般分为三级：即圆状、半圆状及棱角状，或以好、中、差表示(图 4-44)。

(3)分选。碎屑岩中颗粒大小均匀的程度称为分选性或分选程度。可粗略地划分为好、中、差三级(图 4-45)。当主要粒级成分含量＞75%(指占碎屑总量的 75%以上)或者颗粒大小接近相等时，称为分选性好；当主要粒级成分含量为 50%～75%时，称为分选中等；而没有一种粒级成分能够超过 50%，或者颗粒大小相差很悬殊时，则为分选差。

表 4-3 碎屑颗粒粒度分级表

十进制			2 的几何级数制	
颗粒直径/mm	粒级划分			颗粒直径/mm
＞1000 100～1000 10～100 2～10	巨砾 粗砾 中砾 细砾	砾	巨砾 中砾 砾石 卵石	＞256 64～256 4～64 2～4
1～2 0.5～1 0.25～0.5 0.1～0.25	巨砂 粗砂 中砂 细砂	砂	极粗砂 粗砂 中砂 细砂 极细砂	2～1 0.5～1 0.25～0.5 0.125～0.25 0.0625～0.125
0.05～0.1 0.005～0.05	粗粉砂 细粉砂	粉砂	粗粉砂 中粉砂 细粉砂 极细粉砂	0.0312～0.0625 0.0156～0.0312 0.0078～0.0156 0.0039～0.0078
＜0.005		黏土		＜0.0039

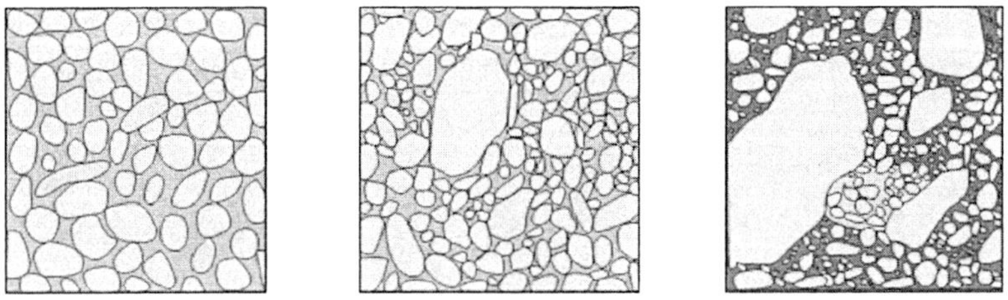

(a) (b) (c)

图 4-45 碎屑颗粒分选性示意图

(a)分选好；(b)分选中等；(c)分选差

(三)碎屑岩的分类

1. 粗碎屑岩类

(1)粗碎屑岩的一般特征：粒度＞2mm 的陆源碎屑含量超过 50%的岩石称为粗碎屑岩。

粗碎屑岩一般搬运距离不远。碎屑粗大，绝大部分是岩屑而不是矿物碎屑，作为填隙物的砂，粉砂和黏土物质是与粗碎屑同时或大致同时沉积下来的。胶结物常是沉积期以后生成的，砾岩中砾石排列常具较强的规律性。

(2)粗碎屑岩的分类和特征。根据砾石的圆度分为两类：砾岩和角砾岩。砾岩：圆状或次圆状的粗碎屑含量>50%；角砾岩：棱角状的粗碎屑含量>50%。

根据砾石成分的复杂程度可分为单成分砾岩和复成分砾岩。单成分砾岩，砾石的成分较单一，同种成分的砾石占 75%以上，主要为抗风化能力很强的脉石英、石英岩或燧石，为长距离搬运反复磨蚀而形成，一般分布在地形平缓的滨岸地带。机械破碎后的岩石碎屑，就地堆积或短距离搬运快速堆积，可形成单成分角砾岩，如由石灰岩屑组成的近岸陡崖堆积以及生物礁旁的堆积，均为单成分的石灰岩质角砾岩。

根据砾岩在地层剖面中的位置可分为底砾岩和层间砾岩。

2. 砂岩类

(1)砂岩的一般特征。在碎屑岩中，粒度为 0.1～2mm 的陆源碎屑含量超过 50% 的岩石称为砂岩。砂岩分布很广，在沉积岩中，仅次于黏土岩而居第二位，占沉积岩总量的 1/3 左右。

(2)砂岩的分类。砂岩可分别根据粒度和成分进行分类(表 4-4)。

砂岩的成分分类一种是三组分分类法；另一种是四组分分类法。我国石油系统多数矿区还采用三组分分类法。

砂岩中三种主要碎屑组分(石英、长石、岩屑)为端元组成三角形(图 4-46)，按其端元组分的含量将砂岩分为三大类九小类(表 4-4)。

表 4-4　砂岩的成分分类表

岩类名称	编号	小类名称	主要碎屑颗粒成分含量/%		
			石英	长石	岩屑
石英砂岩	1	石英砂岩	80～100	0～10	0～10
	2	长石质石英砂岩	65～90	10～25	0～10
	3	岩屑质石英砂岩	65～90	0～10	10～25
	4	长石岩屑质石英砂岩	50～80	10～25	10～25
长石砂岩	5	长石砂岩	0～72	25～100	0～10
	6	岩屑质长石砂岩	0～65	25～100	10～25
岩屑砂岩	7	岩屑砂岩	0～75	0～10	25～100
	8	长石质岩屑砂岩	0～65	10～25	25～100
	9	混杂砂岩	0	0	25～75

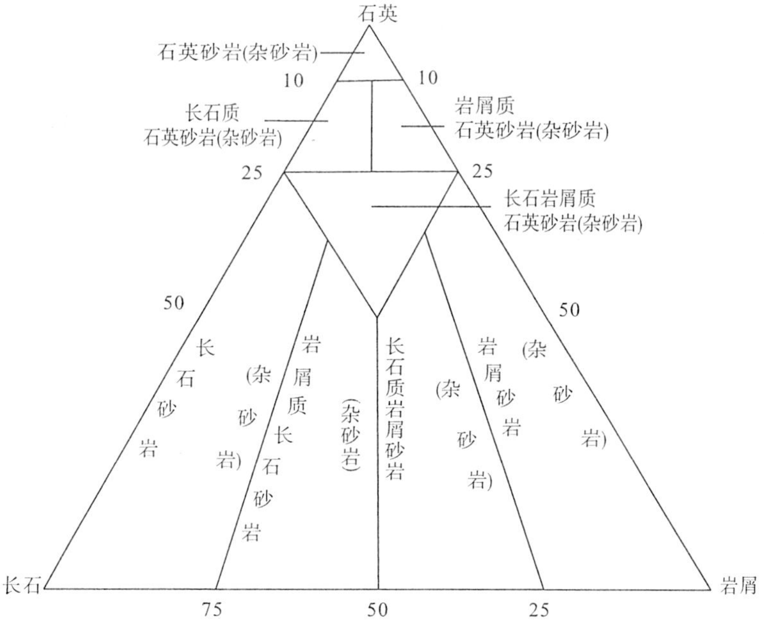

图 4-46　砂岩的成分分类

3. 粉砂岩类

凡是粉砂粒级的陆源碎屑物质含量超过 50%的岩石称为粉砂岩，关于粉砂粒级的划分及分类如表 4-3 所示。

粉砂岩的碎屑组分以石英为主，次为白云母及长石，岩屑极少见或不存在。重矿物含量比砂岩中多，可达 2%～3%，多为稳定性高的重矿物。常混入砂或黏土，形成与砂岩或泥岩过渡的岩石类型。以碳酸盐胶结物最常见，铁质、硅质胶结物少见。

4. 黏土岩

(1)黏土岩的一般特征。黏土岩是主要由黏土矿物组成的沉积岩。在黏土岩中，黏土矿物的含量应大于 50%。

(2)黏土岩的成分及成分分类。黏土岩主要由黏土矿物组成，同时还含有非黏土的碎屑矿物和其他自生矿物。

此外，黏土岩中还常含有一些有机质，如煤、腐泥质、沥青质及生物遗体等。以上这些成分对分析黏土岩的成因以及地层划分对比是有用的。如非黏土矿物含量增多，黏土岩就可向其他岩类过渡。

(3)黏土岩的结构、构造和颜色。黏土岩中最常见的结构是黏土结构。最常见的构造为水平层理，一般把厚度小于 lcm 的水平层理称为页理或页状层理。页理的形成主要是由于片状黏土矿物平行排列所致。黏土岩的层面上常见泥裂、雨痕、晶体印痕等层面构造。黏土岩中也经常出现各种类型的结核及水下滑动构造。黏土岩的颜色多种多样。

5. 火山碎屑岩及其特征

火山碎屑岩是指火山作用形成的各种碎屑物质堆积而成的岩石。其中火山碎屑物质含量大于 50%，典型的火山碎屑岩一般含有 90%以上的火山碎屑物质。除此，还混有一定数量的正常沉积物或熔岩物质。

火山碎屑岩主要由火山碎屑物质组成；还有正常沉积物质和熔岩物质。按其成分，火山碎屑物通常有玄武质的、安山质的和流纹质的；按其物态，通常为熔岩碎屑、晶体碎屑和玻璃碎屑。

三、碳酸盐岩及其特征

(一)概述

碳酸盐岩是指主要由沉积的碳酸盐矿物(方解石、白云石等)组成的沉积岩，主要的岩石类型为石灰岩(方解石含量大于 50%)和白云岩(白云石含量大于 50%)。它们经常还和陆源碎屑及黏土组成各种过渡类型的岩石。

在我国，沉积岩占全国总面积的 75%，而碳酸盐岩占沉积岩覆盖面积的 55%。南方的震旦系、古生界及三叠系，北方的元古界及古生界，都是以碳酸盐岩为主，分布比较广泛。

碳酸盐岩中的矿产非常丰富，其中层状矿床有铁、铝、锰、磷、硫、石膏及硬石膏、岩盐、钾盐等；而且碳酸盐岩本身包括石灰岩、白云岩、菱镁岩等也是很有价值的资源，广泛用于冶金、建筑、化工、农业等各方面。碳酸盐岩中蕴藏的石油及天然气资源也很丰富，世界上与碳酸盐岩有关的油气藏储量约占世界总储量的 50%，产量占世界油气总产量的 60%。总之，碳酸盐岩的研究与许多矿产，特别是与能源的开发和利用有着密切的关系。

(二)碳酸盐岩的成分

碳酸盐岩主要由碳酸盐矿物(白云石、方解石等)组成，还含有非碳酸盐自生矿物及陆源矿物混入物等。现代碳酸盐沉积物中主要矿物为文石(斜方晶系)、低镁方解石及高镁方解石(三方晶系)和少量白云石。

(三)碳酸盐岩的结构及结构组分

碳酸盐岩的主要矿物成分比较简单，但其成因却十分复杂，既有机械沉积成因的，也有生物和化学沉积成因的，有些属于交代作用的产物。不同成因产生的岩石结构完全不同，所以其结构也多样。碳酸盐岩的结构类型主要有颗粒结构(或叫粒屑结构)、生物骨架结构和晶粒结构。

1. 颗粒(粒屑)结构

颗粒结构是在沉积盆地内由化学作用、生物作用和波浪、流水的机械作用形成的“碎屑状”堆积物经胶结成岩而形成的结构。主要由颗粒(粒屑)、碳酸盐泥、胶结物、孔隙四种结构组分组成。

1) 颗粒(粒屑)

碳酸盐岩中的颗粒与砾岩、砂岩、粉砂岩中砾、砂、粉砂相似，但颗粒的成分较单一，均为碳酸盐矿物。

在碳酸盐岩中，常见的颗粒类型有内碎屑、鲕粒、生物颗粒、球粒、藻粒，以及其他颗粒。

(1) 内碎屑(intraclast)。主要是沉积盆地中沉积不久的、半固结或固结的碳酸盐(主要是碳酸钙)沉积物受波浪或水流作用，破碎、搬运、磨蚀、再沉积而成的。

内碎屑可以根据其颗粒直径大小，划分为砾屑(直径大于 2mm)(图 4-47)、砂屑(直径为 0.05～2mm)、粉屑(直径为 0.005～0.05mm)。砂屑和粉屑还可以再细分。

(2) 鲕粒(oolite)。鲕粒是具有核心和同心层结构的球状颗粒(图 4-48)。鲕粒，很像鱼子(即鲕)，因而得名。也可简称作“鲕”。鲕粒大都为极粗砂级到中砂级的颗粒

(直径为 0.2～0.25mm)。大于 2mm 的叫豆粒。

鲕粒通常由两部分组成：一为核心，一为同心层。核心可以是内碎屑、化石(完整的或破碎的)、陆源碎屑，以及其他物质。同心层主要由泥晶方解石组成，现代海洋环境中的鲕粒主要由文石组成。

图 4-47　竹叶状(砾屑)灰岩

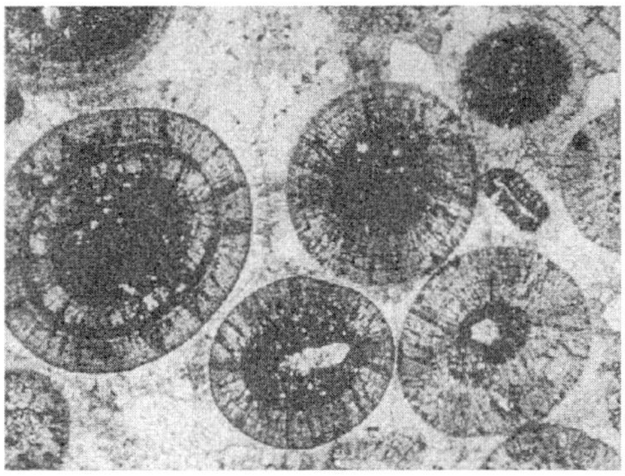

图 4-48　鲕粒(正交偏光，×25)

(3)生物颗粒。生物颗粒兼指经过搬运和磨蚀的、没有经过搬运和磨蚀的生物化石碎屑及完整的生物化石个体。没有经过搬运和磨蚀的生物化石碎屑，大都是原地沉积的化石个体的自然解体或食肉动物的破坏而引起的。

“生物颗粒”可简称“生粒”。其同义术语很多，如“化石”、“化石颗粒”、“生物碎屑”、“生屑”、“生物骨骼”、“骨骼”、“骨骼颗粒”、“骨粒”、“骨屑”、“骨片”、“骨壳”等。其类型包括腕足、棘皮类、腹足类、头足类、瓣鳃类、三叶虫、介形虫、有孔虫、海绵、珊瑚、红藻、绿藻、轮藻等。

生物颗粒的成分主要是钙质(钙质碳酸盐)、磷质(钙磷碳酸盐)和硅质(氧化硅)。

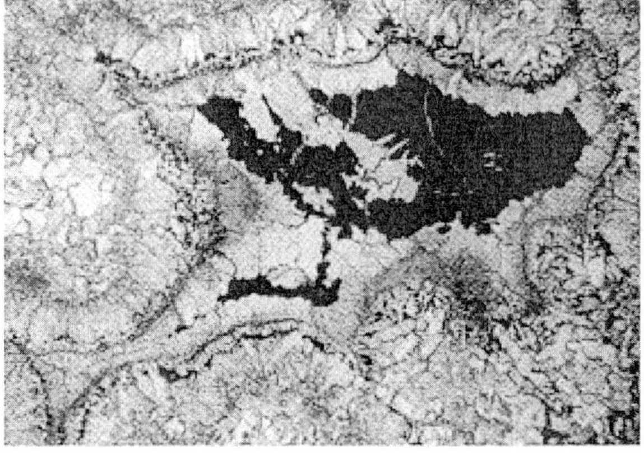

图 4-49　亮晶藻团块白云岩，藻团块间被炭沥青充填

(四川威远)

(4)球粒(spherulite)与粪球粒。球粒：由灰泥组成的、不具特殊内部结构的、球形或卵形的、分选较好的颗粒。在一般岩石中成群出现，其外形和大小均匀，直径0.03～0.2mm。粪球粒：生物大便形式排出的、形状近于卵形和椭球形的富含有机质而大小均匀的颗粒。

(5)团块(lumps)。是指通过胶结、凝聚或蓝藻黏液黏结碳酸盐沉积物而形成的无特殊内部结构(规则的)的复合颗粒，它既包括葡萄石、藻团块，也包括灰泥相互黏结凝聚形成的颗粒(图 4-49)。

2)碳酸盐泥

碳酸盐泥也叫“微晶碳酸盐泥”、“微晶”、“泥晶(基质)”。根据它的具体成分，可分为“灰泥(基质)”和“云泥”。碳酸盐泥是与颗粒相对应的另一种结构组分，是指泥级的碳酸盐质点，它与黏土岩或黏土质砂岩中的黏土泥是相当的，均是与颗粒同时以机械方式从流体中直接沉积的。

关于泥与颗粒的界限，一般以 0.005mm 为界。

3)胶结物

胶结物是指沉淀于颗粒之间的结晶方解石或其他自生矿物，它与砂岩中胶结物相似，是在沉积阶段从孔隙溶液中以化学方式沉淀形成，受化学因素控制。

其基本特征是：胶结物的晶粒，一般比灰泥的晶粒粗大，通常大于 0.005mm 或小于 0.01mm。晶体较清洁明亮，故常称作“亮晶方解石”、“亮晶方解石胶结物”或“亮晶”(sparite)。

亮晶胶结物主要形成在孔隙发育而灰泥很少的颗粒灰岩中，这种颗粒灰岩一般是高能环境下的产物。灰泥一般为低能或快速堆积的产物。

在碳酸盐岩中，胶结物的矿物成分除有方解石外，还有白云石、石膏等，与孔隙溶液的性质有关。

4)孔隙

碳酸盐岩孔隙的形成特征和发育程度，主要取决于碳酸盐岩的矿物成分、结构和形成条件；同时碳酸盐岩孔隙也与成岩作用环境和后期改造有重要关系。前者主要是指原生孔隙，而后者则指次生孔隙。

2. 晶粒结构

晶粒是晶粒碳酸盐岩(也称结晶碳酸盐岩)的主要结构组分(图 4-50)。它是由生物化学作用、化学作用、交代作用和重结晶作用形成的碳酸盐颗粒组成的结构。

晶粒可首先根据其粒度划分为砾晶、砂晶、粉晶、泥晶等(表 4-5)；砂晶和粉晶还可再细分。但划分标准有差异。泥晶和粉晶在肉眼下已无法看清，因此也叫隐晶。

3. 生物格架结构

一般认为，生物格架包括生物骨骼格架和生物黏结格架等类型，而以前者为主。

生物骨骼格架是原地生长原地保存的群体造礁生物如珊瑚、苔藓、海绵、层孔虫等的骨骼所形成的坚硬的碳酸盐岩的结构(图 4-51)。

黏结格架是由蓝藻和红藻等藻类的黏液黏结灰泥、颗粒、生物碎屑等其他碳酸盐组分形成的具有抗浪性的格架称黏结格架。如各种叠层石。

生物格架和黏结格架均是礁碳酸盐岩的不可缺少的结构组分，所以也称礁格架。

表 4-5　粒级的划分及命名(据冯增昭，1993)

<table>
<tr><th>粒径/mm</th><th colspan="2">碳酸盐岩中的内碎屑</th><th colspan="2">碳酸盐岩中的晶粒</th></tr>
<tr><td>>2.0</td><td colspan="2">砾屑</td><td colspan="2">砾晶</td></tr>
<tr><td>1.0～2.0</td><td>极粗砂屑</td><td rowspan="4">砂屑</td><td>极粗晶</td><td rowspan="4">砂晶</td></tr>
<tr><td>0.5～1.0</td><td>粗砂屑</td><td>粗晶</td></tr>
<tr><td>0.25～0.5</td><td>中砂屑</td><td>中晶</td></tr>
<tr><td>0.10～0.25</td><td>细砂屑</td><td>细晶</td></tr>
<tr><td>0.05～0.10</td><td>粗粉屑</td><td rowspan="2">粉屑</td><td>粗粉晶</td><td rowspan="2">粉晶</td></tr>
<tr><td>0.005～0.05</td><td>细粉屑</td><td>细粉晶</td></tr>
<tr><td><0.005</td><td colspan="2">泥屑</td><td colspan="2">泥晶</td></tr>
</table>

图 4-50　粉晶白云岩，白云石晶体自形为主，SEM

图 4-51　现代南海礁格架

四、其他沉积岩及其特征简述

1.硅岩

硅岩又称硅质岩。是指由化学作用、生物化学作用和某些火山作用形成的富含二氧化硅(占 70%～80%)的岩石。不包括由机械作用形成的石英砂岩和沉积石英岩，虽然它们的二氧化硅含量有时可达 95%以上。

硅岩的矿物成分主要有蛋白石、玉髓和石英。硅岩的结构与碳酸盐岩极为相似，有非晶质结构、隐晶结构、蛹粒结构、生物结构及交代结构等。硅岩的颜色多种多样，常见为灰色、灰黑色和灰白色。由于化学性质稳定，岩性坚硬，不易风化。

2.蒸发岩

由于蒸发作用使介质中的可溶盐类发生化学沉淀而形成的沉积岩叫蒸发岩，包括氯化物岩、硫酸盐岩、硼酸盐岩和部分碳酸盐岩等。其中以氯化物岩和硫酸盐岩分布较为广泛，由于它们的主要组分都是盐类矿物，所以也叫盐岩。有工业价值的蒸发岩就是蒸发矿床。

蒸发岩主要由各种蒸发矿物组成。自然界的蒸发矿物有一百多种，较常见的有四五十种，其中主要的有：氯化物：石盐($NaCl$)；碳酸盐：苏打($Na_2CO_3\cdot 10H_2O$)；钾盐(KCl)；硼酸盐：硼砂($Na_2B_4O_7\cdot 10H_2O$)；硝酸盐：钠硝石($NaNO_3$)；硫酸盐：石膏($CaSO_4\cdot 2H_2O$)、硬石膏($CaSO_4$)、芒硝($NaSO_4\cdot 10H_2O$)等。

3.煤和油页岩

煤和油页岩属于有机成因的沉积岩，是固态的可燃有机岩。

煤是当代人类最重要的能源之一，主要作为燃料提取热能和动能。煤也是冶金和化学工业的原料，可以制取上万种的化工产品。另外，从煤中还可提取锗、镓、钒、铀等重要元素。我国是世界上用煤最早的国家，在西汉就已用煤来炼铁了。

油页岩是重要的人造石油及化工原料。

煤和油页岩的形成基本经历了两个阶段：泥炭化(或腐泥化)阶段(植物及一部分低等生物在沼泽地带死亡后堆积下来，在细菌的生物作用下转变为泥炭的阶段)、煤化阶段(泥炭再经过各种作用形成煤或油页岩的阶段)。

第四节　三大类岩石的互相转化

前面提及的沉积岩、岩浆岩和变质岩是地球上组成岩石圈的三大类岩石，它们是各种地质作用的产物。然而，当原先形成的岩石一旦改变其所处的环境，岩石将随之发生改变，转化为其他类型的岩石(图 4-52)。

出露到地表面的岩浆岩、变质岩与沉积岩，在大气圈、水圈与生物圈的共同作用下，可以经过风化、剥蚀、搬运作用而变成沉积物，沉积物埋藏到地下浅处就硬结成岩——形成沉积岩。埋到地下深处的沉积岩或岩浆岩，在温度不太高的条件下，可以在基本保持固态的情况下发生变质，变成变质岩。不管什么岩石，一旦进入高温(高于 700～800℃)状态，岩石都将逐渐熔融成岩浆。岩浆在上升过程中温度降低，成分复杂化，或在地下浅处冷凝成侵入岩，或喷出地表而形成火山岩。在岩石圈内形成的岩石，由于地壳抬升，上覆岩石遭受剥蚀，它们又有机会变成出露地表的岩石。

综上所述可见，岩石圈内的三大类岩石是完全可以互相转化的，它们之所以不断地运动、变化，完全是岩石圈自身动力作用以及岩石圈与大气圈、水圈、生物圈地幔等圈层相互作用的缘故。

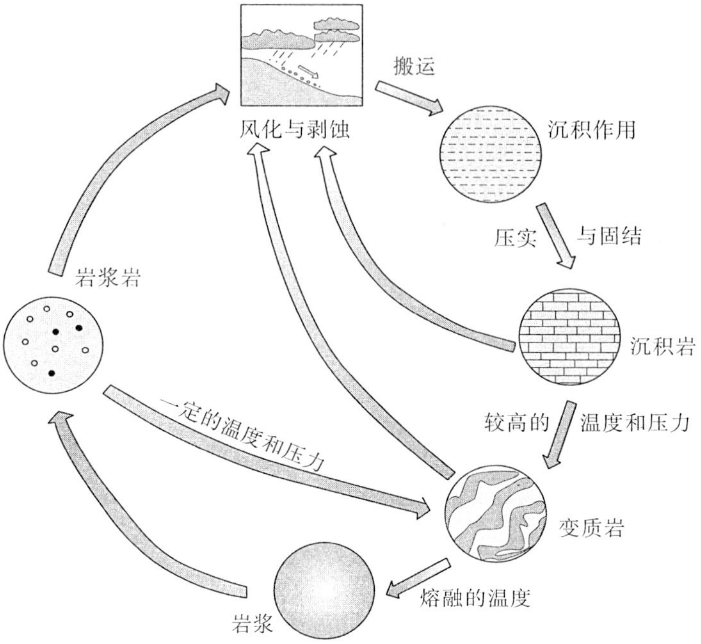

图 4-52 三大类岩石的转化

复习思考题：

1.引起外动力作用的因素有哪些？

2.沉积岩形成的五个基本阶段包含哪些内容？

3.组成沉积岩的常见矿物有哪些？哪些是沉积岩中特有的矿物？

4.沉积岩有哪些常见的沉积构造？识别它们有什么地质意义？

5.何谓碎屑岩？碎屑岩由哪几部分组成？各有什么特点？

6.如何区分碎屑、基质、胶结物？常见的胶结物的成分是哪些？

7.碳酸盐岩的结构是什么？如何识别？

8.三大岩类是如何转化的？

第五章 地质年代与地层系统

通过对陨石和月岩中所含放射性同位素的年龄测定，推测地球大约在距今 46 亿年前形成的。而地壳上最古老岩石的年龄约为 38 亿年，地壳大约在那时也开始形成，由此，将地球发展的历史时期称为地质历史时期或地史时期。地质体形成或地质事件发生的先后顺序及地质体形成或事件发生距今的年龄称为地质年代(geological time)。前者称为相对年代(relative age)，后者称为绝对年代(absolute age)。在描述地质体或地质事件的年代时，这两者都是不可缺少的。

地层就像一部万卷巨著，记录和保存了从地球形成以来地球发展和演化的历史事实，地层中又蕴藏着丰富的沉积矿产资源，如煤、石油、天然气、煤层气和铀、铁、锰、铝土矿、钾盐、磷矿、盐类矿产等近百种金属和非金属矿产，它又是地下水储藏的场所和地下水运移的通道。所以研究地层、确定地层层序，对地质科学、地质工作的发展和寻找矿产资源以及国民经济建设来讲都是十分重要的基础工作。

第一节 地质年代的确定

一、相对地质年代的确定

1.地层层序律

地层学研究的基本资料是在地质时期中形成的岩石记录。我们把成层岩石(沉积岩、火山岩及其变质岩)统称为岩层，当涉及探讨它们的先后顺序、地质年代时，就叫地层。更明确地讲，地层是指具有某些共同特征和属性，与相邻岩层存在明显差异、具有一定地质年代的岩层或岩石组合。所以，地层除具有一定的形体和岩石内容外，还有时间顺序的含义。

人们很早就发现了地层形成的时间顺序规律。丹麦医生斯坦诺(Steno，1638～1686年)根据对意大利托斯卡纳(Tuscany)的地质观察，于 1668 年第一个指出：未经变动的地层年代较老的在下，年代较新的叠覆其上，也就是地层上新下老。后人称之为地层层序律(law of superposition)，或地层叠覆律[图 5-1(a)]，这是地层学中极其重要的原理。

如果地层因后期构造运动变倾斜，则倾斜方向的地层新，反倾斜方向的地层老[图 5-1(b)]。

构造运动可以导致地层层序倒转，即上下关系颠倒。此时，必须利用沉积构造(泥裂、波痕、粒序层理等)来判断岩层的顶面和底面，恢复其原始层序，以确定新老关系。这部分内容在第四章中已有介绍。

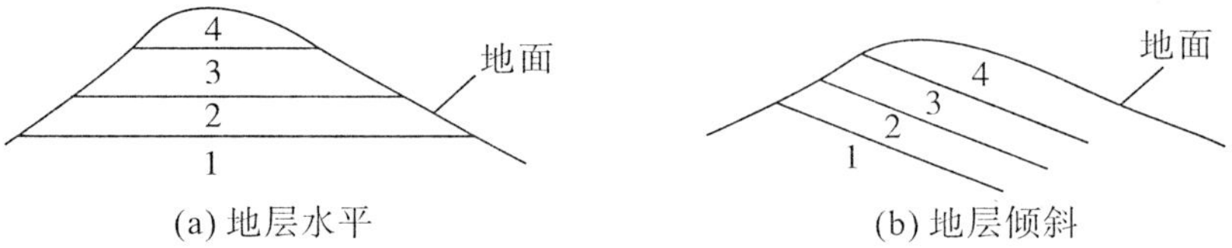

图 5-1 地层相对年代的确定(地层层序正常)

数字 1、2、3、4 表示地层从老到新

2.生物层序律

化石(fossil)是保存在沉积地层中各地质时期的生物遗体、遗迹以及古生物残留的有机组分。化石必须反映一定的生物特征。古代生物的遗体和遗迹能不能成为化石，这取决于生物本身的条件和生物死亡后的外界环境这两个方面。一般而言，生物遗体保存为化石需要具备一定的条件：首先，生物体本身要有不易被氧化腐蚀、利于保存的硬体部分，如动物的介壳、骨骼、牙齿，植物的纤维等，而遗迹化石的形成不一定以具有硬体为条件；其次，生物死亡后其遗体必须被沉积物迅速掩埋，以免腐烂、毁坏，或被其他生物所食。因此，海洋、湖泊等水域是保存生物遗体的有利环境。最后，在经过一段时间的埋藏以后，随着沉积物的固结成岩，生物遗体也经历种种化石化作用，成为化石。化石化作用主要有两种类型：一种是生物硬体被各种矿物质充填或置换，变得致密、坚硬如岩石。根据填充或置换的矿物质的成分，如果是碳酸钙、二氧化硅、黄铁矿等，那么化石化作用可分为钙化、硅化、黄铁矿化等；另一种是在埋藏过程中，生物遗体的易挥发成分(氢、氧、氮)经蒸馏作用逸去，只留下碳质的薄膜，保存为化石，这种作用称为碳化。有时，在一些极特殊的条件下，如冰冻或密封或极度干燥，生物遗体的全部可以相当完整地保存下来。例如在我国抚顺古近纪煤层中所产的琥珀(由树脂变来的)内就有翅膀俱全、栩栩如生的昆虫；又如曾在西伯利亚的冻土层中发现整体保存的晚更新世猛犸象。

研究地层中的化石有重要意义，因为通过研究不仅能探索生命的起源，阐明生物界的进化历史，而且在掌握生物进化规律的基础上，能查明地层的顺序，确定地层的相对年代，进行地层划分与对比。另一方面，研究化石又是推断古地理、古气候条件的主要手段之一。

大量化石资料表明，愈古老的地层所保存的化石其构造愈简单，与现代生物的差别愈大。反之，时代愈新的地层中所含的化石其构造愈复杂，愈接近现代生物。因此，英国地质之父——史密斯(William Smith)于 1816 年提出生物层序律(law of faunal succession)，即在地史时期中，生物界由低级到高级、由简单到复杂不断进化，进化过程既是不可逆的，又有一定的阶段性；另一方面，不同地质时期形成的地层，含面貌不同的化石及其组合；同一地质时期且在相同地理环境形成的地层，只要原先的海洋或陆地相通，所含化石及其组合的面貌基本一致。基于上述事实和原理，人们可以利用化石确定地层的新老顺序、相对年代，划分与对比地层。另一方面，生物与其生活环境之间是相互制约的、密切相关的，一定的生物适应于一定的生活环境。作为适应环境的结果，各种生物在其习性行为和身体的形态、结构上都具有某些能反映环境条件的特征。因此，可以利用这些特征反推生物的生活环境。当利用化石的特征推断其生活环境时，要利用"将今论古"的原则，即通过对现代生物与其生活环境之间相互关系的研究，去推断古生物的生活环境。例如，现代的珊瑚、腕足类和头足类等只生活在海洋中，如果在地层中找到这些类别的化石，就可以确定含这些化石的地层当时是在海洋中形成的。从化石的特点也可以推断古气候，例如，现代造礁珊瑚生活于水温 18℃以上的清澈浅海，如果我们在地层中发现造礁珊瑚化石，自然可以推断这一地层的形成环境是温暖、清澈的浅海。

用生物化石对比地层通常应用标准化石法、化石组合法等。标准化石（index fossil）是指那些演化快、地理分布广、数量丰富、特征明显、易于识别的化石。利用这些化石不仅可以鉴定地层的时代，也可以用于地层的年代对比，尤其在海相地层对比中发挥着重要作用，并还可以进行洲际对比。但标准化石法通常受诸多因素影响而受到限制，如用作标准化石的生物对环境的宽容度较小，生态环境相对局限，生物遗骸在沉积和成岩过程中总要受到损害，再加上采样精度问题，其标准性也是相对的。因此，在应用标准化石法时应注意其精度。而生物层序律中提及的化石组合是指在一定的地层层位中所共生的所有化石的综合（图 5-2）。根据化石组合所限定的界线不仅可以进行地层划分和建立地层单位，也可以进行地层对比。用生物地层方法进行地层对比主要用于生物地层单位的对比，也通常应用于年代地层单位的对比。

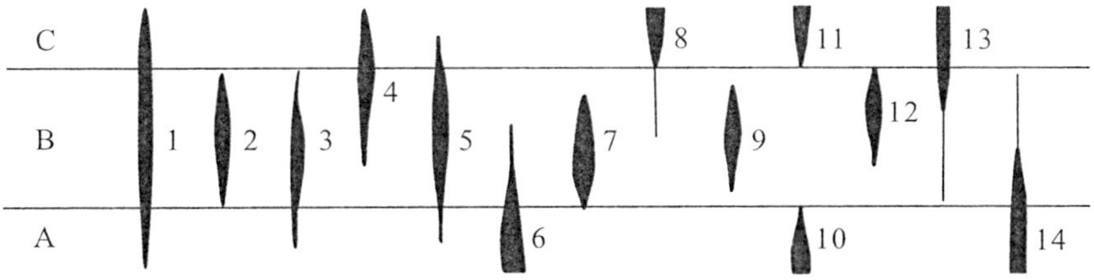

图 5-2　化石组合示意图（据杜元生等，1998）

图中表示 14 种生物在 B 层形成的化石组合

将地层层序律和生物层序律综合并加以运用，就可以系统划分和对比不同地方的地层，恢复地层形成的顺序，从而为研究生物的演化阶段和全过程奠定基础。图 5-3 表示了根据岩性、化石和地层层序等特征，划分和对比甲、乙、丙三个地区地层的情况：在甲、乙、丙三个地点均含有相同的化石，把含有相同化石的地层用线连接起来，说明它们属于同一时代的地层；有的剖面（地区）未见底部出露，有的剖面（地区）未见顶部地层，但把甲、乙、丙三地的地层综合在一起，就可以指导一个地区的全部地层的顺序、岩性、厚度、含有化石的情况等，即通过恢复该三个地区完整的地层顺序可以建立起综合某地区的地层柱状图(composite columnar section)。

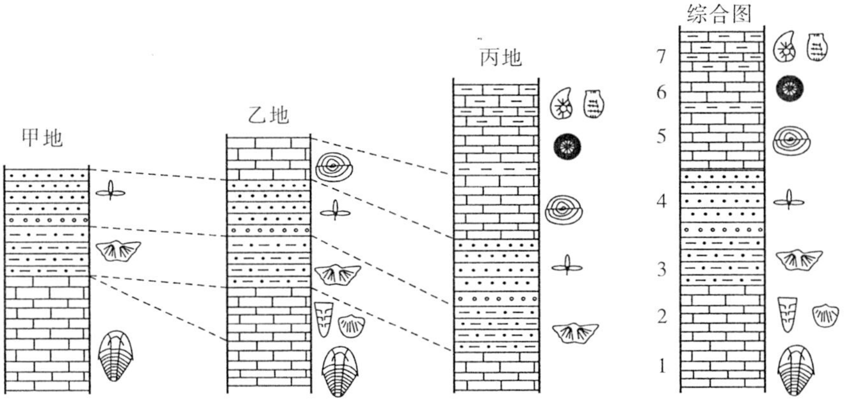

图 5-3　地层划分对比及综合地层柱状图
柱状图中的不同花纹代表不同时代的地层；柱状图右侧的符号
代表不同的化石及其组合；同一时代的地层用虚线相连

以上所述地层的划分对比的原则和方法，主要是根据化石层序律和地层层序律的原理，也是传统地层学的普遍性原理，但这些原理在针对局部或单个地层剖面是适宜的，但在较大范围或区域由于沉积作用的多样性，这些原理就不一定适用了。近年来，同位素地层学、磁性地层学、事件地层学、地震地层学等有了较大的进展，其成果逐渐用于地层的划分和对比，特别是针对较大区域，起到了积极的促进和完善作用。

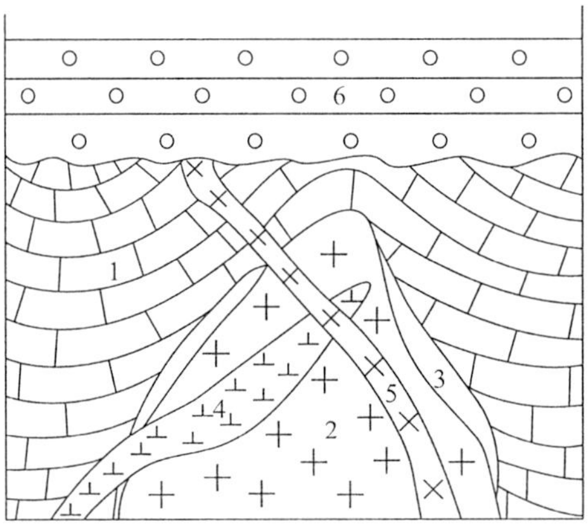

图 5-4　利用切割律确定相对地质年代
1.石灰岩；2.花岗岩；3.矽卡岩；4.闪长岩；5.辉绿岩；
6.砾岩；六种岩石形成的相对年代由老至新依次是：1—2—3—4—5—6

3.切割或穿插关系

就侵入岩与围岩的关系来说，总是侵入者年代新，被侵入者年代老，这就是切割律(law of dissection)。这一原理还可以被用来确定有交切关系或包裹关系的任何两地质体或地质界面的新老关系(图 5-4)，即切割者新，被切割者老；包裹者新，被包裹者老。如侵入岩中俘虏体的形成年代比侵入体老；砾岩中砾石本身形成的时间比砾岩早；被断层切割的地层或火成岩形成的年代比断层形成的年代老。

二、绝对地质年代的确定

1.同位素年龄的测定

人们很早就在探索测定地质年代的方法，然而直到 20 世纪 30 年代发现了元素的放射性后，科学的测年方法才诞生。同位素年龄测定的原理是基于放射性元素都具有固定的衰变常数(λ)(decay constant)(衰变常数是每年每克母体同位素能产生的子体同位素的克数)，且矿物中放射性同位素蜕变后剩下的母体同位素含量(N)与蜕变而成的子体同位素含量(D)可以测出，这样，根据公式：

$$t=\frac{1}{\lambda}\ln\left(1+\frac{D}{N}\right) \tag{5-1}$$

就可计算出该放射性同位素的年龄 t。它若包含该放射性元素的矿物的形成年龄，称为矿物的同位素年龄(isotope age)，它相当于包含该矿物并和该矿物同时形成的岩石的绝对年龄。

用于地层年龄测量的同位素方法主要有 U-Pb 法、Th-Pb 法、Rb-Sr 法、K-Ar 法、Sm-Nd 法等。同一地区的地层的同位素年龄可以用于地层年龄的确定，不同地区的地层的同位素年龄可以用于地层对比。

尽管同位素年龄测定方法的原理是科学的，但是在运用中存在若干问题。如母体同位素含量与子体同位素含量有时不易精确测定，因为子体同位素可能因后来的地质作用而部分丢失，母体同位素也可能因各种地质作用而被混杂。此外，有些沉积岩不含有与沉积作用同时形成的放射性同位素，因而还不能用这种方法求其同位素年龄。因而，人们还在不断开拓新的技术与方法以确保同位素测年的正确性。

2.磁性地层对比

在地层记录中，通常可以保存沉积或成岩期的磁性特征，这种磁性称为“剩余磁性”。通过地层剖面中系统的剩余磁性测量发现，随着地质历史的演进，地磁场的南北极曾发生过许多次变换，而且每一磁性时期的延续时间也不相同。根据地磁极的倒转并配合同位素年龄测定，可以建立一个地磁极向年代表(图 5-5)。因此，测定岩石的极性，确定该极性的延续时间，并通过与已知的标准值对比，就可以推算该岩石的形成年代。这一方法目前只限于测定中生代以来的岩石年代，因为对更老年代的岩石测定尚未建立起可以对比的“标准”。

由于地球的磁极是全球性的，利用已知的地磁极向年表可以进行磁性地层的对比。由于这种对比是严格的时间对比，因此可以用于年代地层对比。

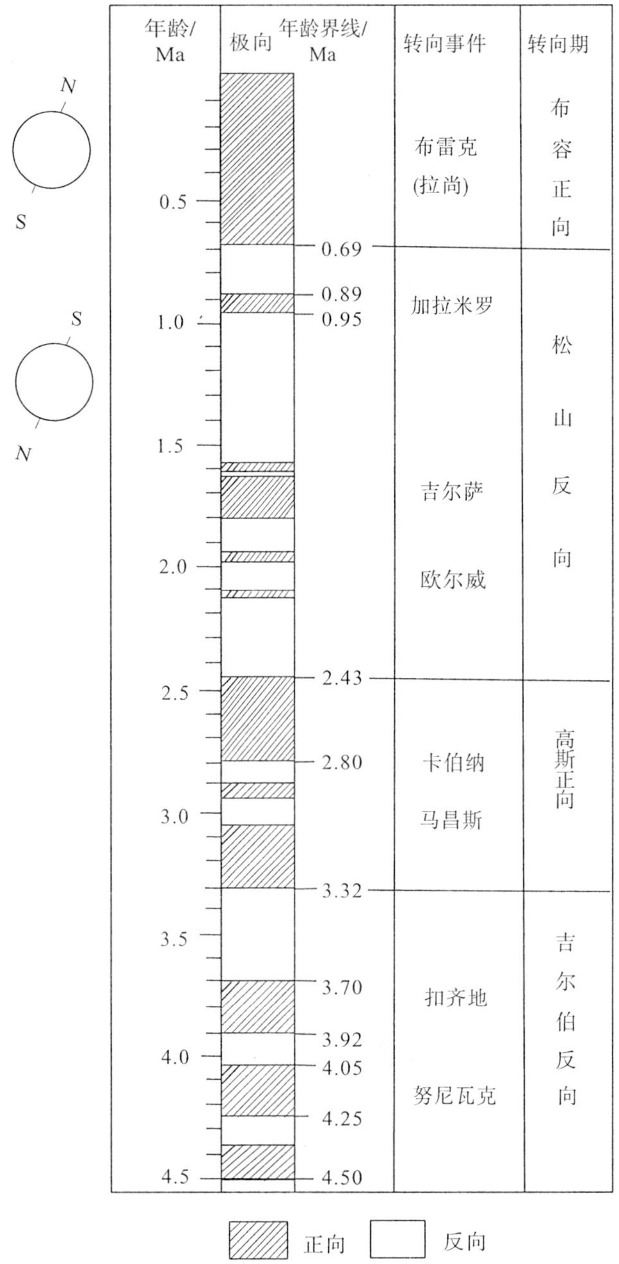

图 5-5 以 K-Ar 法同位素年龄测定的地磁场极性倒转时间表

第二节 地层单位与地质年代

在地层的物质属性研究的基础上，建立地层单位和确定地层系统是地层学的中心任务。如前所述，由于地层的物质属性不同，地层划分的依据不一，所建立的地层单位也不一致。《国际地层指南》和《中国地层指南及中国地层指南说明书》都强调了多重地层单位的思想。根据前述地层划分的各种依据，可以建立不同的地层单位，如岩石地层单位、年代地层单位、生物地层单位、磁性地层单位、化学地层单位、生态地层单位、地震地层单位、矿物地层单位、构造地层单位等。王鸿祯(1989)在讨论地层单位系统时强调，对各类地层单位的主次关系应坚持双重地层分类的观点，将地层单位分为两类：一是以建立局部地层系统为目的，主要以区域性特征为依据的岩石地层单位系统，以及为改善、补充和验证该地层系统的其他地层学分支所提供的地层单位(如地震地层单位、构造地层单位、化学地层单位及生态地层单位等)，所有这些地层单位之间的界面都是穿时的；二是以建立全球性年代地层系统为目的的年代地层单位系统，以及为完善和验证该系统服务的生物地层单位和磁性地层单位，这些地层单位之间的界面是等时的。因此，不是所有的地层单位都能形成完整的地层系统。目前地层研究中最常用的是三套地层单位(岩石地层单位、年代地层单位和生物地层单位)(表 5-1)和两套地层单位系统(岩石地层单位系统和年代地层单位系统)。

表 5-1　主要地层单位分类表

<table>
<tr><th colspan="4">国际性</th><th>地方性</th></tr>
<tr><th colspan="2">时间(年代)地层单位</th><th colspan="2">地质(年代)时代单位</th><th>岩石地层单位</th></tr>
<tr><td colspan="2">宇　Eonthem</td><td colspan="2">宙　Eon</td><td rowspan="9">群　Group
组 Formation
段　Member
层　Bed</td></tr>
<tr><td colspan="2">界　Erathem</td><td colspan="2">代　Era</td></tr>
<tr><td colspan="2">系　System</td><td colspan="2">纪　Period</td></tr>
<tr><td rowspan="3">统 Series</td><td>上 Upper</td><td rowspan="3">世 Epoch</td><td>晚　Late</td></tr>
<tr><td>中 Middle</td><td>中 Middle</td></tr>
<tr><td>下 Lower</td><td>早　Early</td></tr>
<tr><td colspan="2">阶　Stage</td><td colspan="2">期　Age</td></tr>
<tr><td colspan="2">时带 Chronozone</td><td colspan="2">时 Chron</td></tr>
</table>

一、岩石地层单位和地层系统

确定和建立岩石地层单位一直坚持着岩石学特征稳定性原则。其首要的是岩性的稳定性，其次要求地层结构的稳定性。一个岩石地层单位应有岩性相对一致或相近的岩层组成，或为一套岩性复杂的岩层，但可以和相对简单的相邻岩层相区别。除此之外，一个岩石地层单位应有相对稳定的地层结构。一般一个段级的地层单位是由一种结构类型的地层组成的，内部不分段的组也只有一种结构类型，内部分段的组可有多种结构类型。岩石地层单位包括群、组、段、层四级单位。

1.组

组是岩石地层单位系统的基本单位，是具有相对一致的岩性和具有一定结构类型的地层体。所谓岩性相对一致，是指组可以由一种单一的岩性组成，也可以由两种岩性的岩层互层或夹层组成，或由岩性相近、成因相关的多种岩性的岩层组合而成，或为一套岩性复杂的岩层，但可与相邻岩性简单的地层单位相区分。组的内部结构也应有一致性，内部不分段的组为一种结构类型，内部分段的组可有多种结构类型。组的顶底界线明显，它们可以是不整合界线，也可以是标志明显的整合界线，但组内不能有不整合界线。除此之外，组的厚度应有一定的范围，一般要求可以在区域地质图(1∶5万～1∶25万)上表达出来。同时，组也应有一定的分布范围，至少可以在区域地质图上表达出来，分布范围过小不应该建组。

2.群

群为比组高一级的地层单位，为组的联合。其联合的原则是：岩性的相近、成因的相关、结构类型的相似等。一般一个群是由岩性相似、结构相近、成因相关的组联合而成的。群的顶底界线一般为不整合界线，或为明显的整合界线。

3.段

段为比组低一级的地层单位，为组的再分。分段的原则主要包括：组内岩性的差别、组内结构的差别、地层成因的不同等。也即依据组内地层的岩性、结构、成因的差别划分段。一般一个段是由岩性相同或相近、一种结构类型、成因相关的岩层组成的地层单位。不同的段具有岩性、结构或成因上的差别。段的顶底界线也应明显，一般是标志明显的整合界线。

4.层

层是最小的岩石地层单位。层有两种类型：一是岩性相同或相近的岩层组合，或相同结构的基本层序的组合，其可以用于野外剖面研究时的分层；二是岩性特殊、标志明显的岩层或矿层，其可以作为标志层或区域地质填图的特殊层。

任一地层区都可以建立从老到新的岩石地层单位系统。这个地层单位系统是客观存在的，也是地层学研究的基础性工作。所有的其他地层学工作都是建立在岩石地层单位和岩石地层单位系统基础上的。

要说明的是岩石的性质不但表现在岩石的成分、结构和构造上，而且还表现在其他许多物理和化学性质上，如视电阻率、同位素及稀有元素的种类和数量、地球化学特征、对地震波的传播和反射能力等。利用这些性质也可划分出不同的地层单位，而其所划分的地层单位也可归于岩石地层单位的范畴中去。

二、年代地层单位和地层系统

年代地层单位是以地层形成的时代为依据划分的地层单位。由于所谓生物演化的阶段性具有明显的时间意义，因而生物演化特征是年代地层单位划分的主要依据。除此之外，放射性同位素年龄、磁性地层也可以作为年代地层划分的重要依据。

年代地层单位是在特定的地质时间间隔内形成的地层体，这种单位代表地史中一定时间范围内形成的全部地层，而且只代表这段时间内形成的地层。每个年代地层单位都有严格对应的地质年代单位。年代地层单位自高而低可以分为六个级别：宇、界、系、统、阶、时带，它们和地质年代单位的宙、代、纪、世、期、时相对应(表 5-1)。

1.宇

宇是最大的年代地层单位，它是与时间“宙”对应的年代地层单位。它是根据生物演化最大的阶段性，即生命物质的存在及方式划分的。由于地球早期的生命记录为原核细胞生物，之后的生命记录为真核细胞生物，最后才发展为高级的具硬壳的后生生物。所以可将整个地史时期分为太古宙、元古宙和显生宙。所对应的年代地层单位则为太古宇、元古宇和显生宇。宇是全球性统一的地层单位。

2.界

界是第二级年代地层单位，它是与时间“代”对应的年代地层单位，是根据生物界发展的总体面貌以及地壳演化的阶段性划分的。太古宙和元古宙主要根据地壳演化的阶段性分别划分为始、古、中、新太古代和古、中、新元古代。与之相对应的年代地层单位则为始、古、中、新太古界和古、中、新元古界。而显生宙可根据生物界演化和地壳演化的阶段性划分为早古生代、晚古生代、中生代和新生代，其中早古生代对应于加里东构造阶段，生物界以海洋无脊椎动物、裸蕨类植物为特色；晚古生代对应于海西构造阶段，生物界以早期的鱼类、中晚期的两栖类脊椎动物、蕨类植物及新的海洋无脊椎动物为特色；中生代对应于阿尔卑斯构造阶段，生物界面貌以裸子植物、爬行类、鸟类脊椎动物及海洋无脊椎动物为特色。与早古生代、晚古生代、中生代、新生代对应的年代地层单位则分别为下古生界、上古生界、中生界、新生界。界也是全球性统一的地层单位。

3.系

系是低于界的年代地层单位，它对应于地质时间单位“纪”。纪的划分主要依据生物界演化的阶段性。如晚古生代的泥盆纪以鱼类脊椎动物、裸蕨类植物以及较早古生代有显著变革的无脊椎动物为特色，故泥盆纪可以称为“鱼类的时代”。与泥盆纪对应的年代地层单位则为泥盆系。系是年代地层单位最重要的单位，其具有全球可对比性，因此，系也是全球统一的。

4.统

统是系内的次级地层单位，与地质年代单位“世”相对应。一般一个纪可以依据生物界面貌划分为两到三个世，通常称之为早、中、晚世，与之相对应的年代地层单位则为下、中、上统。如泥盆纪划分为早、中、晚泥盆世，对应的年代地层单位为下、中、上泥盆统。白垩纪可分为早、晚白垩世，对应的年代地层单位则为下、上白垩统。

由于世所代表的地质时间仍较长，全球生物界面貌在较长时间范围内仍能保持一致，所以统仍是全球统一的。

5.阶

阶是年代地层单位的最基本单位，对应于地质时间单位“期”。期的划分主要根据科、属级的生物演化特征划分的。如寒武纪可以分为 8 个期，对应的年代地层单位为 8 个阶。这些阶主要是根据寒武纪最繁盛的三叶虫动物群的演化来划分的。阶的应用范围取决于建阶所选的生物类别，以游泳型、浮游型生物建的阶一般具全球可对比性，如奥陶系、志留系以笔石建的阶、中生代以菊石建的阶等。而以底栖型生物建的阶一般是区域性的，只有应用于一定区域，如寒武系以底栖生物三叶虫建的阶。

6.时带

时带是年代地层单位中最低的单位，与地质时间单位“时”相对应，即时带是指“时”内所用的地层记录。时带是根据属、种级生物的演化划分的，因此时带一般以生物属或种来命名。如下寒武统的 *Redlichia* 时带是 *Redlichia* 属所占有时间间隔内的地层，而三叠系的 *Claraia wangi* 时带是指生物 *Claraia wangi* 种所占时间间隔的地层。以全球性分布的游泳生物或浮游生物划分的时带是全球性的，如菊石、牙形石时带等，而以底栖生物划分的时带一般是区域性的。

三、年代地层表和地质年代表

1.地质年代表的建立

年代地层表与地质年代表是两个不同的概念，年代地层表是由地层组成的物质单位，而地质年代单位则是地质时间单位，它们是严格对应的关系。按年代先后对地质历史进行系统性编年，列出“地质年代表”(geological time scale)。它的内容包括各个地质年代单位、名称、代号和同位素年龄值等。它反映了地壳和有机界演化的顺序、过程和阶段。地质年代表的建立，是根据对世界各地的地层系统划分对比的结果。

2004 年 8 月 20～28 日，在意大利佛罗伦萨召开了第二十三届国际地质大会，会议之前，国际地层委员会公布了 2004 年“国际地层表”，其划分方案逐渐被各国地质工作者所接受。近年来，国际地层委员会通过多次会议对国际地质年代表进行了相应的修订(表 5-2)。

由地质年代表中可见，各个代、纪的延续时间是不一样的，年代越老者延续的时间越长，年代越新者延续时间越短。造成这一情况的一个原因是年代越新者保留下来的地质记录越全、划分得越细致，另一个原因是在地质年代单位划分时考虑到生物进化的阶段性。各年代单位时间跨度较短的乃是与生物的进化速度逐步加快有关，这也是地质环境演化速度逐步加快的反映。

表 5-2 中国区域地质年代表（据中国区域年代地层表，2002，简化修改）

宙(宇)	代(界)		纪(系)	世(统)	时间间距	距今年龄	构造阶段：大阶段	构造阶段：阶段	生物演化阶段：动物	生物演化阶段：植物	中国主要地质、生物现象
显生宙 Phanerozoic (PH)	新生代 (Cz) Cenozoic		第四纪 (Q) Quaternary	全新世 (Q_4/Q_h) Holocene	约 2～3	0.012	联合古陆解体	喜马拉雅阶段（新阿尔卑斯阶段）	人类出现；无脊椎动物继续演化发展	被子植物繁盛	
				更新世 ($Q_1Q_2Q_3/Q_p$) Pleistocene		2.48 (1.64)					冰川广布，黄土生成
			新近纪 (N) Neogene	上新世 (N_2) Pliocene	2.82	5.3			哺乳动物繁盛		西部造山运动，东部低平，湖泊广布
				中新世 (N_1) Miocene	18	23.3					
			古近纪 (E) Paleogene	渐新世 (E_3) Oligocene	13.2	36.5					哺乳类分化
				始新世 (E_2) Eocene	16.5	53					蔬果繁盛，哺乳类急速发展
				古新世 (E_1) Palaeocene	12	65					（我国尚无古新世地层发现）
	中生代 (Mz) Mesozoic		白垩纪 (K) Cretaceous	晚白垩世 (K_2)	70			燕山阶段（老阿尔卑斯阶段）	爬行动物繁盛		造山作用强烈，火成岩活动矿产生成
				早白垩世 (K_1)		135 (140)				裸子植物繁盛	
			侏罗纪 (J) Jurassic	晚侏罗世 (J_3)	73						恐龙极盛，中国南山俱成，大陆煤田生成
				中侏罗世 (J_2)							
				早侏罗世 (J_1)		208					
			三叠纪 (T) Triassic	晚三叠世 (T_3)	42		联合古陆形成	印支阶段			中国南部最后一次海侵，恐龙哺乳类发育
				中三叠世 (T_2)							
				早三叠世 (T_1)		250					
	古生代 (Pz) Palaeozoic	晚古生代 (Pz_2)	二叠纪 (P) Permian	晚二叠世 (P_3)	40			印支—海西阶段；海西阶段	两栖动物繁盛	蕨类植物繁盛	世界冰川广布，新南最大海侵，造山作用强烈
				中二叠世 (P_2)							
				早二叠世 (P_1)		290					
			石炭纪 (C) Carboniferous	晚石炭世 (C_2)	72						气候温热，煤田生成，爬行类昆虫发生，地形低平，珊瑚礁发育
				早石炭世 (C_1)		362 (355)					
			泥盆纪 (D) Devonian	晚泥盆世 (D_3)	47				鱼类繁盛	裸蕨植物繁盛	森林发育，腕足类鱼类极盛，两栖类发育
				中泥盆世 (D_2)							
				早泥盆世 (D_1)		409					
		早古生代 (Pz_1)	志留纪 (S) Silurian	晚志留世 (S_3)	30			加里东阶段	海生无脊椎动物繁盛	藻类及菌类繁盛	珊瑚礁发育，气候局部干燥，造山运动强烈
				中志留世 (S_2)							
				早志留世 (S_1)		439					
			奥陶纪 (O) Ordovician	晚奥陶世 (O_3)	71						地热低平，海水广布，无脊椎动物极繁，末期华北升起
				中奥陶世 (O_2)							
				早奥陶世 (O_1)		510					
			寒武纪 (∈) Cambrian	晚寒武世 ($∈_3$)	60				硬壳动物繁盛		浅海广布，生物开始大量发展
				中寒武世 ($∈_2$)							
				早寒武世 ($∈_1$)		570 (600)					
元古宙 Precambrian (PT)	元古代 Proterozoic (Pt)	新元古代 (Pt_3)	震旦纪 (Z/Sn) Sinian		230	800			裸露动物繁盛	真核生物出现	地形不平，冰川广布，晚期海侵加广
			青白口纪		200	1000	地台形成	晋宁阶段			沉积深厚造山变质强烈，火成岩活动矿产生成
		中元古代 (Pt_2)	蓟县纪		400	1400					
			长城纪		400	1800					
		古元古代 (Pt_1)			700	2500		吕梁阶段		（绿藻）	
太古宙 Archaean (AR)	太古代 Archaeozoic (Ar)	新太古代 (Ar_2)			500	3000	2800 陆核形成		生命现象开始出现	原核生物出现	早期基性喷发，继以造山作用，变质强烈，花岗岩侵入
		古太古代 (Ar_1)			800	3800					
冥古宙 (HD)						4600					地壳局部变动，大陆开始形成

注：表中震旦纪、青白口纪、蓟县纪、长城纪，只限于国内使用

应该指出，显生宙中各级单位的划分及其名称和代号都是国际统一的。纪以下一般分为早、中、晚三个世，有的纪分为早、晚两个世或四个、五个世。而有的世有专门名称。

我国前寒武纪(Precambrian)(前寒武纪泛指寒武纪以前的地质时期，延续近 40 亿年)晚期地层及其发育，剖面好，研究程度高。2005 年，全国地层委员会召开的全国地层学会议将我国晚前寒武纪地层划分如下(表 5-3)。

2.地质年代名称的来源

了解地质年代表中各地质时代名称的来源和含义，对于深刻理解地质年代表的性质是有益的。

(1)太古宙(Archaeozoic Eon)：最古老的地质年代，仅有原始的菌藻生物。

(2)元古宙(Proterozoic Eon)：为古老的地质年代，生物仅有菌藻类。

表 5-3　我国晚前寒武纪地层的划分

界	系	统	阶	年龄值/Ma
古生界(Pz)	寒武系(Є)	下寒武统		
新元古界(Pt_3)	震旦系(Z)	上震旦统	灯影峡阶	541
		下震旦统	陡山沱阶	<635
	南华系(Nh)	上、下南华统		635～780
	青白口系(Qb)	上、下青白口统		780～1000
中元古界(Pt_2)	待建			1000～1400
	蓟县系(Jx)	上、下蓟县统		
	长城系(Ch)	上下长城统		1400～1600
古元古界(Pt_1)	滹沱系(Ht)			1600～2300
				＞2300

(全国地层委员会，2005)

(3)震旦纪(Sinian Period)：“震旦”是我国的古称，该纪地层在我国极为发育，而且发现早，研究细，这一名称目前仅在国内通用，其他国家还有不同的名称。

(4)显生宙(Phanerozoic Eon)：是开始出现大量后生动物以来的阶段，包括古生代、中生代和新生代。

(5)古生代(Palaeozoic Era)：意为“古老植物”的时代。它标志着生物已开始大量发育，主要是原始海生无脊椎动物、原始的鱼类和两栖类、蕨类等孢子植物。

(6)寒武纪(Cambrian Period)：“寒武”是英国威尔士的拉丁文名称，在这里首先研究了这一地质时代的地层。

(7)奥陶纪(Ordovician Period)：最早在英国威尔士研究了该时代的地层，威尔士有一个古代民族叫“奥陶”。

(8)志留纪(Silurian Period)：最早研究该时代的地层出露于威尔士边境，威尔士有一个不列颠部族叫“志留”。志留纪目前分为早、中、晚、末四个世，对应的志留系分为下、中、上、顶统。

(9)泥盆纪(Devonian Period)：最早研究该时代的地层出露于英格兰的泥盆郡，因而得此名。

(10)石炭纪(Carboniferious Period)：该时代的地层中富含煤层，该名创始于英国。石炭纪目前分为早、晚两个世。

(11)二叠纪(Permian Period)：最早研究的该纪地层出露于乌拉尔上西坡彼尔姆城，按音译应为彼尔姆纪，但因该地层具有明显的二分性，故意译为二叠纪。后来进一步深入研究，现将其分为早、中、晚三个世。

(12)中生代(Mesozoic Era)：由于其生物界具有介于古生代古老类型和新生代近代类型之间的中间性质而得名，以陆生裸子植物、爬行动物的繁荣为特征，在之前主要为水生生物。

(13)三叠纪(Triassic Period)：该纪地层在德国中部研究最早，岩层具有明显的三分性。三叠纪是描述性术语。

(14)侏罗纪(Jurassic Period)：名称来源于瑞士、法国交界的侏罗山，由最早使用的“侏罗灰岩”演绎而来。

(15)白垩纪(Cretaceous Period)：是根据特殊岩性命名的唯一例子，来源于英吉利海峡北岸的白垩峭壁，这一时代的地层中产出白色细粒的碳酸钙，拉丁文称之为Creta，意为白垩。

(16)新生代(Cenozoic Period)：是地球历史中最近65Ma的地质时期，以其生物界总貌与现代相近而得名。哺乳动物和被子植物非常繁盛。

(17)古近纪(Paleogene Period)：也就是原来的第三纪前半期。原来的中文名称为早第三纪，对应年代地层单位为下第三系。

(18)新近纪(Neogene)：也就是原来的第三纪后半期。原来的中文名称为晚第三纪，对应年代地层单位为上第三系。2004年“国际地层表”取消了第四纪，第四纪的更新世和全新世就归入新近纪。

地质年代表中代(界)、纪(系)的代号取自其英文名称的第一个字母或第一个加上后面的某一个字母，仅寒武纪用Є，白垩纪用K，古近纪用E，比较特殊。这是为了与石炭纪的C和二叠纪的P相区别。此外，世的代号是在该世所属纪的代号右下角注以1、2、3或1、2分别代表三分为早世、中世、晚世或二分为早世、晚世等。如中二叠世以P_2表示。

复习思考题：

1.名词解释：地质年代、相对地质年代、绝对地质年代、地层层序律、生物层序律。

2.何谓标准化石？它有何意义？

3.熟悉地质年代表，熟记各地质年代的代号。

4.名词解释：群、组、段。

第六章 构造运动与地质体产状

第一节 构造运动

一、构造运动的基本概念

在地质学中一般将内动力地质作用所引起的地壳(或整个岩石圈)变形和变位的机械作用称为构造运动(tectonism)，也有些学者把构造运动称为地壳运动(crustal movement)、岩石圈运动(lithosphere movement)或岩石圈板块运动(plate movement)等。

地球自诞生以来经历了漫长的发展历史，岩石圈形成后总是持续进行着不同规模、不同强度的构造运动。通常构造运动速度非常缓慢，不易被人们察觉；但在特殊情况下，构造运动会表现为快速而激烈的特点，也能使人类直接感受到构造运动的存在，比如表现为突发性的地震。尽管构造运动速度很慢，但是可以引起各种规模、各种类型的地质构造和沉积作用，导致岩浆活动与变质作用发生。

二、构造运动的基本特征

(一)构造运动的方向性

根据构造运动的运动方向，可以分为水平运动和升降运动(垂直运动)两类。

1.水平运动

地壳或岩石圈物质大致沿地球圈层切线方向进行的运动，叫水平运动(horizontal movement)。这种运动常表现为岩石在水平方向的挤压和拉张，也就是产生水平方向的位移以及形成褶皱和断裂，在构造上形成巨大的褶皱山系和地堑、裂谷等。所以，从19世纪中叶开始，就称这种运动为造山运动。

目前可以找到许多例证说明现代水平运动。如1970年云南通海地震，一条NWW向的断裂，长60km，其水平位移量达2.2m。又如，著名的美国西部圣安德列斯断层，沿此断层经常有地震活动(如1906年旧金山大地震)，在1882～1946年，65年中进行4次三角测量，结果表明断层西盘主要向NE方向移动，平均速度为1cm/a。近几年利用卫星测量资料，证明在断层两侧两个点(昆西和奥泰山)之间，4年内共靠拢了35.6cm，平均每年水平位移达8.9cm，出现了运动速度加快的趋势。

2.升降运动

地壳或岩石圈物质沿地球半径方向的运动，叫升降运动(vertical movement)，也叫垂直运动。它常表现为大规模的缓慢上升或下降，形成规模不等的隆起或拗陷，并引起海侵、海退，也就是导致海陆的变迁。1890年，Gilbert称这种大面积的升降运动为“造陆运动”。从现代垂直运动来看，大量的是缓慢运动，其上升或下降速度值一般为每年几个毫米到几个厘米。如据大地水准测量，喜马拉雅山的北坡地区，以每年3.3～12.7mm的速度不断上升。但有时也产生快速垂直运动，特别是在地震过程中，沿着断层在瞬息间即可产生较大的垂直位移，如1957年蒙古博各多断层，在一次活动中垂直位移达300cm。不仅是垂直运动如此，对于水平运动来说也有缓慢和快速之分。

实际上把构造运动分为水平运动和垂直运动，并不意味着运动完全沿着水平方向或垂直方向进行。在自然界这两种运动往往相伴而生，这里所说的“相伴”有二重意思：一是在自然界，构造运动的方向不一定都是单纯的水平或垂直方向，比如一条断层更多的情况是两侧岩层斜着相对滑动，其中既有水平位移分量，也有垂直位移分量；二是从两种类型运动的相互关系看，水平运动必然引起垂直运动，而垂直运动也会引起水平运动。例如岩层因挤压而褶皱，有些地方隆起，有些地方凹陷；岩层因拉张而断裂，同样也有些地方上升，有些地方陷落。

在地球发展历史当中，构造运动到底是以水平运动为主，还是以垂直运动为主，曾经有过很大争论。但从当前发展趋势看，大多数人认为应以水平运动为主。

(二)构造运动的时间性

根据构造运动发生的时间，可以分为古构造运动和新构造运动两类。一般认为，新近纪以来(前23Ma—现代)发生的构造运动称为新构造运动(neotectonic movement)，新近纪之前发生的构造运动称为古构造运动(paleotectonic movement)。如果把时间尺度再拉近些，即把人类有文字记录史至现代发生和正在发生的构造运动，称为现代构造运动(modern tectonic movement)，现代构造运动是新构造运动的一部分，它对人类的生产和生活影响最为显著。

从本质上讲，古构造运动和新构造运动都是内动力地质作用引起的，都会产生岩石的变形与错位，但古构造运动是很早以前发生的，它所产生的结果和痕迹，主要记录在地层里，在地貌形态上没有显示，因为当时的古地貌形态现在已经不存在了；而新构造运动特别是现代构造运动除了在新地层中有显示外，常常表现在隆起、沉陷、倾斜以及各种地貌形态上。由于古构造运动和新构造运动所表现和保存的形式不同，其研究方法也不完全一样。一般地讲，研究古构造运动主要靠地层，研究新构造运动除地层外主要靠地貌，而研究现代构造运动则除用地层、地貌方法外，还要利用人类文化遗迹(考古)和历史地震记载的研究，这样往往可以得出几千年、几百年构造变动的情况。此外还可用仪器进行观测，得出当前构造运动的速度和方向。

(三)构造运动的不均匀性和旋回性

在地球演化历史中，构造运动无论是水平运动还是垂直运动，都表现为比较平静时期和比较强烈时期交替出现。在比较平静时期，运动速度和幅度都小；在比较强烈时期，运动速度和幅度都大，并且伴有强烈的岩浆作用和变质作用。在漫长的地质历史发展过程中，曾有过多次构造运动相对缓和和相对强烈阶段，因而使构造运动表现出明显的周期性，即构造运动的演化具有旋回性特点。这就决定了地壳或岩石圈的演化具有旋回性特点。构造运动从缓和到强烈，叫作一次构造旋回。一次构造旋回往往要经历 2 亿年左右的时间，时间尺度上或与地质年代表中的代(亚代)大致相当。

地球历史每经过一次大的构造旋回，都要引起世界性的或区域性的海陆、气候、生物、环境的巨大变化；同时，一次大的构造旋回还往往包括若干次一级的和更次一级的构造旋回，导致区域性的或局部性的地理变化。构造运动的周期性，自然也就决定了地球历史发展的阶段性。地球岩石圈构造演化大致可以分为以下构造旋回。

(1)太古宙旋回：其时代跨越整个太古宙，跨度极长，距今 2500～3600Ma，实际上它是由多个旋回组成。由于研究程度不够，尚未作详细划分。在这一旋回中，形成了各大陆由太古宙深变质岩组成的古老核心，即陆核。如北美大陆中部太古宙岩石就是这样的陆核。在旋回末期发生一次强烈的构造运动，我国称为阜平运动(以太行山阜平地区最为典型而命名)，它促使太古宙地层发生强烈的变质、变形、岩浆活动以及与元古宙地层之间为不整合接触，华北地区新太古代末的硅铝壳已初具规模，形成固结程度较高的华北陆核。

(2)元古宙旋回：包括了多个次一级的旋回，每一个次一级旋回的末期都出现了重要的构造运动。如华北的五台运动(发生在距今 2000Ma 前，以山西五台山区为典型而命名)与吕梁运动(发生在距今 1700Ma 前，以山西吕梁山地区为典型而命名)。这些运动促使古、中元古代地层发生变质、变形，引起岩浆运动并造成相应地层之间具有不整合接触关系。

(3)加里东旋回：其时代跨越整个早古生代。加里东运动是这一旋回末期的主要构造运动，表现为早古生代地层遭受轻度变质、强烈变形、岩浆侵入以及泥盆纪地层不整合在志留纪或更老地层之上。在我国，这一构造运动主要见于华南及祁连山等地。加里东运动一名来源于欧洲，是国际惯用名称。

(4)海西(华力西)旋回：其时代从泥盆纪到二叠纪末，这一旋回的末期出现强烈的构造运动，国际上称为海西运动(源于欧洲)，表现为晚古生代地层强烈变形、岩浆活动以及早三叠世地层不整合在二叠纪地层之上。在我国，它主要见于天山、昆仑山以及浙、闽、粤沿海一带。

(5)印支旋回：其时代为三叠纪。这一旋回末期的强烈构造运动称为印支运动。其表现为三叠纪地层的变质、岩浆活动以及早侏罗世地层与三叠纪地层之间的不整合接触关系。印支运动因在印支半岛发育最好，并最先命名而被沿用。在我国，这一运动见于四川西部、青海东南部以及中国东部许多地区。这一运动促使海水自我国大陆的大多数地区撤退，从而开创了我国以大陆沉积作用为主的新时期。

(6)燕山旋回：其时代从侏罗纪到白垩纪末。这一旋回出现的构造运动称为燕山运动，它引起侏罗纪及白垩纪地层变形，广泛的岩浆活动以及侏罗系与白垩系及白垩系与新生界之间的不整合接触关系。燕山运动以河北燕山地区为典型，并研究最早而得名。它在我国东部地区有广泛影响，在我国西南部的横断山脉地区有重要表现。

(7)喜马拉雅旋回：其时代包括整个新生代。这个旋回中的构造运动称为喜马拉雅运动，主要表现为新生代地层的变形，古近系、新近系及其与第四系之间的不整合接触。其影响见于我国台湾及喜马拉雅地区。

在国际上常将时代从中生代延续到新生代的旋回，统称为阿尔卑斯旋回，旋回内的构造运动统称为阿尔卑斯运动。

三、地质构造

在构造运动的过程中，地壳或岩石圈中的岩层和岩体在应力作用下发生变形、变位而留下的几何形貌形迹叫作地质构造(geologic structure)。由于构造运动在整个岩石圈中都有不同程度的存在，岩石圈(尤其是地壳)中普遍发育不同规模和不同类型的地质构造。

(一)地质构造的规模

地质构造可以发育在各类地质体中。所谓地质体，泛指任何成因的天然岩石体，包括层状沉积岩、岩浆岩和变质岩。从地质构造的规模上看，地质构造的规模千差万别，规模巨大的地质构造范围可达上千公里以上，需要通过卫星照片和遥感资料的解译才能识别，如岩石圈板块构造，小规模的地质构造小到以毫米甚至微米来度量，甚至有些地质构造需要借助于光学显微镜或电子显微镜才能观察到。

(二)地质构造的基本类型

从地质构造类型上看，地质构造的形态也是千姿百态、形态各异。三大类岩石中均可在地壳运动中发育地质构造，不过地质构造在层状岩石中表现最为明显，研究得也最为清楚。

地质构造的基本类型主要有以下几种。

1.水平构造

原始岩层一般是水平的，它在地壳垂直运动影响下未经褶皱变动而仍保持水平或近似水平的产状者(岩层面与水平面夹角小于 5°)，称为水平构造。绝大多数沉积岩和岩浆岩在形成之初均呈水平状态，在一定范围内是连续分布的。在水平构造中，新岩层总是位于老岩层之上。

2.倾斜构造

倾斜构造是指岩层经构造运动后，岩层面与水平面间具有一定的夹角(一般在5°～85°)。主要由强烈的水平挤压运动或不均匀的升降运动引起。倾斜构造绝大多数是原始水平构造经构造运动后变形而成的，它是各种构造变形的组成部分，如倾斜岩层、褶皱的翼部等。

3.褶皱构造

岩层或岩体在构造运动力的作用下发生了连续弯曲的现象叫褶皱构造，可分为背斜和向斜两种基本类型。

4.断裂构造

岩层受构造运动力的作用发生变形，其连续性、完整性遭到破坏，发生破裂的现象称为断裂构造。按断裂两侧的岩层是否发生明显的位移滑动，断裂构造可以分为节理和断层两种类型。

第二节　地质体的产状要素及测定

任何地质体的构造或构造变形都可归纳为面状构造和线状构造。面状构造泛指地质体中所有平面的构造，包括原生构造和次生构造。原生面状构造包括沉积岩的层面、不整合面、侵入接触面及岩浆岩的流面等；次生面状构造包括断层、节理、劈理、片理及片麻理等。线状构造泛指地质体中呈线状习性的构造与各种平面的交线。线状构造也包括原生构造和次生构造。原生线状构造包括沉积岩的线形沟槽、岩浆岩的流线等；次生线状构造包括线理、断层面上的擦痕、褶皱枢纽和各种构造面的交线等。

一、面状构造的产状及表征

(一)面状构造的产状要素

面状构造的产状(attitude)是指其在三维空间的延伸方位及其倾斜程度，以走向(strike)、倾向(dip)和倾角(dip angle)三个要素来表示(图6-1)。地质上的任何界面(如岩层面、不整合面、节理面、断层面、劈理面、岩浆岩流面等)的产状，都可以用上述产状要素来表示。测量面状构造的产状要素，并把它们记录下来或标绘在地质图上，是野外地质工作的一项重要任务。下面以倾斜的岩层面为例说明走向、倾向和倾角的基本意义。

1.走向

岩层面与水平面的交线称为走向线(图 6-1 中 *AOB*，图 6-2)，走向线两端所指的方向(走向线与地理子午线之间的夹角，即地理方位)称为岩层面的走向，表示其在空间的水平延伸方向。

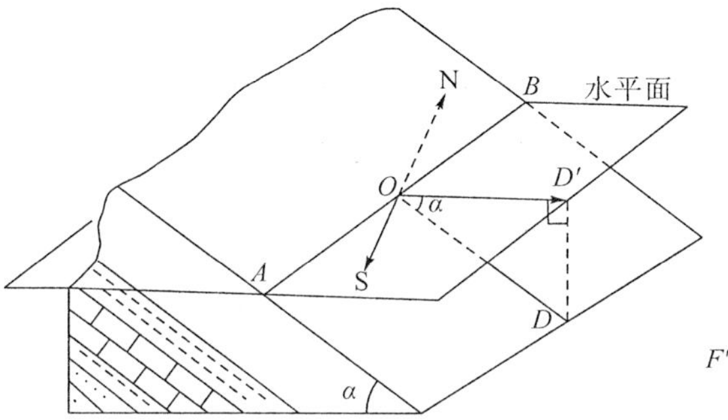

图 6-1 岩层产状要素

AOB.走向线；*OD*.倾斜线；*OD'*.倾斜线的水平投影，箭头方向为倾向；α.倾角；NS.子午线

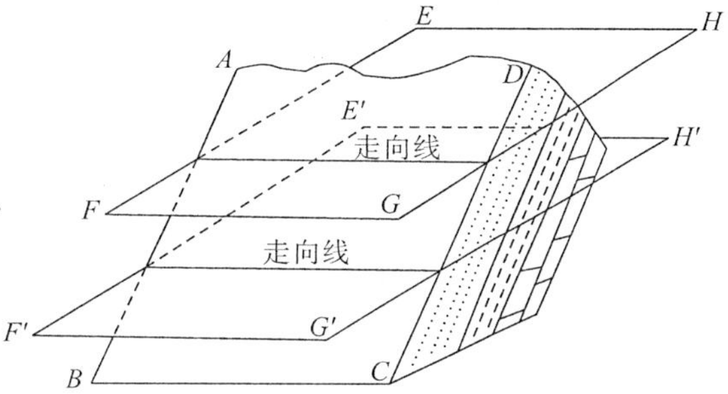

图 6-2 岩层走向线示意图

ABCD.岩层层面；*EFGH*、*E'F'G'H'*.水平面

对于同一倾斜岩层来讲，走向线也就是岩层面上任一高度的一条水平线，因此走向线有无数条，且相互平行(图 6-2)，因为倾斜岩层面可以与无数条不同高程的水平面相交，这些交线均为岩层的走向线。由于同一条走向线上任何两点的高程相等，故在同一倾斜岩层面上，只要连结高程相同两点的直线，就是该岩层在该高度上的走向线。

一条走向线有两个延伸方向，也就是同一倾斜岩层的走向有两个，它们之间相差180°，都可以表示该倾斜岩层的走向，如 NE30°或 SW210°。但在实际工作中，为了使问题简化，只测量和记录一个方向即可。

2.倾向

岩层面上与走向线相垂直并沿岩层面向下所引的直线称为倾斜线，又称真倾斜线(图 6-1 中 *OD*)。倾斜线的水平投影线称为倾向线(图 6-1 中 *OD'*)，倾向线 *OD'* 所指岩层倾斜一端的方向(即倾向线与地理子午线之间的夹角)称为倾向，又称真倾向，其表示岩层在空间的倾斜方向。岩层的倾向只有一个，且与走向相差 90°。

凡是不与走向线垂直的任何倾斜线均称为视倾斜线，视倾斜线在水平面上投影线称为视倾向线，视倾向线所指岩层倾斜一端的方向称为视倾向或假倾向(图 6-3 中 *OC* 和 *OB*)。在一个测点上，真倾向(倾向)只有一个。

3.倾角

倾角是指岩层面与任意水平面的最大锐夹角，即岩层的倾斜线和倾向线之间的夹角(图 6-1 中 α 角)，又称为真倾角(true dip angle)，表示岩层的倾斜程度。由于岩层有真倾向和视倾向(apparent dip)之分，故倾角亦然，视倾斜线和视倾向线间的夹角即为岩层的视倾角(apparent dip angle)，又称为假倾角或伪倾角(图 6-3 中的 β_1、β_2)。

在地质剖面、探槽或坑道中所见到的岩层倾角大多数为视倾角，只有在垂直于岩层走向线的剖面上，才能见到岩层的真倾角。

在一个测点上，岩层的真倾角(倾角)只有一个。而视倾角(假倾角)却有无数个，且视倾角永远小于真倾角。

岩层的真倾角与视倾角的关系可用数学式表示为

$$\mathrm{tg}\beta = \mathrm{tg}\alpha \cdot \cos\omega$$

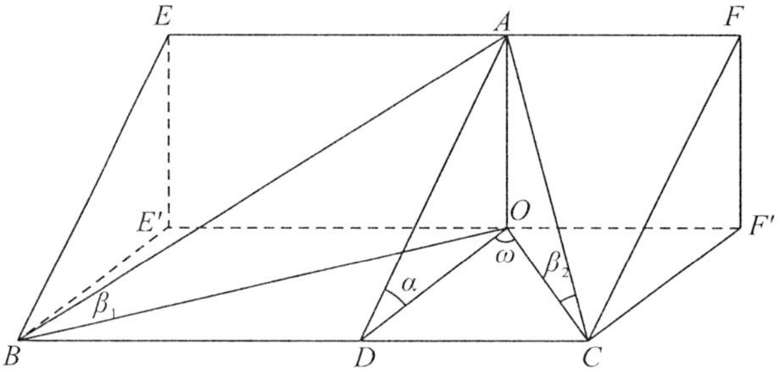

图 6-3　真倾角与视倾角的关系

EBCF.岩层层面；*E'BCF'*.水平面；*EF*、*BC*.走向线；*AD*.倾斜线；*AB*、*AC*.视倾斜线；*OD*.倾向线；*OC*、*OB*.视倾向线；α.倾角；β_1、β_2.视倾角；ω.真倾向线与视倾向线之间的夹角

(二)面状构造产状要素的测定与表示

面状构造的产状要素通常是用地质罗盘直接测量，在不宜用罗盘准确测定的情况下，可根据钻孔资料、地形地质图上的表现用几何作图或者赤平投影等方法求出。

面状构造的产状要素可用文字和符号两种方法表示。文字表示法多用于野外记录、文字报告及剖面图和素描图中。由于地质罗盘上标记方位的刻度有 90° 的象限角和 360° 的方位角两种，使用不同的罗盘测定产状，其书写方式也不一样。因此，文字表示方法也有两种。

1.方位角表示法

如图 6-4 所示，将方位分为 360°，以正北方向为 0°(或 360°)，一般只测量和记录岩层的倾向和倾角。例如：205°∠25°，表示岩层的倾向为 205°，岩层的倾角为 25°。方位角记录方法比较简便，知道了倾向，即可换算出走向。例如岩层的倾向为 205°，加减 90°即为岩层走向。方位角记录法是我国目前通常使用的方法，也是野外最常用的一种记录方法。

2.象限角表示法

如图 6-5 所示，将方位分为四个象限，以北和南的方向作为 0°，根据测量结果记录岩层的走向、倾向和倾角。例如：N70°W/SW∠45°，即岩层走向为北偏西 70°，倾向南西(20°)，倾角为 45°。在生产实践中，象限角记录方法目前很少采用。

在地质图上，岩层产状要素是用符号来表示，常用的符号有：

(1)  30°：表示倾斜岩层(倾角为 5°～85°)，长线表示岩层的走向，短线表示岩层的倾向，度数表示岩层的倾角数值。长、短线必须按实际方位标绘在图上。

(2) ：表示直立岩层(倾角为 85°～90°)，长线表示走向，箭头指向较新岩层。

(3) 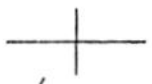：表示水平岩层(倾角为 0°～5°)。

(4)  70°：表示倒转岩层，长线表示走向，箭头指向倒转后的倾向，即指向老岩层，度数为倾角数值。

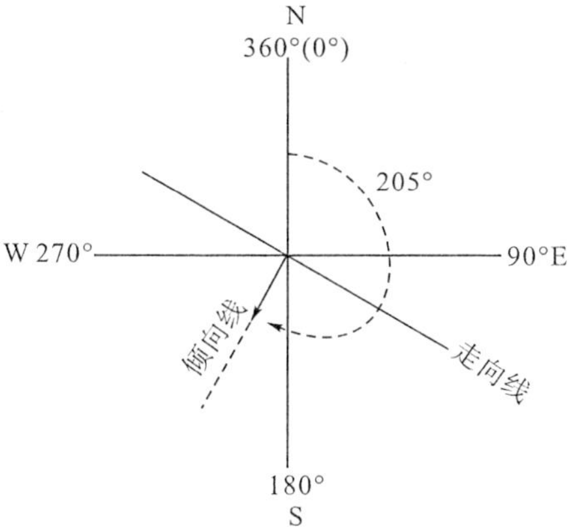

图 6-4　方位角表示岩层产状图

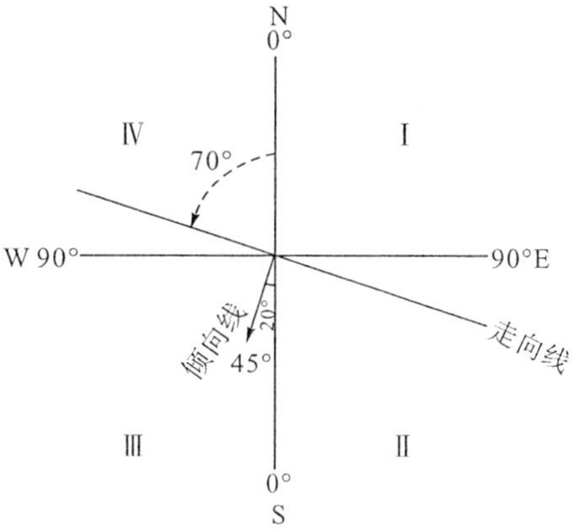

图 6-5　象限角表示岩层产状图

用地质符号表示岩层的产状，要与野外岩层的产状一致，不能视为一个符号而随意绘在地质图上。岩层产状要素的符号和书写方式，在国内外的地质书刊和地质图上，并不完全相同，参阅文献资料时应予注意。

二、线状构造的产状及表征

线状构造的产状是直线在空间的方位和倾斜程度，其产状要素包括倾伏向和倾伏角以及其所在平面的侧伏向和侧伏角。

1.倾伏向(plunging syncline)**和倾伏角**(pitching syncline)：

倾伏向指某一直线在空间的延伸方向，即某一倾斜直线在水平面上的投影线所指示该直线向下倾斜的方位，用方位角或者象限角表示(图 6-6)。

倾伏角是指直线的倾斜角，也就是该倾斜直线与其水平投影线之间的锐夹角(图 6-6 中的 γ)。

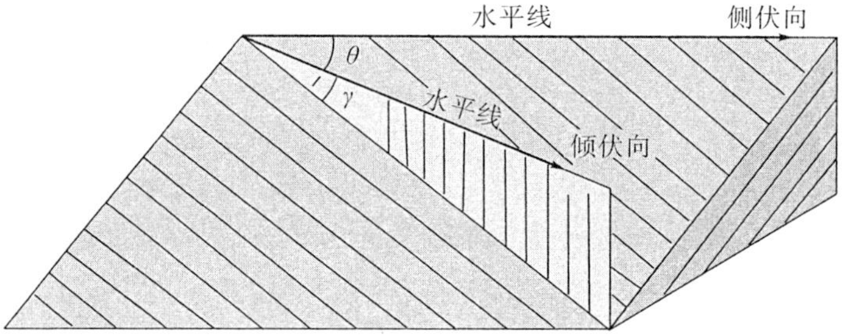

图 6-6 线状构造的产状要素

γ.倾伏角；θ.侧伏角

2.**侧伏向**(pitch)**和侧伏角**(pitch angle)

当线状构造包含在某一倾斜平面内时，该线与该平面走向线所夹的锐角(θ)即为此线在那个面上的侧伏角。侧伏向是指构成上述锐夹角的走向线的一端的方位(图 6-6)。

线状构造的倾伏角(γ)、侧伏角(θ)及线状构造所在的构造面的倾角(α)三者之间具有一定的几何关系，其关系式是：$\sin\gamma=\sin\theta\cdot\sin\alpha$。

第三节 岩层的产状类型及特征

在广阔而平坦的沉积盆地(如海洋和大湖泊)中所形成的沉积岩层，其原始产状大都是水平的或近于水平的。由于构造运动造成水平岩层发生构造变形与变位，形成了倾斜岩层、直立岩层、倒转岩层和各种褶皱形态，但也有一些岩层仍旧保持其原来的水平状态。在地表浅处，由于重力、流水、冰川、岩溶及吸水作用(如硬石膏吸水变成石膏，体积膨胀约 40%)等外动力地质作用，也会使岩层产状发生局部变动而形成各种表生构造。因此，野外认识和研究构造形态，必须从观察和测量岩层的产状着手。要正确认识和分析岩层经受什么样的变形而产生这些构造形态，还需要了解岩层的原始产状。

一、岩层的原始产状

沉积岩层具有发育不同程度的层理构造，可以反映出沉积物在沉积作用过程中所处的构造环境。这些还保持着沉积作用时形成的岩层产状即称为原始产状。

原始产状大致是水平的，因为沉积物基本平行沉积盆地底面，成岩之后基本近于水平状态。但是由于沉积盆地古地形差异，在盆地边缘、岛屿周围、水下潜山和火山锥周围的局部沉积地带，岩层则表现出局部一定程度的倾斜状态，这就是原始倾斜(图 6-7)。原始倾斜在海相和陆相沉积岩中都存在，海相岩层中如生物礁及其围岩常具有一定的原始倾斜(图 6-7)，而在陆相岩层中更为明显，如残积、坡积、冰川和风的堆积等，大都有不同程度的原始倾斜。

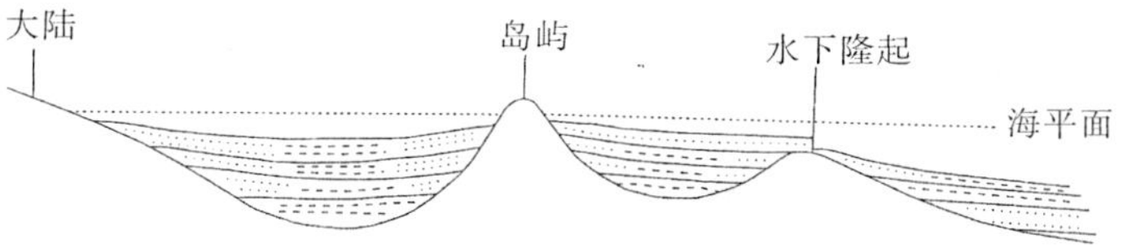

图 6-7 沉积岩层原始倾斜产状形成示意剖面图

水平岩层多出现在未经构造变动或变形微弱地区，如北美克拉通中部、俄罗斯克拉通中部和我国川东、鄂尔多斯盆地中部等地区。因此，将岩层的原始产状理解为水平的，以水平面作为参考面，是认识和分析地质构造的一个基本前提。

二、水平岩层

岩层层面保持近水平状态，即同一层面上各点的海拔相同或基本相同的岩层称为水平岩层(horizontal stratum)，也称水平构造，水平岩层的倾角不超过 5°。在沉积盆地的中心部位或其他比较稳定的沉积环境中形成的沉积岩层，其原始产状一般都是水平或近似水平的。岩层形成以后，受构造运动影响轻微，其产状基本保持原始水平状态，习惯上也称为水平岩层(6-8)。

(一)水平岩层的分布特征

在地层层序没有发生倒转的前提下，地质时代较新的岩层叠置在较老岩层之上(上新下老)。当地形切割轻微时，地面只出露上部最新的地层[图 6-9(a)]；在地形切割强烈的地区，在河谷、冲沟或地形低洼的地方可出露时代较老的地层[图 6-9(b)]，较新地层则分布在山顶或分水岭上。因此，岩层愈老出露位置愈低，岩层愈新其出露位置愈高。

图 6-8 沉积盆地中发育的水平岩层

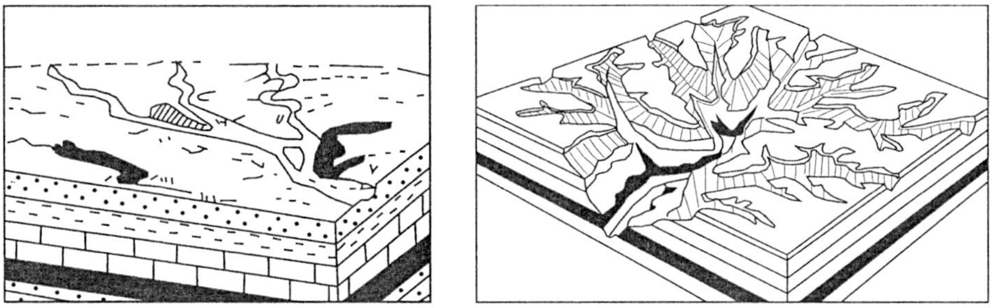

(a)　　(b)

图 6-9　(a)遭受轻微切割的水平岩层；(b)遭受强烈切割的水平岩层

(二)水平岩层的露头形态

岩层的露头形态是指将岩层在地表出露的实际情况勾绘在平面图上所呈现出来的形态。水平岩层的露头形态完全受地形控制，其出露界线(岩层面与地面的交线，又称为地质界线)在地形地质图上表现为与地形等高线平行或重合，但不会相交[图 6-10(a)]。在河谷、冲沟中岩层的出露界线随着地形等高线的弯曲而弯曲，延伸成“V”字形，“V”字形的尖端指向上游[图 6-10(b)]；在山坡、山顶和盆地处，岩层露头的分布呈孤岛状、不规则的同心状或条带状。根据这些特征，只要测定出水平岩层层面界线的位置和高程，就可以在地形图上以其出露点为起点，沿着或平行于其相应高程的等高线勾绘出该层面的界线。另外，同一个水平岩层层面必定具有相同高度，若具有不同高度，则是由于岩层局部弯曲变形或是其间有断裂错动所致。

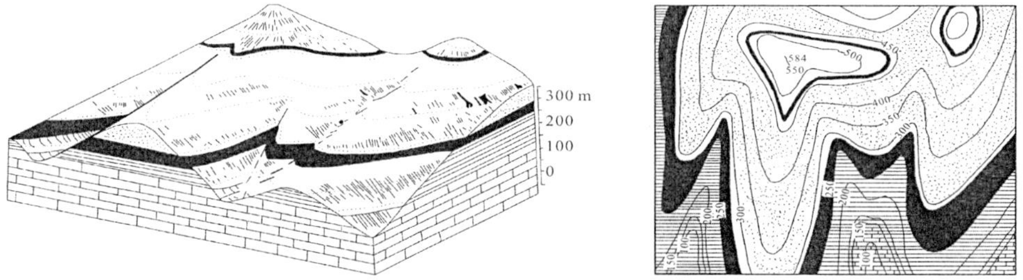

(a)　　(b)

图 6-10　水平岩层的出露分布特征

(a)立体图；(b)平面图(地形地质图)

(三)水平岩层的露头宽度

水平岩层的露头宽度是指岩层顶、底面在地面上的出露界线(地质界线)之间的水平距离，即岩层在野外露头宽度的水平投影宽度。同一岩层的露头宽度取决于岩层的厚度和地面的坡度(图 6-11)。当地面的坡度相同时，露头宽度取决于岩层厚度，厚度大的岩层出露宽度就大，厚度小的岩层出露宽度则小；当岩层厚度相等时，露头宽度取决于地面坡度，地面坡度大则露头宽度小，地面坡度小则露头宽度大；在直立的陡崖处，由于岩层顶、底界线的投影线重合成一条线，其露头宽度就变为零，从而在地质图上呈现出岩层“尖灭”的假象。

(四)水平岩层的厚度

水平岩层的厚度就是岩层顶、底面之间的垂直距离，即水平岩层顶、底面的标高差[(图 6-11(a)]。岩层厚度在较大范围内基本一致，有时会向侧方变薄或尖灭，呈楔状或透镜状。一般来讲，在地形地质图上求水平岩层厚度的方法就较简单，只要知道岩层顶面和底面的高程，两者相减即为水平岩层的厚度。

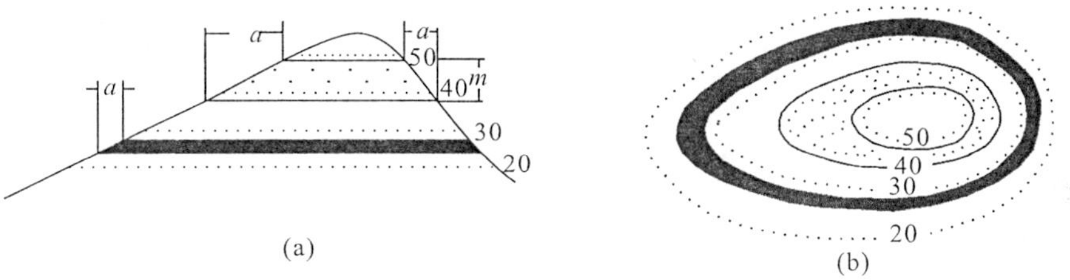

图 6-11　水平岩层露头宽度的变化

(图中 a 代表岩层露头宽度；m 代表岩层厚度)

(a)剖面图；(b)平面图

在野外填绘或者室内阅读水平岩层地质图时，应注意认识和分析水平岩层的上述特征。

三、倾斜岩层

地壳运动或岩浆活动，使原始水平产状的岩层发生构造变动，形成了与水平面有一定交角的岩层，就是倾斜岩层(dipping stratum)，倾斜岩层的倾角一般在 5°～85°。这种构造变动是一种最简单的构造变动，也是层状岩石最常见的一种产状形态。倾斜岩层可以是某种构造的一部分，如为褶皱的一翼或断层的一盘(图 6-12)，也可以是地壳不均匀抬升或下降所引起的区域性倾斜。如一个地区的岩层向同一方向倾斜，倾角也大致相同，则称为单斜岩层(monocline)或单斜构造(图 6-13)。

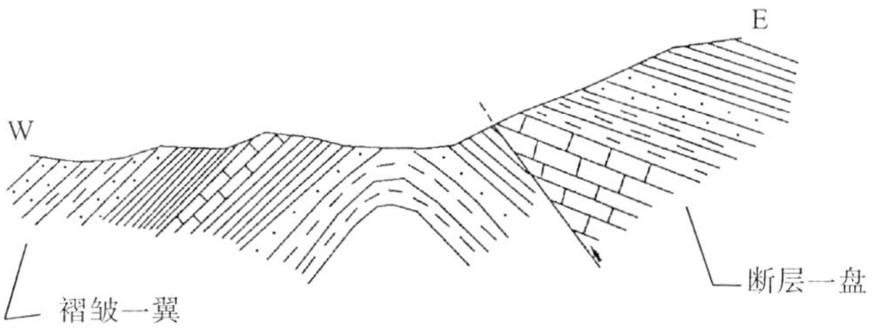

图 6-12　倾斜岩层——褶皱的一翼或断层的一盘

倾斜岩层在正常情况下，沿倾斜方向岩层的时代是由老到新的顺序排列的。

图 6-13　野外发育的单斜岩层

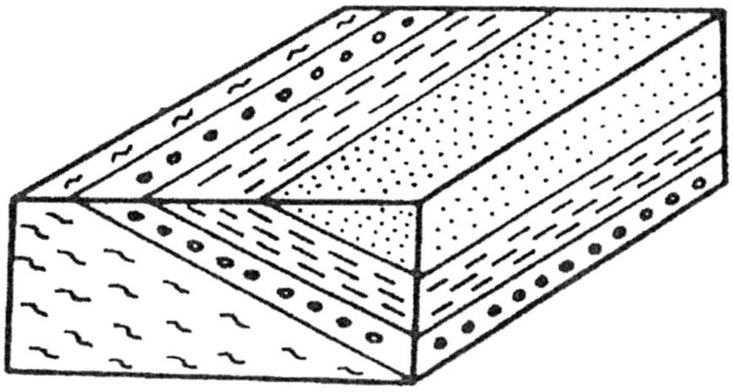

图 6-14　地面平坦时，倾斜岩层露头形态呈条带状分布

观测倾斜岩层产状及其出露分布特征，是野外地质调查和填绘地质图、研究地质构造的一项经常性的基础工作，也是地质工作者必须熟练掌握的基本技能。

(一)倾斜岩层的露头形态

倾斜岩层的露头形态是指倾斜岩层露头在地面上的分布情况，主要取决于地形、岩层产状以及二者的相互关系。因此，掌握岩层露头形态的规律，对于室内分析阅读地质图和野外填绘地质图都有非常大的帮助。

当地面平坦时，产状稳定的倾斜岩层其地质界线呈直线延伸，岩层露头呈直线条带状分布，其延伸方向即为岩层走向(图 6-14)。当地面起伏时，倾斜岩层露头呈弯曲条带状分布，其界线与地形等高线交切，表现在岩层界线穿越沟谷或山脊时，均呈“V”字形展布，它们与地形等高线的弯曲保持一定的关系，称“V”字形法则。

倾斜岩层的“V”字形法则在地形地质图上的特征为：

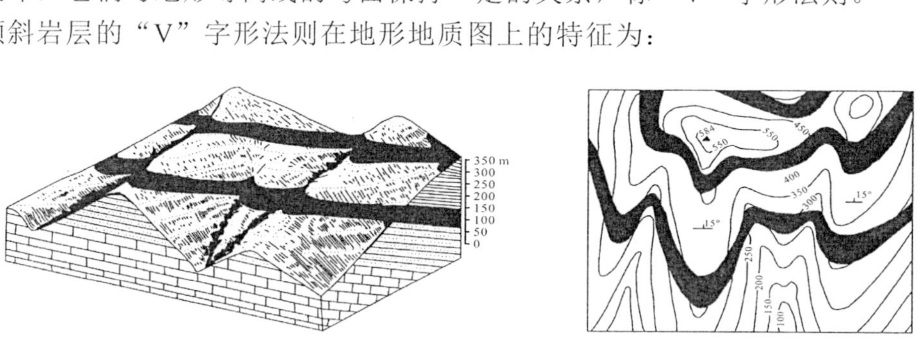

(a)　　(b)

图 6-15　倾斜岩层露头界线形态之一

(a)立体图；(b)平面图(地质图)(等高距以 m 为单位)

(1)当岩层倾向与地面坡向相反时，岩层界线与地形等高线的弯曲方向一致，即在沟谷处，岩层界线的“V”字形尖端指向沟谷的上游，而穿越山脊时，“V”字形的尖端则指向山脊的下坡；但岩层界线的弯曲度总是比地形等高线弯曲度小，即岩层

界线的弯曲较等高线开阔(图 6-15)，这种规律称为“相反相同”法则。

(2)当岩层倾向与地面坡向相同，岩层倾角(α)大于地面坡度角(β)时，岩层界线与地形等高线呈相反的方向弯曲。在沟谷处，岩层界线的“V”字形尖端指向沟谷的下游；而穿越山脊时，“V”字形的尖端则指向山脊的上坡(图 6-16)，这种规律称为“相同相反”法则。

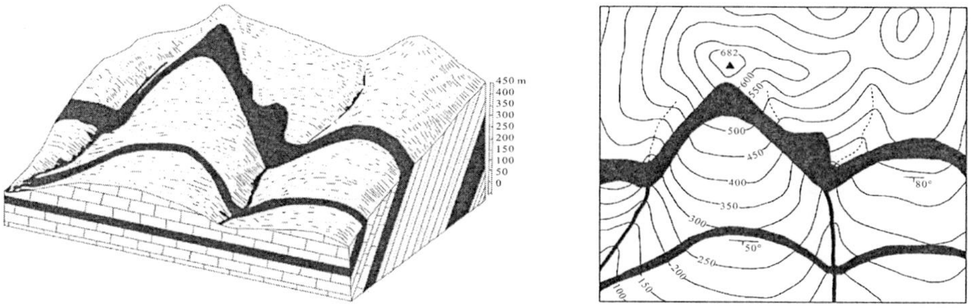

(a)　　(b)

图 6-16　倾斜岩层露头界线形态之二($\alpha>\beta$)

(a)立体图；(b)平面图(地质图)(等高距以 m 为单位)

(3)当岩层倾向与地面坡向相同，岩层倾角(α)小于地面坡度角(β)时，岩层界线与地形等高线的弯曲方向也是相同的。但在沟谷处，岩层界线的“V”字形尖端指向沟谷的上游；而穿越山脊时，“V”字形的尖端则指向山脊的下坡，但是其露头界线的“V”字形弯曲度大于地形等高线的弯曲度，即露头界线的弯曲较等高线紧闭(图 6-17)，这种规律称为“相同相同”法则。

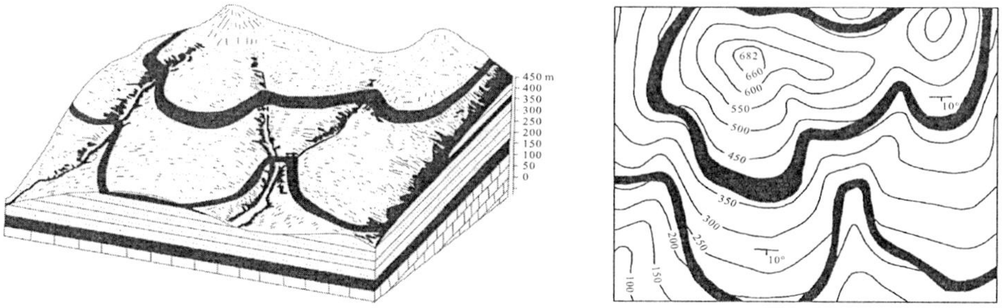

(a)　　(b)

图 6-17　倾斜岩层露头界线形态之三($\alpha<\beta$)

(a)立体图；(b)平面图(地质图)(等高距以 m 为单位)

“V”字形法则的“相反相同”、“相同相反”和“相同相同”，前面两个字指的是岩层倾向与地面坡向的关系，后面两个字指的是地质界线和地形等高线弯曲方向的关系。其中第一种情况和第三种情况在地形地质图上通过地质界线与地形等高线的曲率大小来区别。

“V”字形法则不仅适用于层状地质体界面露头线的分布形态，也适用于一切较平整的构造面，如断层面、不整合面等的露头线的分布形态。因此，这个法则对于野外观察构造现象和填绘或阅读分析大比例尺地质图(>1：5 万)很有帮助。而在中、小比例尺(<1：5 万)地质图上，岩层露头界线形态主要受岩层走向变化的影响，地形的影响在这种图上反映不出来，因此很少用“V”字形法则来分析。在岩层倾角较缓、地形起伏较大地区的中比例尺地质图上，可能反映出地形对岩层露头界线分布的影响。因此，对于在野外填绘大、中比例尺地形地质图或在室内分析地形地质图时，可以定性地分析不同地形上出露的各岩层的产状变化规律。

在应用这一法则时还需注意，当倾斜岩层或其他平直的地质界面的走向与沟谷或山脊延伸方向呈直交或斜交时，岩层的露头界线的分布延伸与地形关系才具有上述规律，如果二者呈直交，所产生的“V”字形大体上是对称的；如果二者呈斜交，结果“V”字形是不对称的；若倾斜岩层的走向与沟谷延伸方向平行时，不符合“V”字形法则，这时，在部分地段会出现露头线与等高线平行或重合，不要误认为是水平岩层。若岩层倾向与沟谷方向一致，倾角与坡角也相等，则露头界线沿沟谷两侧呈平行延伸，只在上游沟谷坡度变陡处，岩层面或其他构造面横跨沟谷而出现“V”字形的露头形态(图 6-18)。

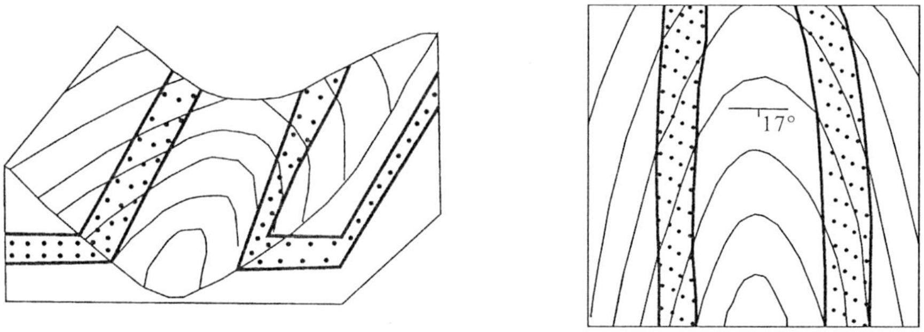

图 6-18 倾角与河谷坡角相同时的岩层分布形态(据 Ragan，1973)

“V”字形法则对野外地质填图工作有很重要的指导意义。在填图或读图时，要注意联系周围现象，结合平面和剖面综合分析，只有充分理解地形和岩层产状的关系并进行全面的分析，才能正确理解地质界面的几何形态或在地质图上正确地表达地质界面的几何形态，才不会被局部现象所迷惑。

(二)倾斜岩层的露头宽度

倾斜岩层的露头宽度(outcrop length)是指野外岩层出露宽度的水平投影，也就是倾斜岩层在地质图上反映的宽度。倾斜岩层的露头宽度取决于地形(坡向和坡角)、岩层产状(倾向和倾角)以及该岩层的厚度，只要其中的一个因素发生变化，露头宽度就会随之发生变化。这些因素的排列组合决定着不同情况和条件下的岩层露头宽度的大小。

(1)当岩层倾向与坡向相反时，岩层厚度和倾角不变，则一般地面坡度越缓，岩层露头宽度越宽；地面坡度越陡，岩层露头宽度越窄[图 6-19(a)、(b)]。当岩层出露在陡崖峭壁上时，由于岩层的顶、底界线在平面上的投影重合成一条线，造成平面图上岩层“尖灭”的假象[图 6-19(c)]。

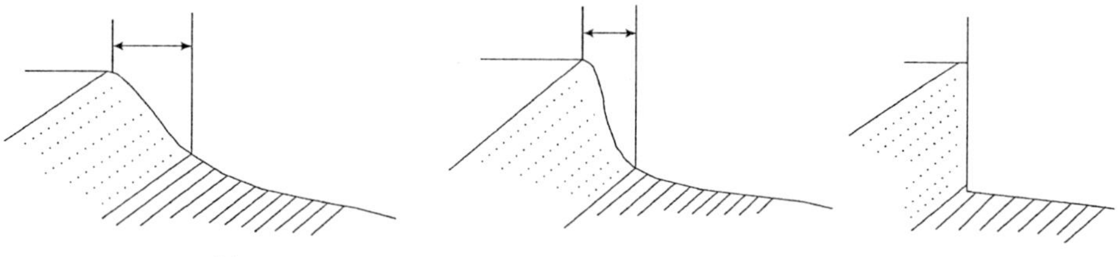

(a)　(b)　(c)

图 6-19　岩层露头宽度与产状、坡度关系示意图

(2)当岩层倾角和坡面坡度不变，倾向与坡向也一定时，岩层露头宽度取决于岩层的厚度。岩层厚度越大，露头宽度也越大；岩层厚度越小，露头宽度也越小(图 6-20)。

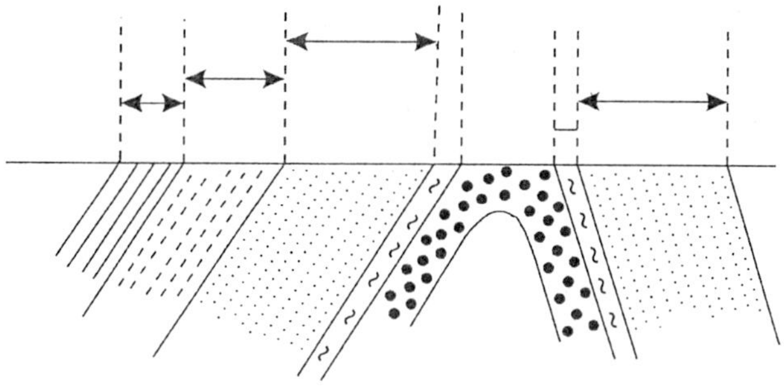

图 6-20　倾角相同，坡角不变，露头宽度的变化

(3)当岩层产状和厚度不变时，岩层倾向与坡向相同时，岩层倾角愈接近于地面坡度角，则岩层露头宽度愈大；相反，露头宽度愈小(图 6-21)。

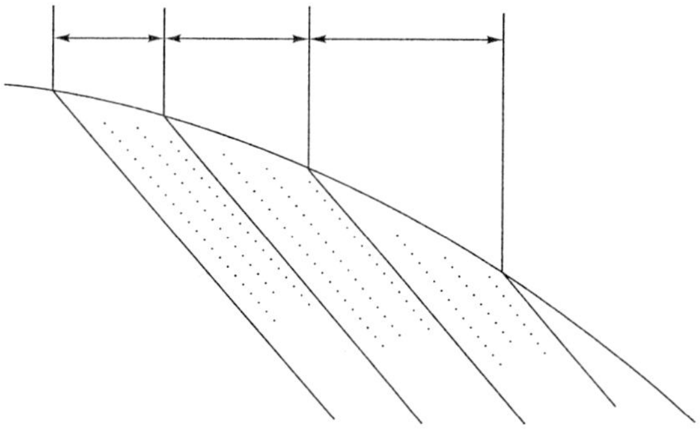

图 6-21　岩层厚度、倾角不变，露头宽度的变化

(4)当岩层厚度和地面坡度保持不变的情况下，露头宽度决定于岩层倾角的大小和岩层倾角与地面坡度角之间的关系。一般来说，岩层倾角大，露头宽度小；相反，露头宽度大。当岩层与坡面直交时，岩层露头宽度最小(露头宽度小于岩层真厚度)；当岩层层面与地面斜坡相交的锐角由大变小时，则岩层露头宽度由窄变宽。

总之，自然界的情况千变万化，影响岩层露头宽度的因素较多，且这些因素相互影响相互制约。因此，室内分析阅读地质图或野外填绘地质图时，要根据实际工作中具体地质构造进行综合分析，才能掌握其变化规律，得出正确的结论。

(三)倾斜岩层的厚度和埋藏深度

1. 倾斜岩层的厚度

岩层的厚度(thickness)一般均指岩层的真厚度，是指岩层的两个平行界面之间的垂直距离(图 6-22 中 h)。倾斜岩层除了真厚度(简称厚度)，还有铅直厚度(vertical thickness)和视厚度(apparent thickness)。

在与岩层面不垂直的任何方向的非直立剖面上所测得的岩层顶面与底面之间的垂直距离，都是视厚度(图 6-22 中 h')，它不是岩层顶、底面间的法线距离，是野外露头上直接可见的岩层厚度，其数值一般都大于岩层的真厚度。

铅直厚度就是指岩层顶、底面之间的铅直方向距离。真厚度和铅直厚度之间的关系如图 6-22。它随岩层产状变化而变化，常应用于井下测算岩层(或矿层)的厚度。

地质工作中，经常要测量和使用的是岩层的真厚度。铅直厚度、视厚度与真厚度有一定的三角关系(图 6-22)。

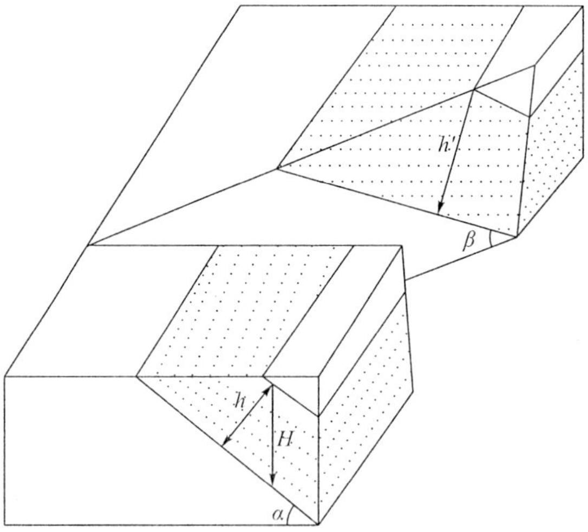

图 6-22 岩层的真厚度、铅直厚度

h.真厚度；H.铅直厚度；h'.视厚度；α.岩层的真倾角；β.岩层的视倾角

其中，岩层真厚度与铅直厚度关系是

$$h = H \cdot \cos\alpha \tag{6-1}$$

式中，h为真厚度；H为铅直厚度；α为岩层真倾角。

根据上式知：

(1) 当$\alpha = 0°$时，即水平岩层，$\cos\alpha = 1$，即水平岩层的铅直厚度等于真厚度；

(2) 当$\alpha > 0°$时，$\cos\alpha$的值总是小于 1，故倾斜岩层的铅直厚度总是大于真厚度。

当岩层产状不变时，在任意方向的剖面上量得的铅直厚度都相等。在任意斜交岩层走向的剖面上，岩层顶、底界线之间的垂直距离(不是与岩层顶、底面垂直)都是视厚度。

岩层真厚度与视厚度的关系是

$$h' = H \cdot \cos\beta = \frac{h}{\cos\alpha} \cdot \cos\beta \tag{6-2}$$

式中，h'为视厚度；H为垂直厚度；β为该剖面方向上岩层的视倾角。

运用上式求真厚度h时，必须是在岩层厚度和真倾角不变的同一岩层中使用。

因为视倾角β总是小于真倾角α，所以$\cos\beta$也总是大于$\cos\alpha$，故视厚度也就恒大于真厚度。

对比上述三种厚度的关系，可以看出在同一露头真厚度最小，视厚度次之，而铅直厚度最大，即

$$h < h' < H \tag{6-3}$$

在地质工作中，经常需要测量和使用的是岩层的真厚度。因铅直厚度、视厚度和真厚度有一定的三角关系，所以已知岩层的真厚度和真、视倾角，铅直厚度和视厚度即可用三角公式求出。

2. 倾斜岩层的埋藏深度

测算岩层(或矿层)深度(burial depth)，是了解岩层(或矿层)在地下的分布情况，研究地下构造和进行勘探设计以及对矿产储量计算不可缺少的工作。

所谓岩层的埋藏深度(图 6-23 中 AC)是指从地面某一点到所测岩层(目的层)顶面(或底面)的垂直距离。一般是根据岩层的已知点到测深点的距离、两点间的高差和岩层产状要素等数据来进行计算。

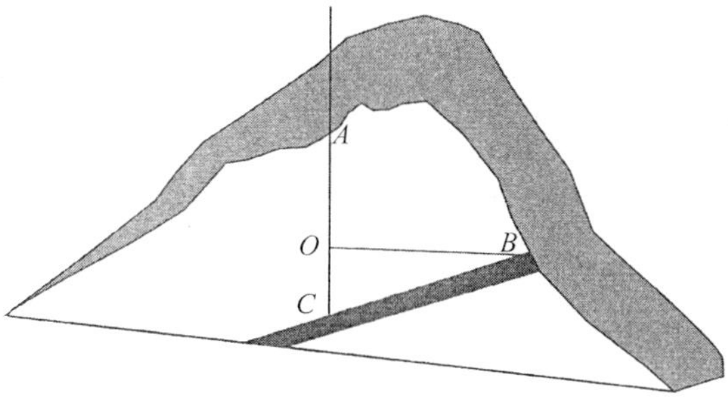

图 6-23　岩层的埋藏深度示意图

四、直立岩层和倒转岩层

(一)直立岩层及其特征

岩层层面与水平面直交或近于直交的岩层叫作直立岩层，直立岩层(vertical stratum)的倾角一般大于 85°。在强烈构造运动挤压下，常可形成直立岩层。

直立岩层在露头上表现为与水平面垂直，地质时代较新的岩层与时代较老的地层均竖直平行排列。与层序正常的倾斜岩层不同的是，直立岩层往往沿着水平方向由左向右或者由右向左，岩层的时代按照由老到新的顺序排列(图 6-24)。直立岩层的露头宽度只与岩层厚度有关，与地形的坡度和起伏情况无关[图 6-25(a)]。直立岩层的地质界线在地形地质图上表现为一条直线，不受地形控制，不随地形等高线的弯曲而弯曲[图 6-25(b)]。

图 6-24 野外发育的直立岩层

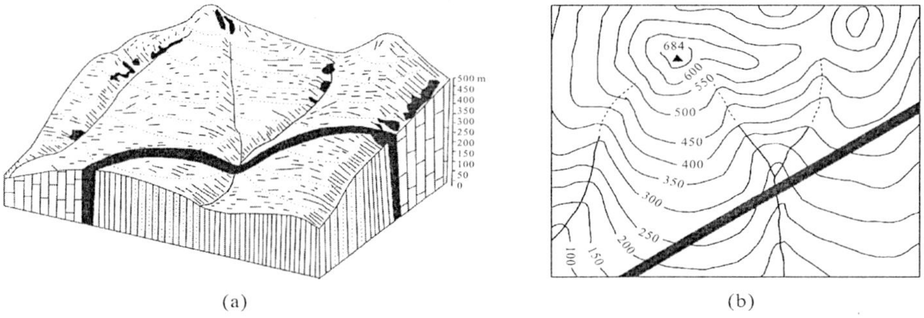

图 6-25 直立岩层的出露特征

(a)立体图；(b)平面图(地质图)(等高距以 m 为单位)

(二)倒转岩层及其特征

在强烈的构造运动下，岩层层序发生倒转，出现岩层的底面在上、顶面在下的产状，造成老岩层在上、新岩层在下的产出状态，这种产状的岩层叫作倒转岩层。

倒转岩层与倾斜岩层的岩层面均与水平面具有一定的夹角，二者形态上极为类似，在野外地质工作中可通过岩层顶面及底面特征和成岩过程中产生的泥裂、波痕、斜层理、冲刷痕迹、冰雹痕或雨痕、古生物化石等标志来判定地层层序是否正常(详见沉积岩部分)，以此来区别倒转岩层和倾斜岩层。如层面上的泥裂，正常位置为裂口上宽下尖，若地层倒转，则裂口朝下，间断向上。

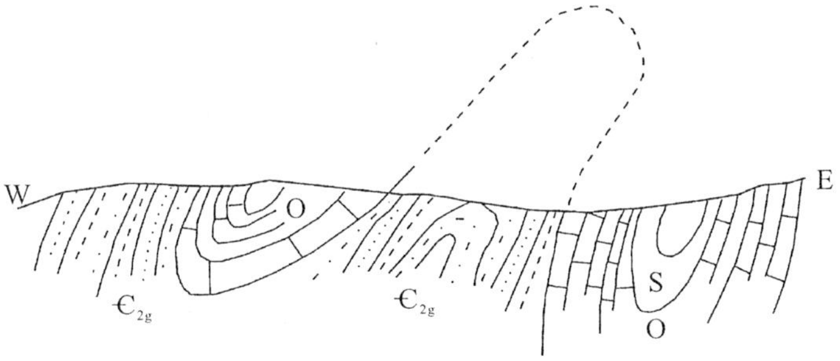

图 6-26　倒转岩层示意图

复习思考题：

1.什么是构造运动？构造运动有哪些分类？

2.什么叫岩层的产状？岩层的产状有哪些要素？岩层的产状的记录方法有哪些？试说明它们的含义和相互关系。

3.什么是地质构造？地质构造有哪些类型？

4.试比较说明水平岩层、倾斜岩层及直立岩层的基本特征。

5.如何在地质图上分析地层的产状及地层接触关系？(举例说明)

6.为什么各地岩层的产状会不同？不同的产状所反映的构造变动强度怎样？

7.简述“V”字形法则的主要内容。

8.在地质图上，岩层的露头形态和宽度要受哪些因素影响？

第七章　地层接触关系

第一节　地层接触关系的概念及类型

一、地层接触关系的概念

地层接触关系(stratigraphic contact)指的是不同地质时代形成的地层之间在纵向上的相互关系。

一个地区地层之间的接触关系，从一个侧面记录了该地区地壳运动的演化历史。因此，通过地层接触关系的研究，可以追索地壳运动的性质、特点和演化历史，确定地质构造的形成时期和岩浆活动时期，同时对研究古地理演化、寻找某些矿床以及解决其他有关地质问题等都具有重要意义。

二、地层接触关系的类型

由于地壳运动很复杂，因而反映地壳运动的地层接触关系也多种多样，错综复杂。但是基本上可以分为整合接触和不整合接触两种类型。

(一)整合接触

如果一个地区沉积作用连续进行，沉积物就会一层层不断堆积，这样连续沉积的两套或者几套地层之间没有明显的、截然的岩性变化，所含有的古生物化石所代表的生物演化序列也是一致的或者渐变的。这种地层连续分布，没有地质时代上的间断的地层接触关系称为整合接触(conformity)。

(二)不整合接触

如果一个地区在连续沉积了一套或者几套地层之后，由于构造运动出露于水平面并遭受风化剥蚀，造成长时间的沉积间断，之后地壳重新下降至水平面以下接受沉积，将会造成先后沉积的地层之间缺失某一时期的地层。这种沉积间断的时期可能代表没有沉积作用的时期，也可能代表以前沉积的地层被侵蚀的时期，上、下地层之间这种接触关系称为不整合接触(unconformity)。

地层不整合接触通常包括不整合面、不整合线等不整合要素。不整合接触的上、下地层之间隔着一个剥蚀面，这个面就叫作不整合面，不整合面上往往有风化剥蚀的痕迹。需要指出的是，不整合面和岩层面一样，是一种面状构造，可以用走向、倾向和倾角等产状三要素来度量。不整合面以下的岩系称为下伏岩系，不整合面以上的岩系称为上覆岩系。不整合面在地面的出露线称为不整合线，它是一种重要的地质界线。

根据不整合面上、下两套地层的产状及其所反映的地壳运动特征，不整合可进一步分为两大基本类型，即平行不整合(也称假整合)和角度不整合。

第二节　不同地层接触关系的特征及形成过程

一、整合接触

整合接触的特征主要表现为上、下地层的产状彼此大致平行，岩性或所含化石都是一致的或递变的，在沉积层序上没有间断，形成时代是连续的。

整合接触的形成过程(图 7-1)为：地壳下降，接受沉积→地壳继续下降，继续接受沉积，后期沉积物连续沉积并覆盖在早期沉积物之上。

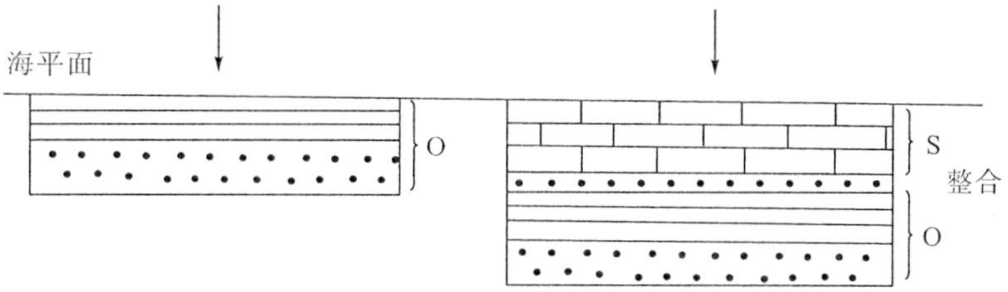

图 7-1　整合接触的形成过程示意图

地层的整合接触反映了在形成这两套地层的地质时期，该地区地壳处于长期稳定的缓慢下降状态，有充分的沉积物来源，沉积作用连续不断，或地壳虽有短期上升，但是沉积作用从未间断，或者地壳升降与沉积作用处于相对平衡状态，沉积物一层层地连续沉积。

整合接触在剖面和平面上表现为：上、下两套地层的地质界线彼此平行展布，产状基本一致，地质时代连续。

二、平行不整合接触

平行不整合(parallel unconformity)是指不整合面上、下两套地层的产状基本一致，但是二者之间缺失某些时代的地层的接触关系，又称为假整合接触(disconformity)(图 7-2)。

平行不整合中两套地层之间缺失了某些地质时代的地层，说明在这段时期发生过沉积间断，这两套地层之间的接触面(沉积间断面)即为平行不整合面。由于下伏岩系遭受风化剥蚀，平行不整合面上往往存在底砾岩、古土壤层或古风化壳等风化剥蚀产物。由于不同地区下伏岩系的抗风化能力和受剥蚀程度不同，在特定的古地理和古气候条件下，必然形成各种各样的地形特征。有的地区因长时间的风化剥蚀，古地形被夷为平原；在碳酸盐岩发育区，由于淋滤作用可形成喀斯特地形；有的被冲刷切割成高山等。所以在不同地区，平行不整合面可以是平整的，也可以是高低起伏的，它反映了上覆新地层沉积前的古地貌形态。

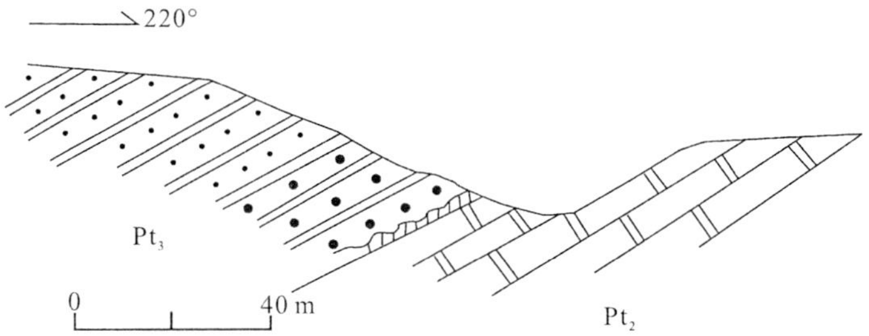

图 7-2 北京西山上元古界与中元古界之间的平行不整合接触(据谭应佳等，1987)

平行不整合接触的形成是由于地壳运动在一段时期以垂直运动为主，处于整体抬升状态，而在抬升过程中地层又未发生明显褶皱或倾斜，只是露出水面发生沉积间断和遭受剥蚀。经过一段时期后又再次下降接受新的沉积，从而使上、下地层之间缺失了一部分地层，但彼此的产状却是基本平行的。

平行不整合形成过程为：地壳下降，接受沉积→地壳垂直抬升，发生沉积间断和遭受风化剥蚀→地壳再次垂直下降、再次接受沉积，后期沉积物覆盖于不整合面之上(图 7-3)。

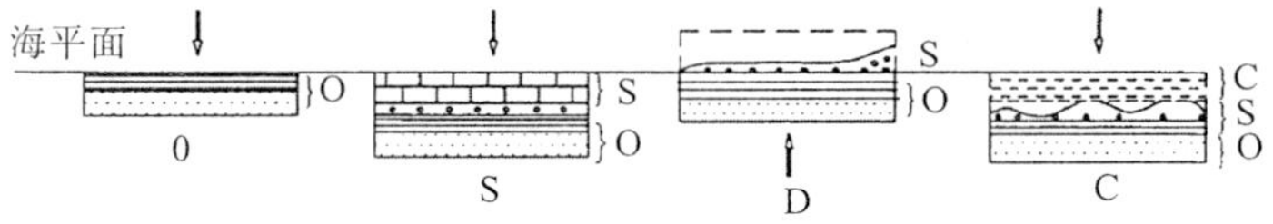

图 7-3 平行不整合的形成过程示意剖面图

平行不整合接触在剖面和平面上表现为：不整合面上下两套地层的地质界线在区域上呈平行展布，产状也基本一致，但其间缺失部分地层，地质时代不连续。

三、角度不整合接触

角度不整合(angular unconformity)即狭义的不整合，是指不整合面上下两套地层之间不仅缺失一部分地层，而且上下地层的产状也不平行，而是呈交截接触，即产状呈明显的角度接触(图 7-4、图 7-5)，其间的沉积间断面叫作角度不整合面。

角度不整合上、下两套地层产状不相同，其中不整合面上覆岩系的地层层面通常与不整合面保持大致平行，下伏岩系地层通常遭受过更强烈的构造变形，从而使下伏岩系地层层面与不整合面呈截交关系。不整合面下伏岩系由于遭受风化剥蚀，其不整合面上通常存在底砾岩、古土壤层或古风化壳等。不整合面与下伏岩层面所构成的锐角叫作不整合角，由于下伏岩系在不同部位的起伏形态不同，遭受的剥蚀程度也不同，所以不整合角在不同地区可以不同。

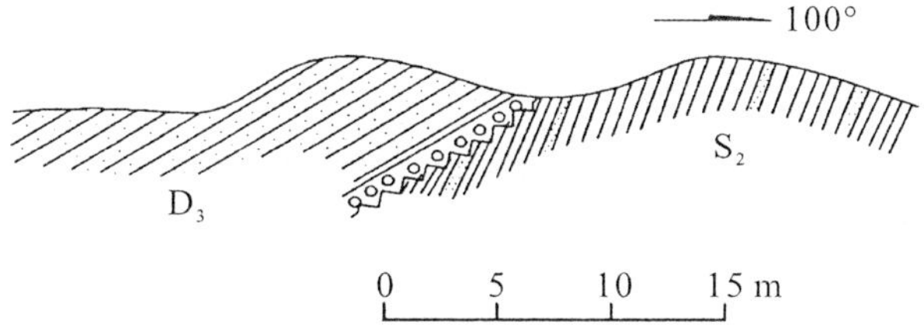

图 7-4　江西湖口地质剖面 S_2 与 D_3 角度不整合接触

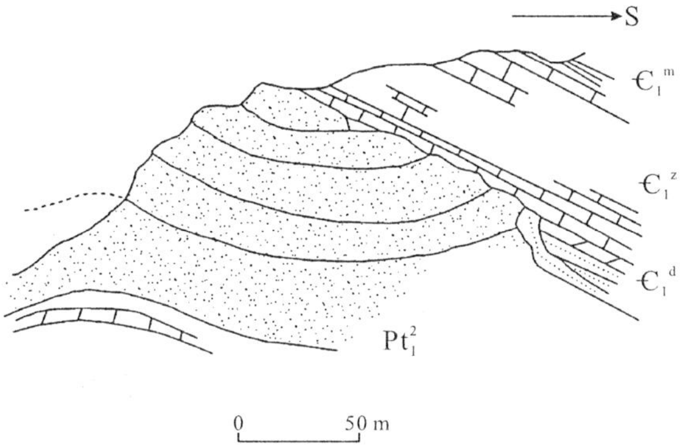

图 7-5　河南登封下寒武统与嵩山群之角度不整合接触(据马杏垣，1981)

角度不整合的形成过程为：地壳下降，接受沉积→地壳褶皱上升(常伴有断裂变动、岩浆活动、区域变质等)，发生沉积间断和遭受风化剥蚀→地壳再次下降、再次接受沉积(图 7-6)，后期沉积物覆盖于早期构造变形的岩层之上。由于新沉积物沉积之前，老岩层已遭受强烈变动，所以新老地层的产状不同。因此，角度不整合的存在，反映了该地区在上覆地层沉积之前曾发生过褶皱、上升等重要构造事件。

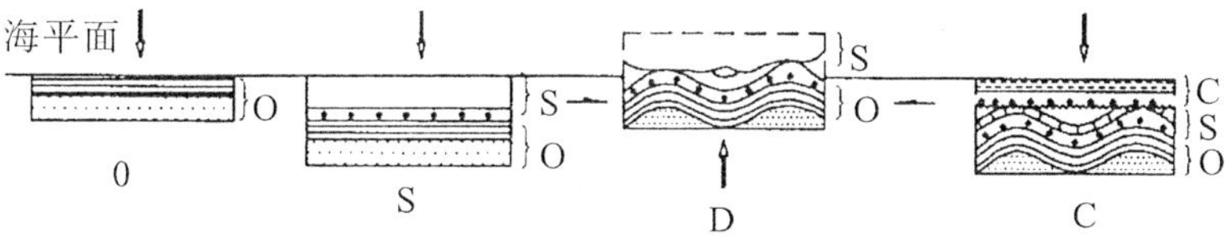

图 7-6　角度不整合的形成过程示意剖面图

角度不整合接触在剖面和平面上表现为：剖面上表现为不整合面上、下两套地层产状不同，上覆岩系地层与不整合线平行，而下伏岩系地层与不整合线相截交；在平面上表现为上覆岩系最老地层的地质界线(底面)与下伏岩系的地质界线呈角度相交。

第三节　不整合的研究

不整合既是一种地层现象，又是一种构造现象。不整合的研究在追索地壳运动的特点和演化历史、确定构造活动和岩浆活动时期、进行地层的对比与划分、了解古地理环境及其变化等方面具有重要的理论意义，同时对于寻找与不整合有关的矿产、地下水、油气(图 7-7、图 7-8)等资源和解决有关工程地质问题也具有重要的实际意义。

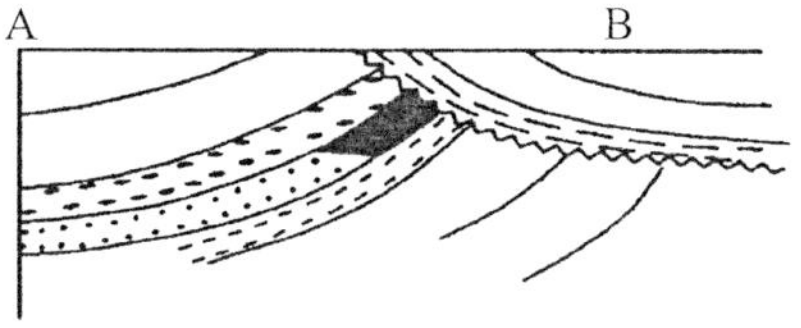

图 7-7　不整合覆盖油气藏

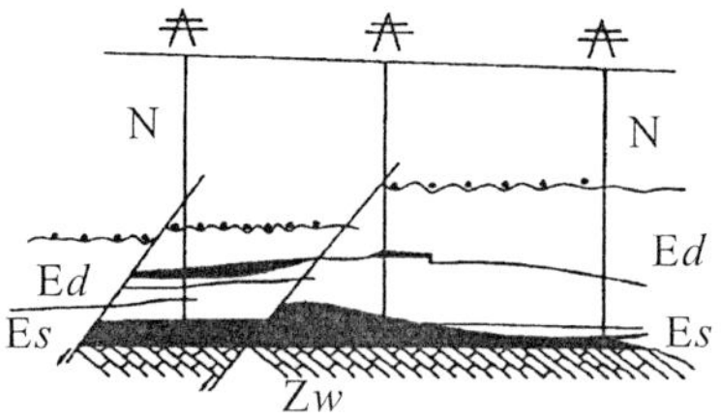

图 7-8　任丘油田剖面图

Es.沙河街组；*Ed*.古近系东营组；N.新近系；*Zw*.震旦亚界雾迷山组硅质白云岩

一、不整合存在的标志

不整合的存在是地壳运动的结果。地壳运动可以造成自然地理环境的变化，从而影响沉积成岩作用的变化和生物界的变化；同时地壳运动又与岩石变形、岩浆活动及区域变质等地质作用密切相关。因此这些与地壳运动有关的地质作用所产生的现象，都可作为确定不整合的存在的标志。

(一)沉积方面

1.底砾岩

不整合面下伏岩系地层经过长期的风化剥蚀，在不整合面上通常会有下伏地层的碎块—砾石、砂等组成的底砾岩层，厚度一般不大，可以作为确定不整合存在的重要沉积标志。

例如，四川峨眉地区川主剖面(图 7-9)中上白垩统夹关组(K_2j)地层底部有厚度约为 80cm 的底砾岩存在，与下伏地层上侏罗统蓬莱镇组(J_3p)地层呈不整合接触。

图 7-9　四川峨眉地区川主剖面中不整合面上的底砾岩

但是，并非所有的不整合面上都有底砾岩分布。因为外动力地质作用可以把剥蚀面夷平为准平原，然后再下降接受沉积，故底砾岩一般分布于被剥蚀高地周围，在远离高山的平坦地区就少见或不见底砾岩。

2.剥蚀面和古风化壳

不整合面下伏岩层由于长期的风化剥蚀作用，可形成剥蚀面。剥蚀面通常是起伏不平的，其上有些冲刷溶蚀的痕迹，如溶蚀洼坑等；剥蚀面上也可残留有红色或者褐、黄色松散的土状堆积。若剥蚀面经长期风化剥蚀，在近于准平面的古地理条件下保存下来，即为古风化壳或古土壤层，其附近还可能有与古风化壳有关的各种沉积矿床，如铁、锰和铝土矿等。

3.重矿物组合突变

上下两套地层中的重矿物成分和含量显著不同，即重矿物组合发生突变，表明沉积物来源和沉积环境发生了改变，这常常也是不整合存在的标志。

4.岩性、岩相突变

在地层剖面中，在平面图上，不整合往往造成同一时代的地层与不同时代的老地层接触。相邻地层在岩性和岩相上截然不同，这可能是不整合所致，也可能是断层所致，要注意二者的区别。若一套较新的沉积岩层覆盖在岩浆岩体或变质岩之上，中间无过渡层，上覆岩系未遭受变质，说明二者之间经历过较长期的沉积间断。

(二)地层古生物方面

上下地层中的化石所代表的时代相差较远或二者的化石反映在生物演化过程中存在不连续现象(包括种、属的突变)，或二者的生物群迥然不同。这些都说明该区在下伏地层沉积后由于地壳运动使自然地理环境发生了根本变化。根据化石和区域地层对比，可以确定两套地层之间缺失某些层位，而又证明其不是断层所致，则可确定不整合的存在。

（三）构造方面的标志

角度不整合的构造标志主要表现在上下两套地层产状不一致，这在地震剖面上也有明显的反映。另外，褶皱形式的明显差异及上下岩层褶皱强弱的不同或上下岩层的构造线方向截然改变，都可能是不整合的表现(图 7-10)。

图 7-10　不整合面上下产状不一致

一般来说，不整合面以下的地层总比上覆的新地层受到的构造变形次数多，所以下伏较老地层的构造要复杂些。但是，也要注意，影响褶皱形式、变形程度和断裂构造发育的因素很多，如岩石的物理-力学性质不同而引起的变形差异等，故构造复杂程度的差异只能作为确定不整合的参考，因而在运用构造方面的标志时要从多方面考虑，综合分析。

（四）岩浆活动和变质作用方面的标志

不整合面上、下两套地层是在地壳发展的不同阶段形成的，所以它们常各有相伴生或不同特点的岩浆活动和变质作用。侵入岩体与一套地层呈侵入接触，而又被另一套地层沉积覆盖，则两套地层是不整合接触关系。两套区域变质程度差别很大的地层相接触，它们之间如不是断层接触关系，则是不整合接触关系。

不整合存在的确定，是一项综合性的工作，它包含许多理论问题和实际问题，工作中要格外慎重。不仅要注意区域背景和构造方面的资料，还要与地层、岩相古地理、古生物等方面进行有效结合，进行综合分析和判断。

二、不整合的研究内容和方法

对于不整合的研究，其基本内容包括不整合面的形态、不整合面上下岩层的产状、地层层位、时代、所含化石和岩石性质以及不整合类型的空间变化、不整合形成时代等。

(一)不整合的形态及空间类型变化

不整合面是平坦的或是崎岖不平的，反映了该区当时大陆侵蚀程度和地貌特征。接近不整合面的下伏岩层常常因风化剥蚀而破碎，与其上的残积碎块或砾石层(底砾岩)成过渡关系，而这些风化残留碎块或砾石层又常与其上覆岩层也成过渡关系。需要仔细观察，并详细测绘剖面，了解岩性变化和风化物特征，才能比较正确地确定不整合面的位置；测量不整合面及其上下岩层的产状，对三者产状作比较，以了解不整合面的形态和上下岩层的接触情况。对不整合面两侧岩层的观察，不能仅局限于紧接不整合面的局部岩层，必须对其上覆和下伏的岩层作一定层位的地层剖面的观察研究，以了解沉积环境的变化，为寻找有关矿产和古地理研究提供资料。对底砾岩层要注意砾石的成分和砾石中可能含有的化石，以了解砾石来源，分析下伏地层的剥蚀情况和古地理特征。对砾石的粒度、圆度、分选性和排列等方面的观测，可以提供对古地理特征的分析资料。

此外，对不整合的研究，不能只局限于一两个地方，而要在尽量广大的地区追索，查明其分布范围和类型的横向变化情况。

(二)不整合形成时代的确定

不整合的形成时代，通常是以不整合面下伏岩系地层中最新的地层(顶层)时代为下限，以上覆岩系地层中最老的地层(底层)时代为上限，其间所缺失的那部分地层所代表的时代，就是不整合的形成时代。

由于构造运动发展的不均衡性和阶段性，可以反映在地层接触关系的复杂性上，因此，在确定不整合的形成时代时应注意以下四种情况：

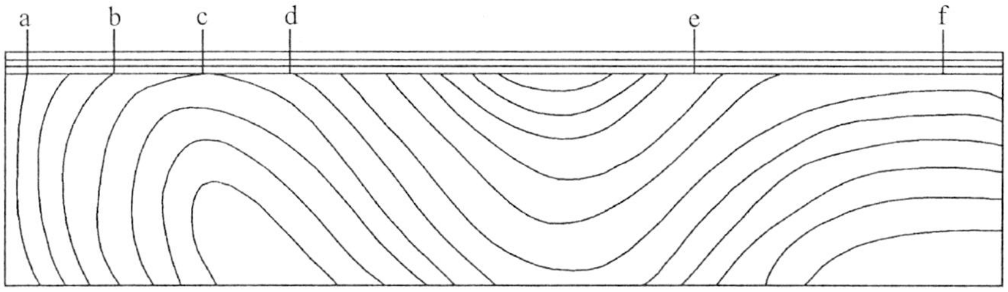

图 7-11　地层经褶皱、剥蚀后与其上水平地层在不同部位所显示的接触关系

a、b、d 和 e 等处上下地层呈不同角度接触；c 和 f 处二者是平行的

(1) 如图 7-11 所示，上覆地层的底部一层与下伏的经过褶皱并被剥蚀的一套老地层相接触，不仅在不同地方(a、b、c、f)表现为不同的角度不整合或平行不整合，而且在不同地段与不同时代的地层相接触。在确定不整合的形成时代时，应以下伏地层的最新层位的时代为下限，取上、下限相隔最近的时代为不整合形成的时代。

(2) 在同一次地壳运动影响的范围内，首先发生褶皱、隆起并遭受剥蚀，以后又下降接受沉积。这样一个运动周期在不同地区可能有先有后，时间有长有短，因而缺失地层的多少也不一致。另外，地壳运动影响的范围在不同阶段也是不同的，表现的强弱程度也有差异。因此要考虑到褶皱幕的穿时性，不要把不同地段不整合面上下接触的地层层位差异，或同期地壳运动在不同地方形成的不同类型的不整合，误以为是不同时期的地壳运动产物。

(3) 在一个较大的区域内，可能发生多次地壳运动，形成多个角度不整合和平行不整合，但不同地区的地层剖面中，不整合的次数不一定相同，因为在接近隆起的古陆方向，几个不整合往往逐渐归并，甚至在近古陆处归并成一个角度不整合。实际上它包含了多次地壳运动所经历的事件，其间缺失的地层也较多，沉积间断时间较长。

(4) 在不整合分布的区域内，下伏岩系的最新地层与上覆岩系的最老地层之间，不一定完全没有沉积，即地层的缺失有两种含义(图 7-12)。一是“缺”，即当时没有沉积；二是“失”，指当时有沉积，后来被剥蚀掉了。要查明一个不整合所缺失的地层，哪些是“缺”，哪些是“失”，并非易事。因此，要根据广大区域的地层、岩相及古地理、构造和岩浆活动等方面的资料，进行对比和综合分析，才能较准确地确定出不整合所代表的地壳运动的时代，并对其影响范围和强弱程度及区域构造发展史作出正确的结论。

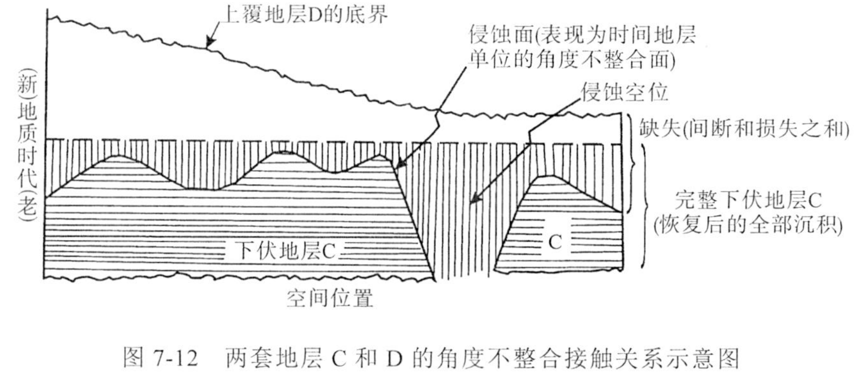

图 7-12 两套地层 C 和 D 的角度不整合接触关系示意图
（据 Wheeler，1958，略修改）

复习思考题：

1.地层接触关系主要有哪些类型？各有何特征？其形成过程是怎样的？

2.在野外实际工作中如何认识和观察角度不整合接触和平行不整合接触？

3.在地质图上怎样认识和区别整合接触和平行不整合接触？

4.确定不整合存在的标志有哪些？

5.如何确定不整合的形成时代？举例说明。

第八章　构造力学分析原理

地壳中的岩石受力变形，形成千姿百态的地质构造，地质构造的基本形态、组合类型和分布规律，与岩石的力学性质和所处的应力状态密不可分。因此，在研究地质构造时，要正确理解岩石变形、地质构造及其形成过程，研究各种构造变形的力学成因和相关规律，根据力学原理对岩石变形或应变进行力学分析，从而为地质构造的研究提供理论依据。

第一节　应 力 分 析

一、力的基本概念

力是物体间的相互作用，这种作用使受力物体发生机械运动状态的改变。力是一个矢量，既有大小又有方向，可以按平行四边形法则分解和合成。如图 8-1(a)表示力 F 怎样分解成呈直角的两分量 F_1 和 F_2；反之，图 8-1(b)表示任何两个力 F_1 和 F_2 怎样由其合力 F 来代表。

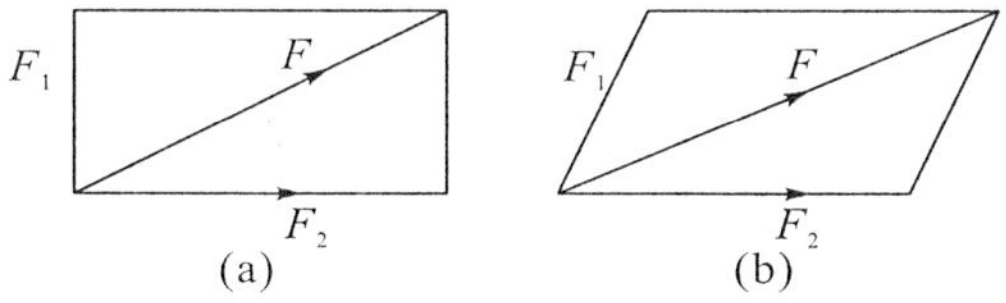

图 8-1　力的分解与合成

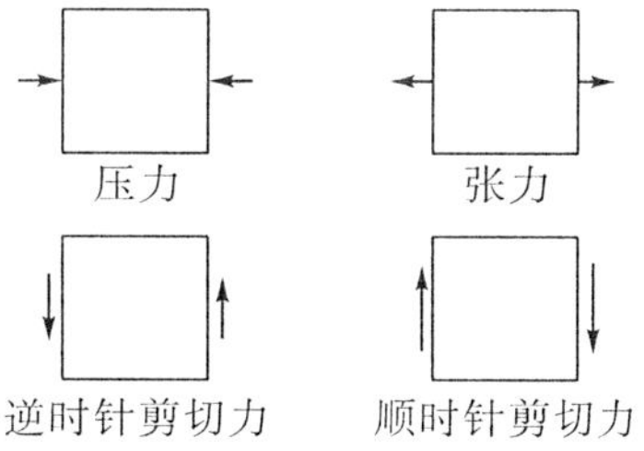

图 8-2　物体受力示意图

作用在物体上的力，往往都是成对出现的。一种方式是两个力作用在一条直线上，大小相等，方向相反，使受力物体沿作用力的方向拉伸或缩短，称之为张力或压力，并规定压力为正，张力为负；另一种方式是两个大小相等、方向相反的力，没有作用在一条直线上，使受力物体具有旋转趋势，称之为剪切力或扭力，并规定逆时针剪切力为正，顺时针剪切力为负(图 8-2)。

(一)外力

外力(external force)是指一个物体作用在另一个物体上的力，可分为面力和体力。面力是作用于物体表面的力，通过接触面作用于物体；体力是物体内部每个质点都受到的力，它不通过接触产生，而是相隔一定距离的物体之间相互作用的力，如重力、物体之间的吸引力等。

(二)内力

内力(internal force)是同一物体内部质点之间的相互作用力，可分为固有内力和附加内力。

一个物体在没有受到外力作用的情况下，物体内部的各个质点之间具有一定的作用力，这个作用力大小相等，方向相反，使物体保持稳定平衡状态。物体内部各个质点之间的这种作用力称为固有内力。固有内力大小相等，方向相反，使物体内部保持平衡状态，外观上保持一定的形状。每种物体都有自己的固有内力，并且是固定不变的。

如果物体受到外力的作用，那么物体内部各质点间的相互作用力将会随之发生变化。这种物体内部质点间作用力的改变量称为附加内力。附加内力是物体抗拒外力的影响而产生的，它反映了外力作用的效果，其作用是阻止物体继续变形并力图恢复到原来的形状。外力加大，附加内力也随之增加。对于特定的物体来说，附加内力的增加只能在一定的限度之内发生，当超过这个限度时，物体就会发生变形或者破坏。

本章着重讨论物体受力后的变形和破坏问题。为使问题简化，可假定固有内力等于零，而将其附加内力简称为内力，从而与外力对应。

如图 8-3 所示，当外力 P 作用于物体时，物体内部便产生与外力作用相抗衡的内力 p[图 8-3(a)]，假定将这个物体沿截面 A 面切开，取出其中一部分而保留它对截面 A 的内力不变，这时截面 A 上的内力 p 与外力 P 大小相等，方向相反[图 8-3(b)]。

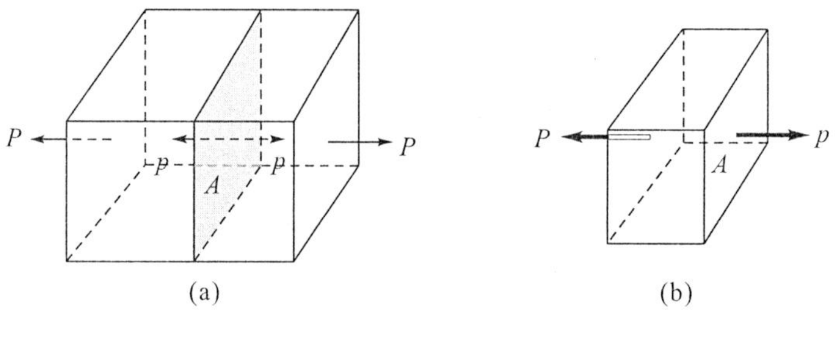

图 8-3 外力和内力的示意图

P.外力；*p*.内力；*A*.物体内任意一截面

(三)应力

应力是作用于单位面积上的内力，国际单位为帕斯卡(Pascal)，简称帕(Pa)，即 N/m^2。应力也是一个矢量，其方向与内力方向一致。

如图 8-3 所示，若内力在截面 A 上均匀分布，则作用在截面 A 上的应力可表示为

$$S=\frac{P}{A} \tag{8-1}$$

若内力在截面 A 上的分布是不均匀的，则需用微积分方法来求得每一点的应力值，公式表示为

$$S=\lim_{\Delta A\to 0}\frac{\Delta P}{\Delta A}=\frac{\mathrm{d}P}{\mathrm{d}A} \tag{8-2}$$

应力也可根据平行四边形法则对其进行分解和合成。据应力的性质、方向及作用面的关系，可分为合应力(S)、正应力(σ)、剪应力(τ)。

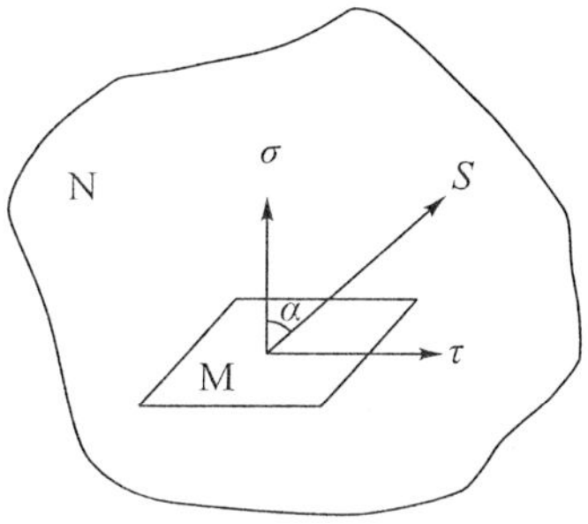

图 8-4 应力的分解

合应力(又称总应力)是指物体内任意截面上与外力作用方向平行的应力，如图 8-4 中的 S。运用平行四边形法则可将合应力一分为二，一是与作用面垂直的应力，称正应力(或直应力)，用 σ 表示；一是与作用面平行的应力，称剪应力(或扭应力)，用 τ 表示。合应力、正应力、剪应力三者之间的关系可用下式表示：

$$S^2=\sigma^2+\tau^2 \tag{8-3}$$

$$\tau_a=S\cdot\sin\alpha \tag{8-4}$$

$$\sigma_a=S\cdot\cos\alpha \tag{8-5}$$

若外力作用方向与作用面垂直，则该作用面上只产生正应力，不产生剪应力。此时，我们称该作用面为主平面，主平面上的正应力为主应力。

当正应力的方向向着作用面时，该正应力称为压应力；当正应力的方向是离开作用面时，该正应力称为张应力。通常在地质构造分析过程中，规定压应力为正，张应力为负；逆时针的剪应力为正，顺时针的剪应力为负。

二、应力分量

在研究受力物体某点的应力分布时，我们截取包含该点的一个趋于零的微小正六面体来研究。该单元体六个面上的应力是均匀分布且应力通过其中心，这样各面上的应力情况就代表通过该点的三个互相垂直面上的应力情况。

首先建立直角坐标系，使六面体的三个边与坐标轴重合(图 8-5)，在一般应力状态下，每个面都有斜交的应力。利用应力分解原理，可以将每个面上的应力分解为一个正应力(σ)和两个剪应力(τ)，它们分别与坐标轴平行，例如，xy 面上所受的力可分解为正应力 σ_z，剪应力 τ_{zy}，τ_{zx}。这样，六个面就会产生 18 个应力分量。如果物体处于平衡状态，那么三个方向应力的合力应该为 0。

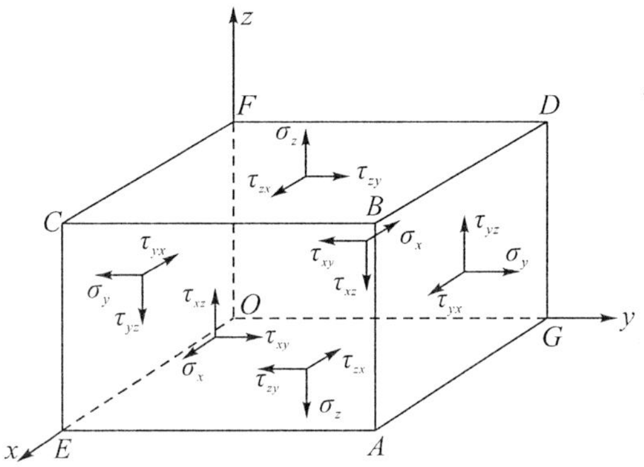

图 8-5 物体内部任意一点的应力分解

实际上，这 18 个应力分量是代表成对出现的作用力与反作用力。由于作用力与反作用力大小相等，方向相反。要满足三个坐标轴不转动，就必须满足三个坐标轴的合力为 0。因此，18 个应力分量可以看作是 9 个应力分量。

此外，在平衡力系中，依据剪应力互等定律，有

$$\tau_{xy}=-\tau_{yx} \tag{8-6}$$

$$\tau_{xz}=-\tau_{zx} \tag{8-7}$$

$$\tau_{yz}=-\tau_{zy} \tag{8-8}$$

所以，空间一点的应力状态可以由 6 个独立的分量完全限定(σ_x，σ_y，σ_z，τ_{xy}，τ_{yz}，τ_{zx})。因此，如果这 6 个应力分量已知，就可以求出该点任意界面的应力，我们将这 6 个独立的应力分量，称为一点的应力分量。

弹性力学证明，任何受力物体内部总是能够找到三个相互垂直的面，其上只有正应力而无剪应力，也就是说对于任一给定的应力状态，总有三个面彼此垂直且面上只有正应力作用而剪应力值为零(图 8-6)。我们把这样的三个面称为主应力面或主平面(S_1，S_2，S_3)，三个主应力面分别受到来自其法线方向上的主应力的作用，习惯上用 σ_1，σ_2，σ_3，表示最大主应力、中间主应力和最小主应力($\sigma_1>\sigma_2>\sigma_3$)。

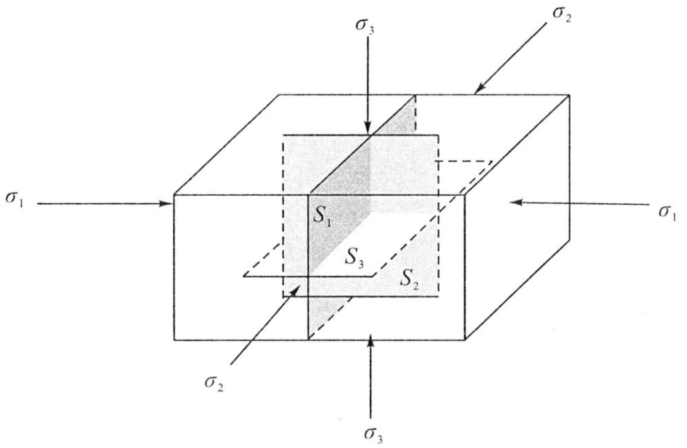

图 8-6 任意物体的主应力状态图

三、应力状态

物体受力后，内部各个截面上将产生有规律分布的应力，这种力学状态称为应力状态。根据主应力存在的情况，物体的应力状态可以分为单轴应力状态、双轴应力状态和三轴应力状态。

单轴应力状态(monoaxial stress state)指的是两个主应力为零的应力状态，在此应力状态下，只有 σ_1 存在，σ_2 和 σ_3 均为 0。

双轴应力状态(biaxial stress state)指的是一个主应力为零的应力状态，即存在 σ_1 和 σ_2，而 σ_3 为 0 的应力状态，又称为平面应力状态。

三轴应力状态(triaxial stress state)指的是三个主应力都不等于 0，即 σ_1、σ_2 和 σ_3 都存在的应力状态，又称为一般应力状态。

在实际问题研究中，空间应力状态往往可以简化为平面应力状态，而单轴应力状态可视为平面应力状态的特例。因此本章重点分析平面应力状态。

四、平面应力状态

根据微小正六面体与应力的关系，平面应力状态又可分为平面主应力状态、平面纯剪应力状态和平面一般应力状态。

(一)平面主应力状态

当微小正六面体只受到两个垂直方向上主应力作用时，该应力状态即为平面主应力状态(state of principal stress on plane)。如图 8-7，假定任意斜截面 mn 上的应力为 S_a，正应力为 σ_a，剪应力 τ_a，mn 外法线与 σ_1 正向交角为 α。σ_1、σ_2 在 mn 面上的分量(正应力、剪应力)分别为：σ_{a1}、σ_{a2}、τ_{a1}、τ_{a2}。则有

$$S_a^2 = \sigma_a^2 + \tau_a^2 \tag{8-9}$$

$$\sigma_a = \sigma_{a1} + \sigma_{a2} \tag{8-10}$$

$$\tau_a = \tau_{a1} + \tau_{a2} \tag{8-11}$$

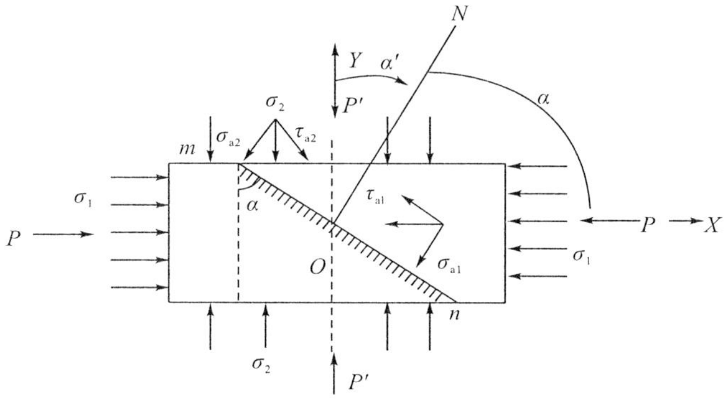

图 8-7 平面主应力状态

mn.任意斜截面；*α* .*mn* 外法线与 *X* 轴正向交角

经推导后，即有

$$\left.\begin{aligned}\sigma_a &= \sigma_{a1} + \sigma_{a2} = \frac{\sigma_1 + \sigma_2}{2} + \frac{\sigma_1 - \sigma_2}{2}\cos 2\alpha \\ \tau_a &= \tau_{a1} + \tau_{a2} = \frac{\sigma_1 - \sigma_2}{2}\sin 2\alpha\end{aligned}\right\} \tag{8-12}$$

分析如下：

1.最大和最小正应力截面

当 α=0 或 180°时，cos2α 有最大值+1，则 σ_a 有最大值，截面 *mn* 上的正应力最大。此时：

$$\sigma_a = \sigma_1 \tag{8-13}$$

$$\tau_a = 0 \tag{8-14}$$

当 α=90°时，cos2α 有最小值-1，则 σ_a 有最小值，截面 *mn* 上的正应力最小。此时：

$$\sigma_a = \sigma_2 \tag{8-15}$$

$$\tau_a = 0 \tag{8-16}$$

这种应力状态下，最大正应力截面就是最大主平面，最小正应力截面就是最小主平面。

2.最大和最小剪应力截面

当 α=45°时，sin2α 有最大值+1，则 τ_a 有最大值，截面 *mn* 上的剪应力最大。此时：

$$\tau_a = \frac{\sigma_1 - \sigma_2}{2} \tag{8-17}$$

$$\sigma_a=\frac{\sigma_1+\sigma_2}{2} \tag{8-18}$$

当α=135°时，sin2α有最小值-1，而τ_a仍有最大值(负号仅说明τ_a的方向为顺时针)。此时：

$$\tau_a=-\frac{\sigma_1-\sigma_2}{2} \tag{8-19}$$

$$\sigma_a=\frac{\sigma_1+\sigma_2}{2} \tag{8-20}$$

当α=0°、90°、180°时，sin2α=0，则τ_a值为 0［见公式(8-12)］。

此时，最大剪应力截面分别是α=45°时的斜截面 mn 和α=135°时的斜截面 $m'n'$，其上所受到的剪应力大小相等、方向相反，均有大小为$\frac{\sigma_1+\sigma_2}{2}$的正应力，且二面角为90°。剪应力$\tau_a$值为 0 的截面是$\alpha$=0°、90°、180°时的截面，该截面上没有剪应力，但却有最大和最小正应力。

(二)平面纯剪应力状态

平面纯剪应力状态(state of pure shear on plane)是指小立方体受力的四个面只作用着剪应力，而无正应力时的应力状态［图 8-8(a)］。

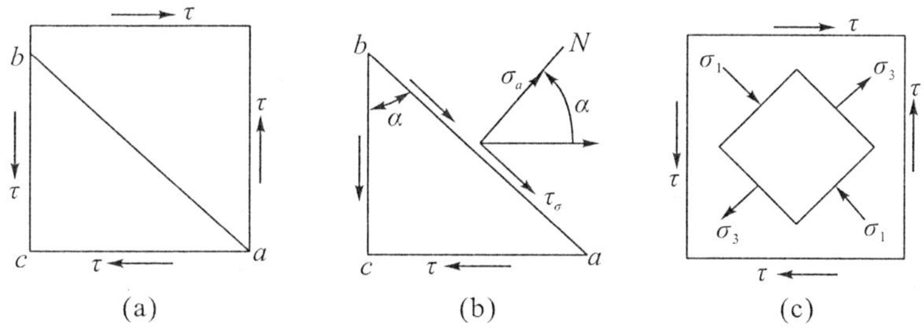

图 8-8　平面纯剪应力状态

经推导，平面纯剪应力状态下，任意截面上的应力为

$$\sigma_a=\tau\cdot\sin2\alpha \tag{8-21}$$

$$\tau_a=-\tau\cdot\mathrm{con}2\alpha \tag{8-22}$$

分析如下：

当α=45°时，$\sigma_a=\tau$，为最大，同时τ_a=0。此时的截面，即为最大主应力σ_1作用的主平面［图 8-8(b)］。

当α=135°时，$\sigma_a=-\tau$，为最大(负号说明是张应力)，同时τ_a=0。此时的截面，即为最小主应力σ_2作用的主平面［图 8-8(c)］。

由此，σ_1与σ_2大小(等于纯剪应力τ的绝对值)相等，符号相反。若将小立方体顺时针或逆时针旋转 45°，则该小立方体所处的应力状态由平面纯剪应力状态变为平面主应力状态。

(三)平面一般应力状态

平面一般应力状态(state of general stress on plane)是指小立方体受力的四个面与应力 σ_1、σ_2 斜交时的应力状态(图 8-9)。在小立方体受力的四个面上，同时存在正应力和剪应力的作用。

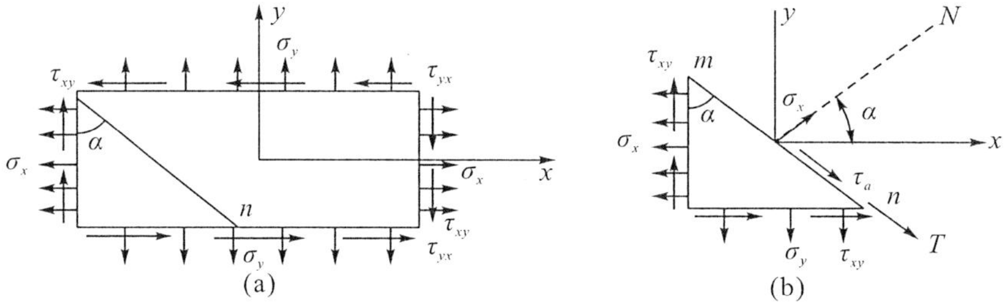

图 8-9 平面一般应力状态

平面一般应力状态下，任意截面上的应力为

$$\sigma_a = \left(\frac{\sigma_x + \sigma_y}{2}\right) + \left(\frac{\sigma_1 - \sigma_2}{2}\right)\cos 2\alpha - \tau_{xy} \cdot \sin 2\alpha \tag{8-23}$$

$$\tau_a = \left(\frac{\sigma_x - \sigma_y}{2}\right)\sin 2\alpha + \tau_{xy} \cdot \cos 2\alpha \tag{8-24}$$

五、平面应力莫尔圆

应力分析主要有两种途径，一种是利用应力数学公式推导，另一种就是通过几何作图法，即应力莫尔圆(mohr circle)，它能完整地代表一点的应力状态。本教材仅通过应力莫尔圆对平面主应力状态进行分析，来引入应力莫尔圆的概念。对其他应力状态不再进行应力莫尔圆分析。

由式 8-12 可知在平面主应力状态下任意截面的应力状态方程，该公式经数学方法推导后可以得到

$$\left(\sigma_a - \frac{\sigma_1 + \sigma_2}{2}\right)^2 + \tau_a^2 = \left(\frac{\sigma_1 - \sigma_2}{2}\right)^2 \tag{8-25}$$

在以 σ 为横坐标，τ 为纵坐标的直角坐标系中，此式为圆的方程，其圆心为 $\left(\frac{\sigma_1 + \sigma_2}{2}, 0\right)$，半径为 $\frac{\sigma_1 - \sigma_2}{2}$，单元体中截面 mn 的法线 Na 与最大主应力轴 σ_1 的夹角为截面角 α，此圆为平面主应力莫尔圆(图 8-10)。规定应力莫尔圆中 σ 轴自 O 点向右为正，代表压应力，向左为负，代表张应力。

单元体上任何一个截面都对应于应力莫尔圆圆周上的一个点，该截面上的一组应

力值即为应力莫尔圆圆周上对应点的一组坐标。由此，已知单元体上的一个截面，可以求解得到该截面在应力莫尔圆圆周上的对应点，同样的，已知应力莫尔圆圆周上的一个点，也可以得到该点在单元体中的对应截面。

由此，可以得到各种平面应力下对应的应力莫尔圆，图 8-11 为应力莫尔圆的基本类型，其代表的应力状态可分为静水拉伸、一般拉伸、单轴拉伸、拉伸压缩、纯剪应力、单轴压缩、一般压缩和静水压缩等 8 种类型。

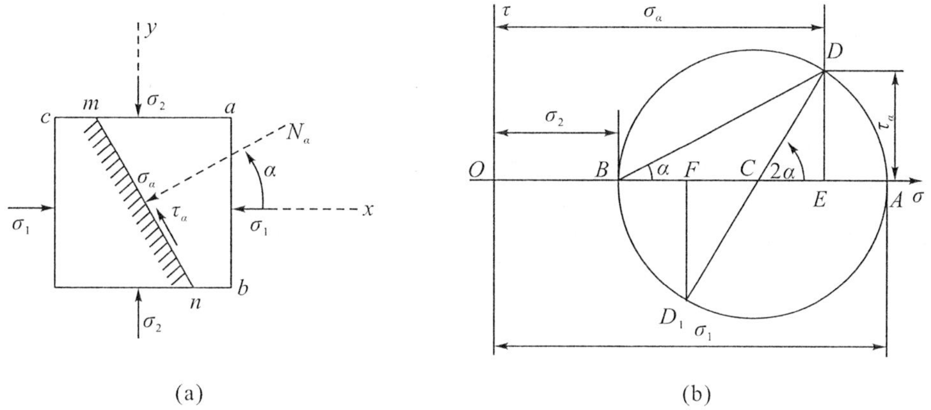

图 8-10　平面主应力莫尔圆

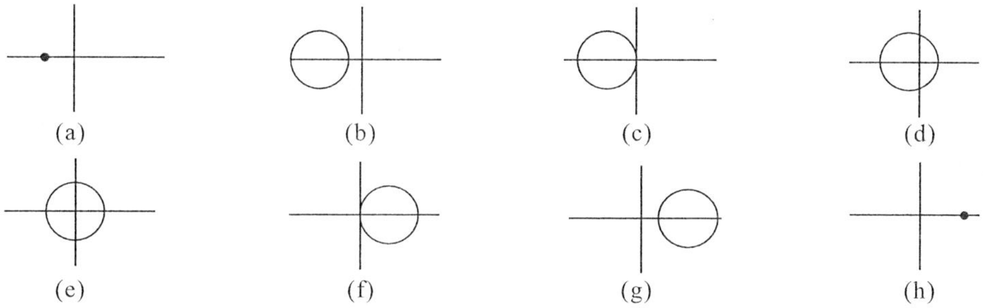

图 8-11　代表各种应力状态的二维应力莫尔圆(据 Means，1976)

(a)静水拉伸；(b)一般拉伸；(c)单轴拉伸；(d)拉伸压缩；(e)纯剪应力；(f)单轴压缩；(g)一般压缩；(h)静水压缩

六、应力场与构造应力场

前面讲述了物体内任意点的应力状态，然而，物体内一点到另一点的应力如何变化，整个物体或区域应力状态又如何呢？下面引入应力场和构造应力场来进行分析。

(一)应力场的概念

受力岩石中的每一点都存在一个与该点对应的瞬时应力状态，一系列瞬时的点应力状态组成的空间称为应力场(stress field)。如果应力场中各点的应力状态都相同称为均匀应力场；相反，应力场中各点的应力状态不相同，从一点到另一点其应力状态存在着变化，则称为非均匀应力场。

(二)构造应力场的概念

构造应力场(tectonic stress field)是指地壳内部一定范围内某一瞬时的应力状态，表示那一瞬间各点的应力状态及其变化情况。构造应力场中应力的分布和变化是连续而有规律的。根据规模大小构造应力场可分为局部构造应力场、区域构造应力场和全球构造应力场；从时间上来看，构造应力场又可分为古构造应力场和现代构造应力场。古构造应力场只能通过分析或推断已经存在于地壳中的构造及其组合特征来恢复和研究。现代构造应力场则可以通过仪器来测定。

对各种地质构造及其组合特征进行野外研究是分析构造应力场的重要基础；室内模拟实验也是了解物体内部应力分布特征的一个重要手段。研究构造应力场的任务之一是正确区分出各期构造应力场及其形成的构造，并进行分期和配套，进而恢复构造演化历史。

(三)构造应力场的表示

在构造应力场的研究中，要突出定时、定向、定量这三个方面的问题，即确定构造应力场存在的时期、确定构造应力场的空间方位、确定应力值。

构造应力场常用应力迹线(应力轨迹)(stress trajectory)和应力网格(stress grid)表示，可定性地表示主应力和最大剪应力的作用方位。应力迹线是指应力场中某种应力方向的变化线。常用的应力迹线有最大主应力迹线、最小主应力迹线和最大剪应力迹线(图 8-12)。应力网格是指几组应力迹线分布的几何图像(图 8-12)。

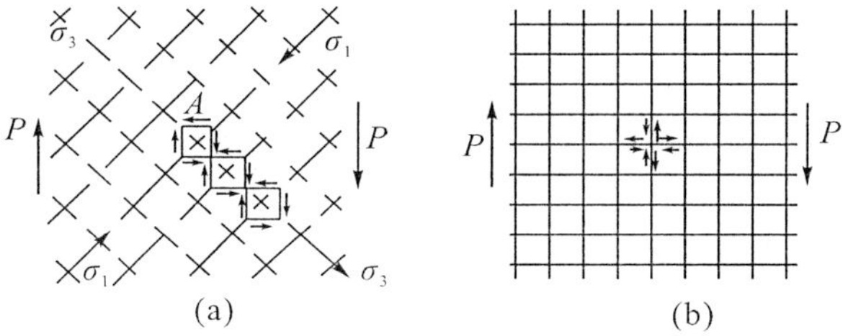

图 8-12 纯剪应力场的应力网格

(a)主压应力迹线 σ_1 和主张应力迹线 σ_3；(b)最大剪应力迹线

(四)应力集中

当物体内部有孔洞、缺口或者微裂隙存在时，会在该处产生局部应力集中(stress

concentration)。岩石中常有许多裂隙，故应力集中是地壳中最常见的现象，可影响构造应力场的分布状态(图 8-13)。例如，在岩石先期断裂的端点、拐点、分支点、错列点和待交汇点等地方容易出现应力集中，故这些地方往往最先遭到破坏。

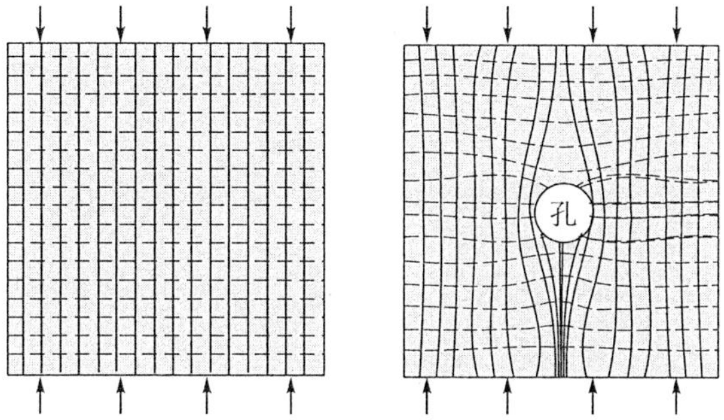

图 8-13　主应力场应力网格

研究应力集中对构造地震活动及其预报，水文地质及工程稳定性研究都具有重要意义。

第二节　变形和应变

一、变形

物体受到应力作用，其内部各质点间的相对位置发生改变，称之为变形(deformation)。物体变形可以是形状的改变(形变)或者体积的改变(体变)，也可以是位置(位移)的改变，或者几者均有改变。变形有两种最基本的变形方式：线变形和剪变形。

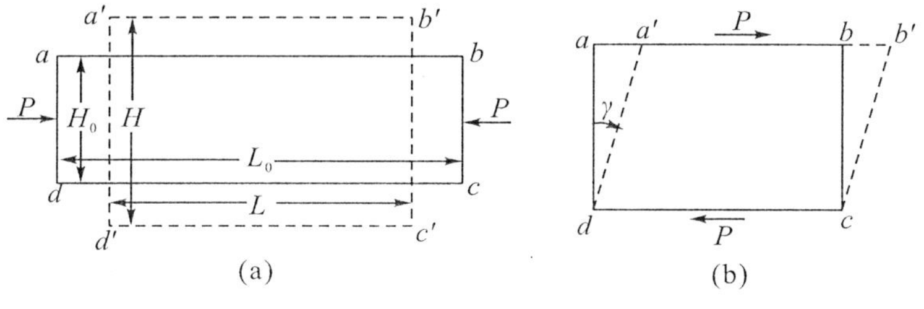

图 8-14　线变形和剪变形示意图

P.外力；L_0. 变形前的纵向长度；*L*. 变形后的纵向长度；

H_0. 变形前的横向宽度；*H*. 变形后的横向宽度；γ. 剪变形旋转的角度

(1)线变形(lineal deformation)。指物体受力时，表现为单纯的拉伸或压缩的变形，又称正变形[图 8-14(a)]。受力后的小六面体仅仅是边长发生改变，表现出被伸长或被缩短。

(2)剪变形(shear deformation)。指物体受力时，表现为物体内部任意截面都有一个旋转角度的变形，又称角变形[图 8-14(b)]。受力后小六面体的直角变为锐角或者钝角。

1.变形的方式

岩石变形最基本的形式是线变形和剪变形，它们组成了五种基本的变形方式(图 8-15)：

(1)拉伸(extension)。在张应力作用下的线变形。

(2)压缩(compression)。在压应力作用下的线变形。

(3)剪切(shearing)。在简单剪切作用下的剪变形，使岩石被剪切错动或形态发生变化。

(4)弯曲(bending)。在沿岩石长轴方向的压应力作用下或在弯梁作用下产生的变形，致使岩石发生弯曲。在发生弯曲变形的岩石内部会有一个既不拉伸，也不压缩的中和面；在中和面内侧和外侧，分别表现为压缩变形和拉伸变形。

(5)扭转(torsion)。在岩石的两端，与轴线垂直的平面上各作用一对大小相等、方向相反的力偶所产生的变形。

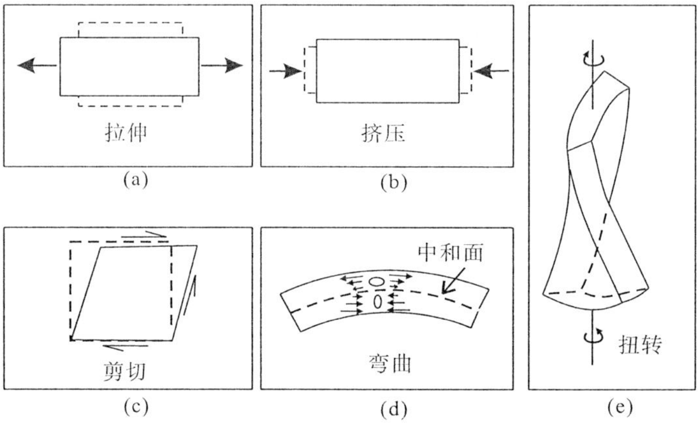

图 8-15 五种基本变形方式

2.均匀变形、非均匀变形和递进变形

(1)均匀变形(homogeneous deformation)：岩石的各个部分的变形性质、方向和大小都相同的变形称为均匀变形。其特征是变形前的直线和平面，变形后仍然是直线和平面，变形前互相平行的直线和平面，变形后仍然互相平行。如拉伸、压缩和剪切属均匀变形。

(2)非均匀变形(heterogeneous deformation)：岩石的各个部分的变形性质、方向和大小都变化的变形称为非均匀变形(图 8-16)，如弯曲和扭转属非均匀变形。非均匀变形又可分为连续变形和不连续变形。连续变形表现为物体内一点到另一点的应变状态是逐渐改变的；不连续变形则表现为物体内一点到另一点的应变状态是突然改变的，例如物体的两部分之间发生了断裂。但总体说来，非均匀连续变形可以分解成若干部分，按均匀变形的方法加以研究。

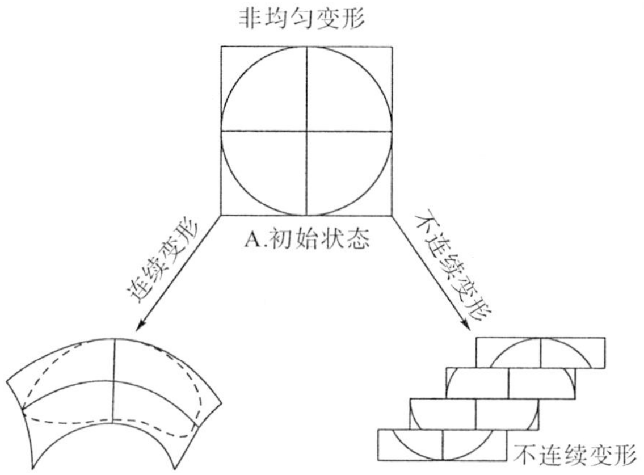

图 8-16 连续变形和不连续变形

实际上，均匀变形与非均匀变形也是相对而言的，在一定的研究范围内，较大尺度下是非均匀变形，而在较小尺度下，则表现为均匀变形。如图 8-17 所示，就整体的弯曲变形而言，属于非均匀变形，但各个局部可以近似地看作是均匀变形，而且任意两个相邻的小圆所反映的变形方向、大小、性质的差别是不明显的。

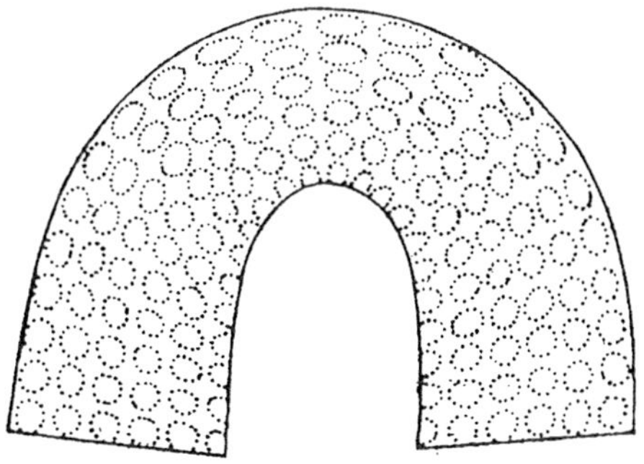

图 8-17 弯曲变形整体为非均匀变形，局部可近似地看作是均匀变形

(3)递进变形(progressive deformation)：岩石在受力条件不变的情况下，由初始形态变形为最终形态的过程，是由一系列连续发生的瞬时无限小变形的累积过程，此过程称为递进变形。进而还可分为共轴递进变形和非共轴递进变形。

二、应变

1.应变的概念

应变(strain)是表示物体变形的程度，即在应力作用下物体形状和大小的改变量，即以其相对变形来量度。应变是相对变形，没有量纲。应变所涉及物体形态的变化，总是与物体的两个状况有关——初态和终态，物体在某一时刻的形态与早先的形态(一般指初始状态或未变形的状态)之间的差别就是物体在该时刻的应变。

下面所指应变，只涉及系统的两个特定状态，即初态和终态，可分为线应变和剪应变。

我们知道，变形的结果可引起线段长度的变化和相交线段之间的角度改变(图 8-18)。测量这些变化就可以计算出应变状态，由此定义线应变和剪应变。

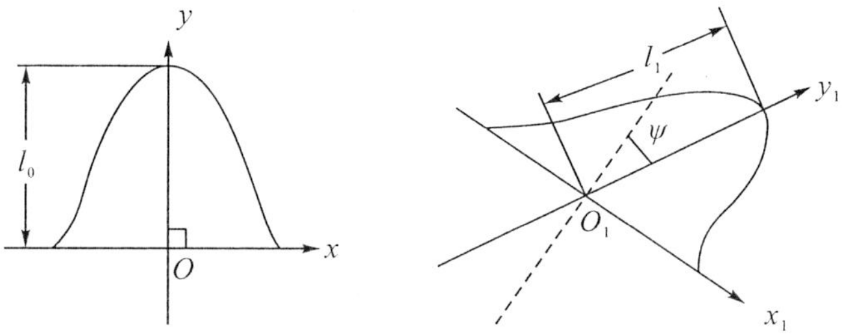

图 8-18 物体变形前后引起的长度和角度改变

1)线应变

线应变(linear strain)是指物体受力发生变形后，所增加或缩短的长度与变形前长度的比值(图 8-14)，即

$$\varepsilon_{纵}=\frac{(L_0-L)}{L_0} \tag{8-26}$$

$\varepsilon_{纵}$为物体受纵向应力后的纵向应变量，以百分比(%)衡量。在构造地质学中，规定由压应力产生的$\varepsilon_{压}$为正，由张应力产生的$\varepsilon_{张}$为负。

实验证明，物体在单纯的压缩或拉伸中，不仅沿着受力方向有纵向的线应变$\varepsilon_{纵}$，而且在与受力的垂直方向上也有横向的线应变。亦即当物体在纵向上被压缩或拉伸时，在横向上就会出现拉伸或压缩(图 8-14)。横向的线应变用下式计算：

$$\varepsilon_{横}=\frac{(H_0-H)}{H_0} \tag{8-27}$$

同样，$\varepsilon_{横}$也以百分比(%)计算，并且规定压缩为正，拉伸为负。可见，纵向的线应变$\varepsilon_{纵}$与横向的线应变$\varepsilon_{横}$的方向总是相反的。

实验还证明，在弹性变形范围内，一种材料的横向的线应变与纵向的线应变之比的绝对值为一常数，此常数μ称为泊松比。即

$$\mu=\frac{|\varepsilon_{横}|}{|\varepsilon_{纵}|}\ 或\ \varepsilon_{横}=-\mu\varepsilon_{纵} \tag{8-28}$$

式中的“–”表示纵向的线应变 $\varepsilon_{纵}$与横向的线应变 $\varepsilon_{横}$的方向相反。岩石也具有这种性质，且每种岩石都有自己的泊松比，一般均不超过 0.5，这种现象叫作岩石的泊松效应(Poisson effect)。泊松效应对解释岩石变形具有重要的意义。例如岩石中许多张节理就是岩石纵向上存在的压应力，在泊松效应下引发的横向张应力所致。

2) 剪应变

剪应变(shear strain)是指物体在剪应力或扭应力作用下，内部原来相互垂直的两条微小线段所夹直角的改变量(图 8-14)。它是用物体变形时旋转角度的正切函数来度量的，所以又称为角剪应变。在构造地质学中规定，逆时针旋转的剪应变为正，顺时针旋转的剪应变为负。公式为

$$\mathrm{tg}\gamma = \frac{aa'}{ad} \tag{8-29}$$

在小变形情况下，γ 角极小，$ad \approx a'd$。剪应变也可以用 γ 角的弧度来度量；在大变形情况下，则不然。

2.应变椭球体

设想一个充了气的气球受到来自三个方向力的作用，且 $F_1>F_2>F_3$。其结果是，原来圆的球体，变为三轴不等的椭球球体(图 8-19)。

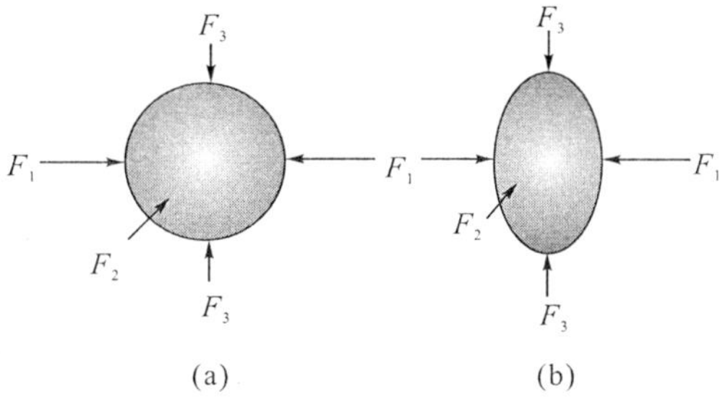

图 8-19　气球受力后的变化示意图

利用这种变形结果，可以研究岩石的变形过程。在变形前的连续介质中任意划定一个圆球体，当介质发生均匀变形时，圆球体变成了椭球体(图 8-20)，这种椭球体称为应变椭球体(strain ellipsoid)。

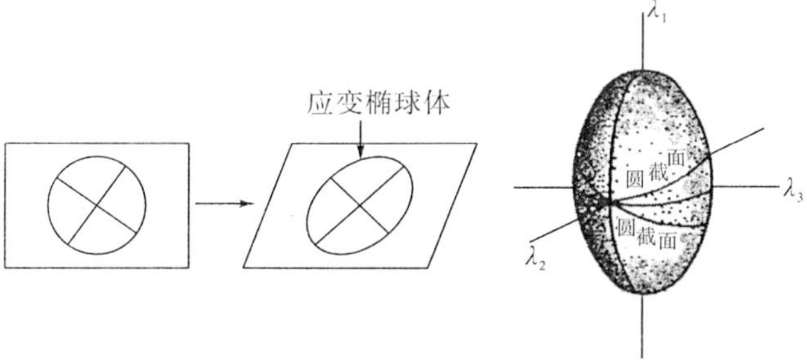

图 8-20　应变椭球体

应变椭球体的三个主直径的方向叫应变主方向。平行于最大直径(*A* 轴)的方向为 λ_1 的方向，半径为 $\sqrt{\lambda_1}$；平行于中间直径(*B* 轴)和最小直径(*C* 轴)的方向分别为 λ_2、λ_3 的方向，半径分别为 $\sqrt{\lambda_2}$、$\sqrt{\lambda_3}$；λ_1、λ_2 和 λ_3 的值叫主应变。通过椭球体并包含任意两个主方向的平面叫应变的主平面(主应变面)，是三个互成直角的对称面，它们与应变椭球体相交成椭圆。

如果取椭球的几何中心为坐标原点，取 *X*、*Y* 和 *Z* 轴分别平行 λ_1、λ_2 和 λ_3 方向，则应变椭球体的方程为

$$\frac{x^2}{\lambda_1}+\frac{y^2}{\lambda_2}+\frac{z^2}{\lambda_3}=1 \tag{8-30}$$

三个主半径不等的应变椭球体都有两个过中心的截面，它们与椭球体相交成圆，叫应变椭球体的圆截面(图 8-20)。两个圆截面的交线是 λ_2 的方向(*B* 轴)，半径为 $\sqrt{\lambda_2}$ 而且圆截面上所包含的线有相等的变形。

在岩石变形力学分析工作中，应变椭球体的概念得到普遍应用。上述所讲的“小六面体”、“小球”实际上它是一个没有体积、没有长度和面积的“点”。在实际应用中，它可以是无限小的点，分析岩石变形过程中各点的力学状态；也可以变得较大，把一个背斜或向斜作为一个应变椭球体来分析。

褶皱的轴面、轴面片理、轴面劈理等均为强烈挤压变形面，故它们垂直于应变椭球体的 *C* 轴，而平行于 *AB* 面。张裂面平行于应变椭球体的 *BC* 面，垂直于应变椭球体的 *A* 轴(图 8-21)。

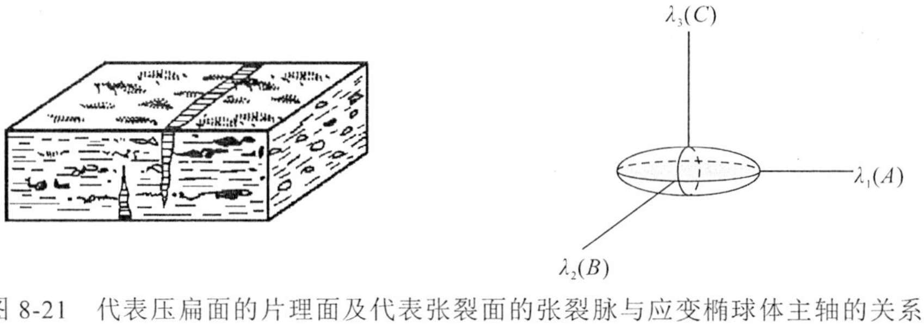

图 8-21 代表压扁面的片理面及代表张裂面的张裂脉与应变椭球体主轴的关系

岩层受到顺层挤压而发生褶皱变形的过程中，产生平面共轭剪节理、剖面共轭剪节理、横张节理、纵张节理等形变，继续发展位移增大，产生横断层、纵断层、斜交共轭断层，可以运用应变椭球体的概念进行分析和认识整体与局部的构造应力状况。

第三节 岩石的变形习性

一、岩石的变形阶段

岩石与其他物体一样，在受到外力作用时，一般都要经历三个变形阶段：弹性变

形阶段、塑性变形阶段和断裂变形阶段。在自然界岩石变形的这三个阶段虽然依次发生，但不是截然分开的，而是相互过渡和重叠的过程。

(一)弹性变形阶段

岩石受到外力在不超过一定范围内发生变形，当外力去掉时，又完全恢复到变形前的状态，这种变形称为弹性变形(elastic deformation)。

图 8-22 是低碳钢拉伸变形实验得到的应力-应变曲线。当应力超过 *B* 点应力值时，去掉外力后物体也不会再完全恢复到变形前的形态。因此，*B* 点的应力值 σ_b 称为弹性极限，*OB* 为弹性变形阶段。弹性变形阶段 *OB* 由 *OA* 和 *AB* 两部分组成，*OA* 段呈直线，说明应力与应变成正比关系，符合胡克定律，与 *A* 点对应的应力值 σ_a 称为比例极限；*AB* 段是一条曲线，说明应力与应变不成正比，但仍属弹性变形阶段，外力在 *B* 点前卸载，仍可恢复到变形前的状态。

弹性变形在地壳的岩石中，不易留下变形的遗迹—地质构造，故对研究地质构造无直接意义。

弹性变形的力学机理主要变现为，岩石在变形前，内部各个质点都处于平衡状态。当其受力变形时，平衡状态被打破，岩石内部质点吸收位能发生位移，在新的位置上达到新平衡。如果在此状态下去掉外力，在位能作用下岩石内部质点可以重新回到变形前的平衡位置，完全恢复到变形前的状态。

(二)塑性变形阶段

岩石变形时，当应力超过其弹性极限 σ_b 时(或应力虽未超过弹性极限，但力的作用时间较长)，如果此时去掉外力，变形后的岩石不能完全恢复到变形前的形状，这种变形称为塑性变形(plastic deformation)，又叫作剩余变形或永久变形。

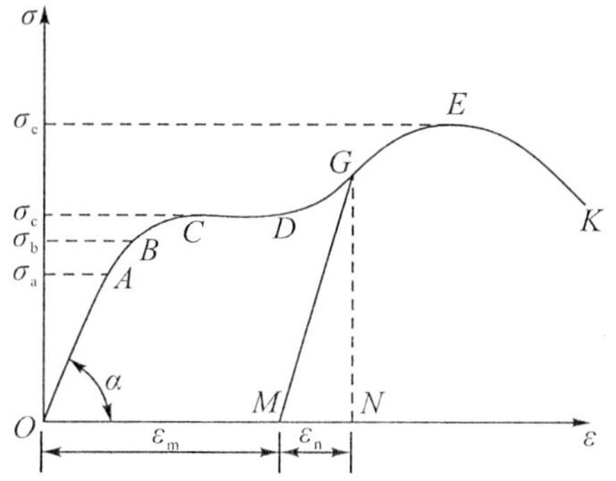

图 8-22　低碳钢拉伸变形时的应力-应变曲线示意图

σ_a.比例极限；σ_b.弹性极限；σ_c.屈服极限；σ_e.强度极限

如图 8-22 中从 *B* 点开始，试件进入塑性变形阶段，过 *B* 点后曲线明显弯曲(*BC*

段），当到达 C 点时，曲线近于水平（CD 段），这意味着即使载荷不增加，也会发生显著的应变，此时岩石的抗变形能力极弱，这种现象叫屈服或塑性流变，C 点为屈服点，C 点对应的应力值 σ_c 称为屈服极限；当到达 D 点时，随应力继续增加，应变又随之增加（DE），直到应力达到最大值（E 点），岩石发生断裂变形。当变形达到 DE 内的任意点 G 时，随即停止加力，并且逐渐减力，则变形遵循直线 GM 关系。

由于 GM 与 OA 近于平行，说明岩石在塑性变形的最后阶段 DE 内，存在弹性变形 σ_n 和塑性变形 σ_m 两个部分。若再次施力，岩石的比例极限和弹性极限均有增加，比例极限与破裂点 E 缩短，说明弹性变形阶段增长，塑性变形缩短，称为岩石变形硬化。

塑性变形的力学机理表现为，在塑性变形阶段，岩石内部质点发生了位移（粒内滑动或粒间滑动），在新的位置上达到了新的平衡，虽然岩石外形发生了改变，但岩石内部质点间的结合力却基本未被破坏，仍使得岩石保持连续性和完整性。

（三）断裂变形阶段

岩石的弹性变形和塑性变形总是有一定的限度的。随着应力和变形的增加，当应力达到或者超过岩石的极限时，岩石内部的结合力遭到破坏，其内部质点的结合力遭到破坏，产生了破裂面，岩石丧失了连续性和完整性，这时的变形就称为断裂变形（fracture deformation）或脆性变形。如图 8-22 所示，E 点所对应的应力值 σ_e 即为岩石的受力极限，称为岩石的强度极限。

二、岩石的断裂方式

（一）岩石的强度

岩石在外力作用下抵抗破坏的能力称为强度。同一岩石的强度在不同性质的应力作用下差别很大。在常温常压下，某些岩石的抗张强度、抗压强度和抗剪强度数值列于表 8-1 中。从表中可知，一般情况下，岩石的抗压强度大于抗张强度和抗剪强度。

表 8-1 常温常压下一些岩石的强度极限表

岩石	抗压强度/MPa	抗张强度/MPa	抗剪强度/MPa
花岗岩	148（37～379）	3～5	15～30
大理岩	102（31～262）	3～9	10～30
石灰岩	96（6～360）	3～6	10～20
砂 岩	74（11～252）	1～3	5～15
玄武岩	275（200～350）	—	10
页 岩	（20～80）	—	2

(二)岩石的破裂方式

岩石的破裂有两种基本方式：张裂和剪裂。

1.张裂

当张应力达到或超过岩石的抗张强度时，便沿着垂直拉伸(σ_3)方向发生破裂，即位移是垂直破裂面沿着拉伸方向发生。由此，张裂面垂直于最小主应力方向(图 8-23、图 8-24)。

不同的应力作用方式，均可产生张裂。图 8-24 所示，不同变形方式所形成的张裂面。

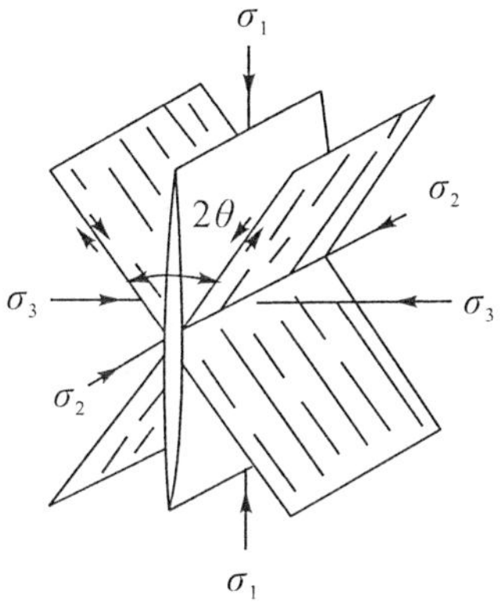

图 8-23 主应力与破裂面方位关系(据朱志澄等，1990)

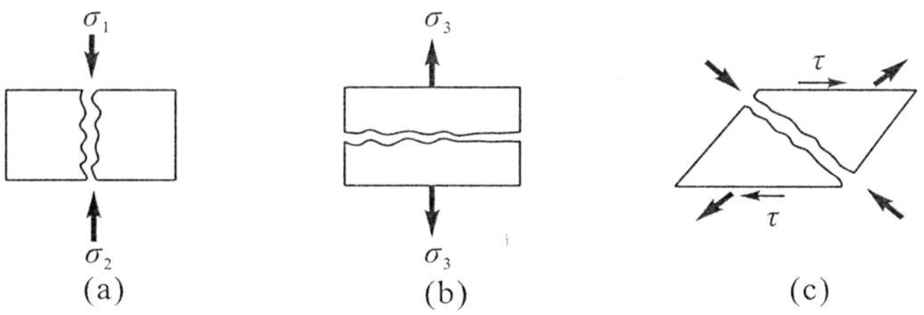

图 8-24 不同变形方式所形成的张裂面

(a)压缩；(b)拉伸；(c)剪切

2.剪裂

当剪应力达到或超过岩石的抗剪强度时，便沿着与 σ_1、σ_3 均斜交的面上发生剪切破裂(图 8-23、图 8-25)。

岩石的破裂方式与岩石本身的力学性质和所处的环境有关。在相同的环境下，岩石力学性质不同，破裂方式也就不同。对于脆性岩石，当受张应力达到或超过强度极限时，直接表现为张裂(断裂)；对韧性较强的岩石，当张应力达到强度极限时，先出现细颈化现象，而后断裂，表现出断裂具有剪裂和张裂联合作用的特点。而在同样的应力作用下，岩石所处的环境不同，其破裂方式也有所差异。如在地表环境下，岩石表现为脆性强的特点；而在地壳内部，由于高温高压的影响，岩石更多地表现为韧性强的特点。

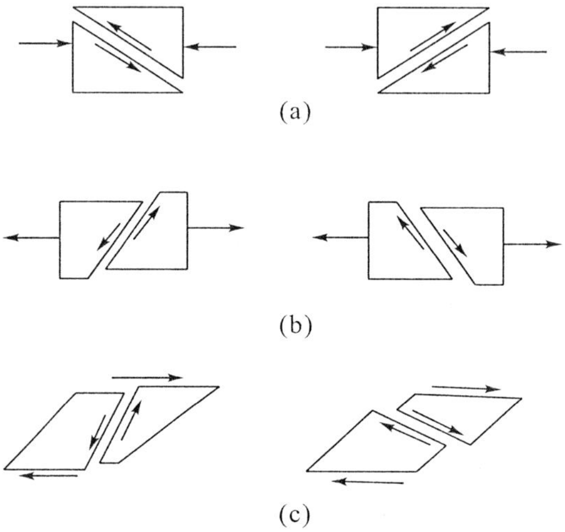

图 8-25　不同变形方式所形成的剪裂面

(a)压缩；(b)拉伸；(c)剪切

(三)剪裂角分析(shear angle analysis)

当岩石剪切破裂时，包含最大主应力轴 σ_1 的两个共轭剪裂面的夹角称为共轭剪切破裂角(conjugate shear angle)。最大主应力轴 σ_1 方向与剪切破裂面之间的夹角称为剪裂角(θ)。

应力分析可知，最大剪应力作用面(即理论上最可能的剪切破裂面)与最大主应力轴(σ_1)或最小主应力轴(σ_3)轴的夹角为 45°，即理论上来说，岩石的共轭剪切破裂角为 90°，剪裂角为 45°。但从实际情况来看，岩石共轭剪切破裂角往往在 60°左右，剪裂角常小于 45°。也就是说，两组共轭剪裂面并不沿理论分析的最大剪应力作用面的方位发育，这一现象产生的原因与岩石受力特征有关。库伦剪切破裂准则认为，岩石剪切破坏的能力不仅与作用在截面上的剪切应力有关，而且还与作用在该截面上的正应力有关。设产生剪切破裂的极限剪应力为 τ，则可写成如下关系：

$$\tau=\tau_0+\mu\sigma_n \tag{8-31}$$

式中，τ_0 为当 σ_n=0 时的抗剪强度，在岩石力学中又称为内聚力(c)，对于一种岩石而言是一常数。σ_n 是剪切面上的正应力，当 σ_n 为压应力时，σ_n 为正值，τ 将增大；当 σ_n 为张应力时，σ_n 为负值，τ 将减小。μ 为内摩擦系数，即为上述直线方程中直线的斜率，如以 φ 表示直线的斜角，则 $\mu=\tan\varphi$，因此，上式可写成

$$\tau=\tau_0+\sigma_n\tan\varphi \tag{8-32}$$

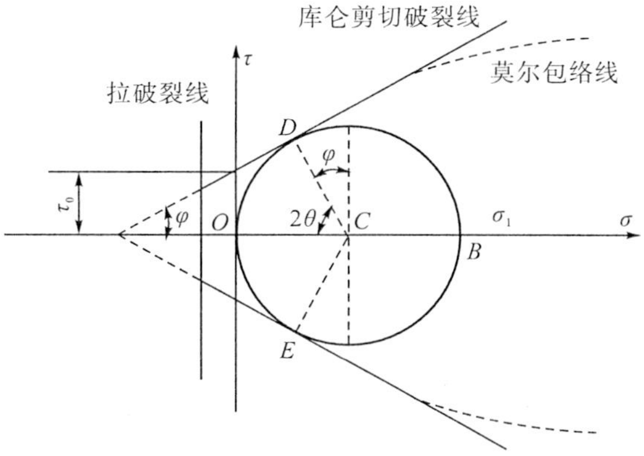

图 8-26　剪切破裂时的莫尔圆图解(据朱志澄等，1990)

该公式为库仑剪切破裂准则的表达式，式中的 φ 为岩石的内摩擦角。在 σ、τ 坐标平面内，该表达式为两条直线(图 8-26)，称为剪切破裂线。该线与极限应力莫尔圆的切点代表剪切破裂面的方位及其应力状态。显然，该切点并不代表最大剪应力作用面的截面，而是代表略小于最大剪应力的一个截面，其上的压应力介于 σ_1 和 σ_3 之间，并接近 σ_3 值。剪切破裂线总是向着 σ_1 轴的负方向，即向着张应力方向倾斜。它说明该截面上的剪应力值比最大剪应力值略小，但其上的压应力值却比最大剪应力面上的压应力值要小得多。因此，该截面阻碍剪裂发生的抵抗能力也小很多，所以，在这个截面上最易产生剪切破裂。

从图 8-26 可知，当岩石发生剪切破裂时，剪裂面与最大应力轴 σ_1 的夹角，即剪裂角：

$$\theta = 45° - \frac{\varphi}{2} \tag{8-33}$$

由此可见，剪裂角的大小取决于内摩擦角(φ)的大小，摩擦角小，剪裂角就大；摩擦角大，剪裂角就小。不同岩石的内摩擦角是不同的，在变形条件相同的情况下，脆性岩石的内摩擦角要大于韧性岩石的内摩擦角。因此，脆性岩石的剪裂角要小于韧性岩石的剪裂角。

需要指出的是，同一种岩石，处于不同的温度压力条件下，其内摩擦角(φ)并不一样，其剪裂角也会有差别。一般情况下，随着温度和压力的增加，同一种岩石的剪裂角都是增大的，并逐渐接近于 45°；但是，只要岩石还保持固体状态，则形成的两组共轭剪切破裂面与最大压应力轴的夹角通常都不会超过 45°。在受到其他因素的影响时，也可能出现剪裂角大于 45°的情况。

第四节　影响岩石力学性质的因素

岩石变形是各种因素综合影响的结果。岩石圈或地壳中岩石类型多样，不同的岩石性质不同、所处环境不同，其受力变形情况也千差万别。影响岩石力学性质的因素总体来说包括内因和外因两大因素，内因主要是岩石本身的因素，主要包括岩石的成分、结构和构造等，外因主要包括围压、温度、溶液、孔隙压力、时间及应力作用方式(前已述及)等。

一、岩石性质

不同岩石的成分、结构、构造等特征差异较大，其力学性质各异，表现出抗压、抗张和抗剪强度各不相同。

一般来讲，含硬度大的粒状矿物越多的岩石，强度越大往往呈脆性变形，如石英砂岩、花岗岩等；含硬度小的片状矿物，尤其含具有滑感的鳞片状矿物越多的岩石，强度越小，往往呈韧性变形，如黏土岩、片岩等。岩石中含较高的化学性质不稳定的矿物和易溶于水的盐类(如黄铁矿、盐岩、石膏等)，也会降低岩石的强度。

碎屑岩中，颗粒细、棱角不明显及基底式胶结的岩石强度高；层理越发育的岩层，受侧向压力时越容易沿层面滑动，强度越低；在各向异性的岩石中，薄弱面(各种界面或次生面理等)往往先发生破裂，导致岩石强度降低；孔隙和裂隙发育的岩层，也会减弱岩石的强度。

二、围压

岩石处于地下深处时，周围岩石(岩体)对它施加的压力叫作围压，又叫作静岩压力。岩石所处的深度越大，围压越大。

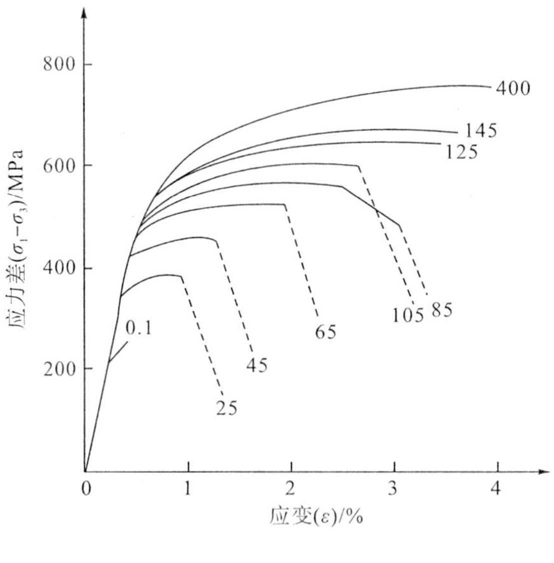

图 8-27 在不同围压下对白云岩进行压缩实验的应力-应变曲线(据王仁等，1979)

(曲线上注的数为围压数，单位为 MPa)

围压对岩石力学性质的影响主要表现在，增大围压一方面增大了岩石的强度极限，另一方面增大了岩石的韧性。

王仁等于 1981 年对白云岩所做的压缩实验表明，在温度不变的情况下，白云岩的塑性变形随着围压的增加而明显的增加（图 8-27）。围压小于 125MPa 时，各应力-应变到达曲线终点时，白云岩就会破裂；而围压为 125MPa 及其以上的各条实验曲线，却不表明各自的应力-应变达到曲线终点时白云岩也会发生破裂，而是由于实验没有继续进行。

围压对岩石力学性质的这种影响，主要是由于围压使固体物质的质点彼此接近，增强了岩石的内聚力，从而使岩石不容易破裂。

在近地表的部位，岩石中的围压较小，因此，岩石多表现为脆性，容易发生脆性破裂；而在地壳的深处，岩石处于一种高围压的环境，岩石表现为韧性，甚至出现韧性流动，所以容易形成褶皱和韧性断层等。

三、温度

绝大多数岩石在近地表的常温常压条件下是脆性的。随着岩石所处深度的增加，温度也随之升高。

温度对岩石力学性质的影响主要表现在：随着温度的升高，岩石的强度会降低，弹性有所减弱，韧性明显增强，有利于发生变形。图 8-28 是格里格斯（Griggs，1936）对大理岩进行实验所作出的应力-应变曲线。保持围压（100MPa）不变，室温条件下，大理岩的弹性极限为200MPa左右，当温度增加到150℃时，弹性极限则降低到100MPa左右。该实验表明，随着温度的升高，岩石的弹性极限和抗压强度明显降低，韧性则显著增强，易于发生塑性变形，易于形成剪裂。

温度对岩石力学性质的这种影响，主要是由于温度增高时，岩石质点的热运动增强，减弱了它们之间的内聚力，使物质质点更容易位移，造成在温度升高的条件下，较小的应力也能使岩石发生较大的塑性变形。

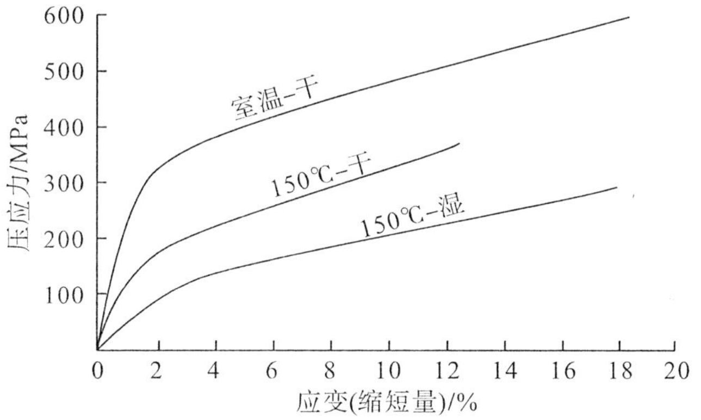

图 8-28 温度和溶液对大理岩变形的影响（据 Griggs，1936）

（围压为 1000MPa，垂直层理所切的圆柱形标本）

四、溶液

地壳中的绝大多数岩石都或多或少地含有一种或一种以上的流体溶液(各类溶液、油、气、水等)。

溶液对岩石力学性质的影响主要表现在：岩石中有溶液存在时，会降低岩石的弹性极限，增加岩石的韧性，有利于岩石变形。

对比图 8-29 中的两条曲线，可以看出溶液对大理岩变形的影响。在围压和温度相同的条件下湿大理岩比干大理岩更容易发生塑性变形。

溶液对岩石力学性质的这种影响，主要是由于溶液的加入使分子活动能力加强，分子间的内聚力减弱，岩石发生软化，强度降低。

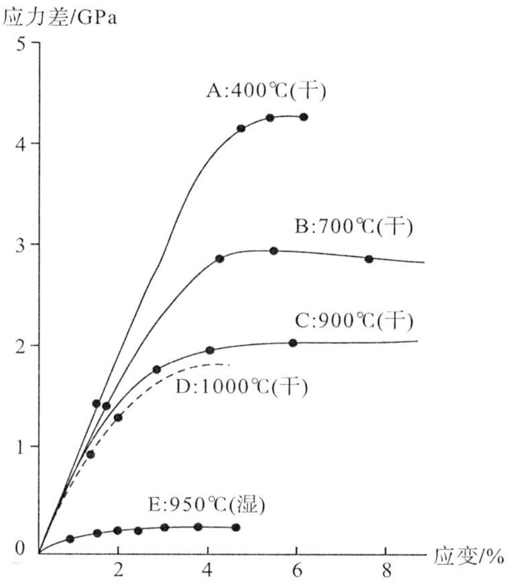

图 8-29 溶液和温度对大理岩变形的影响(围压 1400MPa)

五、孔隙压力

在沉积物沉积时，一些流体被封闭在粒间孔隙内，沉积物被压实后，其中部分液体被挤出，但大部分仍留在岩石孔隙中和岩层中，这种岩石孔隙内的流体的压力称为孔隙压力。

孔隙压力对岩石力学性质的影响主要表现在：随着孔隙压力的增加，岩石的屈服强度会明显降低，有利于岩石发生变形。

如图 8-30 所示，对印第安纳灰岩孔隙压力试验的应力-应变曲线表明，当孔隙压力增加时，岩石的屈服强度随之降低。

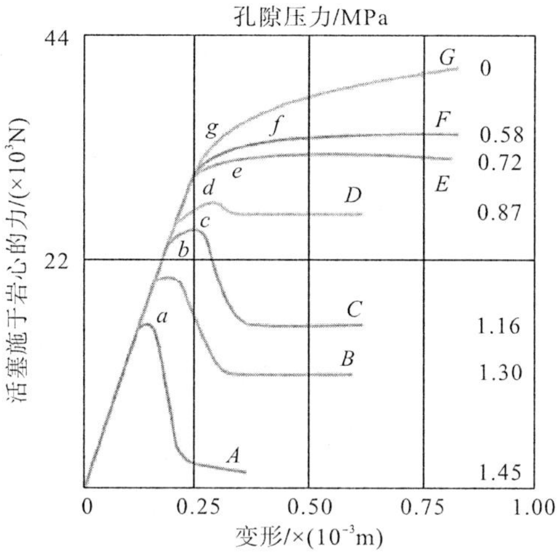

图 8-30 印第安纳灰岩在 0～10000bf/in^2 围压下的压缩变形中，孔隙压力对应力-应变曲线的影响（据 Robinson，1959 年。转引自戴俊生. 构造地质学及大地构造[M].北京：石油工业出版社，2006.）

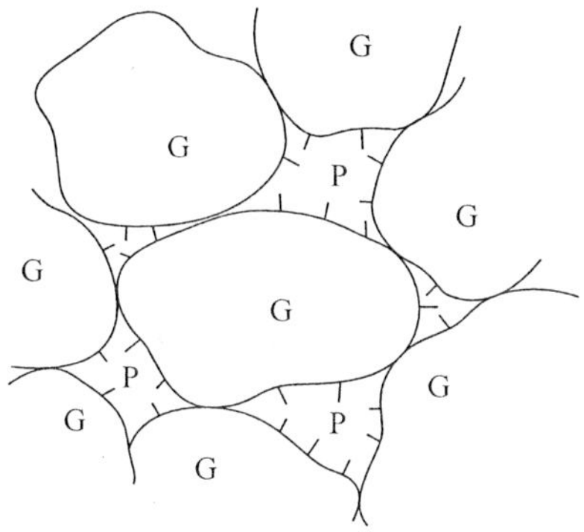

图 8-31 饱和岩石在压力下孔隙体积缩小时形成孔隙液压的示意图

G.颗粒；P.孔隙液压

孔隙压力对岩石力学性质的这种影响，主要是由于孔隙压力与颗粒表面垂直，并与岩石所处环境的围压方向相反，因而促进围压的效应减弱，导致岩石的强度降低（图 8-31）。随着这种压力的增大，岩石屈服强度就会降低，从而易于变形。这种岩石在较小的外力作用下，就能发生较大的变形。

六、时间

时间对于岩石力学性质的影响主要表现在施力速度、重复施力及蠕变与松弛。

（一）施力速度

对于同一岩石，快速施力，能加快岩石变形速度，使岩石表现为脆性变形；缓慢施力，则会使脆性物质发生塑性变形。长时间地缓慢持续施力，使物体破坏所需要的应力远比迅速施力使之破坏所需的应力小得多。

Z.T. Bieniawski 于 1970 年在不同的施力速度条件下对砂岩进行了一系列单轴压缩试验。试验结果表明，砂岩在不同应变速度下，每条应力-应变曲线都有一个应力峰值，它是随着应力速度的增加而增加，反映抗压强度随着施力和应变速度的减慢而降低(图 8-32)。

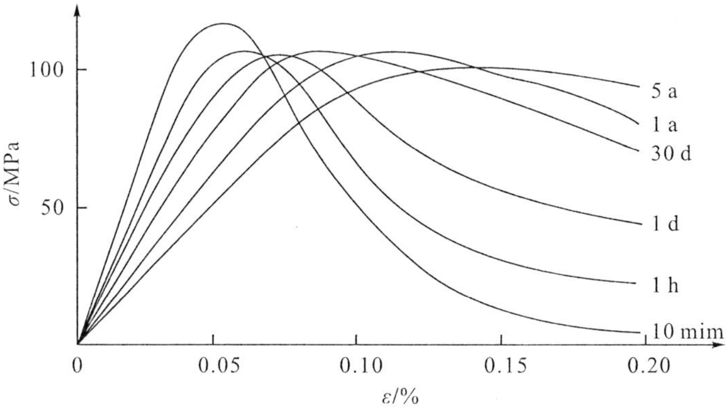

图 8-32　在不同的施力和应变速度条件下砂岩的应力-应变曲线

施力速度对岩石力学性质的这种影响，主要是由于在缓慢的外力作用下，岩石内部质点有充分的时间调整和固定下来，从而表现为塑性变形；在快速施力的条件下，岩石内部质点来不及重新排列就破裂了，从而表现为脆性变形。

(二)重复受力

使岩石多次重复受力，虽然作用力不大，也能使岩石发生破裂。图 8-33 表示一种金属破裂时的应力与发生破裂所需要加力次数之间的关系。从图上可以看出，当力的作用次数增加时，破裂时的应力值就降低，乃至降低为 30000bf/in^2 时，图上曲线便趋于水平，这时的应力值代表了物体在重复受力情况下发生破裂的最低应力极限，称为疲劳应力极限或耐力极限，用低于疲劳应力极限的应力作用于物体次数再多，也不能使物体破裂。

重复受力可以分以下四种情况来说明：

(1) 当重复作用的应力值低于或等于岩石的弹性极限时，作用次数再多，也不会使岩石发生变形。

(2) 当重复作用的应力值介于岩石的弹性极限和疲劳极限之间时，随着作用次数的增多，累积的塑性应变量逐渐增大，直到塑性应变不再增加，至此，岩石不会破裂，而仅仅是发生了一定程度的塑性变形。

(3) 当重复作用的应力值等于岩石的疲劳极限，或介于岩石的疲劳极限和强度极限之间时，随着作用次数的增多，累积的塑性应变量逐渐增大，直到岩石发生疲劳破坏。

(4)当重复作用的应力值达到或超过岩石的强度极限时，无须重复作用，岩石便会破坏。

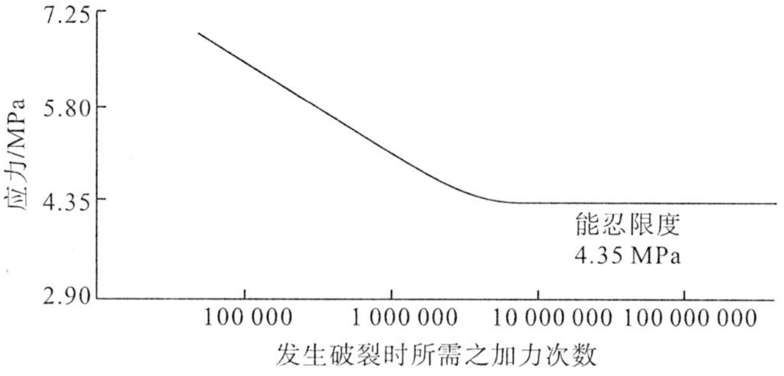

图 8-33　某金属耐力曲线(据 Billings，1972)

(三)蠕变和松弛

蠕变(creep)指的是岩石在受力变形过程中，在应力不增加的情况下，随着时间的增长，应变继续增加的现象。

对于同种岩石，蠕变不仅与应力有关，而且与温度有关，不同应力作用下的蠕变曲线是不同的，图 8-34 蠕变曲线表明，同时间内应力越大，蠕变越快；不同温度条件下的蠕变曲线也不一致，图 8-35 蠕变曲线表明，不同应力作用下，温度越高，蠕变越快。蠕变是不可恢复的永久应变。这种变形是岩石流动的一种表象，它与液体的流动相似，所不同的是液体流动其分子运动是各自独立的，而蠕变流动是靠晶体的滑移来实现的。

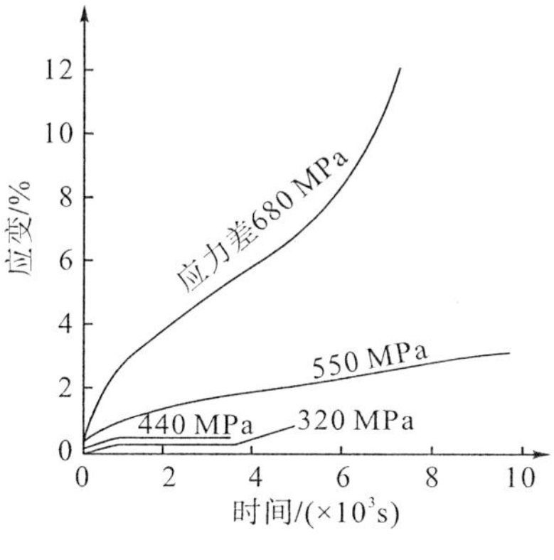

图 8-34　石灰岩压缩实验的蠕变曲线
(据 Griggs，1936)

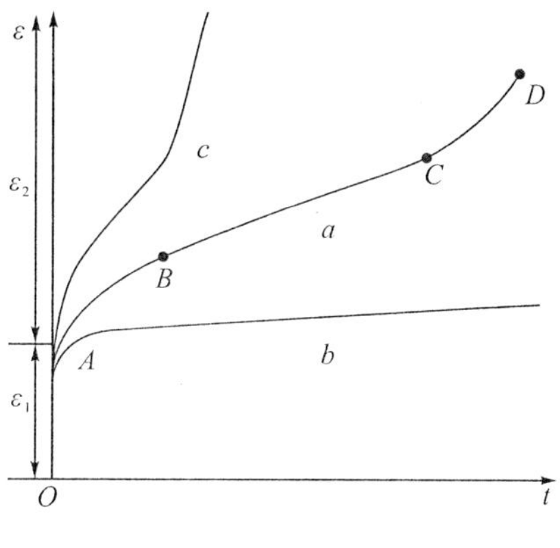

图 8-35　蠕变曲线
a.典型蠕变曲线；*b*.低温低应力下的蠕变曲线；
c.高温高应力下的蠕变曲线

松弛指的是在岩石变形过程中，当受力岩石应变保持不变时，随着时间的增长，应力逐渐减小的现象。从典型的松弛曲线图上(图 8-36)可见，松弛过程分两个阶段，第一阶段(即 AB 线段)的应力迅速减小，松弛速度急剧下降；第二阶段(即 BC 线段)的应力减小速度缓慢，松弛速度逐渐下降，并趋于某一极限值。温度对松弛也有影响，温度越高，松弛越快。

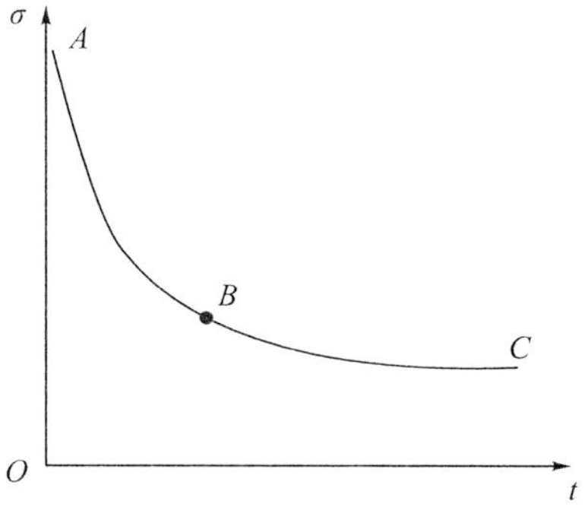

图 8-36 松弛曲线

蠕变和松弛现象显示了应力和应变的时间效应。蠕变能在低于岩石弹性极限的情况下使岩石产生永久变形，松弛能使部分弹性变形转化为永久变形，其共同效应是长时间的缓慢变形，会降低岩石的弹性极限。地质上的岩石变形都是在漫长的地质历史时期发生的，长时间的构造应力作用有利于地表或地下深处的岩石发生永久性塑性变形，此类变形往往与蠕变有关；当变形发展到一定程度后，应力又逐渐降低，使变形固定下来，此现象又往往与松弛有关。

复习思考题：

1.什么叫变形？变形的程度如何度量？

2.简述岩石的变形阶段及各个阶段的特点(用应力-应变曲线图解说明)。

3.简述岩石塑性变形的主要机制。

4.岩石破裂方式有哪几种？它们与主应力轴、主应变轴关系怎样？

5.什么是泊松效应？

6.什么叫构造应力场？其研究意义如何？

7.影响岩石力学性质和岩石变形的因素有哪些？

8.怎样理解时间对岩石力学性质与变形的影响？

9.试述影响岩石变形的主要因素及其在构造研究中的意义(举例说明)。

第九章　褶　　皱

第一节　褶皱及其要素

褶皱(fold)是由岩石中原来近于平直的各种面(例如层理面)在构造应力作用下发生弯曲而显示的变形，或者原始产状的岩层，在地壳运动产生的构造力作用下发生永久性塑性变形所形成的一系列连续弯曲(图 9-1)。

图 9-1　褶皱构造

褶皱是地壳上最常见的一种地质构造。三大类岩石受力变形均可形成褶皱。沉积岩中的层理面可以成为形成褶皱的变形面；变质岩的劈理、片理或者片麻理以及岩浆岩的原生流面等也可成为褶皱面；有时岩层和岩体中的节理面、断层面或者不整合面受力后也可变形而形成褶皱。褶皱构造总体上还是在沉积岩层中最为发育，它形象地反映了岩石曾经发生过塑性变形。

褶皱的规模差别极大，大的褶皱延伸可达几十到上千公里，只有在卫星照片中才能完整地观察到，如褶皱山系、构造盆地等；小的褶皱则可以发育在手标本上或者显微镜下。褶皱的形态、产状、类型、分布、组合及其形成方式和时代等，对揭示一个地区的地质构造的发展规律和演化历史具有重要意义；许多资源(煤、金属、油气等)在成因或空间分布上与褶皱关系密切；另外，褶皱构造还不同程度地影响着水文地质和工程地质条件。因此，研究褶皱具有非常重要的理论和实践意义。

一、褶皱基本类型

褶皱的形态虽然多种多样，但其基本类型只有两种：背斜和向斜。

背斜(anticline)是岩层受力向上弯曲，核心部位的岩层较老，外侧岩层较新；向斜(syncline)是岩层受力向下弯曲，核心部位的岩层较新，外侧地层较老(图 9-2)。若褶皱岩层的新老层序不明，或者褶皱的变形面不是层理面而是其他构造面，则向上弯曲的褶皱面称为背形(antiform)，向下弯曲的称为向形(synform)。

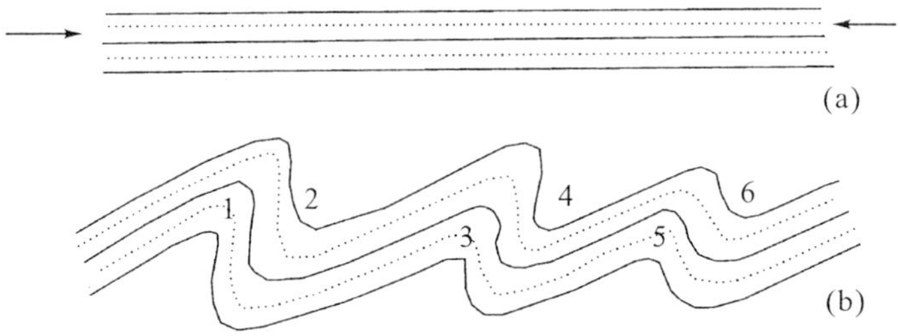

图 9-2　褶皱的基本类型

(a)水平岩层受力挤压；(b)背斜(1、3、5)与向斜(2、4、6)

由于褶皱形成之后受到风化剥蚀作用的破坏，背斜和向斜在地表出露特征有所不同。向斜在地面上的出露特征是，从中心到两侧，岩层按照由新到老的层序对称重复出露，而背斜在地面上的出露特征却恰好相反，从中心到两侧岩层是按照从老到新的层序对称重复出露(图 9-3)。

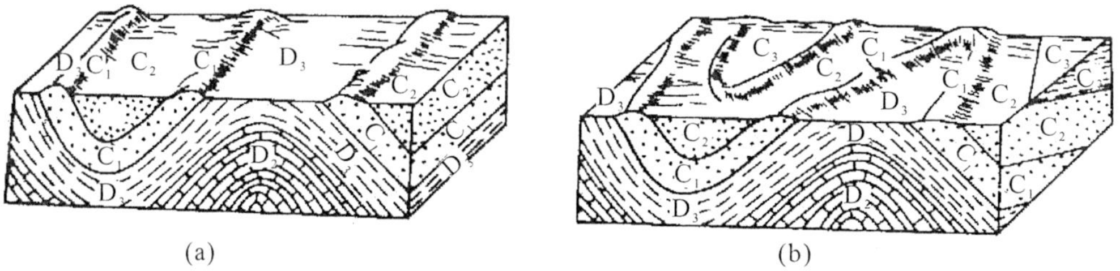

图 9-3　背斜和向斜在剖面上和平面上的特征

(a)(b)图中左侧为向斜，右侧为背斜

二、褶皱的基本要素

褶皱基本要素是指褶皱的各个组成部分。明确褶皱基本要素及相互关系是正确地描述、对比和研究褶皱的基础。

褶皱的基本要素主要由以下部分组成(图 9-4)：

(1)核部(core)。褶皱中心部位的地层，一般常指经剥蚀后出露在地表面的褶皱中心部位的地层，也可简称为核。

(2)翼部(limb)。褶皱核部两侧的地层，或指褶皱面比较平直的部分，又可称为两翼，简称为翼。横剖面(或横截面、垂直于层面的切面)上，构成两翼的同一褶皱面的拐点切线的夹角，即两翼之间的最小夹角称为翼间角(图 9-5)。

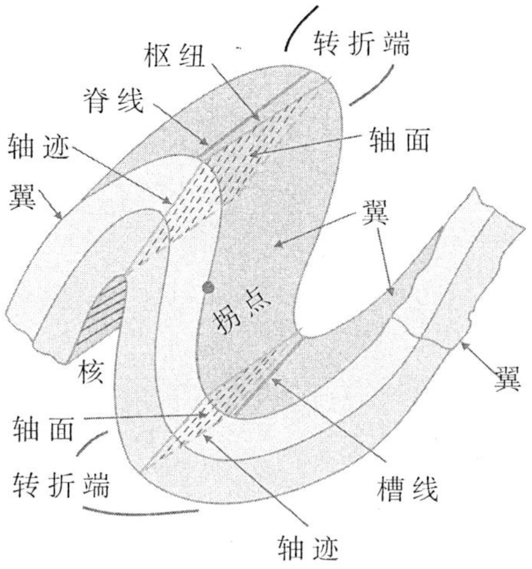

图 9-4 褶皱要素示意图

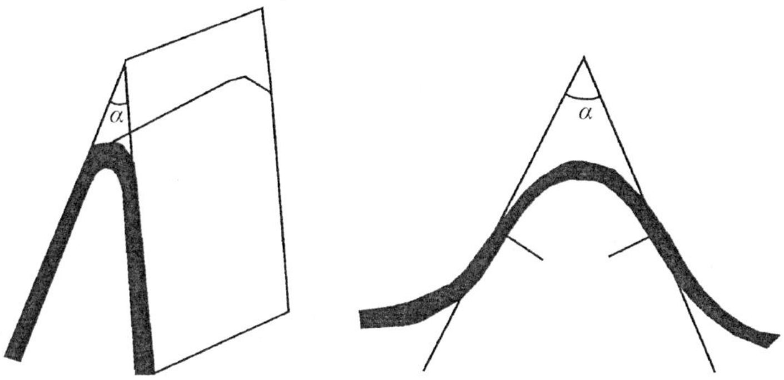

(a) (b)

图 9-5 褶皱翼间角

(a)翼部平直的褶皱翼间角；(b)圆弧形褶皱的翼间角

(3)转折端(hinge zone)。系指从一翼向另一翼过渡的部分。

(4)拐点(point of inflection)。指相邻背形和向形的共用翼上，褶皱面常呈“S”形弯曲，褶皱面不同凸向的转折点，即上凸与下凹部分的分界点(褶皱翼部曲率为零的点)。如果翼平直，则取其中点作为拐点。

(5)枢纽(hinge line)。是指在褶皱的各个横剖面上，同一褶皱面上各最大弯曲点的连线，或称枢纽线。枢纽可以是直线，也可以是曲线或折线；可以是水平的，也可以是倾斜的。枢纽是一种线状构造，可以用倾伏向和倾伏角以及侧伏向和侧伏角来表示。

(6)轴面(axial plane)。是一个褶皱内各相邻褶皱面上的枢纽连成的面，又称枢纽面。轴面可以是平面，也可以是曲面(图 9-6)，轴面和任何构造面产状一样，可用走向、倾向和倾角这三要素来确定。

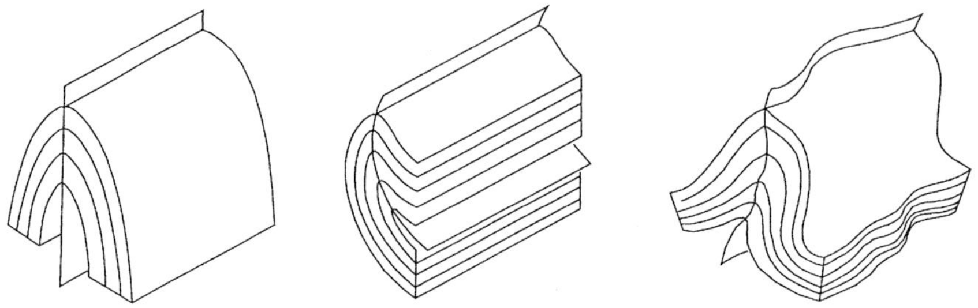

图 9-6 褶皱轴面

(7)轴迹(axial trace)。是轴面与地面或任一平面的交线。如果轴面是规则平面，则轴迹为一条直线；如果轴面是曲面，则轴迹是一条曲线。在平面上，轴迹的方向代表着褶皱的延伸、展布的方向。

(8)脊(crest)、脊线(crest line)、脊面(crest plane)。背斜或背形的同一褶皱面的各个横剖面上的最高点称为脊，又称顶，各个横剖面上脊的连线称为脊线；若干相邻褶皱面上的脊线联成的面称为脊面。

(9)槽(trough)、槽线(trough line)、槽面(trough plane)。向斜或向形的同一褶皱面的各横剖面上的最低点称为槽，它们的连线，称为槽线；若干相邻褶皱面上的槽线连成的面，称为槽面。

(10)脊迹和槽迹。脊面或槽面与地面或任意平面的交线。

第二节 褶 皱 分 类

一、褶皱的产状分类

(一)根据褶皱轴面产状和两翼产状

(1)直立褶皱(upright fold；erect fold；vertical fold)：轴面近直立，两翼倾向相反，倾角近相等[图 9-7(a)]。

(2)斜歪褶皱(inclined fold)：轴面倾斜，两翼倾向相反，倾角不等[图 9-7(b)]。

(3)倒转褶皱(overturned fold)；轴面倾斜，两翼向同一方向倾斜，一翼地层倒转[图 9-7(c)]。

(4)平卧褶皱(recumbent fold)：轴面近水平，两翼地层产状也近于水平，一翼地层层序正常，另一翼地层倒转[图 9-7(d)]。

(5)翻卷褶皱(overthrown fold)：轴面弯曲的平卧褶皱[图 9-7(e)]。

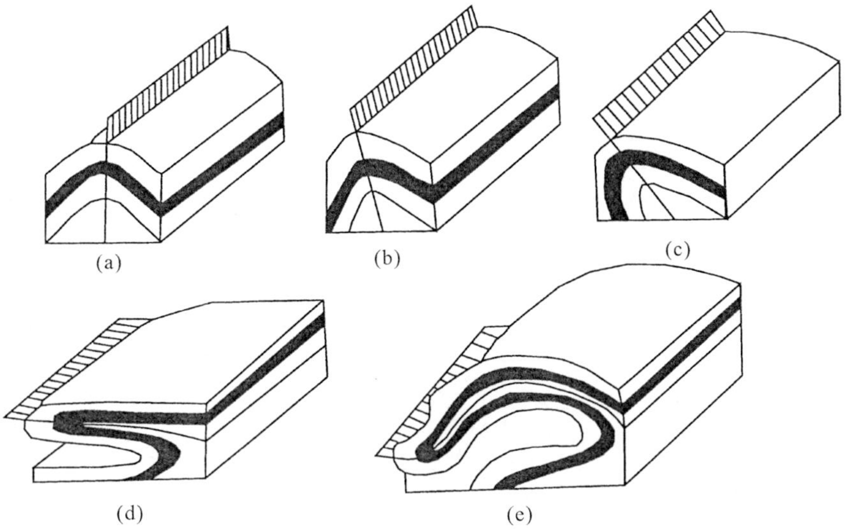

图 9-7 根据轴面和两翼产状的褶皱分类

(a)直立褶皱；(b)斜歪褶皱；(c)倒转褶皱；(d)平卧褶皱；(e)翻卷褶皱

(二)根据褶皱轴面产状和枢纽产状

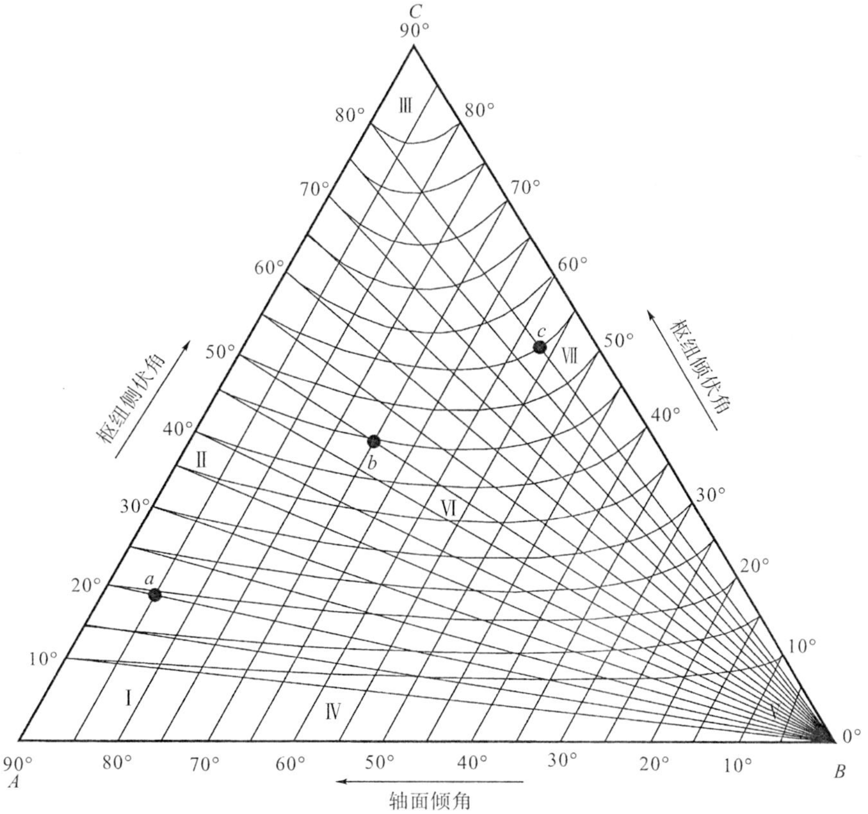

图 9-8 褶皱的里卡德分类三角网图(据 Rickard，1971)

该分类方案又称为里卡德分类(Rickard, 1971)，其分类方案是根据褶皱轴面倾角、枢纽倾伏角和侧伏角这三个变量绘制一个三角网图，对褶皱产状作三维的定量研究(图 9-8)。图上的 *AB* 边与 *BC* 边等度数相连的线代表轴面等倾角线；*AC* 边各度数与 *B* 点的连线为枢纽在轴面上的等侧伏角线；*AC* 边与 *BC* 边等度数(并结合与轴面产状的关系)相连的曲线代表枢纽等倾伏角线。对图 9-8 简化处理为图 9-9，并附上各类褶皱立体图及相应的赤平投影图。

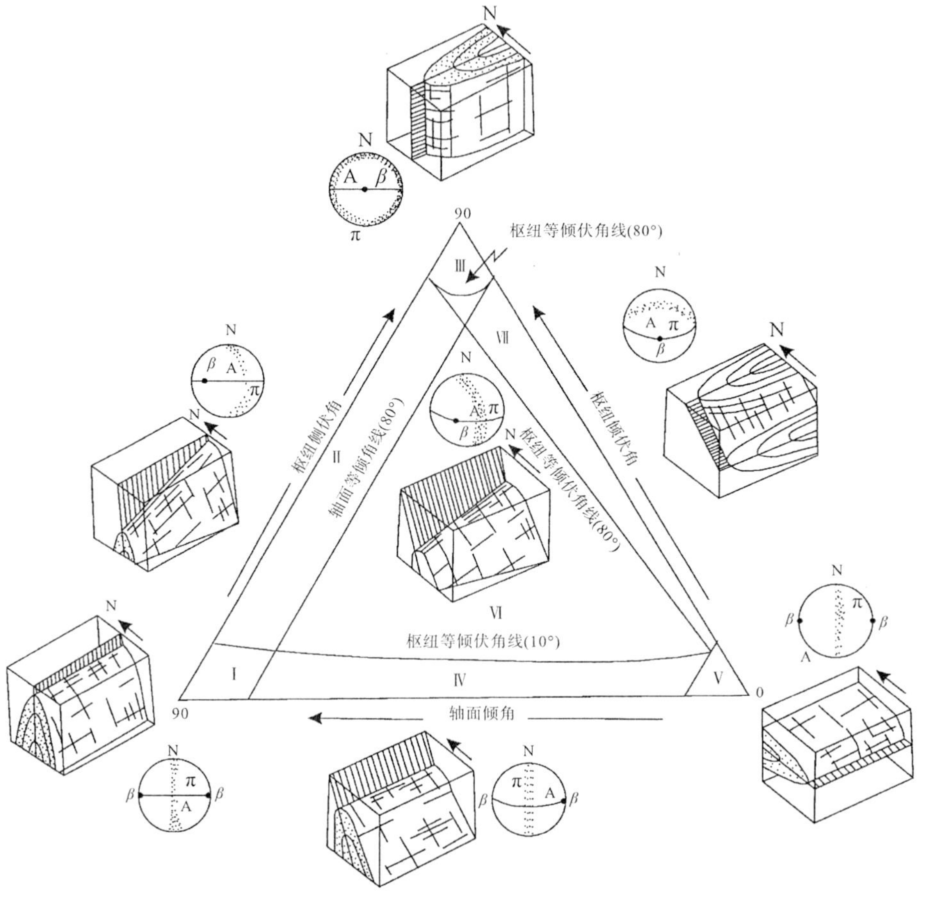

图 9-9 褶皱的产状类型及其赤平投影图

[据 Rickard(1971)，Ragan(1973)及 Hobbs et al.(1976)综合编绘]

Ⅰ—Ⅶ.褶皱产状类型分区；*β*.枢纽极点；A.轴面投影大圆；π.褶皱面的π圆(环带)

根据轴面产状和枢纽产状，褶皱可分为七种主要类型(图 9-8、图 9-9)：

(1)直立水平褶皱(图 9-9I 区)。轴面近于直立(倾角 80°～90°)，枢纽近于水平(倾伏角 0°～10°)。

(2)直立倾伏褶皱(图 9-9II 区)。轴面近于直立(倾角 80°～90°)，枢纽倾伏角为 10°～80°。

(3)倾竖褶皱(竖直褶皱)(图 9-9III 区)。轴面和枢纽均近直立(倾角和倾伏角均为

80°～90°)。

(4)斜歪水平褶皱(图 9-9IV 区)。轴面倾斜(倾角 10°～80°)，枢纽近于水平(倾伏角 0°～10°)。

(5)平卧褶皱(图 9-9V 区)。轴面和枢纽均近于水平(倾角与倾伏角均为 0°～10°)。

(6)斜歪倾伏褶皱(图 9-9VI 区)。轴面倾斜(倾角 10°～80°)，枢纽也倾伏(倾伏角 10°～80°)，但二者倾向和倾角均不一致。

(7)斜卧褶皱(重斜褶皱)(图 9-9VII 区)。轴面倾角和枢纽倾伏角均为 10°～80°，而且二者倾向基本一致，倾斜角度也大致相等，即枢纽在轴面上的侧伏角为 80°～90°。

该褶皱分类方案具有以下一些特点：

(1)正确地反映褶皱三维空间形态和产状特征，可表示所有可能存在的褶皱产状类型，避免前述二维空间对褶皱观察描述的片面性。

(2)在三角网图上所划分的七个区，分别代表上述 7 大类型褶皱的产状变化范围，各区的范围大小大致反映了该类褶皱在自然界出现的概率大小及其过渡类型的一般变化规律。

(3)定量化程度高，便于统计分析。

(三)根据褶皱枢纽产状

根据枢纽产状，褶皱可以分为以下 3 类(图 9-10)。

(1)水平褶皱(horizontal fold)：褶皱的枢纽近水平，两翼地层走向平行的褶皱。

(2)倾伏褶皱(plunging fold)：褶皱枢纽是倾斜的褶皱。若为背斜，则枢纽倾向封闭端；若为向斜，则枢纽倾向扬起端。

(3)倾竖褶皱(vertical plunging fold)：褶皱枢纽是近直立的褶皱。

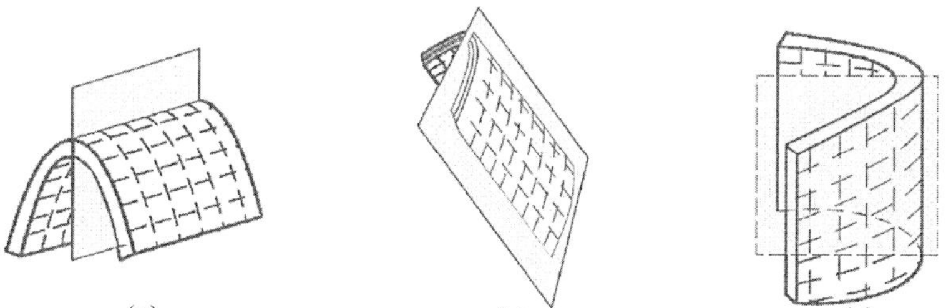

(a)　　(b)　　(c)

图 9-10　褶皱的枢纽产状分类

(a)水平褶皱；(b)倾伏褶皱；(c)倾竖褶皱

二、褶皱的形态分类

(一)根据翼间角大小

根据翼间角的大小可以把褶皱分为以下 5 类(图 9-11)。

(1)平缓褶皱(gentle fold)：翼间角大于 120°，小于 180°。

(2)开阔褶皱(broad fold)：翼间角大于 70°，小于 120°。

(3)闭合(中常)褶皱(closed fold、normal fold)：翼间角大于 30°，小于 70°。

(4)紧闭褶皱(tight fold)：翼间角小于 30°。

(5)等斜褶皱(isoclinal fold)：翼间角近于 0°，两翼近于平行。

翼间角的大小反映该褶皱的紧闭程度，亦反映了褶皱变形的程度，翼间角越小，一般变形程度越高，受挤压作用越强烈。

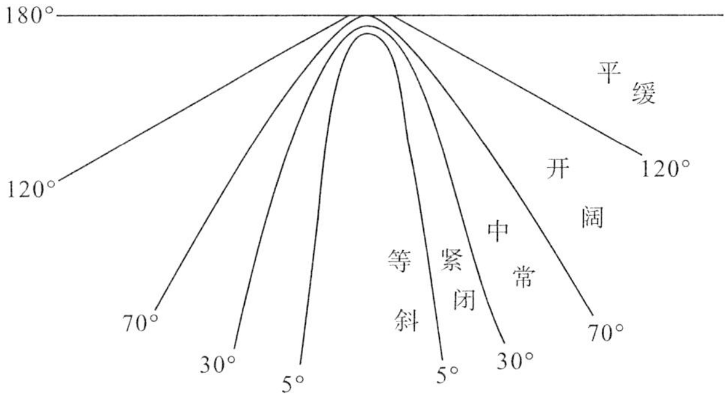

图 9-11　根据翼间角大小的褶皱分类

(二)根据褶皱面的弯曲形态

根据褶皱面的弯曲形态，可以把褶皱分为以下几类(图 9-12)。

(1)圆弧褶皱(curvilinear fold)：转折端或褶皱面呈圆弧形弯曲。

(2)尖棱褶皱(chevron fold)：两翼平直相交，转折端呈尖角状，且两翼等长，如两翼长度不等，可称“膝折褶皱”。

(3)箱状褶皱(box fold)：两翼陡而转折端平直，褶皱呈箱状。

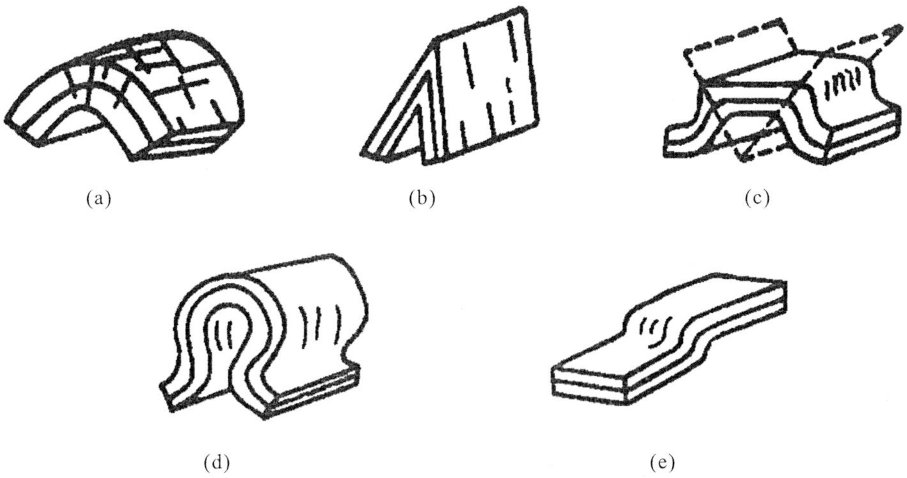

图 9-12　根据褶皱面弯曲形态的分类

(a)圆弧褶皱；(b)尖棱褶皱；(c)箱状褶皱；(d)扇状褶皱；(e)挠曲

(4)扇形(fan fold)褶皱：两翼岩层层序均倒转，转折端层序正常，褶皱面呈扇状弯曲。

(5)挠曲(flexure)：缓倾斜岩层中的一段突然变陡，表现为台阶状弯曲。

(6)构造阶地(structural terrace)：陡倾斜褶皱岩层中一段突然变缓，形成台阶状弯曲。

构造阶地和挠曲(图 9-13)都是发育不完全的褶曲，与其他类型的褶曲有一定的区别，一般是出现在褶皱轻微的地区。

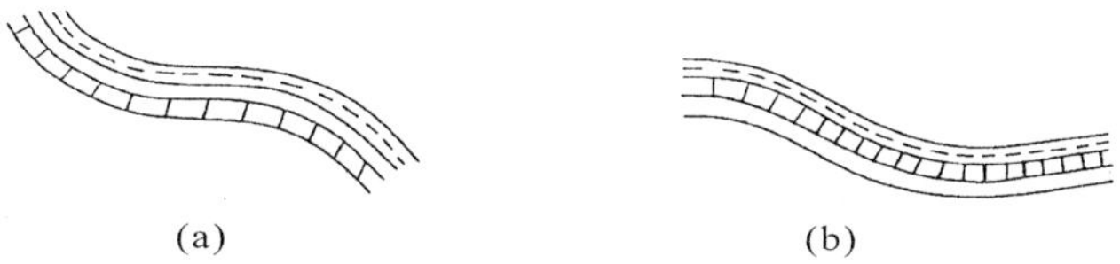

图 9-13 构造阶地和挠曲

(a)构造阶地；(b)挠曲

(三)根据褶皱的对称性

(1)对称褶皱(symmetrical fold)：褶皱的轴面与褶皱包络面垂直，而且两翼的长度和厚度也基本相等[图 9-14(a)、(c)]。

(2)不对称褶皱(asymmetrical fold)：褶皱的轴面与该褶皱的包络面斜交，而且两翼的长度和厚度不相等[图 9-14(b)、(d)]。

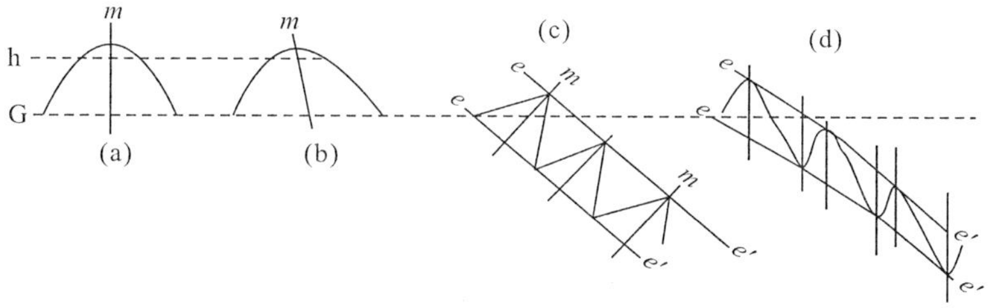

图 9-14 褶皱的对称性(据 Hills，1972)

(a)对称背斜(直立)；(b)不对称背斜(在 h 之上基本上是对称的)；(c)在地平线 G 的露头上看到的是不对称褶皱，从轴面与褶皱包络面相垂直看，实际上是对称褶皱；(d)地平面露头上看是对称的，从轴面与褶皱包络面斜交，两翼不等长看，实际上是不对称褶皱；*ee*′.褶皱包络面(线)；*m*.轴面；G、h.水平面(地平面)

(四)根据褶皱各层弯曲形态之间的相互关系

1.协调褶皱(harmonic fold)

褶皱中各岩层弯曲形态保持一致或作有规律的渐变过渡关系。常见的协调褶皱包括平行褶皱和相似褶皱。

1)平行褶皱(parallel fold)

平行褶皱又称同心褶皱或等厚褶皱，其特点为[图 9-15(a)]：

(1)褶皱中各岩层呈平行弯曲，同一岩层真厚度在褶皱的各个部位是基本一致的。

(2)褶皱弯曲的各岩层具有一个共同的曲率中心，但曲率半径不等，由核部向外弧方向曲率半径逐渐增大，曲率逐渐变小，褶皱逐渐变平缓；向内弧方向曲率半径逐渐变小，曲率逐渐变大，褶皱岩层变得紧闭或成尖棱褶皱。

(3)此类褶皱多发育于岩石力学性质较为一致的强硬岩层和地壳较浅部的岩层中。

2)相似褶皱(similar fold)

相似褶皱的特点为[图 9-15(b)]：

(1)组成褶皱的各岩层弯曲形态相似。

(2)组成褶皱的各岩层的曲率基本不变，没有共同的曲率中心，所以褶皱的形态不随着深度的变化而改变。

(3)同一岩层的真厚度在翼部变薄，在转折端变厚，在平行褶皱轴面量度的岩层厚度在褶皱各部位大致相等。

(4)这类褶皱多发育于软弱岩层中，出现在地壳中部和深部构造层次中。

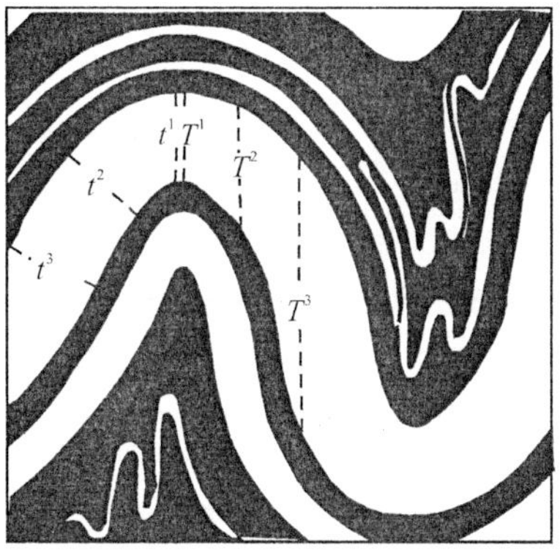

(a)平行褶皱(据Ramsay，1962)

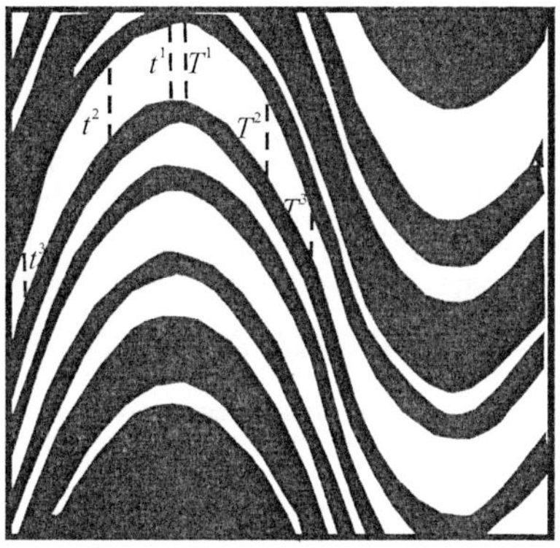

(b)相似褶皱(据Ramsay，1962)

图 9-15 协调褶皱

(a)

(b)

图 9-16 不协调褶皱

(a)河南卢氏陶湾组条带大理岩(据朱志澄等，1999)；
(b)北京西山孤山口雾迷山组硅质白云岩、大理岩(李理摄)

2.不协调褶皱(disharmonic fold)

褶皱中各岩层弯曲的形态明显不同，呈现褶皱大小、形态各异，致使各层的褶皱形态出现突变或无几何规律(图 9-16)。若岩层之间岩石力学性质相差较大，褶皱变形特别强烈的地区及变质岩地区比较容易形成不协调褶皱。

(五)褶皱的平面形态

根据褶皱的某一岩层(褶皱面)在地面(平面)上出露的纵向长度和横向宽度之比，可将褶皱分为以下类型：

(1)线状褶皱(linear fold)：长与宽之比超过 10∶1 的各种狭长形褶皱[图 9-17(b)]。

(2)短轴褶皱(brachy fold)：长宽之比介于 3∶1 到 10∶1 之间的褶皱构造，包括短轴背斜和短轴向斜［图 9-17(a)］。在含油气盆地中，短轴背斜形态一般较简单，保存也较完整，可形成良好的储油构造。

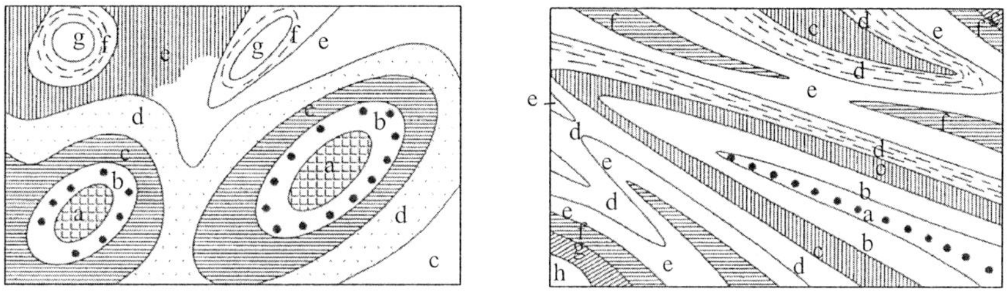

(a)短轴褶皱(右侧)和等轴褶皱(左侧)　　(b)线状褶皱

图 9-17　平面上不同形态的几种褶皱

a，b，c，…，h 代表地层层序，由老到新

(3)穹隆构造(dome)：长与宽之比小于 3∶1 的背斜构造，褶皱层面呈浑圆形隆起，褶皱面自脊点向四周作放射状倾斜［图 9-17(a)］。

(4)构造盆地(structural basin)：长与宽之比小于 3∶1 的向斜构造，褶皱面从四周向中心倾斜［图 9-17(a)］。

三、同沉积褶皱和底辟构造

(一)同沉积褶皱

地壳中发育的大多数褶皱是在岩层形成后受力变形而形成的。但是，也有一些褶皱是在岩层沉积的同时逐渐变形而形成的，这类褶皱称为同沉积褶皱(syn-sedimentary anticline)，又叫生长褶皱。

同沉积褶皱常具有以下特点(图 9-18)：

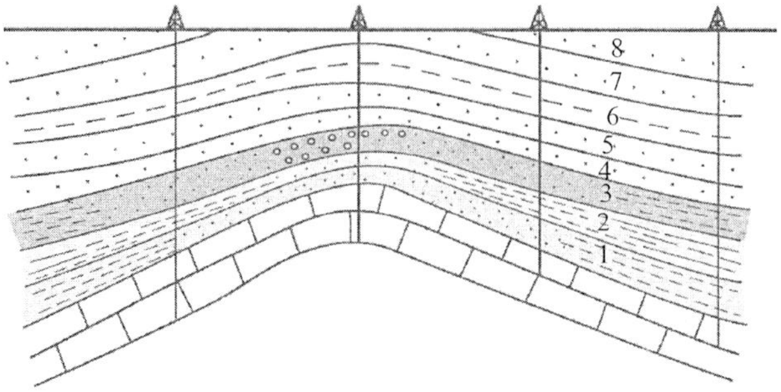

图 9-18　同沉积背斜剖面图

(1)同沉积褶皱两翼的倾角一般是上部平缓，往下逐渐变陡，褶皱总的形态多为开阔褶皱；

(2)若为同沉积背斜，则顶部岩层厚度变薄(有的层位甚至缺失)，而两翼岩层厚度却有逐渐增大的趋势，如为向斜则中心部位岩层厚度往往最大；

(3)组成同沉积褶皱的岩层，其岩石结构构造明显受构造控制，即背斜顶部常沉积浅水的粗粒物质，向两翼粒度逐渐变细；而向斜中心部位则沉积细粒物质，向两翼粒度逐渐变粗。

(4)同沉积褶皱的上部构造与下部构造形态常常不吻合，导致上、下构造的高点发生明显的位移。这种位移与褶皱顶部的机械位移及不调和褶皱的顶部位移是不同的。

(二)底辟构造

底辟构造(diapiric structure)是地下较深处高韧性岩层或岩体(岩盐、石膏、黏土或煤层等)，在构造应力或者岩石物质间密度差所引起的浮力作用下，向上拱起或者刺穿上覆岩层之中而形成的一种构造(图 9-19)。

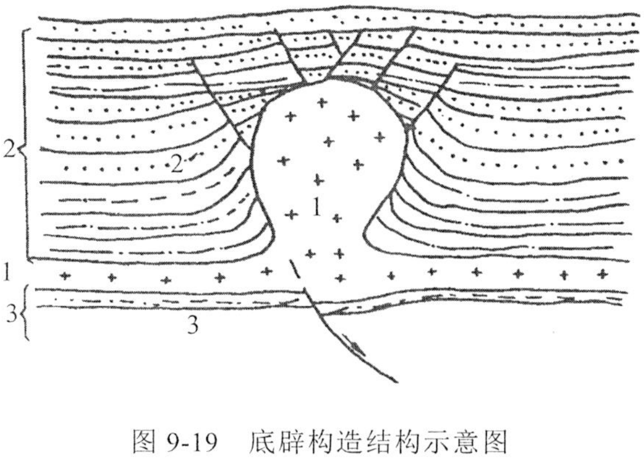

图 9-19　底辟构造结构示意图

1.底辟核；2.核上构造；3.核下构造

底辟构造的基本结构要素包括底辟核、核上构造和核下构造三部分。根据底辟物质的组成，可以将底辟构造分为盐底辟、泥底辟、岩浆底辟和变质岩底辟等。其中盐底辟分布最广，其次是泥底辟。

底辟构造具有重要的经济价值，底辟核常形成重要的盐类矿床，底辟核上部及其周缘围岩中常富集石油或天然气。

第三节 褶皱的组合型式

在地壳中，一个地区的褶皱大都不是孤立产出的，而是在一次构造运动影响下形成的一定的组合型式。在不同的地区，褶皱组合型式各不相同，这些组合型式往往同该地区的地质背景密切相关。

一、褶皱在平面上的组合型式

从平面地质图或者构造图上，常见的褶皱组合类型有如下几种：

1.平行褶皱群(parallel folds)

一系列背斜和向斜相间平行排列(图 9-20)，轴线彼此平行，它们显示出区域性水平挤压的应力特征。

2.枝状褶皱群(dendritic folds)

一个主褶皱沿其延伸方向分为若干分支小褶皱(图 9-21)。

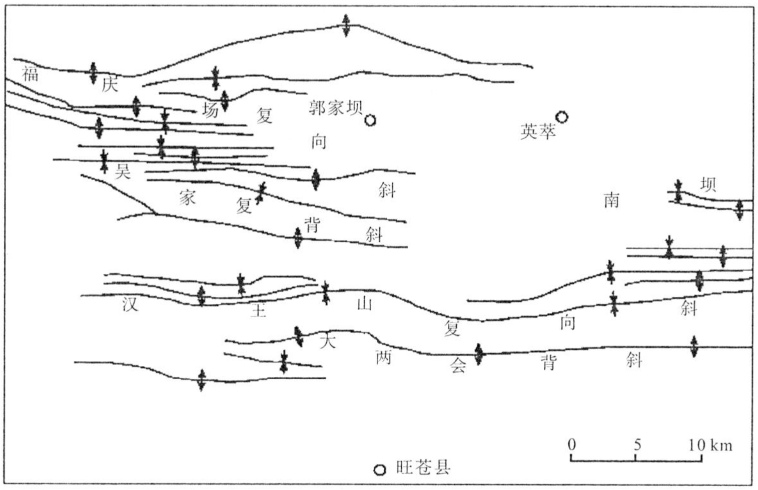

图 9-20 四川旺苍附近的平行褶皱群(据四川省第二区测队)

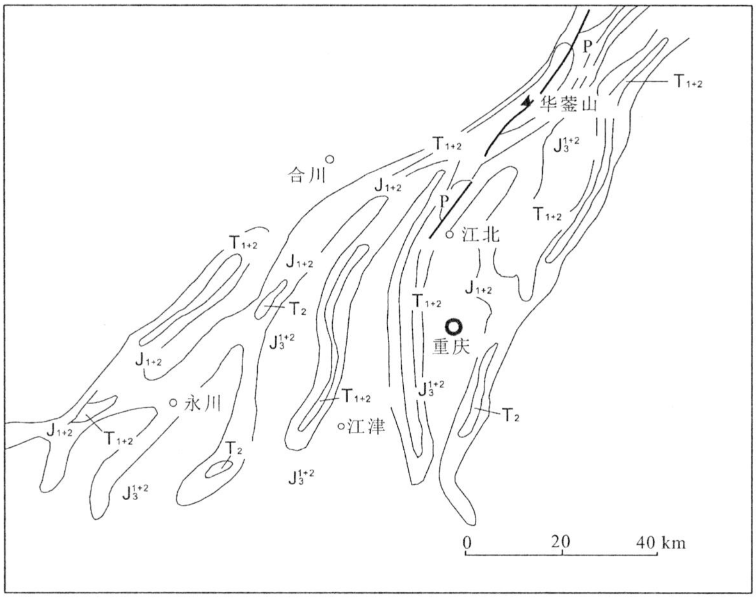

图 9-21 川东重庆地区地质图(据中国地质图)

3.雁行褶皱群(en-echelon folds)

又称为斜列式褶皱，由一系列平行斜列的短轴背斜或向斜之轴线错开成斜列展布的褶皱构造，平面上轴线斜列分布，形如“雁行排列”，是褶皱构造常见的一种组合型式。

褶皱的这一组合型式一般认为是由于区域性水平力偶(扭应力)作用而形成的。图 9-22 为青海柴达木盆地中的红三旱一带的地层组成的一系列短轴背斜，由北西向南东斜列错开成雁行状的褶皱。

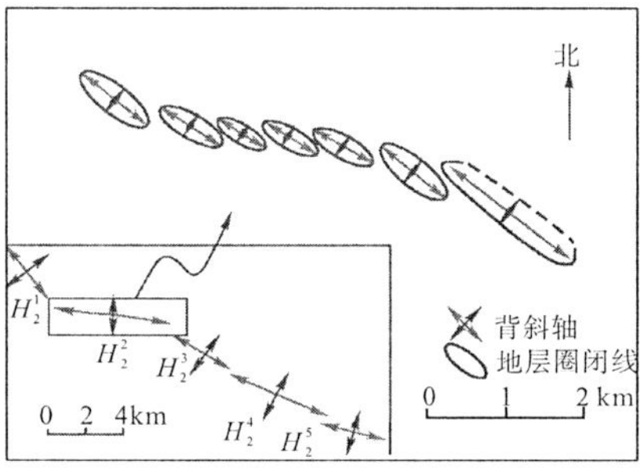

图 9-22 青海柴达木盆地雁行褶皱(据孙殿卿等，1958)

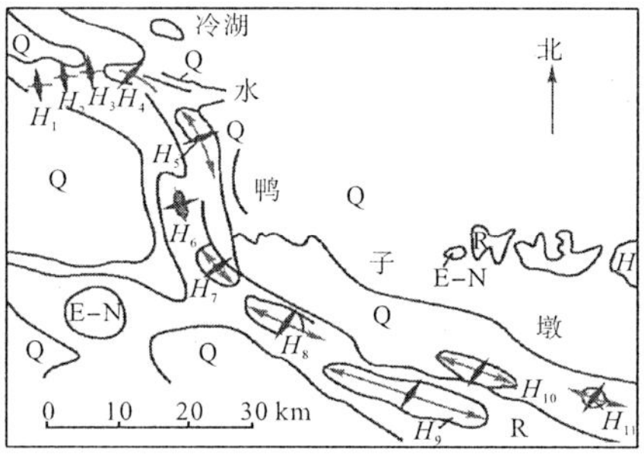

图 9-23 青海柴达木盆地中的反 S 形褶皱(据孙殿卿等，1958)

4.S 形和反 S 形褶皱群(s-shaped folds，revered s-shaped folds)

一系列短轴和长轴背斜组成的 S 形或反 S 形褶皱带，分别称为 S 形和反 S 形褶皱。它是区域性扭动应力场作用的产物。图 9-23 为柴达木盆地反 S 形构造，该构造由 11 个背斜组成，背斜的排列形态呈明显的反 S 形。

5.帚状褶皱群(superimpesed folds)

一系列相间排列的背斜和向斜，呈弧形扫帚状排列。这类褶皱群向一端收敛，向另一端散开，这是区域性水平旋扭运动造成的。广西巴马帚状构造就是一典型实例(图 9-24)。

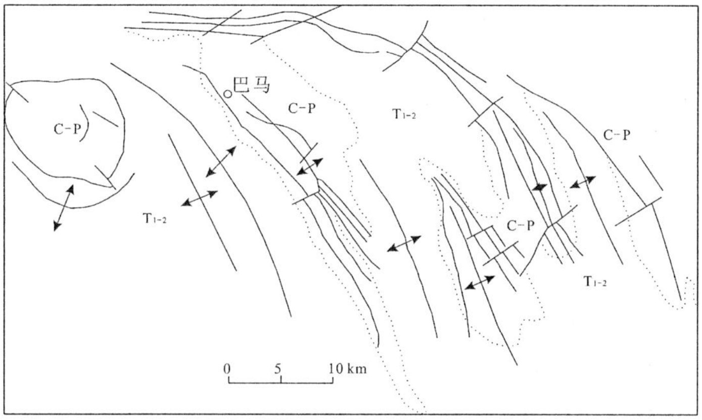

图 9-24　广西巴马帚状构造(据广西区测队，1975 年)

6.弧形(状)褶皱群(arc folds)

一系列褶皱呈弧形排列，这是区域性不均匀水平运动所引起的，典型实例如四川西部金汤地区的弧形(状)褶皱群(图 9-25)

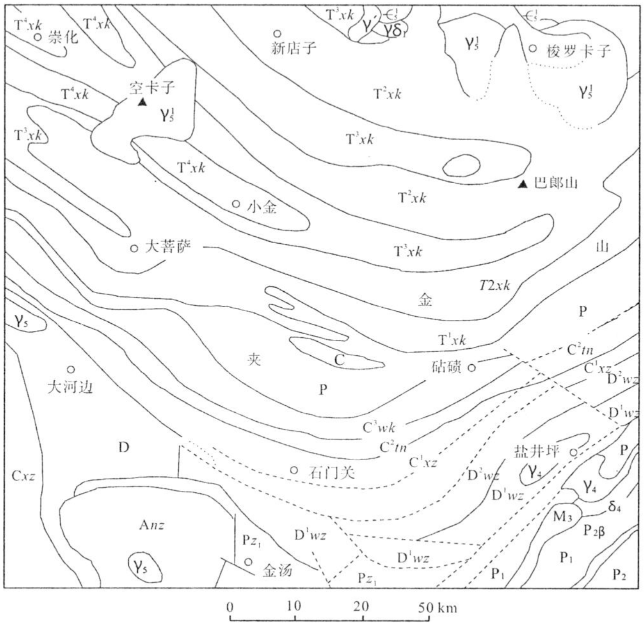

图 9-25　四川西部金汤附近地质图(据四川省地质图，1964 年)

7.长垣(placanticline)

由一系列宽大平缓的背斜(多为短轴背斜或穹窿)沿其轴向排列而成的长条形的隆起构造。构造图上表现为长条状的统一等高线圈闭若干个局部构造，其延伸长度可达几十到几百千米，长度远远大于宽度，翼间角通常从十几度到几度，多不对称。如图 9-26 为大庆长垣姚家沟组顶面构造形态，该构造总体上由 7 个相同方向排列、相似发育历史的三级构造组成，这些三级构造除了自身为短轴背斜外，外侧被-1050 等高线所圈闭，构成了更大规模的长垣隆起构造。

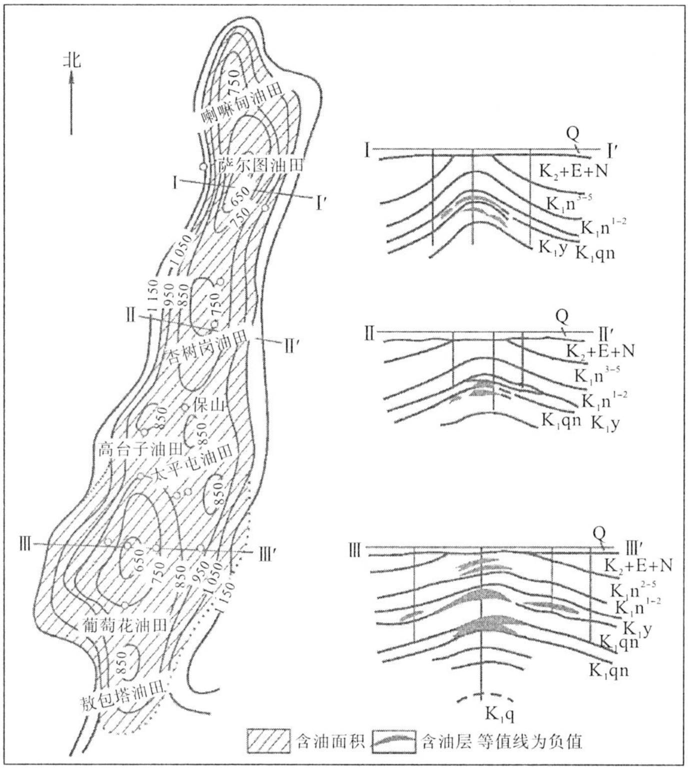

图 9-26 松辽盆地大庆长垣姚家沟组顶面构造图中

二、褶皱在剖面上的组合型式

(一)复式褶皱(compound folds)

由多个次级褶皱组成的巨大背斜或巨大向斜，分别称为复背斜(anticlinorium)或复向斜(synclinorium)。各次级褶皱与总体背斜和向斜常有一定的几何关系。一般认为，典型的复背斜和复向斜的次级褶皱轴面常向该复背斜或复向斜的核部收敛(图 9-27)。

图 9-27 复背斜(a)和复向斜(b)

复式褶皱发育于地壳运动强烈，沉积有巨厚的沉积岩系，后又遭受强烈水平挤压的构造活动地带(地槽-褶皱带)，如我国的秦岭、天山、内蒙古中部、喜马拉雅山以及欧洲阿尔卑斯山、美洲的阿柏拉契山等褶皱带中都发育有这类褶皱。

区别复式褶皱属于复背斜还是复向斜，主要是根据区域性新老地层的分布特征。如中央地带的次级褶皱的核部的地层老于两侧次级褶皱的核部的地层，则为复背斜，反之则为复向斜。

(二)隔挡式褶皱和隔槽式褶皱(ejective folds，comb-shaped folds)

隔挡式褶皱(又称梳状褶皱)由一系列平行的背斜和向斜相间排列而成，其中背斜窄而紧闭，形态完整清楚，呈线状延伸；而背斜之间的向斜开阔而平缓(图 9-28)。图 9-30 为重庆地区发育的隔挡式褶皱。

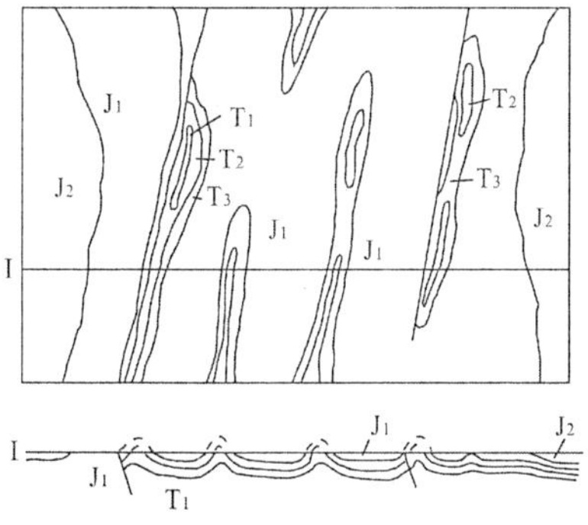

图 9-28 隔挡式褶皱平面图和剖面图

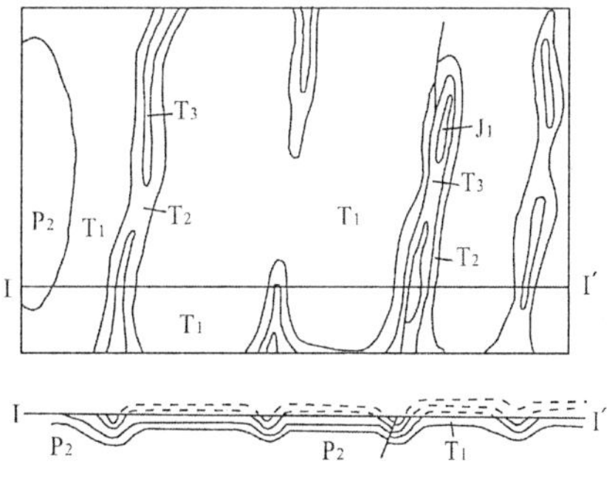

图 9-29 隔槽式褶皱平面图和剖面图

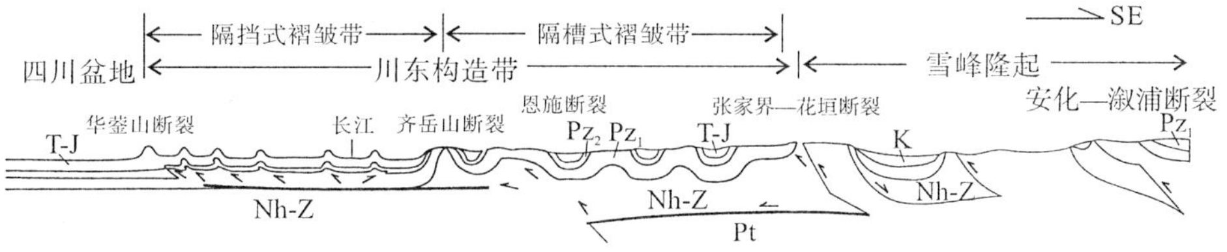

图 9-30 四川盆地—雪峰山地区的隔槽式褶皱与隔挡式褶皱

隔槽式褶皱也是由一系列相间排列的背斜和向斜相间排列而成，但是其中背斜和向斜的形态与隔挡式褶皱正好相反，其向斜紧闭且形态完整，呈线状排列，而两向斜之间的背斜则平缓开阔成箱状(图 9-29)。四川盆地东部—湖南一带的褶皱就表现为这种组合型式(图 9-30)。

隔挡式褶皱与隔槽式褶皱的共同点是背斜和向斜平行相间排列，但是背斜和向斜变形特点截然不同。关于其成因，一种观点认为是沉积盖层顺基底剪切滑动的结果，故又称为滑脱构造(detachment structure)。但也有观点认为这两类褶皱都是盖层在一定形式的基底断块控制下变形的结果。

第四节 褶皱的形成机制

褶皱的形成经历了哪些变形过程，褶皱的形成受到哪些因素和条件的影响，褶皱的形态、产状和分布特点与形成方式之间有哪些内在联系等等，都关系到褶皱形成机制问题。

岩石褶皱变形是构造应力场作用下岩石变形的结果，构造应力作用的基本方式为水平应力与垂直应力作用。根据褶皱的形态及其伴生构造所反映的褶皱形成过程、物质运动规律和应变的分布情况，可将褶皱形成机制分成以下几种类型。

一、纵弯褶皱作用

纵弯褶皱作用(buckling)指的是岩层受到顺层挤压(侧向挤压)力的作用而产生褶皱。地壳的水平运动是造成这种作用的地质条件。地壳中大多数褶皱是由纵弯褶皱作用形成的。

(一)单岩层纵弯褶皱作用

图 9-31 为力学性质均一的单层板状材料受纵弯褶皱作用时的应力和应变情况。在材料的侧面上画上几排小圆，受顺层挤压后，原始为圆形的小圆发生了形态不同、程度不等的变形。这些小圆的变形及分布情况表明，弯曲层面的外凸一侧受平行于层面的引张而拉伸，内凹一侧受平行于层面的挤压而压缩，两者之间有一个既无拉伸、又无压缩的无应变面，这个面称为中和面[图 9-31、图 9-32(a)]。岩层越弯曲，中和面的位置就越向核部移动。与应变分布相对应的纵弯曲层内的应力分布也反映中和面以上张应力呈近水平向分布，中和面以下压应力呈近水平向分布。

单岩层力学性质不均一时，不同部位的变形存在较大差异，主要有以下几种情况：

(1)韧性单岩层。当单岩层韧性较高时，在受到顺层挤压作用下，岩层会发生明显的塑性变形和层内物质的流动，外凸侧因为水平拉伸而变薄，内凹侧因水平挤压而变厚[图 9-32(b)]。

(2)脆性单岩层。当单岩层脆性较高时，在受到顺层挤压作用下，岩层的变形主要表现为明显的断裂变形，外凸侧因为水平拉伸，可产生与层面正交，呈扇状排列的楔形张节理或小型正断层，甚至地堑或地垒，而在内凹侧因水平挤压，产生小型逆断层[图 9-32(c)]。

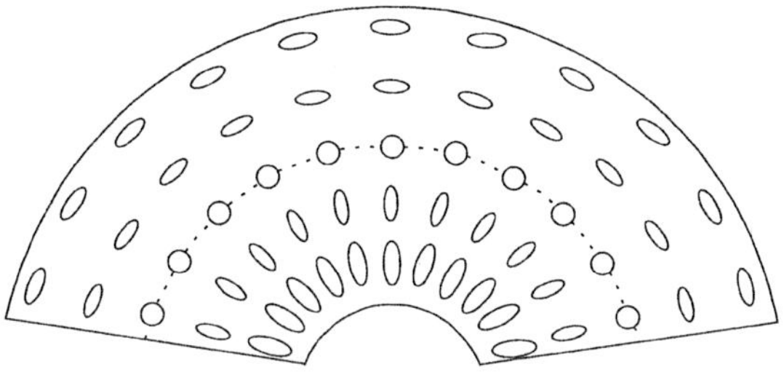

图 9-31 纵弯褶皱作用的应变特征

(3)微层理发育较好的单岩层。当微层理发育、具有一定厚度的单岩层力学性质差异较大时(如由底面到顶面脆性和韧性变化明显)，若岩层上部脆性较高，下部微层理发育导致韧性较高，在受到顺层挤压作用下，外凸侧因水平拉伸而产生类似图 9-32C 中的张节理或小型正断层，内凹侧因水平挤压产生小型褶皱(图 9-32D)；若上部微层理发育，韧性较高，下部脆性较高，在受到顺层挤压作用下，外凸侧因水平拉伸而变薄，而内凹侧因水平挤压产生小型逆断层。

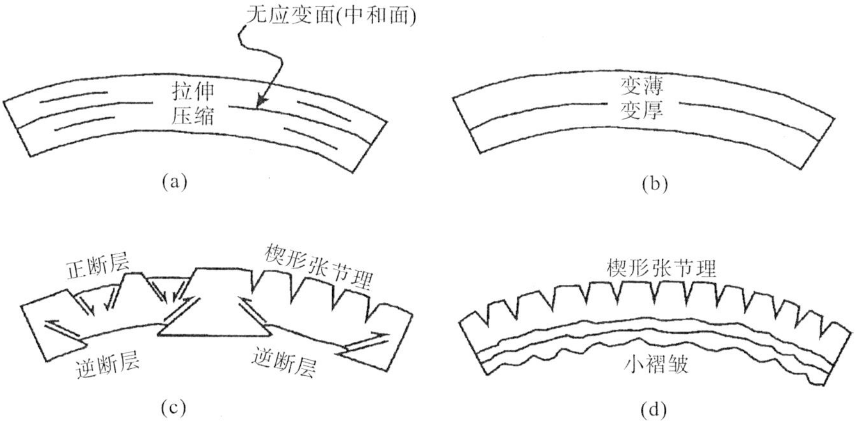

图 9-32 单层纵弯曲的应变状态及内部小构造

(据 Billings，1947 年。转引自李忠权，刘顺. 构造地质学(第三版). 北京：地质出版社，2010.)

(a)纵弯曲的应变状态；(b)韧性层的变形；(c)脆性层的断裂变形；(d)上部断裂下部褶皱

(二)多岩层纵弯褶皱作用

当多层岩石受纵弯褶皱作用而发生弯曲时，层面在形成褶皱的过程中起着重要的作用，岩层常通过下列方式形成褶皱，一种是弯滑作用，一种是弯流作用。

1.弯滑作用

弯滑作用(flexural slipping)是一系列岩层在纵弯褶皱作用过程中通过层间滑动的

方式弯曲成为褶皱。弯滑作用主要特点是(图 9-33)：

(1)各单层有各自的中和面，而整个褶皱没有统一的中和面。各相邻褶皱面保持平行关系，各岩层真厚度在褶皱的各部位基本一致。因此，弯滑作用形成的褶皱绝大多数为平行褶皱。

(2)弯滑作用引起的层间滑动是有规律性的，一般情况下各相邻的上层相对向背斜转折端滑动，各相邻的下层则相对向向斜转折端滑动[图 9-33(b)]。由于层间滑动作用，一方面强硬岩层在翼部可能产生旋转剪节理、同心节理(图 9-34)及层间破碎带，而且在滑动面上出现与褶皱枢纽近直交的层面擦痕(图 9-35)；另一方面，由于两翼的相对滑动，往往在转折端形成空隙或断裂破碎，造成所谓的虚脱现象(图 9-36)，此处是成矿物质易富集的场所，也是油气易聚集的有利部位。

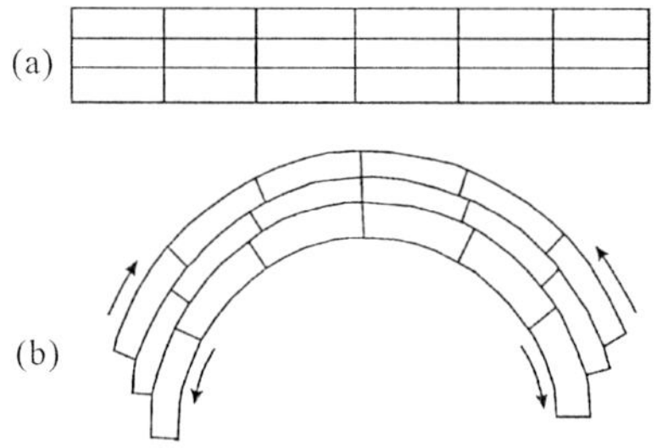

图 9-33 纵弯褶皱的弯滑作用

(a).弯曲前；(b).弯曲后

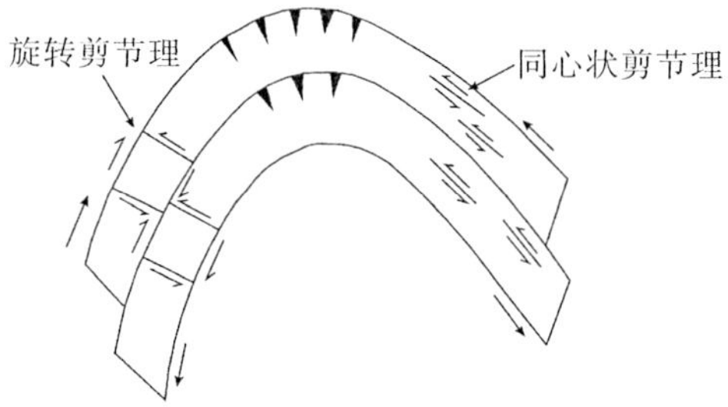

图 9-34 弯滑褶皱中的节理

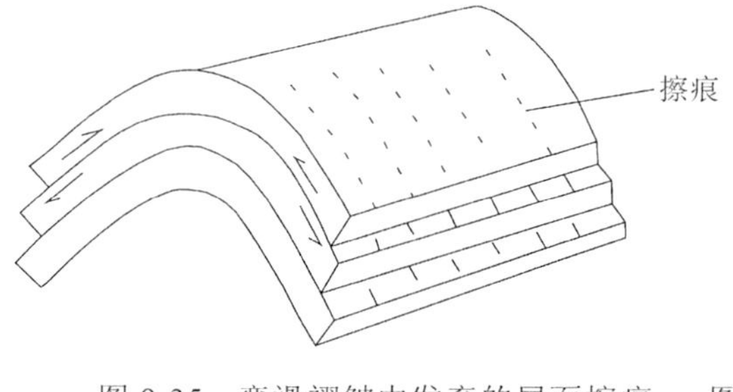

图 9-35 弯滑褶皱中发育的层面擦痕

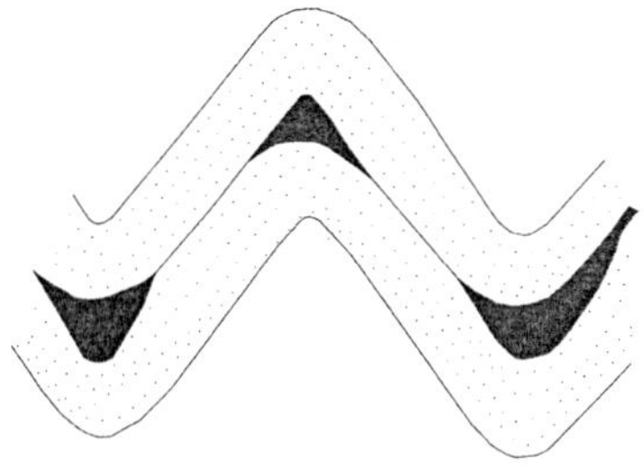

图 9-36 弯滑作用形成的虚脱现象和鞍状矿体

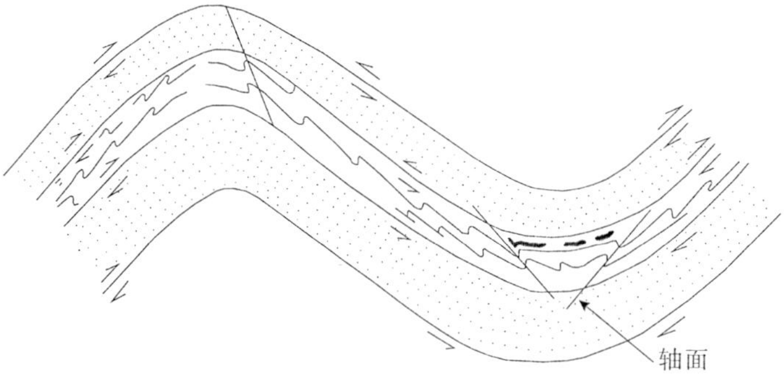

图 9-37 纵弯褶皱的弯滑作用形成的层间小褶皱(据 Spencer，1977)

箭头表示顺层滑动方向

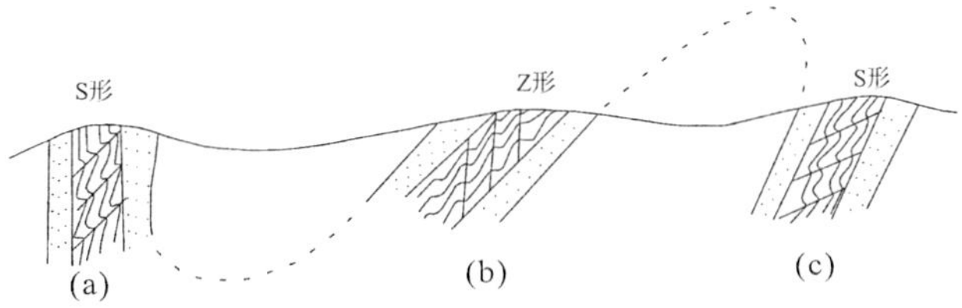

图 9-38 层间小褶皱指示地层层序

(据 Billings，1947 年。转引自李忠权，刘顺. 构造地质学(第三版). 北京：地质出版社，2010.)

利用纵弯褶皱中层间小褶皱确定岩层产状正常或倒转及背斜向斜位置

(a)直立岩层；(b)正常倾斜岩层；(c)倒转岩层

(3)当两个强硬岩层之间夹有层理发育的韧性岩层时，在纵弯褶皱作用下，强硬岩层因弯滑作用发生层间滑动，强硬岩层间的韧性层则发生塑性变形而形成层间小褶皱，该小褶皱多为不对称褶皱(图 9-37)。不对称小褶皱的轴面与其上、下相邻岩层面所夹锐角的方向，指示该相邻层相对运动方向。因此，可以根据这种层间滑动规律来判断岩层顶、底面，从而确定岩层层序是正常或倒转以及背斜和向斜的相对位置(图 9-38)。

2.弯流作用

弯流作用(flexural flow)是纵弯褶皱作用使岩层产状弯曲变形时，不仅发生层间滑动，而且某些岩层的内部还出现物质流动现象，上下层面对褶皱层内物质的流动起着控制作用。弯流作用的主要特点是：

(1)弯流作用大都发生在脆性厚层之间的塑性层内(如泥灰岩、盐层、煤层、黏土岩层等)，层内物质流动方向一般自受压的翼部流向转折端，岩层在转折端处不同程度地增厚，翼部相对变薄，从而形成顶厚褶皱或相似褶皱。

(2)当软硬相间的岩层受到顺层挤压时，硬岩层难以发生流动，仍形成平行褶皱，软岩层因易流动而填充了由于层间滑动形成的虚脱空隙，从而形成顶厚褶皱或相似褶皱(图 9-39)。

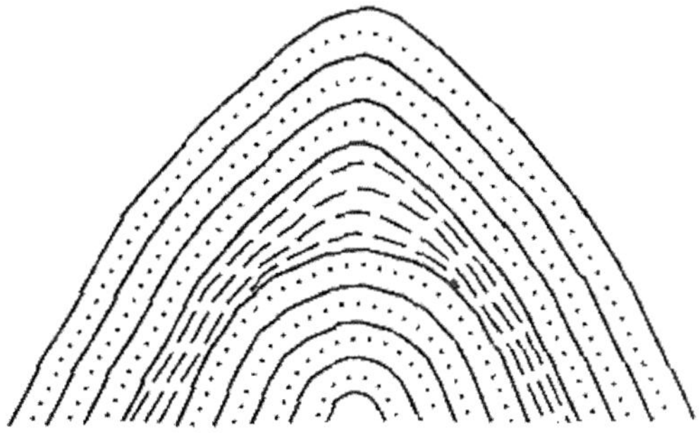

图 9-39 砂岩、页岩组成的褶皱

注：砂岩呈平行褶皱，页岩呈顶厚褶皱

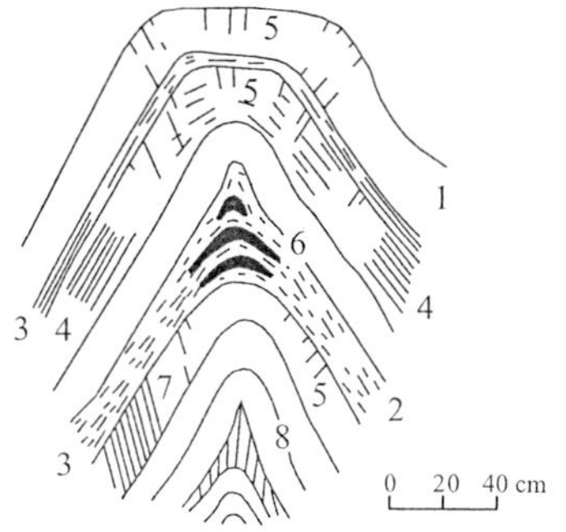

图 9-40 河北兴隆弯流褶皱的内部构造

1.厚层硅质石灰岩；2.炭质板岩夹薄层灰岩；3.顺层流劈理；4.顺层剪裂面；5.张节理；6.由硅质石灰岩形成的构造透镜体；7.翼部剪节理；8.反扇形流劈理

(3)在侧向挤压下软岩层发生强烈层内物质塑性流动，可能产生线理、劈理或片理(兼有变质作用)等小型构造；如其间夹有脆性薄岩层，则可形成构造透镜体和无根褶皱等(图 9-40)。

(4)如果发生层间差异流动，则在主褶皱翼部和转折端形成从属褶皱(与主褶皱有成因联系并有一定几何关系的次级小褶皱)，其形态和产状显示出层内物质向转折端流动的特征。

二、横弯褶皱作用

横弯褶皱作用(bending)指的是岩层受到和层面垂直的外力作用而发生褶皱。因岩层的原始产状多近于水平，故横弯褶皱作用下力的作用方式多为自下而上。产生这种力的原因，包括地壳的差异升降运动、岩浆的顶托(上拱)作用、岩盐层及其他高塑性岩层的底辟作用以及沉积、成岩过程中产生的同沉积压实作用等。与纵弯褶皱作用相比，横弯褶皱作用较为次要。横弯褶皱作用与纵弯褶皱作用明显不同，其主要特点是：

(1)横弯褶皱的岩层整体处于拉伸状态，一般不存在中和面。

(2)横弯褶皱作用下，顶部由于拉张而变薄，所形成的褶皱一般为顶薄褶皱，尤其由于岩浆侵入或高韧性岩体上拱造成的穹窿更是如此。强烈的侧向拉张甚至造成顶部产生放射状断裂或同心圆状环形断裂(图 9-41)，如为矿液充填，就会形成放射状或环状矿体。

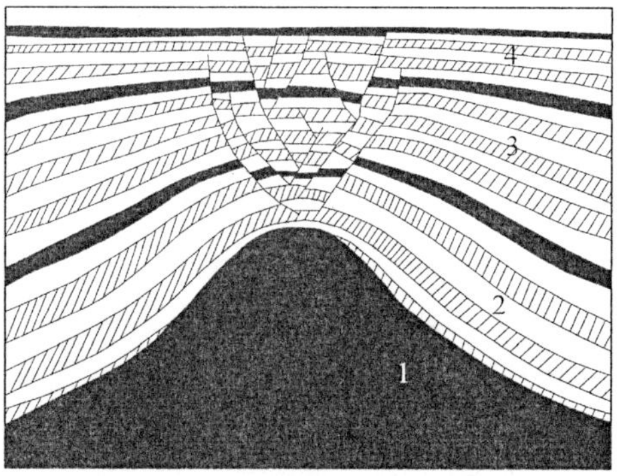

图 9-41 底辟上覆岩层顶部断层的模拟实验示意图(据 Currie，1956)

1.弧形隆起基底；2，3，4.泥质岩层

(3)横弯褶皱作用引起的塑性岩层物质流动方向是从褶皱的转折端向翼部流动，从而形成顶薄褶皱。位于翼部的韧性岩层由于重力作用和层间差异流动可能会形成轴面向外倾斜的层间次级小褶皱(图 9-42)，其轴面与主褶皱的上、下层面的锐夹角指示上层顺倾向滑动，下层逆倾向滑动。

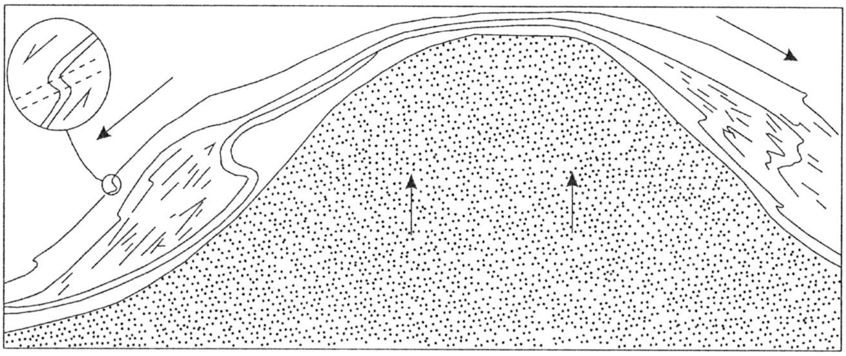

图 9-42　横弯褶皱作用引起的弯流作用(据 Dennis，1972，改绘)

注意层间小褶皱面产状正好与纵弯滑引起的层间小褶皱轴面产状相反

三、剪切褶皱作用

剪切褶皱作用(shear folding)是岩层沿着一系列不平行于层面(一般呈大角度)的密集剪切面或劈理面发生差异性滑动形成“褶皱”的作用，又称滑褶皱作用。剪切褶皱作用的主要特点是：

(1)剪切褶皱作用所形成的褶皱并非岩层面真正发生了弯曲变形，而是岩层沿密集的破裂面发生差异滑动而呈现出的弯曲外貌(图 9-43)。原始层面在剪切褶皱作用中不起控制作用，只作为滑动结果的标志或参照系。

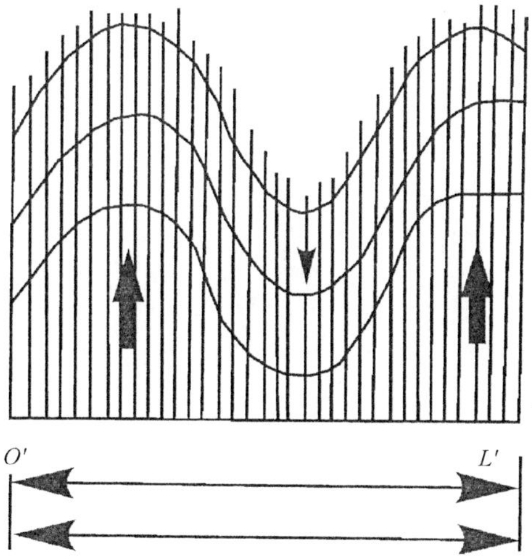

图 9-43　剪切褶皱作用形成的相似褶皱(据 Hills，1972)

竖线.破裂面(剪切滑动面)；粗波浪线.岩层面；
大箭头.剪切作用方向；小箭头.平行轴面量的层的“厚度”

(2)剪切褶皱作用形成的褶皱多为相似褶皱，顺剪切滑动面方向(轴面方向)度量，其视厚度在褶皱各个部位是相等的，而其真厚度为顶部厚，两翼薄。

(3)剪切褶皱作用形成的褶皱是岩层沿剪切面差异滑动结果，所以在褶皱轴面两侧的相对剪切方向是相反的(图 9-44)。

由于变质岩中劈理和片理较为发育，其劈理或片理面常可作为差异滑动面，因此剪切褶皱作用多产生于变质岩地区。

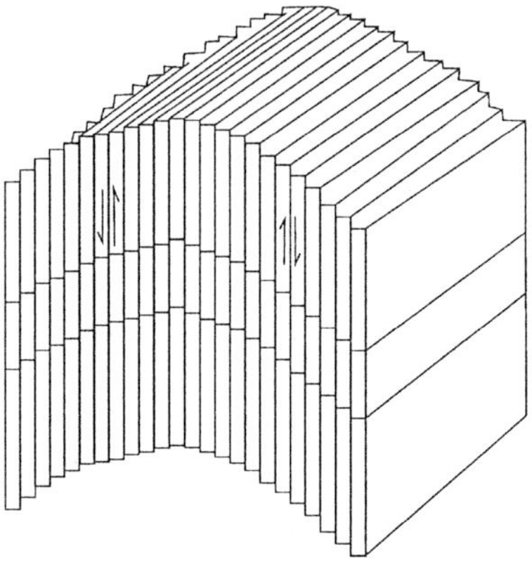

图 9-44 剪切褶皱作用模式图

四、柔流褶皱作用

柔流褶皱作用(flow folding)是高韧性岩层(如岩盐、石膏、黏土层等)或处于高韧性状态的岩层，在外力作用下而发生类似黏稠的流体那样的流动并形成褶皱的作用。柔流褶皱的形态十分复杂，产状无一定规律，但很多小褶皱转折端厚度大于翼部。如盐丘构造的底辟核的膏盐层，变质岩和混合岩化的岩体中有些长英质脉岩受力流变而成的肠状褶皱。

柔流褶皱作用的力学成因目前还不明确，有学者认为其力学机制仍是剪切褶皱作用；还有学者认为柔流褶皱既可以通过纵弯褶皱作用形成，也可以经横弯褶皱作用而形成，因此常见到柔流褶皱作用与那些受层理控制的弯流作用相过渡的现象。

第五节 影响褶皱形成的主要因素

褶皱的形态、规模大小和分布特点不仅与褶皱作用力的方式有密切关系，而且还受岩层层理、岩层厚度、岩石的力学性质、动力作用的方向和性质、埋藏条件和基底构造等因素的影响。

一、层理

层理或成层构造使岩石具不均一性，致使岩层受力发生变形时，可以通过层间滑动或层内物质塑性流动而弯曲成褶皱。层理的存在，一方面可以把一个岩系分成许多层，在变形过程中各层沿层面发生相对滑动，易于弯曲；另一方面，在层状岩石发生变形的过程中，由于层理面的限制，岩层内的韧性物质可沿层面发生塑性流动而形成褶皱。

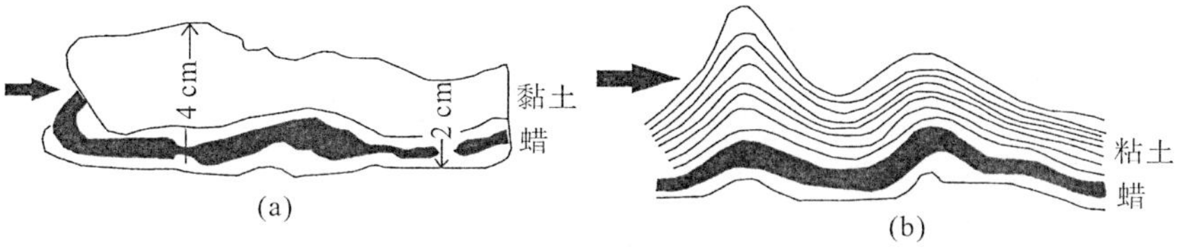

图 9-45 蜡和黏土在侧向挤压下的变形(据 Белоусов，1986)

(a)厚块黏土的变形；(b)成层黏土形成褶皱

没有层理构造或者层理构造不发育的岩块，在承受构造应力作用时，只能表现为岩石的缩短或伸长，而不具有规则的弯曲形态，图 9-45 是厚层黏土和层状黏土受力变形的实验模型在侧向挤压下，黏土块被压缩而变厚，未表现出明显的褶皱；而层状黏土在侧向挤压下很容易就形成了规则的褶皱形态。因此，层理或者成层构造是岩石形成褶皱的必要条件。

二、厚度

岩层的厚度对褶皱的形态和大小有着显著的影响，当对岩性相似而厚度不同的岩层施加同样的水平挤压力时，厚岩层往往形成曲率小、波长大的平缓开阔褶皱，而薄岩层则形成曲率大、波长小的紧密褶皱(图 9-46)。

(a)

(b)

图 9-46 厚度对褶皱发育的影响

(a)厚岩层形成的褶皱；(b)薄岩层形成的褶皱

三、岩石力学性质

岩石的力学性质直接影响褶皱的形态和类型。当岩石力学性质不同的强硬岩层和软弱岩层相间叠置并一起受力发生褶皱时，强硬岩层在褶皱中表现出相对刚性，软弱岩层则显示为相对韧性。强硬岩层常以弯滑褶皱作用为主形成平行褶皱，并对整个褶皱的形态起控制作用，而软弱岩层则被迫迁就强硬岩层形成的空间而变形，形成顶厚褶皱(图 9-47)。

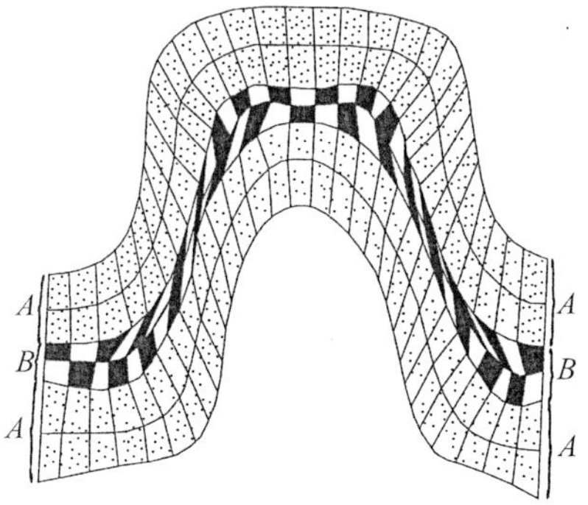

图 9-47 两种不同力学性质试件的褶皱实验(据 Hobbs et al.，1976)
A 试件为 NaCl 和云母组成，*B* 试件为 KCl 和云母组成，
A 层物质的强度约为 *B* 层的 10 倍，图上方格在褶皱前均为正方形

岩层的“强硬”和“软弱”是相对的。因为岩层的强弱除了与岩石成分、结构和构造外，还与变形时的各种外界因素(温度、压力、溶液等)有关。在一个地区表现为强硬岩层，在另一地区可能为软弱岩层。一般情况下，砂岩与泥岩互层时砂岩为强硬岩层，但当砂岩与白云岩或硅质灰岩互层时，砂岩则表现为软弱岩层。对于同一种岩石(如粉砂岩)，层厚较大的往往表现为强硬岩层，厚度较小的则表现为软弱岩层。

四、岩层埋藏深度

岩石的力学性质和褶皱变形特征与其所处的环境密切相关(温度、压力等)。地壳中不同深度的岩层，由于所受的围压和温度不同而具有不同的力学性质。在地壳浅处或近地表，岩层在常温常压下表现为脆性并以断裂变形为主；随着埋藏深度的增加，围压和温度越来越高，岩石的韧性随之增高，发生变形时，岩层褶皱以弯滑褶皱作用为主；随着埋藏深度越来越深，岩石则呈韧性(黏弹性)，褶皱作用也逐渐以弯流褶皱或剪切褶皱，甚至变为柔流褶皱为主。在太古界、元古界等变质岩区普遍发育相似褶皱和肠状褶皱等，就是这个原因。

五、应变速率

应变速率对岩石的力学性质和褶皱形成也有较大的影响。如果应变速率很大，岩石并不表现为黏性，而表现为弹性，这时即使在地下一定深处，岩层也会呈弹性弯曲或脆性断裂；在缓慢变形中，在近地表，即使压应力很小，但是持续时间很长，岩层也会发生蠕变而形成褶皱，甚至使韧性低的岩层发生强烈褶皱。

六、基底构造

基底或深层构造特别是基底断裂构造对盖层或浅层褶皱形态和组合分布具有较大的影响。例如，有些雁行褶皱就是由基底中的平移断层(走向滑动断层)的水平剪切作用所引起的盖层褶皱(图 9-48)。

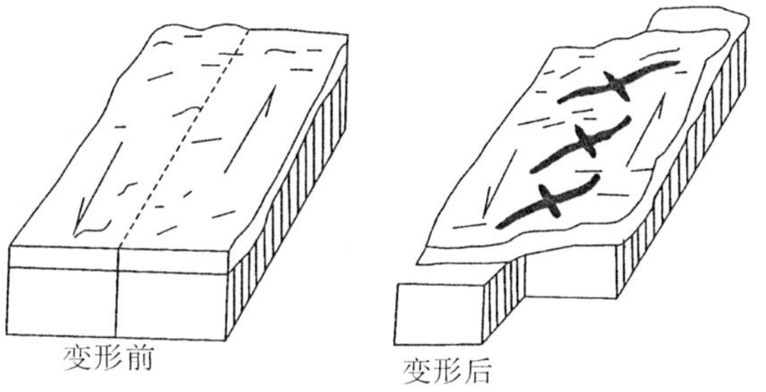

图 9-48　雁行褶皱与基底断裂的关系模拟实验

长期活动的较大规模的基底断裂，不仅影响区域岩浆活动，控制整合盆地的发生、发展，而且对沉积盖层的褶皱形式也有重要影响。如基底隆起，其上的盖层常常形成大型的穹隆构造[图 9-49(a)]；深层断裂常常使浅层形成不对称褶皱[图 9-49(b)]，其陡翼常反映深部断层的部位，褶皱轴面与断层倾向一致；在两基底断层之间的断块部位常形成箱状褶皱[图 9-49(c)]；当基底形态为波状起伏时，浅部地层受到侧向挤压变形，不整合面可作为滑动面，使深部构造正向地形上出现向斜，负向地形上出现背斜[图 9-49(d)]。

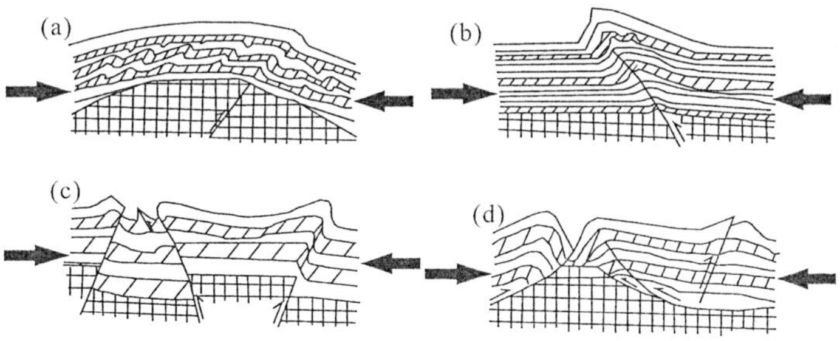

图 9-49　基底(深层)构造控制盖层(浅层)构造示意图(据张文佑，1984)

(a)深层(基底)隆起控制浅层背斜，浅层挠曲正位于深层断裂部位；(b)深层断裂使浅层形成不对称褶皱；(c)深层断块构造控制浅层箱状褶皱(注意背斜上发育正断层，向斜中沿断裂有强烈柔褶变形)；(d)基底波状面控制浅层构造(注意在侧向挤压下，沿背形基底面出现一系列滑动面)

第六节　褶皱的观察和研究

褶皱构造的研究主要包括查明褶皱的形态、位置、产状、规模及其圈闭和组合分布特点；探讨褶皱形成机制和形成时代；为研究区域地质构造特征、褶皱与矿产、油气能源的运移聚集以及水文、工程地质等关系提供这方面的基础资料。

一、褶皱形态的研究

(一)把握区域性总体构造轮廓

在对特定地区的褶皱构造开展研究时，首先应通过对包括研究区在内的小比例尺地质图及航空像片、卫星像片的解译分析，或在露头良好的地带进行横穿区域构造线的路线观察，了解全区地层时代、层序及构造总体的特征，如区域构造线方向及其变化，背斜和向斜发育特点，背斜、向斜是否构成更高一级的大型褶皱，褶皱枢纽的倾伏方向，全区构造发育的强弱变化情况等等。总之，应尽可能对区域性总体构造轮廓有一个初步把握，为下一步研究褶皱构造提供良好基础。

(二)查明地层层序和追索标志层

1.查明地层层序

(1)要认识和识别层理。注意区别层理和其他次生面状构造。

(2)开展地层系统研究。根据古生物和岩石沉积特征，查明其时代层序，进行地层划分，或根据岩石中各种原生构造及伴生小构造(如层间小褶皱、节理、劈理等)来查明岩层相对顺序，区别层序正常和倒转的地层。

(3)确定褶皱的存在。要注意利用沉积岩的原生层面构造(如斜层理、波痕、泥裂、冲刷构造、粒序层等)和岩层中的次生小构造(如层间小褶皱、层间劈理等)来判断沉积岩层的顶面和底面，以此来查明岩层的产状和岩层层序是正常还是倒转，并根据地层重复对称分布的关系，确定背斜和向斜的存在和发育部位。

2.追索标志层

所谓标志层是指厚度不大、层位稳定、分布广泛，在岩石成分和结构构造或所含化石方面具有明显特征的岩层。

在褶皱规模较大、构造复杂的变质岩地区，在层理和地层层序不太清楚的情况下，追索石英岩、大理岩等标志层的分布特点和产状变化，就成了填图和研究构造的一个重要方法。

在油气田或层状矿床的普查勘探中，常根据所选定的标志层或矿层的顶面或底面在矿区内各地出露的高程和产状，结合钻探和物探资料，编绘构造等值线图。这类图件能准确地反映褶皱的形态和规模。

(三)观测褶皱的几何形态

(1)测定褶皱轴面和枢纽的产状。褶皱轴面和枢纽产状是确定褶皱几何形态和产状的基本要素。对于规模较小、出露完整的褶皱有时可以从露头上直接测量得到褶皱的轴面和枢纽产状。但是对于规模较大、出露不完整的褶皱，往往需要系统的测量其褶皱面的产状，用计算方法或赤平投影方法才能准确确定其轴面和枢纽产状。

(2)根据同一剖面上不同层位及不同高度的岩层倾角的变化，结合同一岩层厚度在褶皱不同部位的变化，分析褶皱各层的几何关系，判断是平行褶皱还是相似褶皱，或是顶薄褶皱。

(3)转折端处的岩层产状在研究褶皱形态方面有重要意义。无论褶皱两翼岩层层序是正常还是倒转，而在转折端处的岩层层序一般是正常的，据此可以帮助确定岩层的正常层序。但是对于平卧褶皱和翻卷褶皱则是例外。

(4)观察褶皱的出露形态和平面图像。褶皱的出露形态不仅与褶皱本身的形态、产状和规模有关，还受到底面切割的影响。由于风化侵蚀，地面这个天然切面起伏不平，可以从任意方向切割褶皱。图 9-50 为一简单的圆柱状褶皱，但是它在不同方向的切面上所出露的形态就各不相同，地面可以是其中任意一个面，因此褶皱在地面上的出露形态只是褶皱在这个方向的地面出露效应，是褶皱不完整的甚至是被歪曲了的形象。因此，必须通过详细观测，对褶皱在不同位置、不同方向的出露形态进行综合分析，并结合赤平投影的解析和结合作图揭示褶皱的真实形态和产状。

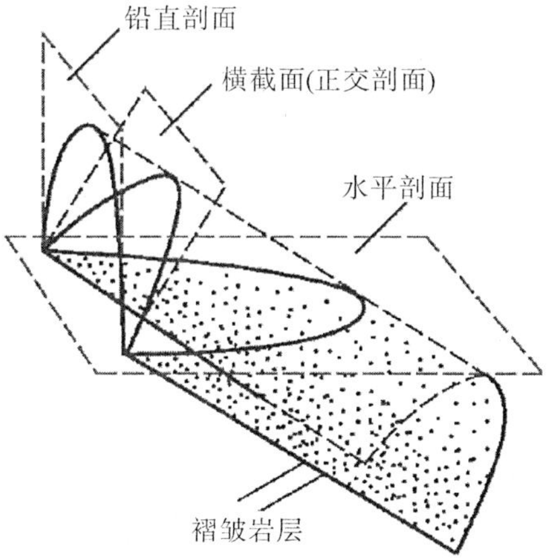

图 9-50 褶皱在不同方位的切面上的出露形态示意图

(5)绘制褶皱剖面图及褶皱横截面图。褶皱是一个复杂的立体形态地质体，对褶皱形态的研究，除了通过野外填绘的地质图来表示外，往往还要用剖面图来表示。一般是绘制褶皱横剖面图，横剖面图可以是实测的，也可以从地质图上用作图法绘制。

(6)认真研究褶皱的纵剖面，了解其纵向变化规律。结合地质图、横剖面图和纵剖面进行综合研究，可以了解褶皱在三维空间的整体形态及在不同区段内形态的变化特征和变化规律，并可绘制立体图解来表示。

二、褶皱形态的纵深变化

由于形成褶皱的岩石力学性质、厚度和变形条件的差异以及褶皱的形态、规模的不同，褶皱会随着埋深的增加可能发生变化。研究褶皱形态的纵深变化对矿产普查勘探工作是很重要的。对此项研究工作的开展，主要从以下方面着手：

(1)从褶皱在地表的形态特征去推断它向地下延伸的变化。若地表为顶薄褶皱，可以推断其两翼岩层产状向深部可能变厚变陡；若地表是一平行褶皱(向下变得紧闭，变小，逐渐消失)，则可推测褶皱曲率向深部将逐渐变大或变小，整个褶皱不可能延伸很深。若地表所见是相似褶皱，且整套岩性也较一致，则可推测褶皱形态延伸到一定深度还保持不变(上下形态比较一致)。当褶皱岩系中有软弱岩层时，则在软弱岩层上、下的褶皱形态可能变化很大，形成不协调褶皱。

(2)从横切褶皱的峡谷、深沟和陡崖上，有时可以直接观察褶皱从上部到下部的形态变化和变化趋势，或是在不同高程对同一褶皱作详细观察和绘制横剖面图，并对不同高程的褶皱形态作分析比较以查明其纵深变化规律。

(3)应用物探和钻探方法确定褶皱深部形态的特点和变化。图 9-51 为四川东部卧龙河构造的一个地震剖面图，该剖面横切褶皱长轴，向下延伸至 3000～5000m 的二叠系时变成强烈紧闭的背斜，并发育大量断层；延伸到 5000m 以下的志留系地层时，岩层倾角变缓，到 7000m 深处的寒武系地层，褶皱已趋向于消失。需要指出的是，在使用这种方法所得的资料时，必须结合地面地质构造的详细观察和研究，并充分利用其他资料综合解释，才能正确揭示地下构造特征，得出符合客观实际的结论，离开了对区域地质特征的认识，单纯靠物探或钻探资料也难以得出正确的结论。

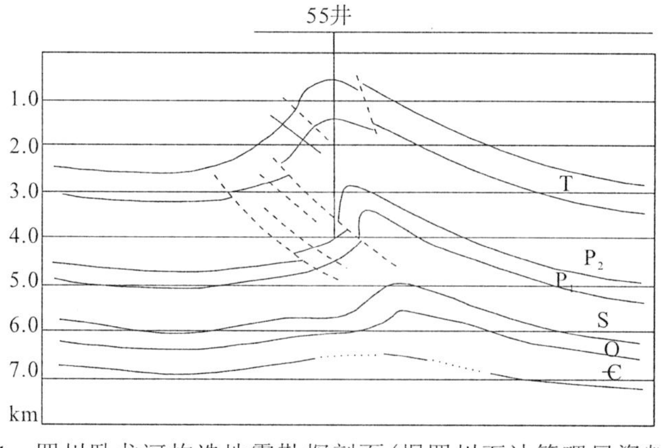

图 9-51 四川卧龙河构造地震勘探剖面(据四川石油管理局资料简化)

三、褶皱形成时代的确定

有的褶皱是在短暂的地质历史时期内形成的，有的是在漫长的地质历史时期内逐渐产生的。前者常常是岩层成岩后受力而发生褶皱，其形成时期总是与某个地质年代的构造运动一致；后者如同沉积褶皱，其形成时期是根据沉积岩相和厚度的分析来确定的。

研究褶皱构造形成时代最常用的方法是角度不整合分析法、岩性厚度分析法和同位素年龄测定法等。

(一)角度不整合分析法

大多数褶皱是成岩后形成的，它们的形成时代主要是根据区域性的角度不整合时代来确定。不整合面以下的一套地层发生褶皱，而其上的地层未发生褶皱，则褶皱的形成时代通常看作与角度不整合形成的时代相一致，即不整合面下伏褶皱中最新地层沉积之后，上覆最老地层沉积之前。如果不整合面上、下地层均褶皱，但褶皱方式、形态又都互不相同，则至少发生过两次褶皱运动。如果一个地区的地层有两个角度不整合，且两个不整合面上、下地层均褶皱，而褶皱形态又不一样，则该区发生过三次或更多次褶皱运动。如图 9-52 所示，存在两个不整合面：一是中、下侏罗统 J_{1+2} 与下伏地层的接触面；另一是古新统与下伏地层的接触面。根据褶皱形成时代的确定原则，本地区至少发生过两次构造运动(褶皱变动)。最下伏构造层经受两次褶皱作用，一次为晚二叠世之后、早侏罗世之前；另一次发生在晚白垩世之后、古新世之前。中部构造层只经历了一次褶皱变动，即经过第二次构造运动形成褶皱。最上覆构造层，即古新统地层没有经受构造运动，故保持水平状态。

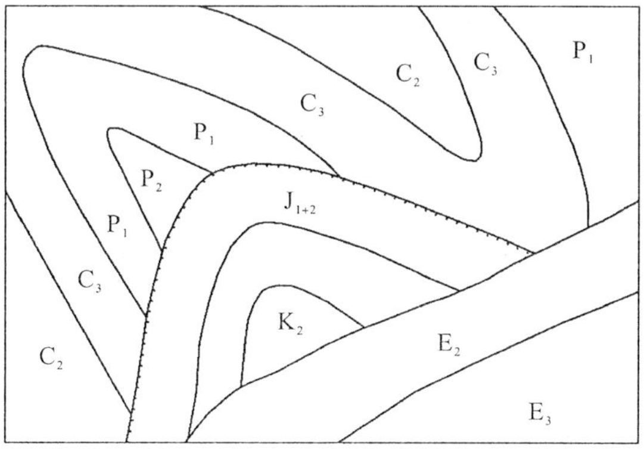

图 9-52 利用角度不整合关系确定褶皱形成时期

(二)岩性厚度分析法

这种方法主要用于同沉积背斜形成时代的确定。因为同沉积背斜是一边隆起变形、一边接受沉积的构造，所以褶皱隆起的时期和幅度直接反映在沉积物的厚度和岩性上。以图 9-18 为例，对这个同沉积背斜的分析可以判断，该背斜在 1 层沉积之前尚未隆起，背斜隆起时间是 1～3 层沉积时期，第 4 层沉积时背斜又停止隆起。4～8 层则是在 8 层沉积后才有褶皱形成的。

除此之外，褶皱的形成时代还可以根据与褶皱相接触的岩浆岩体(常侵入于背斜的核部)的同位素年龄来间接确定；也可以根据褶皱的重叠变形关系，分析多期褶皱的存在及各期褶皱的相对先后顺序。

复习思考题：

1.说明褶皱构造、背斜和向斜的含义。

2.试述褶皱的基本要素，并绘图说明。

3.试述褶皱的主要分类依据及类型。

4.褶皱的组合型式有哪些？

5.褶皱的形成机制包括哪些类型？

6.与横弯褶皱作用相比，纵弯褶皱作用有哪些与之不同的特点(形态、应力-应变分布及特征、伴生构造等)？造成这两种褶皱构造特征差别的原因是什么？

7.平行褶皱和相似褶皱有什么差别？

8.影响褶皱作用的主要因素有哪些？

9.试述褶皱的研究意义、内容与方法。

10.自然界大部分褶皱是由纵弯褶皱作用形成的。从地壳变形的角度分析，这种现象反映了什么问题？

第十章 节 理

岩层或岩体在力的作用下发生破裂，两侧的岩石沿破裂面没有发生明显位移的断裂构造称为节理(joint)。节理是一种普遍存在的地质现象，是地壳上部岩石中发育最广泛的一种地质构造。

节理的研究在理论上和实践上都具有重要意义。大多数节理是构造运动的产物，节理的性质、产状和分布规律，及其与褶皱、断层及区域性构造的关系对认识和阐明区域地质构造及其形成和发展过程方面具有重要意义。在矿产资源形成过程中，节理的存在为矿液的上升、分散和渗透提供了构造条件，一些矿区中矿脉的形成、产状和分布与该区的节理发育情况有密切关系；节理也是石油、天然气和地下水的运移通道和储聚场所，对石油、天然气的勘探和开采具有重要影响。在地质工程方面，大量发育的节理常常会使岩体或边坡的稳定性变差，引起崩塌、滑坡等地质灾害；在水利工程建设区(大坝、水库等)，节理的存在会使得水工建筑物下方及周围水体发生渗漏，造成工程安全隐患。

第一节 节理的分类

节理的形成原因很多，发育也较为广泛。一般来讲，节理的分类主要依据三个方面。

一、节理形成的地质原因分类

(一)原生节理

原生节理(primary joint)是指在成岩过程中形成的节理。如沉积岩中的泥裂构造、岩浆喷出岩中的柱状节理以及岩浆侵入岩中的流线、流面等。

(二)次生节理

次生节理(subsequent joint)是指岩石形成以后形成的节理，内、外动力地质作用均可形成次生节理，据此可将次生节理分为构造节理和非构造节理两种。

1.非构造节理

由非构造运动的外动力地质作用形成的节理称为非构造节理，又称外生节理。如岩石因温度变化引起体积不均匀的膨胀和收缩而产生的风化节理、冰川运动和冰劈作用形成的节理以及人工爆破等原因引起的节理均属于非构造节理。非构造节理的特点是一般发育范围不广，局限于一定岩层或一定深度之内(常局限于地表浅处)，或局限于某一现象附近，与各级各类构造无成因关系，产状和方位极不稳定。

2.构造节理

构造节理是指由构造运动产生的节理。构造节理的形成与分布规律性强，其方位和产状稳定，与其周围的地质构造(褶皱、断层及区域构造等)有成因上的联系。

相比原生节理和非构造节理，构造节理的分布范围广、影响程度大、发育规律性强，在理论和实践中更具研究意义。因此，构造节理是本章主要讲述的内容，若无特别说明，本章所述及的节理均指构造节理。

二、节理的几何关系分类

节理是一种小型构造，往往发育在其他较大型构造(如褶皱、断裂等)上，或作为它们的派生构造存在，且与岩层有一定的几何关系。节理的几何分类主要考虑节理与所在岩层或其他构造在空间方位上的关系。

1.根据节理与所在岩层的产状关系(图 10-1)

(1)走向节理(strike joint)：节理走向与所在岩层走向大致平行。

(2)倾向节理(dip joint)；节理走向与所在岩层走向大致垂直(即与所在岩层倾向大致平行)。

(3)斜向节理(oblique joint)：节理走向与所在岩层走向斜交。

(4)顺层节理(bedding joint)：节理面大致平行于岩层层面，是一种特殊的走向节理。

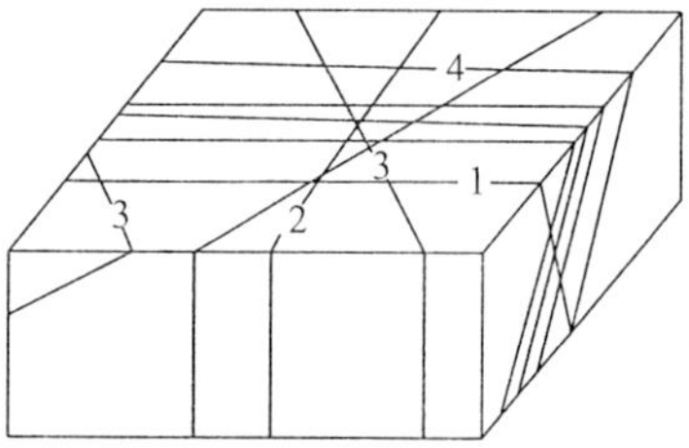

图 10-1 节理与所在岩层产状关系分类

1.走向节理；2.倾向节理；3.斜向节理；4.顺层节理

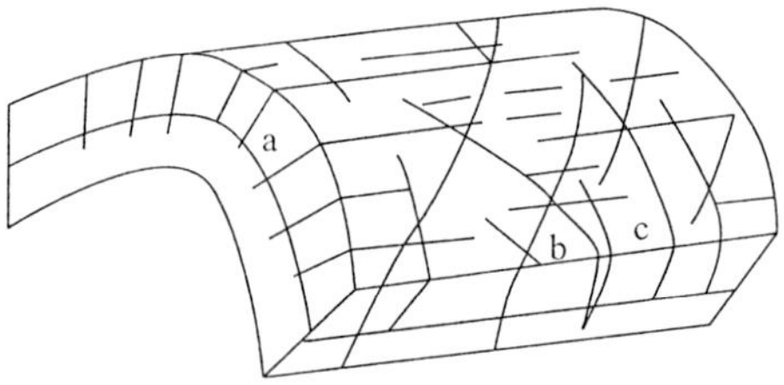

图 10-2 节理与褶皱轴向关系分类

a.纵节理 b.斜节理 c.横节理

2.根据节理走向与所在褶皱枢纽（褶皱轴或区域构造线方位）的关系（图 10-2）

（1）纵节理（longitudind joint）：节理走向与褶皱枢纽大致平行。
（2）横节理（transcurrent joint）：节理走向与褶皱枢纽大致垂直（直交）。
（3）斜节理（oblique joint）：节理走向与褶皱枢纽斜交。

3.根据节理走向分类

对于发育在水平岩层或者近水平岩层中的节理，一般可以根据节理的走向对节理进行分类，如北东向（NE）节理、北西向（NW）节理等。

三、节理的力学性质分类

根据节理形成时的力学性质，可将节理分为张节理（tension joint）和剪节理（shear joint）两种类型。

（一）剪节理

剪节理是岩层或岩体在剪应力作用下产生的破裂面。剪节理的主要特征是：

（1）剪节理产状较稳定，沿走向和倾向延伸较远（图 10-3）。

（2）剪节理面较平直光滑，有时具有因剪切滑动留下的擦痕，当剪节理未被矿物质充填时是闭合的，如被充填，矿脉较为均匀，脉壁较为平直。

（3）发育于砾岩或者含有结核等岩石中的剪节理，一般都切穿砾石和结核等粒状物体而不改变方向（图 10-4）。

（4）典型的剪节理常常成对出现，组成共轭“X”形节理系。这种节理系发育良好时，可将岩石切割成菱形或棋盘格状（图 10-5、图 10-6）。如果共轭“X”形节理系中一组节理发育而另外一组不太发育时，则形成一组平行延伸的节理。不论是“X”形节理系或者是一组平行节理，其发育往往具有等距性。

图 10-3　产状稳定的剪节理

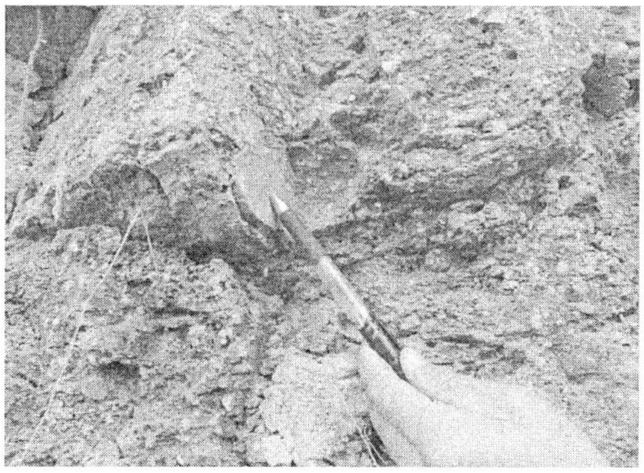

图 10-4　切穿砾石的剪节理

图 10-5 棋盘状共轭剪节理

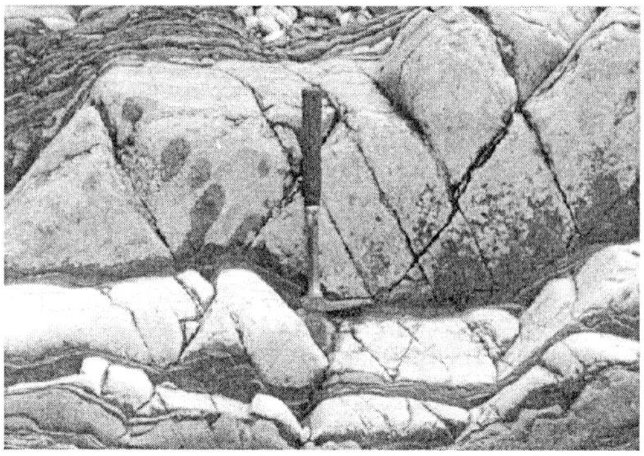

图 10-6 菱形共轭剪节理

(5)剪节理常呈现羽列现象(图 10-7)，仔细观察一条剪节理，主剪裂面往往并非一条单独的节理，而是由若干条方向相同、首尾接近的小节理呈羽状微裂面排列而成，羽状微裂面与主剪裂面交角一般为5°～15°。根据它们首尾邻接部分的两种重叠关系，羽列可分为左行羽列和右行羽列两种形式。若沿小节理走向观察，下方的每个小剪节理依次向左侧错开，为左行(或称左旋)羽列；反之，下方的每个小剪节理依次向右侧错开，为右行(或称右旋)羽列。利用剪节理羽列的排列方式可判断剪节理两侧岩石的运动方向，微裂面与主剪裂面所夹的锐角方向，指示其所在盘的相对剪切滑动方向。

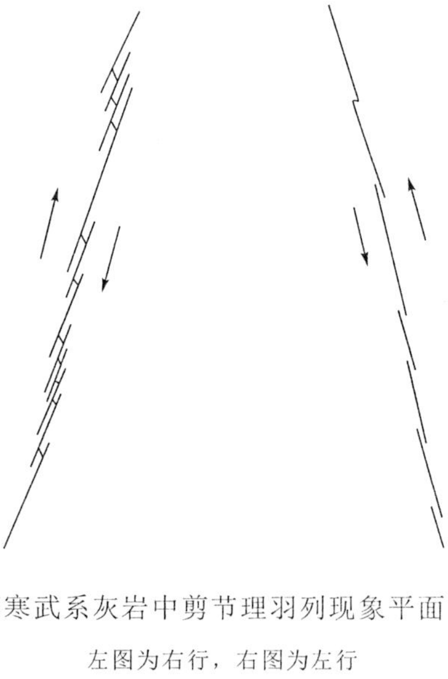

图 10-7 湖北黄陵背斜南部寒武系灰岩中剪节理羽列现象平面素描图(据马宗晋等，1965)

左图为右行，右图为左行

(6)剪节理的尾端变化有折尾、菱形结环、节理叉等三种形式(图 10-8)。这三种尾端变化均反映了两组剪节理不同的组合方式，它们可以出现在同一露头上。①折尾：一条剪节理的尾端突然转折至另外一个方向，延展不远即消失。转折后的方向一般即为共轭节理系中另一组的延展方向[图 10-8(a)]。②菱形结环：一条节理的尾端或两条节理的衔接处，转折或分叉相连构成菱形结环。菱形结环的两个对边即为共轭剪节理系的两组节理[图 10-8(b)]。③节理叉：一条剪节理的尾端发育有许多小节理，它们向两个方向分开，其间保持一定夹角，这两个方向小节理的方位就是共轭节理系中两组节理的方位[图 10-8(c)]。

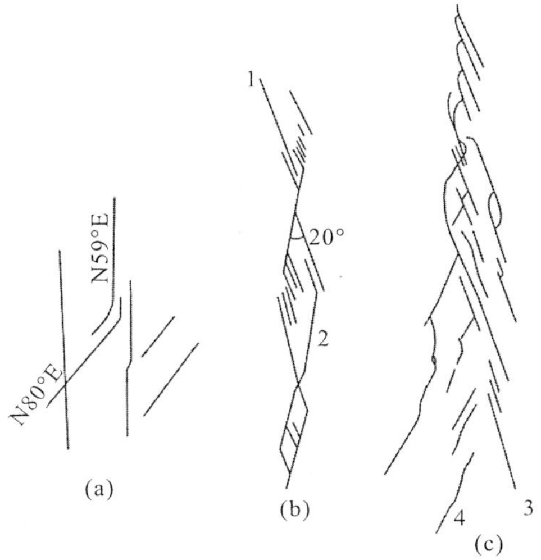

图 10-8 剪切节理的尾端变化(据马宗晋等，1965)

(a)尾端转折；(b)菱形结环；(c)尾端分叉：1，2，3，4 分别组成"X"剪节理系

"X"形节理系是剪节理的最典型形式，两组剪节理的夹角即为共轭剪裂角。这两组共轭剪节理的锐夹角平分线的方向与最大主应力 σ_1 的方向一致，钝夹角平分线的方向与最小主应力 σ_3 的方向一致，而这两组剪节理的交线与中间主应力 σ_2 的方向一致(图 10-9)。

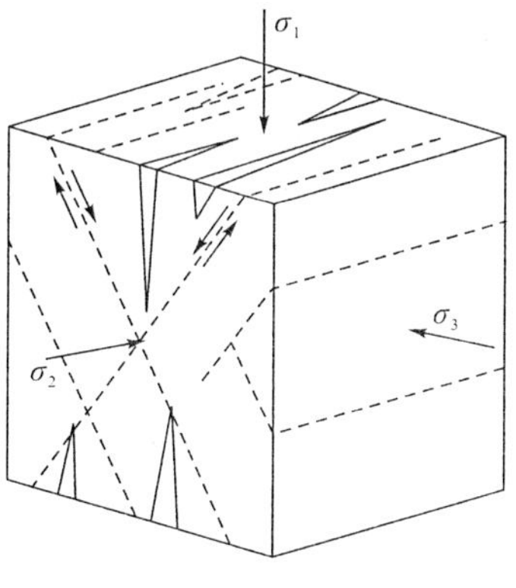

图 10-9 剪节理(虚线)及张节理(实线)与主应力轴(σ_1、σ_2、σ_3)的关系

(据 Wilson，1982 年。转引自李忠权，刘顺. 构造地质学(第三版). 北京：地质出版社，2010.)

(二)张节理

张节理是岩层或岩体在张应力作用下产生的破裂面。张节理的主要特征是:

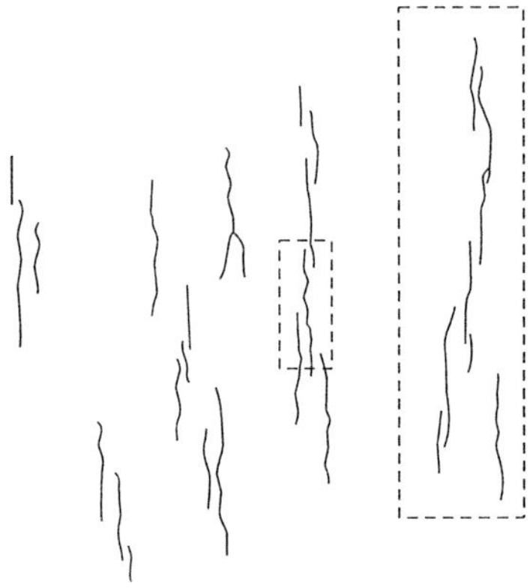

图 10-10 张节理的侧列现象素描
(据马宗晋等,1965)

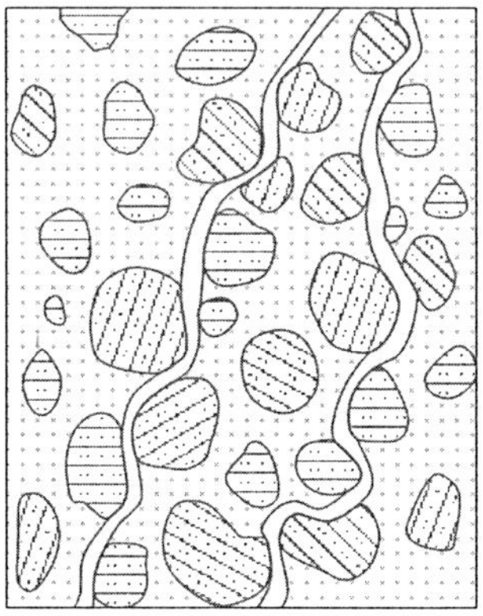

图 10-11 张节理绕过砾石现象素描

(1)张节理产状不甚稳定,延伸不远。单条节理常短而曲折,一组张节理有时呈侧列产出(图 10-10)。

(2)张节理面粗糙不平,无擦痕。

(3)发育于砾岩或者含有结核等岩石中的张节理,往往绕过砾石和结核等粒状物体,一般不切穿(图 10-11)。若切穿砾石或者结核,其破裂面也凹凸不平。

(4)张节理多开口,两壁之间的距离较大,后期常被矿脉物质所充填,形成各种脉体,形态呈楔形和扁豆形等,脉宽变化较大,脉壁不平直(图 10-12、图 10-13)。

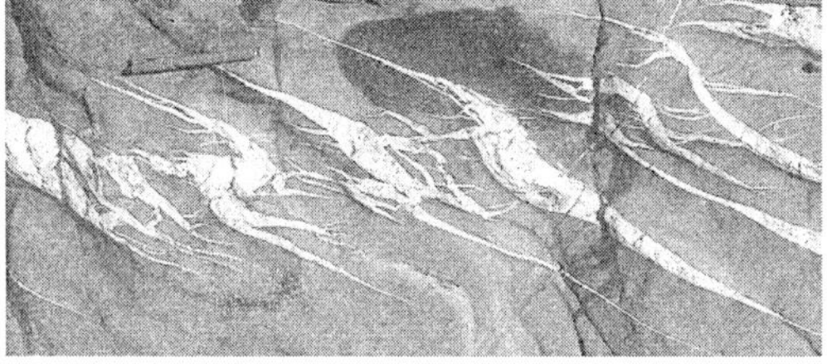

图 10-12 被岩脉充填的张节理

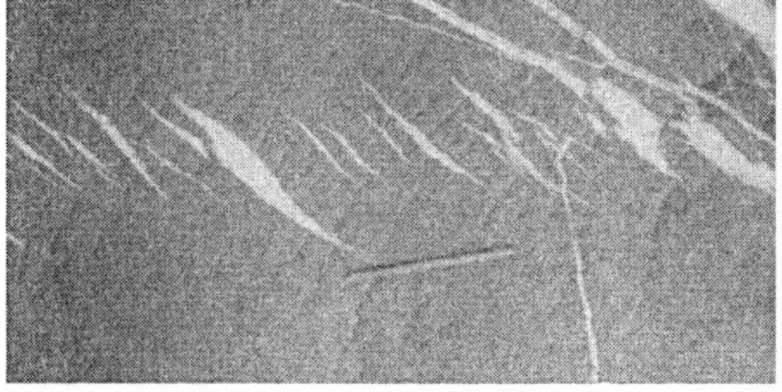

图 10-13 被岩脉充填的张节理

(5)张节理形态上有时不规则,如各种树枝状或网络状,有时也可构成一定的几何外形,如追踪“X”形剪节理而形成的锯齿状张节理(图 10-14),单列或共轭雁列式张节理等(图 10-15、图 10-16、图 10-17)。

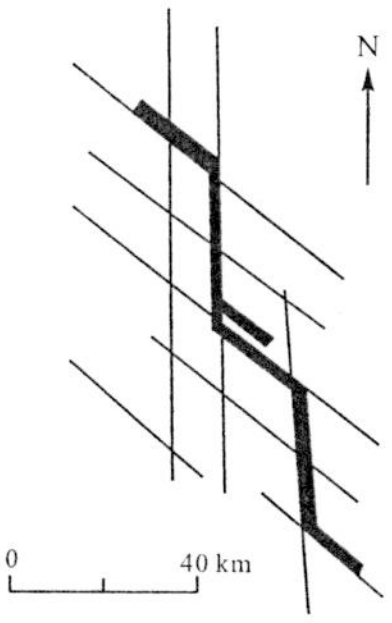

图 10-14 锯齿状追踪张节理素描

图 10-15 单列雁列式张节理

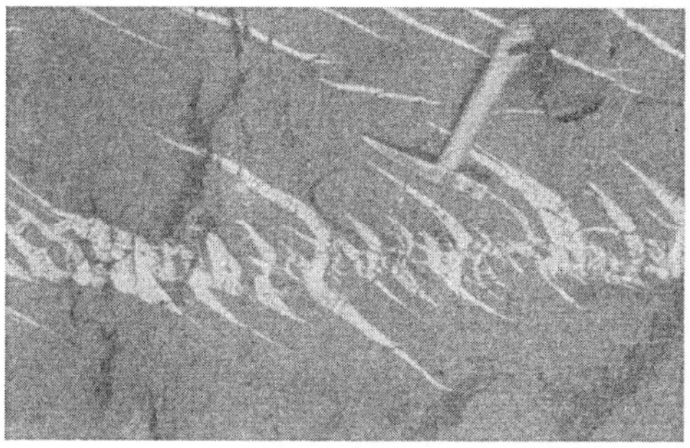

图 10-16 反 S 型雁列式张节理

图 10-17 共轭雁列式张节理

(6)张节理的尾端变化形式主要有：树枝状、多级分叉、杏仁状结环以及各种不规则形态(图 10-18)。树枝状分叉的小节理没有明显的方向性，可与剪节理尾端的节理叉区别开来；杏仁状结环呈椭圆形，棱角不明显，也可与剪节理尾端的菱形结环区别开来。

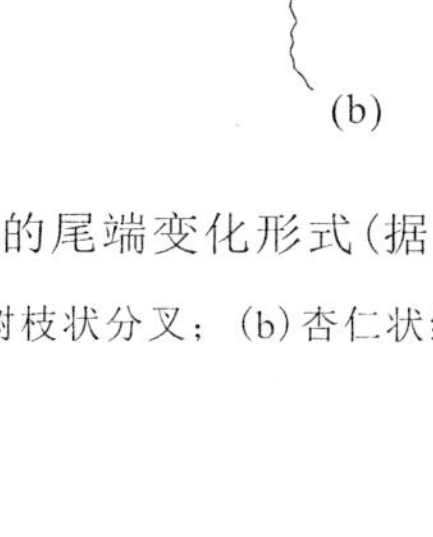

图 10-18 张节理的尾端变化形式(据马宗晋等，1965)

(a)树枝状分叉；(b)杏仁状结环

张节理是在平行于节理面的压应力或者垂直于节理面的张应力作用下形成的，因此张节理面的垂线方向代表的是最小主应力 σ_3 的方向(图 10-9)。在上拱作用下形成的张节理，总体常常排列成放射状或同心圆状。在剪切作用下形成的张节理常呈雁列式。

上述剪节理和张节理的特征是在一次构造变形中形成的节理所具有的。如果岩石或岩层形成之后经历了多次构造运动，早期节理的特点在后期构造变形中往往被改造或者被破坏。此外，即使在一次构造变形中，由于各种因素的影响，也会使节理并不具备上述典型特征。因此在鉴别节理的力学性质时，首先，必须选取未受后期改造的节理，并且要综合考虑各种特点；其次，不能只依据个别露头节理的特点，而应对区域内许多露头或观测点上多数节理的特点进行对比和分析归纳；第三，鉴别节理的力学性质，应结合与节理有关的构造和岩石的力学性质全面考虑。

(三)复合成因的节理

由于构造变形作用的递进发展和相应转化，会发生应力的转向和变化，因而常出现一种节理兼具两种力学性质特征或过渡特征，表现为张剪性等。

图 10-19 是一条主干节理及其派生节理，以主干节理与派生节理的组合排列上，显示主干节理具右行剪切滑动性质(垂直节理走向观察，对盘岩块向右剪切滑动称为右行；反之称为左行)。但是，主干节理中发育的石英纤维晶体却与主干节理壁以约 50°相交，该方向恰与张应力作用方向一致。这种现象说明，在剪切滑动过程中或其晚期，由于张应力的作用剪裂面被拉开了。再者，派生分支节理中的石英纤维晶体，在分支节理的末端垂直节理壁，而与主干节理汇合部位，与节理壁成 60°夹角，这说明分支节理的末端是张性的，与主干节理汇合部位是张剪性的。主干节理实为剪应力与张应力同时作用的产物，应属于张剪性节理。有时一条剪节理顺走向转变为一条雁列张节理(图 10-20)。

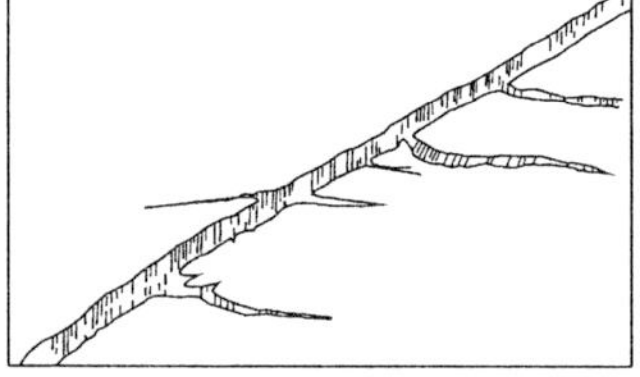

图 10-19 野外张剪性节理素描
(据宋鸿林，1983)
注意剪节理中纤细石英晶体与主节理壁的交角

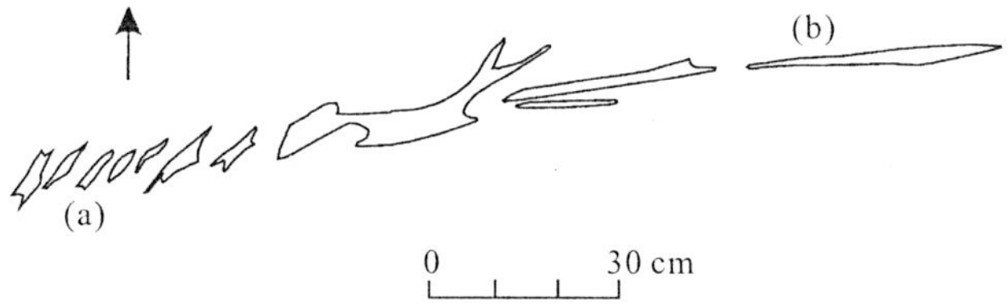

图 10-20 湖南锡矿山上泥盆统灰岩剪切带中张剪节理的变化
(据万天丰，1988)
注意剪切带中剪节理 b 沿节理带的走向变为雁列张节理

一些早期形成的剪节理，在后期构造变形中会被改造和叠加，发生先剪后张或者先张后剪等节理性质的转化现象。如图 10-21 所示，首先在南北向挤压作用下，形成一对共轭 X 形剪节理[图 10-21(a)]，若后期应力方向为南北向顺时针平行力偶的作用，北东走向的一组剪节理转化为张节理，且其中充填了脉体[图 10-21(b)]。

若后期应力方向为南北向逆时针平行力偶作用，北西走向的一组剪节理转化为张节理，也有脉体充填。

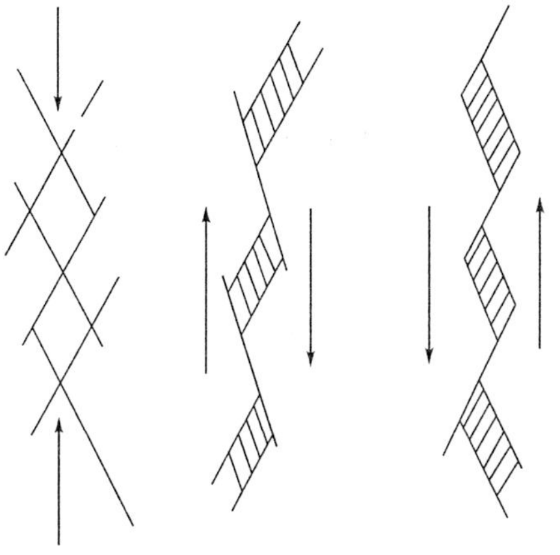

图 10-21　节理力学性质的转化平面图

(a)早期共轭剪节理；(b)早期共轭剪节理在顺时针力偶作用下，走向 NE 向剪节理转化为张节理并被充填；(c)早期共轭剪节理在逆时针力偶作用下，走向 NE 向剪节理转化为张节理并被充填

四、节理的组合类型分类

一次构造作用形成的节理一般是有规律的成群成组产出，并构成一定的组合型式。对这些规律性的节理进行组合，有助于节理的性质鉴定、描述及研究。

(一) 节理组

节理组(joint set)指的是由同一时期，相同应力作用下产生的方向相互平行或大体平行，力学性质相同的一群节理。其常见排列型式有平行式和斜列式。如在同一时期内由于剪应力作用产生的若干条平行的剪节理，其延伸方位大体一致，组合成一个节理组，为平行式的排列方式(图 10-22)；如在同一个时期内由张应力作用形成若干条张节理，也可组合成一个节理组，它们的方向虽然大体平行，但其排列方式为斜列式(图 10-23)。

图 10-22　平行式排列的节理组

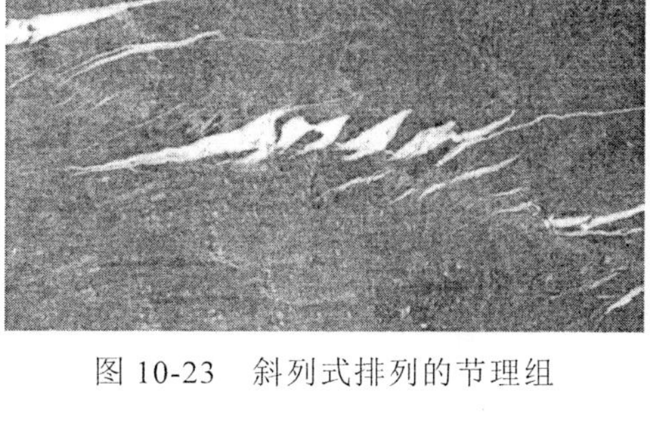

图 10-23　斜列式排列的节理组

(二) 节理系

节理系(joint system)是指由同一时期，相同应力作用下，产生的两组或两组以上的节理组组合形成的一系列节理，其排列型式有“X”形、环形、放射形等。共轭剪节理即为同一时期的剪应力作用产生的两组节理，相交构成“X”形，故称为“X”形共轭节理系或者交叉型节理系。穹窿构造发育区常见许多不同方向的节理呈环状或放射状分布，它们也都是在同一时期的张应力作用下形成，可以分别组合成环形或放射型节理系。

在野外工作中一般都以节理组或节理系作为观测研究的对象，因此，应特别注意正确划分节理组和节理系。

第二节　不同地质背景上发育的节理

构造节理是区域构造运动的产物，它与构造运动中形成的褶皱、断层和区域构造在几何特征、形成作用和发展演化上都具有密切关系。探讨构造节理与褶皱、断裂及区域构造的关系，了解构造节理分布规律及其影响因素，在理论上和实践上都具有十分重要的意义。

一、与褶皱有关的节理

节理常作为褶皱或其他较大型构造的伴生或派生小构造出现，许多节理是在岩层形成褶皱时产生的，同时受造成褶皱的同一构造应力场控制，因此与褶皱有关的节理在很大程度上取决于褶皱的形成方式和发展进程。例如，纵弯褶皱作用发育的节理与横弯褶皱作用发育的节理明显不同，并且在纵弯褶皱作用的不同阶段和不同构造部位上，其所发育的节理也各不相同。

(一) 与纵弯褶皱有关的节理

节理的发育和类型不仅与岩性和应力有关，而且与岩层的产状和受力后不同的变形阶段有关。

1.与纵弯褶皱有关的剪节理

1) 平面共轭剪节理系

岩层在水平挤压作用下褶皱发育之初，可发育一对与挤压方向(σ_1)斜交的两组共轭剪节理(共轭 X 形剪节理)，节理面与岩层面垂直，因其形成时间较早，也可称为早期平面 X 形剪节理(斜剪节理)，两组节理系的锐交角平分线的方向与挤压方向(σ_1)一致，钝角平分线的方向与褶曲的轴向或枢纽方向一致(σ_3)，它们的产状可因后期岩层的褶皱弯曲而变缓[图 10-24(a)]。岩层未弯曲前还可以产生与挤压力方向平行的早期横张节理，它常追踪早期的两组平面 X 形剪节理而呈锯齿状延伸[图 10-24(b)]，它是由于沿褶皱枢纽方向的张应力作用而产生的，故锯齿状横张节理的走向垂直于褶皱枢纽方向。

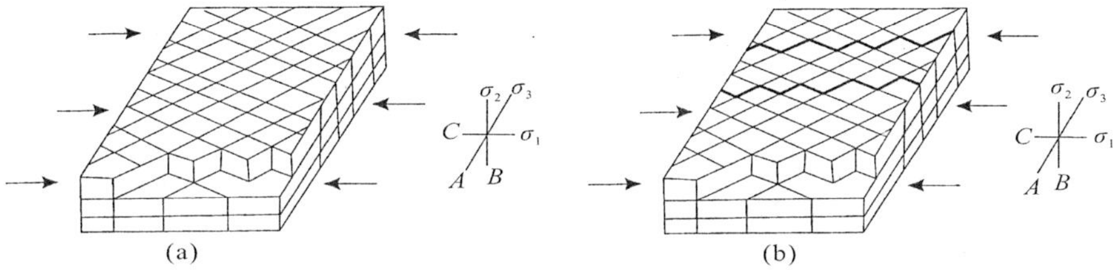

图 10-24 节理与褶皱关系示意图

(a)早期平面 X 形剪节理(斜剪节理)；(b)锯齿状横张节理

早期节理是受区域性构造力作用而形成的，具有区域性特征。但是早期节理在后期褶皱作用的进一步发展中常被新形成的节理所利用和改造，一般不易保存下来。所以褶皱上发育的节理主要是在褶皱形成的中期或者晚期发生的，是引起褶皱的区域性应力和褶皱形成过程中派生的局部应力场作用的结果。

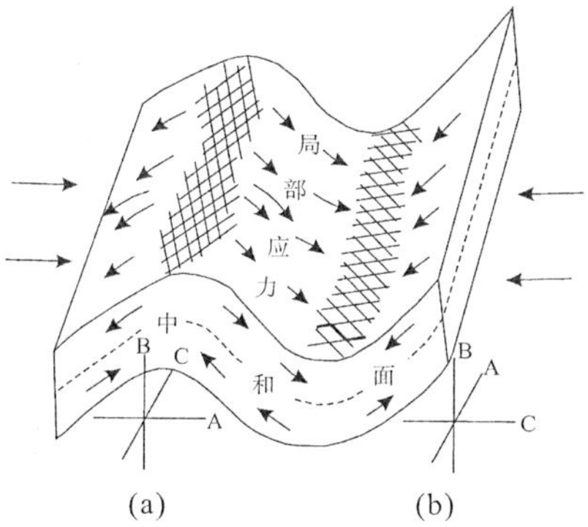

图 10-25 由水平挤压力派生的局部应力所形成的斜向晚期平面 X 形剪节理系及其定向

(a)背斜轴部附近发育的剪节理；(b)向斜轴部附近发生的剪节理

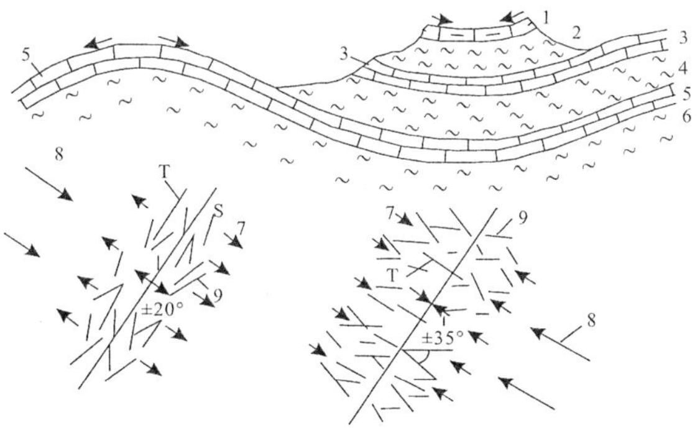

图 10-26 晚期的平面 X 形节理分布

(据 Desitter，1956)

在应力继续作用使得褶皱逐渐变形和加剧的过程中，总的挤压方向未变，因此在岩层面上会有由水平挤压力派生的局部应力所形成的斜向晚期平面共轭 X 形剪节理系。由于岩层褶皱改变了边界条件，背斜轴部附近产生与褶曲轴线方向垂直的局部张应力(张应力垂直于褶皱枢纽方向)，两组共轭剪节理的锐角指向褶皱枢纽方向；向斜轴部附近由于压应力与区域挤压方向一致，形成与轴线方向垂直的挤压应力的叠加，这两种局部应力导致在褶曲轴部附近形成晚期平面 X 形剪节理系，其中在背斜轴部附近平面 X 形剪节理系的锐角平分线与褶曲轴向一致[图 10-25(a)]，而在向斜轴部附近平面 X 形剪节理系的锐角平分线则与褶曲轴向垂直[图 10-25(b)]。图 10-26 即为狄塞特尔所举的阿尔及利亚某区的一个经典实例，清楚地表明了晚期平面共轭剪节理在相邻的背斜与向斜中具有不同方位。

2)剖面共轭剪节理系

当挤压应力持续作用下，岩层褶皱发展到一定程度，伴随着褶皱的形成导致局部应力发生相应的变化，此时在横剖面上会产生共轭 X 形剪节理(图 10-27)，其交线平行于褶皱枢纽方向，在剖面上呈交叉状，故也称剖面共轭 X 形剪节理，在层理面上其走向永远是彼此平行的，不受后期构造运动的影响。因这两组剪节理的走向均平行于褶皱枢纽方向，故可称为纵剪节理。根据其锐角指向挤压方向(σ_1)的规律，两组剖面共轭 X 形剪节理的倾角一般均较平缓。

3)层间剪节理系

层间剪节理的发育与皱褶两翼层间滑动诱导的局部剪应力有关。在脆性岩层中形成一组与岩层层理斜交的剪节理，走向平行于褶皱枢纽方向，其锐角指向邻侧岩层的滑动方向(图 10-28、图 10-29)。

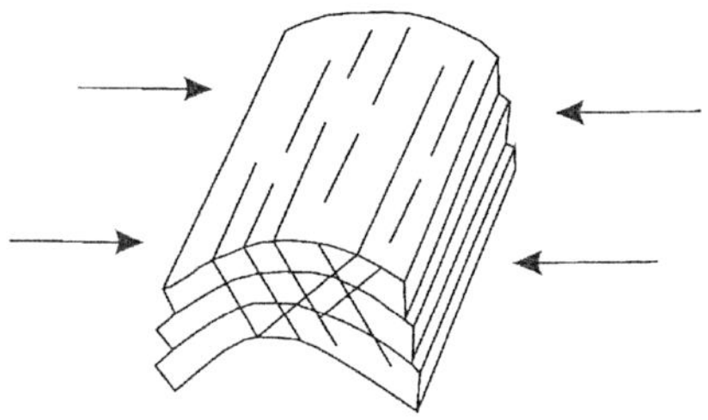

图 10-27 剖面 X 形剪节理

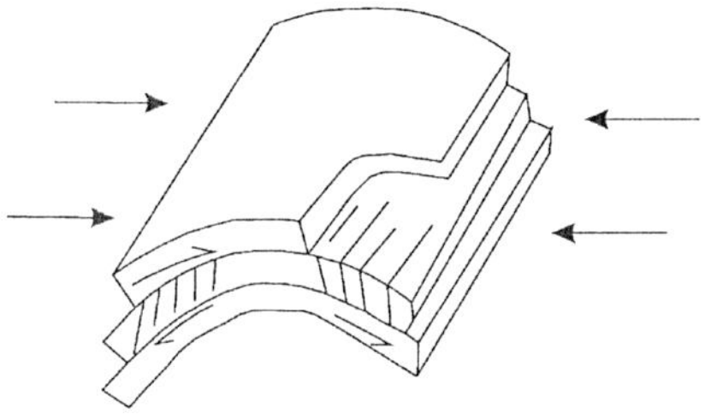

图 10-28 层间剪节理

由于褶皱两翼层间滑动的剪切作用还可产生旋转剪节理和同心状扭节理，其产生条件与层间剪节理相同，旋转剪节理的方位大致垂直于层面，同心状扭节理平行于层面，随岩层而弯曲。

2.与纵弯褶皱有关的张节理

1)纵张节理

褶皱形成后其拱弯部位局部应力场变为张应力，此时在背斜转折端上会产生走向平行于褶皱枢纽方向的张节理，节理垂直于层面，并呈上宽下窄的楔形，该节理沿走向延伸不远，一般发育在脆性岩层中，称为纵张节理(图 10-29)。纵张节理也可追踪背斜拱弯部位的两组晚期平面 X 形剪节理而呈锯齿状延伸[图 10-30(a)]。

2)横张节理

岩层褶皱后发育的横张节理有两种，一种情况是在向斜部位，往往追踪晚期的平面 X 形剪节理呈锯齿状延伸[图 10-30(b)]；另一种情况是在背斜的倾伏部位或两端明显倾状部位，由沿枢纽方向的拉伸应变而产生，但不呈锯齿状延伸。横张节理节理面与层面垂直，节理倾向与枢纽倾伏方向相反，二者倾角互为余角。因而，可以利用这种横张节理的产状推断该地段褶皱枢纽的倾伏方向和倾角。

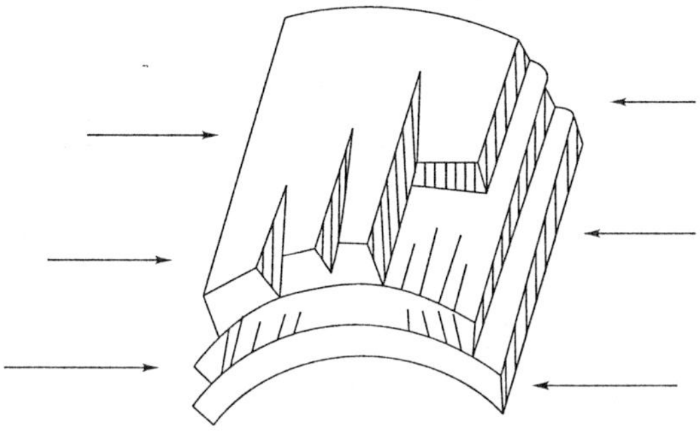

图 10-29 纵张节理及层间节理

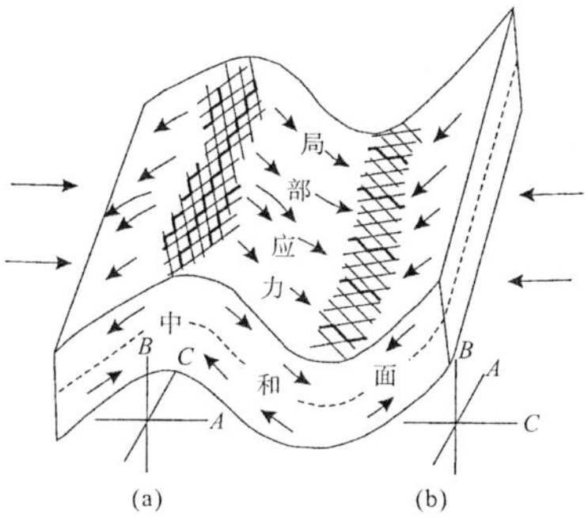

图 10-30 褶皱部位沿斜向 X 形剪节理系追踪的锯齿状张节理

(a) 背斜部位发育的纵张节理；(b) 向斜部位发育的横张节理

(二) 与横弯褶皱有关的节理

自上而下的挤压力形成的穹窿或短轴背斜，岩层表面各个方向上普遍经受张应力的作用，从而形成环型张节理系；此外，岩层向上隆起，还伴随着同心状的拉伸效应，因而可产生放射形张节理系。

二、与断层有关的节理

在断层作用中由于断层两盘相对错动引起的伴生或者派生应力作用，断层两侧常常会发育一套节理，这些节理与断层具有一定的几何关系，可为分析研究断层提供一定的依据。

(一) 羽状张节理

断层两侧的羽状张节理一般是断层活动时派生应力活动的产物。节理成羽状斜列，常与断层面呈锐角相交，其节理面与断层面相交的锐角尖端的指示方向为节理所在本盘的相对位移方向(图 10-31、图 10-32)。羽状张节理与断层的关系所反映的应力状态是：节理与断层面的交线方向代表中间主应力 (σ_2) 方向，与张节理垂直的方向代表最小主应力 (σ_3) 方向，最大主应力 (σ_1) 垂直于中间主应力 (σ_2) 并位于张节理面上。因此，羽状张节理对分析断层两盘相对运动时的应力状态具有一定意义。

(二) 伴生剪节理

在形成断层的统一应力场下，可以形成两组伴生剪节理，一组与断层面平行，一组与断层面斜交。在理想情况下，两组节理的锐交角平分线代表最大主应力(σ_1)方位。在正断层中，最大主应力(σ_1)直立；在逆断层中，最大主应力(σ_1)水平并与断层走向直交；在平移断层中，最大主应力(σ_1)水平并与断层走向以小于45°的交角相交。

(三)派生剪节理

断层两盘相对运动引起的派生应力场，也可以形成两组派生剪节理 S_1 和 S_2(图10-32)。S_2 节理组与断层呈小角度相交，发育良好，方位比较稳定，利用 S_2 节理判断断层两盘相对运动方向比较可靠，其方法是以 S_2 与断层所交锐角指示本盘运动方向。另一组剪节理 S_1 与断层成大角度相交或直交，一般不太发育且其方位很不稳定，不易用来判断断层两盘相对运动方向。

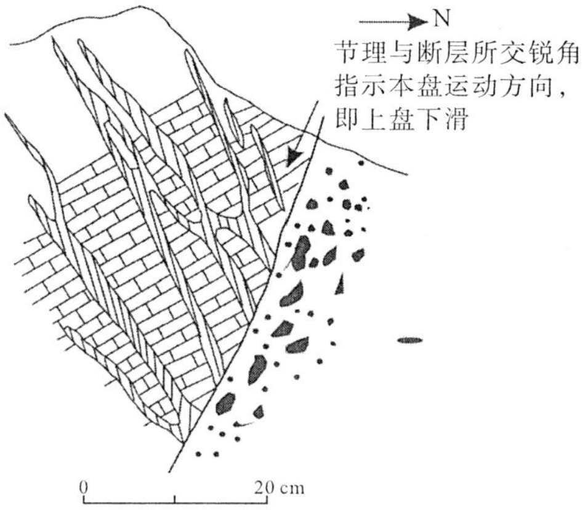

图 10-31 羽状张节理素描

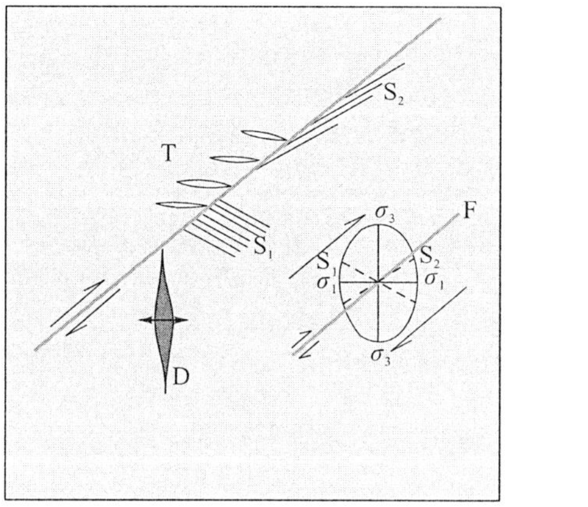

图 10-32 断层及其派生构造示意图

F.主断层；S_1、S_2.派生剪节理；T.派生张节理；D.派生小褶皱

以上主应力场和从属应力场分别形成的剪节理常常相互利用和改造而难以区分和鉴别。

三、与区域构造有关的节理

(一)区域性节理

在地壳表层广大地区存在着规律性展布的节理，这些节理与局部的地质构造如断层、褶皱没有成因上的联系，应该是区域性构造和区域性构造应力场作用的结果，这类节理称为区域性节理。

区域性节理的主要特点是：

(1)多发育于变形比较轻微的地台水平岩层或近于水平岩层区，在那里，节理产状直立或近于直立，即节理多为垂直岩层层面发育的平面共轭X形。

(2)区域性节理发育范围广，产状稳定。

(3)区域性节理规模大、间距宽、延伸长，可以穿切不同岩层和地质体。

(4)区域性节理常构成一定的几何型式，如X形。

(5)区域性节理若被岩浆充填，则形成规律性排列的岩墙群。

(二)主节理

主节理是指规模明显大于该区节理平均规模的节理。主节理的主要特点是：

(1)主节理延伸长，一般延伸为数十米至上百米。

(2)主节理产状较为稳定，在主节理发育区的各个方向、各种类型的节理中，主节理占主导地位。

(3)主节理可切穿不同岩层甚至切穿局部地质构造，在一定地区的各组各类节理中占主导地位。如衡阳盆地中北东向和北西向节理，湘西张家界的奇峰绝壁和粤北红层中的峰林地貌均与近直立的主节理有关。

(4)主节理大多是更大区域构造活动的产物，往往与一般节理不在同一次构造作用中形成。

(三)系统性节理和非系统性节理

根据节理排列组合的规律性，区域性节理可分为系统性节理和非系统性节理。

系统性节理在节理产状、方位、组合、排列和间距等方面具有规律性，这种规律性节理一般是构造成因的，或者是与某种构造具有一定的成因关系，属于主节理。在工作中应注意观测这种规律性及其变化特征，探求其与一定构造的关系。系统性节理或主节理往往清晰地显示在卫星照片或航空照片上。

与系统性节理对应的是非系统性节理，非系统性节理的产状、方位、组合、排列和间距等没有明显规律性。非系统性节理可以是构造成因的，也可以是非构造成因的，也可以是原先的系统性节理受后期构造作用的叠加改造，破坏了其系统性。非系统性节理一般不是同期形成的，如果是同期产物，也是其中不发育的一组。因此，对成群出露的非系统性节理，尤其是大片系统性节理中的局部非系统性节理应予以充分注意。

节理是一种脆性变形，是地壳浅层次的构造。随着向地下深部温度压力的增高，岩石的塑性也相应增高，节理的发育程度也发生相应变化。自地表向深部，节理会越来越闭合而逐渐消失，至于消失深度，并无确切数字，估计不超过10km。由于各个地区的热流值和地热增温率不同，节理的消失深度也因地而异，但从最近超深钻提供的资料分析，消失的深度可能比原先估计的要大。

埋藏在地下一定深度的岩石，一旦出露于地表，由于压力降低负荷减小而破裂，形成“释重节理”或称“释负荷节理”。至于岩石中潜在的或隐蔽性的节理自然会明显地显露出来，这类节理受到拉伸作用而具有张节理特点。

节理广布于各种构造单元、各种不同岩区以及不同时代的地层里。除地表局部地段发育少量非构造节理外，一般都是构造成因。节理发育是多阶段的，包括成岩期的、成岩后变形期前的、变形同期的和变形期后的节理。节理形成的多期性和多阶段性既可为构造分析提供一定依据，也因其复杂性对研究带来一定困难。

第三节 节理的分期与配套

一定地区的节理一般是长期多次构造运动的产物。为了研究该地区的构造变形历史和古构造应力场，常常要进行节理的分期与配套工作。分期就是将一定地区不同时期形成的节理加以区分，将同期形成的节理组合在一起。配套就是将一定构造期的同一应力场中形成的各组节理组合成一定系列。节理的分期与配套就是从时间、空间和形成机制上研究一个地区节理的形成发育史和分布产出规律，为研究区域构造及恢复古构造应力场提供一定的依据。

一、节理的分期

节理的分期主要依据两个方面：一是根据节理组的交切关系；二是利用节理与有关各期次地质体的关系，如与岩脉等的关系。

(一)根据节理组的交切关系

节理组的交切关系主要表现为以下几种情况。

1.错开

晚期形成的节理常切断早期的节理，即被错开者早于错开者。若为剪节理，则表现为错断线两侧标志点对应错开(图 10-33)。

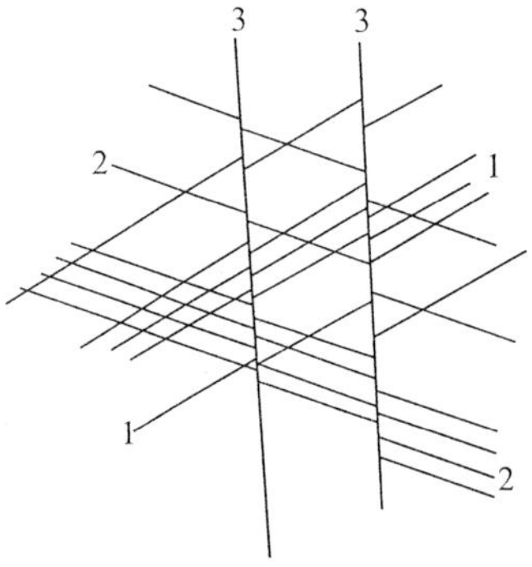

图 10-33 不同期节理对应错开

早期节理 1、2 组被晚期节理 3 组错开

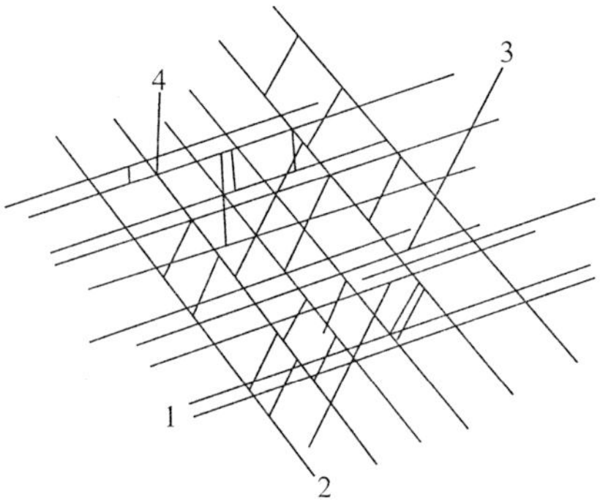

图 10-34 节理的限制现象

晚期 3、4 组节理被早期 1、2 组限制

2.限制

一组节理延伸到另一组节理前突然终止，这种现象叫作限制，被限制的节理组形成较晚（图 10-34）。

错开与限制的区别主要为错开表现为一系列标志点的对应错开，而限制则无对应点错开。

3.互切

两组节理互相交切或切错，且两组节理相互切错的方向又遵循力学分析原理，服从统一的构造应力场，则说明两组节理是同时形成的，有时呈共轭关系（图 10-35）。

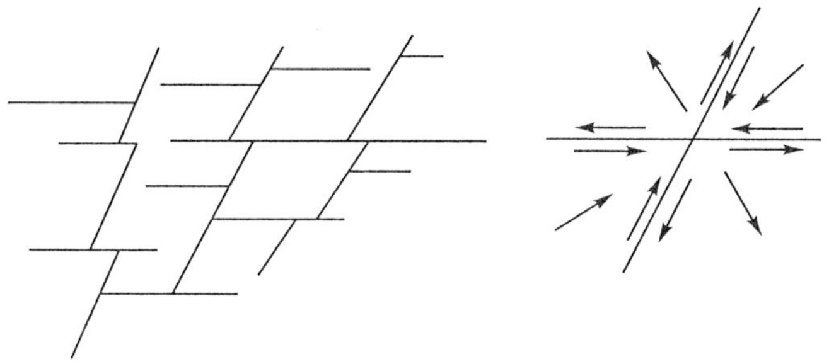

图 10-35 两组共轭剪节理的互切

4.追踪、利用和改造

晚期节理有时利用早期节理，顺早期节理追踪或对早期节理加以改造，使一些晚期节理常比早期节理更加明显、更完整。

节理组的交切关系是节理分期的最直接的依据，但是由于节理错综复杂，其交切关系不甚明显，常常难以准确确定其先后顺序。因此，在野外要认真仔细地观测，综合考虑各种标志，并尽可能辅以其他依据综合分析。

（二）根据节理与有关各期次地质体的关系

除了节理组的交切关系外，岩墙、岩脉和其他侵入体也可用来间接判定节理形成顺序。沿不同期次节理贯入的岩墙、岩脉和岩体，其岩性和结构上常各具特色。岩性和结构不同的岩墙、岩脉和岩体的交切关系，常常清楚地显示出节理的先后顺序。如一组有岩脉充填的节理被另一组无岩脉充填的节理切错，说明无岩脉的节理形成较晚。又如一组节理被侵入体所截断，而另一组节理切穿通过该侵入体，说明切穿侵入体的节理形成时间较晚。如图 10-36，航空照片素描表明某地一岩体中发育了三套节理，一套为同心圆状节理，主要发育于岩体中部；另一套为共轭剪节理，主要发育于内部边缘部位。这两套节理均被另一套穿切岩体和围岩的南北向节理所切。从而利用岩体较准确地确定出三套节理的先后顺序。

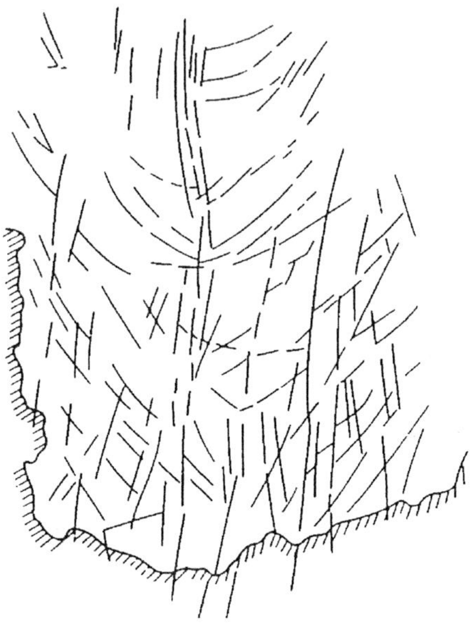

图 10-36 据岩体判断三套节理生成顺序
（据航空照片素描，1984 年）

若地层中存在不整合接触关系，进行节理分期时，通过对比不整合上下岩系中节理的发育情况也有助于判别节理的形成顺序

节理一般是在一定的构造活动期中形成的，在节理形成时期总是同时形成相关的褶皱或断层等构造，所以在进行节理分期时，尤其对较大范围内节理进行分期时，要紧密结合该区的构造演化历史全面考虑。

二、节理的配套

节理的配套主要依据共轭节理的组合关系，并辅以节理发育的总体特征及其与有关地质构造的关系来确定同一应力场中形成的各组节理。

（一）根据共轭节理的组合关系

(1) 同期形成的两组共轭剪节理具有统一的剪切滑动关系，并常留下滑动的痕迹和标志，因此可以利用剪节理面上的擦痕、节理、羽列及派生张节理等所显示的剪切滑动方向来确定其共轭关系。其中尤以羽列现象最为常见和可靠。图 10-37 的两对共轭剪节理羽列指示的剪切滑动方向反映最大主应力 σ_1 的方位为近南北向 (P_1) 及近东西向 (P_2)。

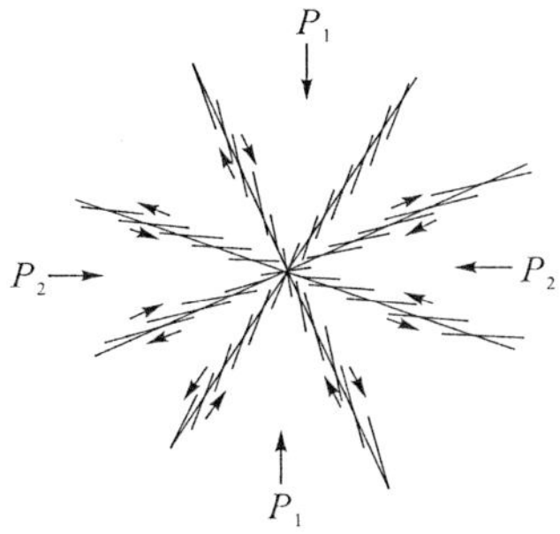

图 10-37 利用剪节理羽列进行配套
P_1、P_2分别代表形成两套 X 型节理的 σ_1 方向

(2)利用剪节理的尾端变化确定其共轭关系，两组剪节理的折尾与菱形结环所交之锐角平分线的方向，在一般情况下即为最大主应力 σ_1 的方向。

(3)利用两组剪节理相互切断错开的对应关系确定其共轭关系。图 10-35 中最大主应力 σ_1 的方位大致为北东东-南西西。

(二)根据节理发育区总体地质特征

在一个地区或一个地段上要进行节理配套研究工作，可以根据节理的展布范围、间距大小、延伸的远近、穿透性强弱、延伸方向与岩层产状以及局部构造的变化关系等，至少可以区分出区域性节理和与某地段构造有关的局部性节理。

三、节理的分期与配套注意事项

(1)节理的分期与配套工作必须在野外同时进行。

(2)节理的分期与配套不仅要依据节理相互之间的关系及其本身的特征，而且应结合地质背景进行，结合节理所在的地质构造和有关地质体进行。

(3)节理的分期与配套主要在野外进行和开展，在野外测量、统计的基础上及时分析和确定。还应把分期和配套的结果再带到野外进行检验。

节理的分期与配套，对于分析区域构造演化史，确定古构造应力场具有重要意义。但是实践证明，节理分期和配套是相当复杂的，许多标志和判据并不十分清晰和明确。所以对节理进行分期与配套，要结合区域地质背景和有关地质体进行全面、系统、反复的分析与确定，不能轻易做出结论。

第四节 节理的观测与研究

节理观测与研究的主要内容包括：单个节理的观测、节理组系的研究、节理发育程度的研究、节理发育区的划分、节理形成机理的探讨、区域古构造应力场的恢复等。

节理研究的目的在于配合褶皱与断层的研究，通过综合研究恢复区域构造应力场，最终阐明地质构造的演化阶段和发育分布规律。

一、节理的观测

节理研究的基础是在野外进行大量的观察、测量和统计工作。在这些工作的基础上，结合地质构造等有关资料，对观测资料进行鉴别、数据处理和综合分析，最终将节理的观测资料和分析结果应用于地质构造和构造应力场的分析和解释中。

在前往野外进行节理观测之前，可收集研究区的航空照片和卫星照片进行解译，概括地宏观地了解和认识研究区节理的特点和空间分布规律，做到心中有数。

(一)观测点的选定

选定观察点时要考虑以下几点：

(1)观测点的选定取决于研究的目的和任务，一般不要求均匀布点，而是根据地质情况和节理发育情况布点，做到疏密适度。

(2)露头良好，最好是将节理观测点选在既有平面又有剖面的露头上，要便于大量测量且又能收集到有关地质资料的地段，以便对节理进行全面观察。

(3)露头面积一般不小于 $10m^2$，便于大量测量。

(4)构造特征清楚，岩层产状稳定。

(5)节理组、节理系及其相互关系比较明显，且观测点要选择在重要的构造部位。

(6)应尽可能在不同的构造层、不同的岩系、不同的岩性层中布点。

(二)节理观测的内容

节理的观测主要包括以下几个方面：

1.地质背景的观测

在对节理进行观测前，首先应了解观察地段的地质背景，其中包括：

(1)节理所在构造部位及其组成；

(2)节理所在地层时代及其产状；

(3)节理所在地层岩性及其成层性；

(4)节理所在区域褶皱和断层的发育特点；

(5)节理观测点所在的构造部位等。

2.节理的分类和组系划分

(1)节理类型划分，包括鉴别构造节理与非构造节理、张节理与剪节理、主节理与一般节理等。

(2)根据节理方向、力学性质、形成时间的一致性，划分和确定节理组。

(3)根据节理和节理组形成时间的一致性，形成的构造应力场的统一性，划分和确定节理系等。

3.节理的分期与配套

节理的分期和配套主要应在野外进行，野外和室内相结合，反复检验。

4.节理发育程度的研究

岩性和厚度对节理发育程度有明显的影响，主要表现为：

(1)在韧性岩层中，剪节理比张节理发育；

(2)在同一应力状态下，韧性岩层共轭剪裂角常常比脆性岩层大；

(3)节理的间距(密集程度)也因岩性而有所差异；

(4)岩层单层厚度影响节理发育的间距。一般来说，单层厚度越大，则节理间距越大，节理分布越稀疏；单层厚度越小，则节理间距越小，节理分布越密集。

(5)层面的存在会降低岩石的强度，因此，岩性相同而厚度不等的岩石，在同样外力下，薄层中的间距小，更密集。

节理发育程度常用密度或频度(U)表示。密度或频度是指节理法线方向上的单位长度(m)内的节理条数(n)，用 n 条/m 表示，即

$$U = n / m \tag{10-1}$$

如果几组节理发育都很陡，可以选定单位面积测定节理数。

节理的发育程度也可以用单位面积内节理长度来表示，即一定半径(r)的圆内节理的长度之和(I)，即

$$U = I / (\pi r^2) \tag{10-2}$$

为了确定节理密度与岩性和层厚的定量关系，在野外可以根据岩性和层厚选定一基准层，然后将不同层厚和岩性的岩石中测得的节理密度进行对比和换算，以求出其比值或系数。

5.节理的延伸

从节理与岩层的关系，可分为层内节理和穿层节理。在观测节理顺走向的延伸上，应注意节理的平行性和延伸长度。对于区域性节理，应注意节理走向在区域范围的变化趋势。

6.节理的组合型式的观测

岩石中的几组节理，常组合成一定型式，将岩石切成形状和大小各不相同的块体。要注意观察节理组合型式和截切的块体所表现出的节理整体特征。对区域性剪节理中的等距性和分级等距性，应注意测定。

7.节理面的观察

在节理的野外研究中，应注意节理面的观察。观察内容包括：节理面的形态和结构细节；节理面的平直程度(平直形、波浪形、台阶形)；节理面是否有擦痕以及擦痕所反映的岩块剪切位移方向；微剪切羽列及其主剪节理的几何关系。

8.节理含矿性和充填物的观察

在节理含矿性和充填物的观察中，要注意节理是否含矿；含矿节理占节理总数的百分数；节理充填物的类型；充填物的充填顺序；纤维状充填物(矿脉)的晶体习性；纤维状(矿脉)晶体的方位及其与节理壁的几何关系；原生矿化和次生矿化的特征。

(三)节理的测量和记录

在节理的观察点上，对上述各方面进行观察的同时，并要进行认真仔细地测量、计算和记录(表 10-1)。

表 10-1 节理记录表

观测点			岩层的层位、岩性、厚度、产状及所在的构造部位	垂直节理组侧线长/m	节理条数	节理产状		节理频度/(条/m)	节理宽度	节理长度	节理的形态特征及伴生构造特征	充填物矿化标志及交切关系	节理的力学性质	节理分期	节理配套	标本、素描图、照片编号
编号	位置	面积				倾向	倾角									

二、节理测量资料的整理与研究

在野外对节理进行了观测并统计了大量资料之后，必须及时进行室内整理并编制相应的图件，通过进一步的分析研究来查明节理发育的规律和特点以及与该区有关构造的关系。节理资料的整理、统计和研究一般采用图表形式，主要有：节理玫瑰花图、节理极点图、节理等密图(节理等值线图)、共轭节理求主应力轴图解等。

(一)节理玫瑰花图

节理玫瑰花图编制简便容易，反映节理方位趋势也比较明显，是统计节理的一种较常用的图件。节理玫瑰花图分为走向玫瑰花图、倾向玫瑰花图和倾角玫瑰花图三种。

节理走向玫瑰花图主要反映节理的走向方位，并在半圆内作图，如图 10-38 上可以明显看出三个方位的节理最为发育，其走向为 N10°-20°E、N40°-50°W、N70°-80°E 三个方向。这种图不能反映各组节理的倾斜，因此，节理走向玫瑰花图多用于直立或近于直立产状为主的节理统计整理。为了表示不同性质的节理，可分别编制不同性质的节理走向玫瑰花图，或在一幅图上用不同色调分别表示不同性质的节理。

节理倾向或倾角玫瑰花图主要根据节理的倾向或者倾角编制而成，作法与走向玫瑰花图相同，但是用的是整圆(图 10-39)。

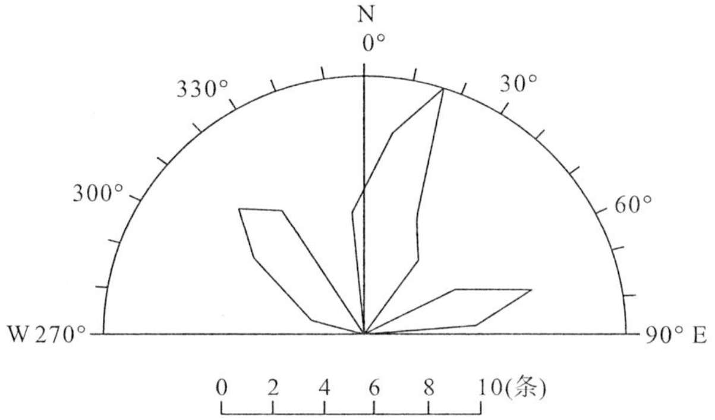

图 10-38 节理走向玫瑰花图

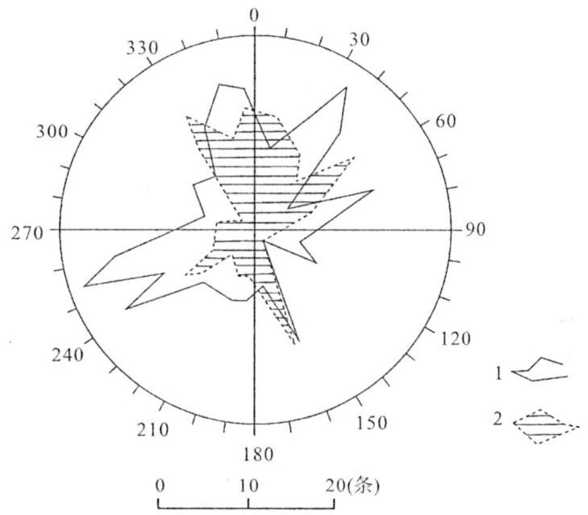

图 10-39 节理倾向、倾角玫瑰花图

1.倾向玫瑰花图；2.倾角玫瑰花图

(二) 节理极点图

节理极点图是用节理面法线的极点投影绘制的，网的圆周方位表示倾向，由 0°～360°，半径方向表示倾角，由圆心到圆周为 0°～90°(图 10-40)。

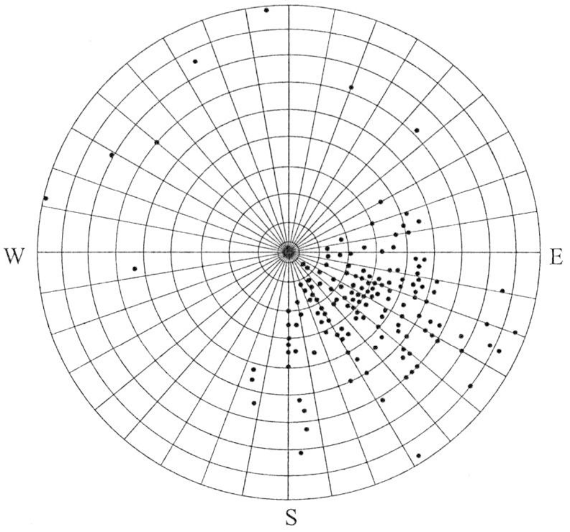

图 10-40 节理极点图

作图时，把透明纸蒙在网上，标明北方，当确定某一节理倾向后，再转动透明纸至东西向(或南北向)直径上，依其倾角定点，该点称极点，即代表这条节理的产状。为避免投点时转动透明纸，可用与施密特网投影原理相同的极等面积投影网(赖特网)。网中放射线表示倾向(0°～360°)，同心圆表示倾角(由圆心到圆周为0°～90°)。作图时，用透明纸蒙在该网上，把观测点上的节理都分别投成极点，即成为该观测点的节理极点图。

有时，为了区分不同力学性质、不同规模、不同矿化的节理与褶皱、断层的关系，可分别作图。

(三)节理等密图

等密图是在节理极点图的基础上，用密度计统计节理数，通过统计、连线、整饰而成。如极点图系利用等面积网制作，则用密度计统计节理极点的密度(图 10-41)。如极点图系利用等角距网制作，则用普洛宁网统计节理极点的密度。将节理极点的密度标在透明图上，按插入法勾绘出极点密度的等值线，并以不同符号表示出各个密度区间的节理极点百分数，由此绘制而成。图 10-42 是根据图 10-41 绘制的。节理等密图的绘制比较费工，但这种图能够比较精确地反映出节理发育程度及其优势方位，在节理研究中较常采用。

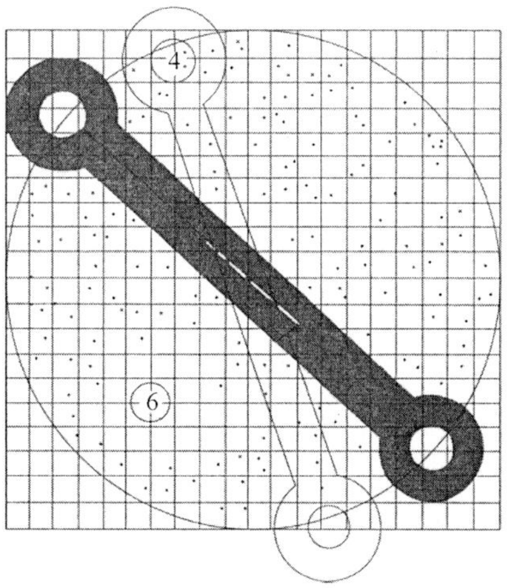

图 10-41 用密度计统计节理数

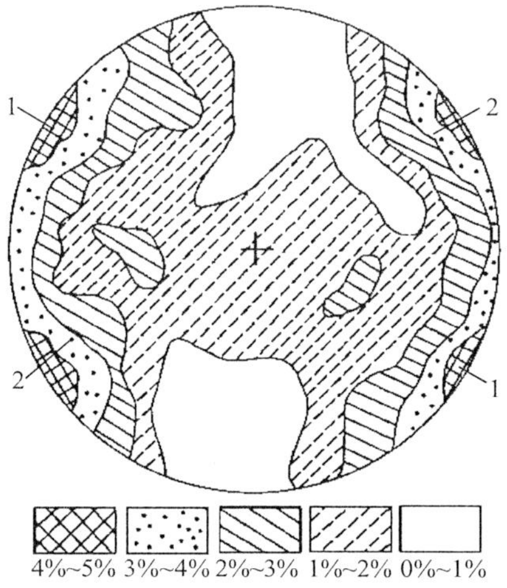

图 10-42 节理等密图

三、节理资料的计算机处理

利用计算机可以方便快捷地制作节理赤平投影图。现已有按照极射赤平投影方法和各种投影网制作原理编制的计算机程序，运用计算机处理野外测量的节理数据。除了作出各种投影图外，还可根据共轭剪节理的关系及节理擦痕数据等进一步求出主应力轴和研究恢复应力场等。

复习思考题：

1.简述节理的分类方案。

2.如何鉴别张节理与剪节理？

3.与褶皱有关的节理有哪些？其主要特征是什么？

4.与断层有关的节理有哪些？其主要特征是什么？

5.简述节理分期和配套的主要依据。

6.如何从时间、空间和形成力学上研究一个地区节理的形成发育史及分布产出规律？

第十一章　断　　层

岩层或岩体在构造应力的作用下发生破裂，两侧的岩石沿破裂面发生明显位移的断裂构造称为断层(fault)。断层是地壳中最重要的地质构造之一。断层常常构成一定地区的构造格架。一些区域性巨型断层不仅控制或影响区域构造的结构和发展，而且常常控制和影响区域成矿作用，并以其为背景形成区域成矿带。一些中小型断层直接决定了某些矿床的形态和产状，同时对石油、天然气和地下水的分布、储聚和运移也有重要影响。此外，现代活动性断层直接控制地震活动并影响地质工程稳定性。因此断层的研究在理论和实践上都具有十分重要的研究意义。

断层在地壳中发育广泛，但是其规模差异很大，规模大的断层大至成百上千公里，规模小的断层小至显微镜下才能观察到。地壳浅层由于岩石脆性较强，岩石或岩层的破坏表现为脆性破裂，形成脆性断层(即一般意义上的断层)；往地下深处，随着温度、压力增高，岩石由脆性变为韧性，岩石或岩层的破坏更多的变现为韧性，形成韧性断层(或称韧性剪切带)。所以从区域角度分析，脆性断层和韧性断层构成了断层的双层结构。

第一节　断层的基本要素

断层的基本要素指断层的组成部分以及与阐明断层空间位置和运动性质有关的具有几何意义的要素。

一、断层面

断层面(fault plane)是将岩体断开，被断岩块沿着它滑动的破裂面(图 11-1)。断层面可以是一个平面也可以是一个曲面。与岩层面和节理面一样，断层面也是一种面状构造，其产状可以用走向、倾向和倾角来表示。

有些断层面并不是一个单一的破裂面，而是由一系列断裂面和次级破裂面组成的具有一定宽度的破碎带，简称断层带。断层带的宽度可以从不足 1m 至几千米不等。在断层带上常可见岩块相互滑动留下的印记，如断层泥、断层角砾岩等。

断层面与地面的交线叫断层线，它是断层面在地表的出露线。和岩层的地质界线一样，断层线的形态受地形、断层面产状的影响，其影响方式完全和“V”字形法则相同。因此，在大比例尺地质图上，可用“V”字形法则间接测定断层面的产状。

二、断盘

在断层面两侧并沿断层面发生明显位移的岩块，叫断盘(fault block)。

如果断层面是倾斜的，则位于断层面上侧的一盘为断层上盘，位于断层面下侧的一盘为断层下盘。如果断层面是直立的，则可按断盘相对于断层线的方位来描述，如北东盘、南西盘、东盘、西盘等。如果断层两盘相对滑动，常将相对上升的一盘叫上升盘，而相对下降的一盘叫下降盘(图 11-1)。

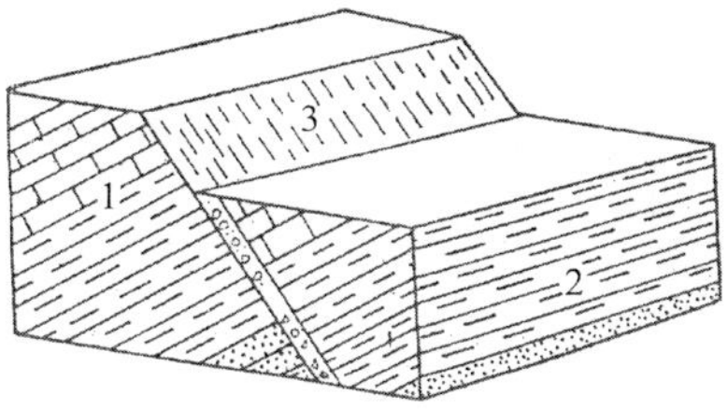

图 11-1 断层的断层面与断盘

1.下盘；2.上盘；3.断层面

三、断层位移

断层两盘岩块的相对运动既有直线运动，又有旋转运动。在直线运动中，两盘相对平直滑动而无旋转，而在旋转运动中，两盘以断层面的某法线为轴作旋转运动。断层常常作这两种运动的综合运动，但多数断层都以直线运动为主。一般的，断层规模越大，直线运动所占的比例越大。

断层位移的方向和大小，在理论和实践上具有重要意义。因此，在断层研究中应注意测定其位移量。断层位移量的测定较为复杂，既可以根据相当点来测定，也可以根据相当层来测定。相当点是指未断之前的一个点在断层位移以后出现在断盘上的两个点，两点之间的距离是断层的真位移，称为滑距；相当层是指断层错断前的同一岩层，错断后被分为两个对应层，相当层之间的断层位移量称为断距。下面分别进行介绍。

(一)滑距

从理论上讲，滑距(slip of fault)是指在断层错动前的某一点，错动后分成的两个点(即相当点)之间的实际距离［图 11-2(a)］中 *ab*，又称总滑距。总滑距在断层走向线上的分量叫走向滑距［图 11-2(a)］中 *ac*；总滑距在断层倾斜线上的分量叫倾斜滑距［图 11-2(a)］中 *cb*；总滑距在水平面上的投影称为水平滑距［图 11-2(a)］中 *am*。

(二)断距

相当层之间的断层位移量称为断距(fault displacement)。不同方位的剖面上，断距值是不同的。

(1)在垂直于被错断岩层走向的剖面上［图 11-2(b)］，可测得以下三种断距：

①地层断距：断层两盘对应层之间的垂直距离［图 11-2(b)］中 *ho*。

②铅直地层断距；断层两盘对应层之间的铅直距离［图 11-2(b)］中 *hg*。

③水平地层断距：断层两盘相当层之间的水平距离［图 11-2(b)］中 *hf*。

以上三种断距构成一定的直角三角形关系，其中 α 为岩层倾角。若已知岩层倾角和上述三种断距中的任意一种断距，即可求出其他两种断距。

(2)在垂直于断层走向的剖面上［图 11-2(c)］，可测得与垂直于岩层走向剖面上相当的各种断距，即 $h'o'$(视地层断距)、$h'g'$(视垂直地层断距)、$h'f'$(视水平地层断距)。

同一岩层，当岩层走向与断层走向一致时，这三种断距值在两种剖面上均相等；当岩层走向与断层走向不一致时，除铅直地层断距在两个剖面上相等外，其余断距值不相等。即图 11-21(b)中的 *ho*、*hg*、*hf* 都小于在图 11-2(c)中测得的数值 $h'o'$、$h'g'$、$h'f'$。因为 α(地层真倾角)>ω(地层视倾角)，故在△*hog*、△*hof* 与△$h'o'g'$、△$h'o'f'$ 中，仅 $hg=h'g'$，而 $ho<h'o'$，$hf<h'f'$。

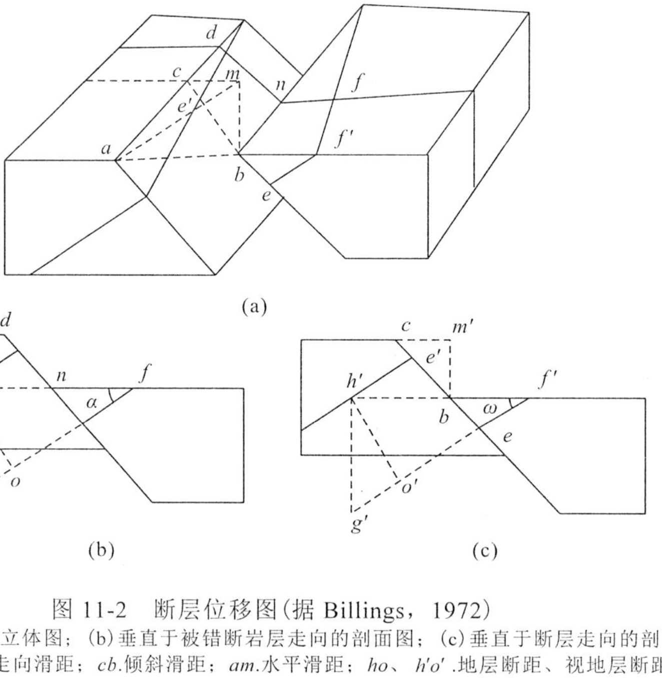

图 11-2　断层位移图(据 Billings，1972)

(a)断层位移立体图；(b)垂直于被错断岩层走向的剖面图；(c)垂直于断层走向的剖面图

ab.总滑距；*ac*.走向滑距；*cb*.倾斜滑距；*am*.水平滑距；*ho*、$h'o'$.地层断距、视地层断距；

hg、$h'g'$.铅直地层断距、视铅直地层断距；*hf*、$h'f'$.水平地层断距、视水平地层断距；

α.地层真倾角；ω.地层视倾角

第二节 断层分类

由于断层的分类涉及区域地质背景、运动方式、力学机制和构造几何关系等多种因素，故存在各种不同的断层的分类方案。下面对常用的分类方案进行介绍。

一、断层与有关构造的几何关系分类

1.断层走向与所在岩层走向关系

(1)走向断层(strike fault)：断层走向和岩层走向基本一致。
(2)倾向断层(dip fault)：断层走向和岩层走向基本直交。
(3)斜向断层(oblique fault)：断层走向和岩层走向斜交。
(4)顺层断层(bedding fault)：断层面与岩层层面基本一致。

2.断层走向和褶皱轴向(或区域构造线)的关系(图 11-3)

(1)纵断层(longitudinal fault)：断层走向和褶皱轴向或区域构造线方向基本一致。
(2)横断层(transversal fault)：断层走向和褶皱轴向或区域构造线方向近于直交。
(3)斜断层(oblique fault)：断层走向和褶皱轴向或区域构造线方向斜交。

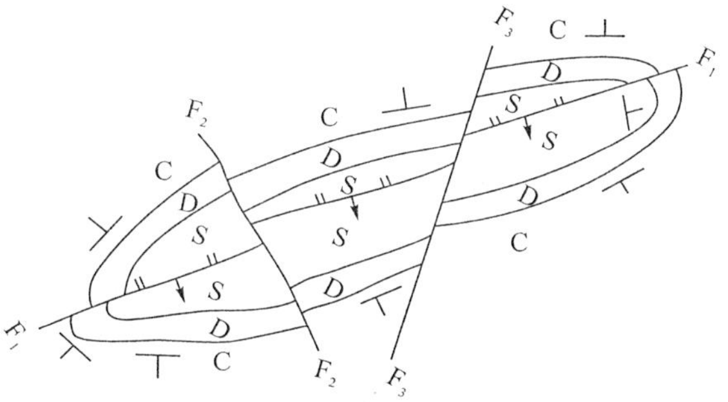

图 11-3 根据断层走向和褶皱轴向(或区域构造线)的关系分类

F_1.纵断层；F_2.横断层；F_3.斜断层

二、断层两盘的相对位移关系分类

根据断层两盘相对位移关系，可将断层分为正断层、逆断层、平移断层和枢纽断层四种基本类型。

(1)正断层(normal fault)：断层上盘沿断层面相对下降，下盘沿断层面相对上升的断层［图 11-4(a)］。

(2)逆断层(thrust fault)：断层上盘沿断层面相对上升，下盘沿断层面相对下降的断层［图 11-4(b)］

(3)平移断层(strike-slip fault)：断层两盘沿断层面走向方向作水平位移的断层［图 11-4(c)］。规模巨大的平移断层叫作走向滑动断层。

大多数断层的两个断盘最为常见的运动方式是沿断层面斜向滑动，兼具有正断层(或逆断层)和平移断层的过渡性质，而并不是完全沿断层面的走向或倾向滑动。因此，在实际研究中对这类过渡性质的断层常采用复合命名的方式来命名，如正-平移断层［图 11-4(e)］、逆-平移断层［图 11-4(d)］、平移-逆断层、平移-正断层等复合名称。根据习惯，组合命名的后者代表该断层的主要运动分量，前者代表该断层的次要运动分量。

另外，断层的命名还可以用两种或两种以上的分类方案复合命名，若断层发育在褶皱上，断层的走向与褶皱轴向垂直，可命名为横向逆断层或横向正断层等；若单斜岩层上发育的断层走向与岩层走向一致，可命名为走向逆断层或走向正断层等。

以上所述的断层位移方式主要以直线运动为主。然而，自然界有些断层还常常具有一定程度的旋转运动。

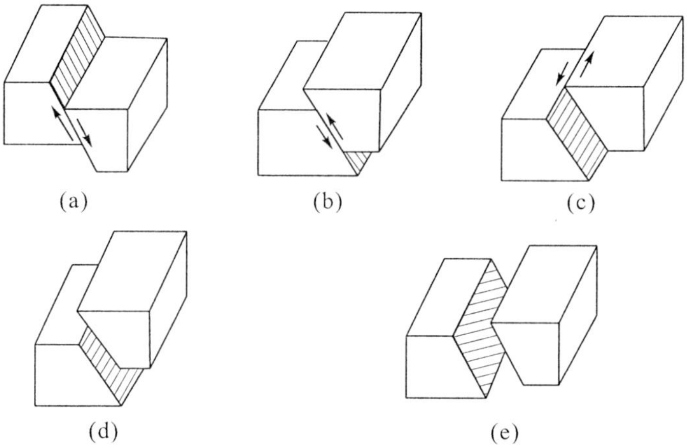

图 11-4 按断层两盘相对运动划分的断层和组合性命名断层

(a)正断层；(b)逆断层；(c)平移断层；(d)逆-平移断层；(e)正-平移断层
断层面上的线条代表滑动方向

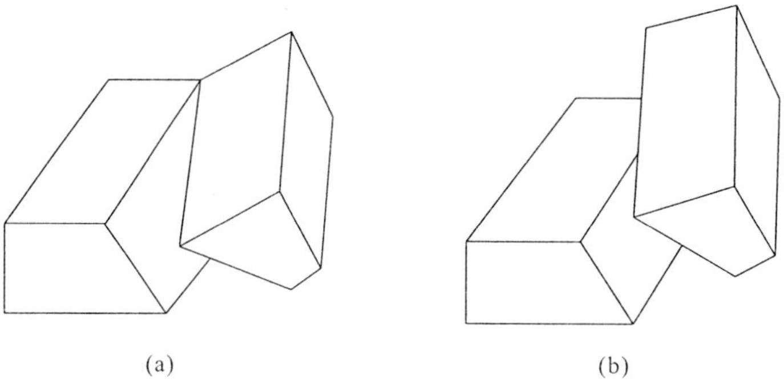

图 11-5 两种旋转方式的枢纽断层

(a)旋转轴位于断层一端的枢纽断层；(b)旋转轴位于断层中点的枢纽断层

(4)枢纽断层(hinge fault)：两盘作旋转运动形成的断层叫作枢纽断层(图 11-5)。枢纽断层的显著特点是在同一断层不同部位的位移量不等。

一般说来，枢纽断层主要有两种旋转方式：一种是旋转轴位于断层一端[图 11-5(a)]；另一种是旋转轴位于断层中间[图 11-5(b)]。前者表现为在横切断层走向的各个剖面上位移量不等，后者表现为旋转轴两侧的相对位移方向不同，一侧为上盘上升，另一侧则为上盘下降。

第三节 断层的发育和组合特征

断层的分类方案较多，在上一节介绍的几种断层的分类方案中，使用最为普遍和广泛的是根据断层两盘相对位移进行分类。

一、正断层

(一)正断层的一般特征

正断层的产状一般较陡，断层倾角大多数在 45°以上，以 60°～70°度最为常见。正断层带内岩石破碎相对不太强烈，角砾岩多带棱角，通常断层带内没有强烈挤压形成的复杂小褶皱现象。

(二)正断层的组合形式

正断层可以单独发育，也可以在一定范围内和一定的地质背景下，由若干条断层以一定的组合形式出现。正断层的主要的组合形式有：

1.阶梯状断层(step fault)

由若干产状基本一致的正断层组成，各断层的上盘依次向同一方向断落，在剖面上看为阶梯状的断层组合形态，叫作阶梯状断层［11-6(a)］。当断面呈弧形状时，阶梯状断层的断盘常沿弧形断裂面发生一定旋转而成阶梯状抬斜断块［图 11-6(b)］，在地形上表现为单面山或山谷间列的景观。

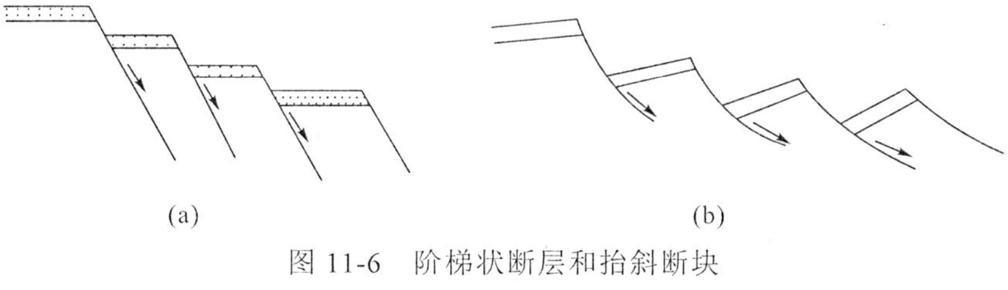

(a) (b)

图 11-6 阶梯状断层和抬斜断块

(a)阶梯状断层；(b)抬斜断层

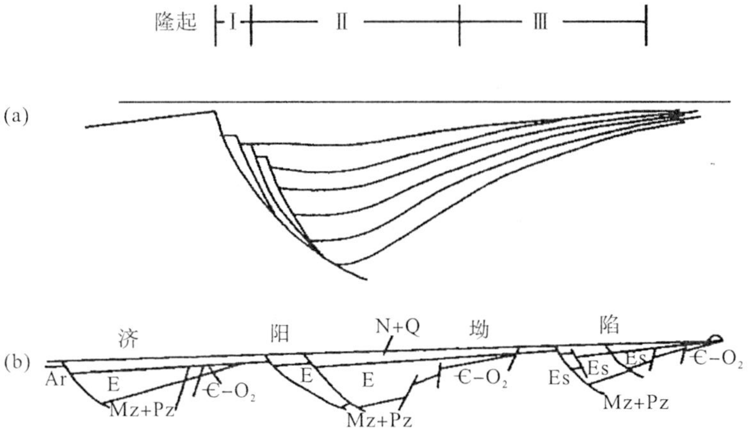

图 11-7 山东济阳断坳发育的箕状构造

(a)箕状断陷构造结构示意图，其中 I 为断阶带，II 为深凹带，III为斜坡带；

(b)山东济阳断坳发育的箕状断陷构造

一些在地质历史中发育的阶梯状抬斜断块在发育过程中伴随着地层的同沉积作用，所以反映在地形上已不甚明显，但是可以反映在断陷沉积上，表现为一系列平行的箕状构造(图 11-7)。这类箕状构造在我国东部中、新生代盆地中十分发育，如中生代华北盆地、松辽盆地等。

2.地堑、地垒及盆岭构造

1)地堑(graben)

由走向基本平行、倾向相反、性质相同的两条或两条以上的正断层组成，断层之间共用一个下降盘［图 11-8(a)］。地堑规模差异较大。巨型地堑系属于裂谷，其边界及范围常控制着沉积盆地的发育(如华南地区的一些新生代红色盆地)，有的还是板块间的分界线，是板块扩张的发源地；大中型地堑边界往往不只是一条单一的正断层，而是由数条产状相似的正断层组成一个同向倾斜的阶梯式断层系列。

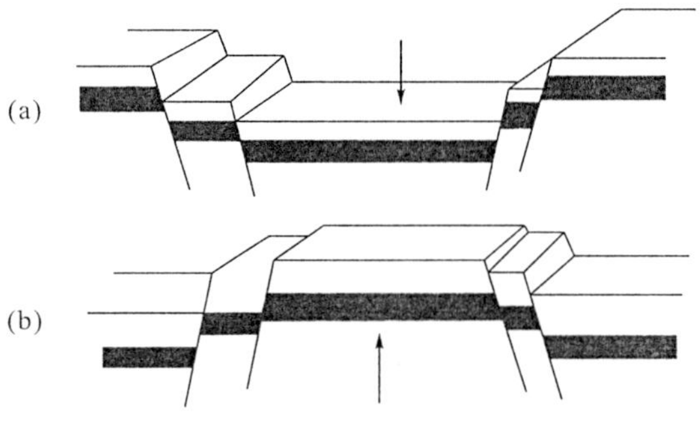

图 11-8 地堑与地垒

(a)地堑；(b)地垒

2) 地垒(horst)

地垒则刚好相反，主要由两条走向基本平行、倾向相反、性质相同的两条或两条以上的正断层构成，断层之间共用一个上升盘[图 11-8(b)]。组成地垒两侧的正断层可以单条产出，也可由数条产状相似的正断层组成，形成两个依次向两侧断落的阶梯状断层带。

通常情况下，地堑和地垒相伴发育，且多发育于褶皱平缓地区，地堑在地貌上呈狭长的谷地或成串展布长条形盆地或湖泊，如国内的渭汾地堑、国外的莱茵地堑和贝加尔湖地堑等。地垒则常呈断块隆起山地。大型的地堑-地垒组合可形成典型的地貌单元一盆岭构造

3) 盆岭构造

是地壳在大规模伸展活动中的一种表现，在区域隆升背景下形成的由不对称的纵向单面山(山岭)及其间的盆地组合而成的构造地貌单元。其构造样式主要表现为由走向基本一致的地堑、地垒及阶梯状断层组合在一起，形成断隆、断拗及阶梯形式的交替排列，并在地形上有明显反映的构造单元。美国西部科迪勒拉山系的盆岭区和我国鄂西峡东地堑地垒群都属于典型的盆岭构造。

3.环状断层和放射状断层

若干个弧形或半环状断层围绕一个中心成同心状排列，便构成环状断层(ring fault)；若干条断层自一个中心成辐射状向外发散排列，即构成放射状断层(radiating fault)。环状断层[图 11-9(a)]和放射状断层[图 11-9(b)]往往是隆拱作用引起的平面引张的结果，常见于盐丘造成的穹窿构造周围，也可能出现在火山口、岩浆底辟构造(因岩浆挤入而使上覆岩层局部上升形成穹窿或短轴背斜)等处。

(a) (b)

图 11-9 环状断层和放射状断层

(a)环状断层；(b)放射状断层

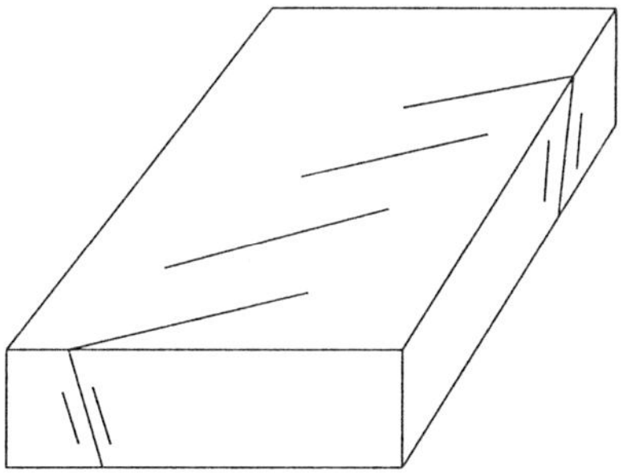

图 11-10 雁列式断层

4.雁列式断层

由若干条近平行的正断层呈斜向错列展布，构成雁列式断层(en echelon fault)。雁列式断层(图 11-10)带的走向与其排列的总体方向呈 30°～45°度斜交。在我国南方这类断层较为发育，常常控制了中小型红色盆地的发育。

5.断块型断层

两组方向不同的大、中型正断层互相切割，构成方格状和菱形断块为断块型断层(block fault)。我国东部地区这种组合形式比较普遍。我国浙闽一带的北东向和北西向断裂的方格网组合就属断块型断层组合型式。

(三)正断层发育的地质背景

1.区域水平拉伸作用

(1)侧向水平拉伸导致沉积盆地的形成，盆地边缘造成了正断层所要求的水平拉伸条件。断陷盆地边缘的正断层多属于此类。

(2)在板块分离边缘—裂谷发育过程中，由于板块的背离运动，形成了大规模的区域性水平拉伸应力环境，因而产生一系列正断层及其组合形式(图 11-11)。

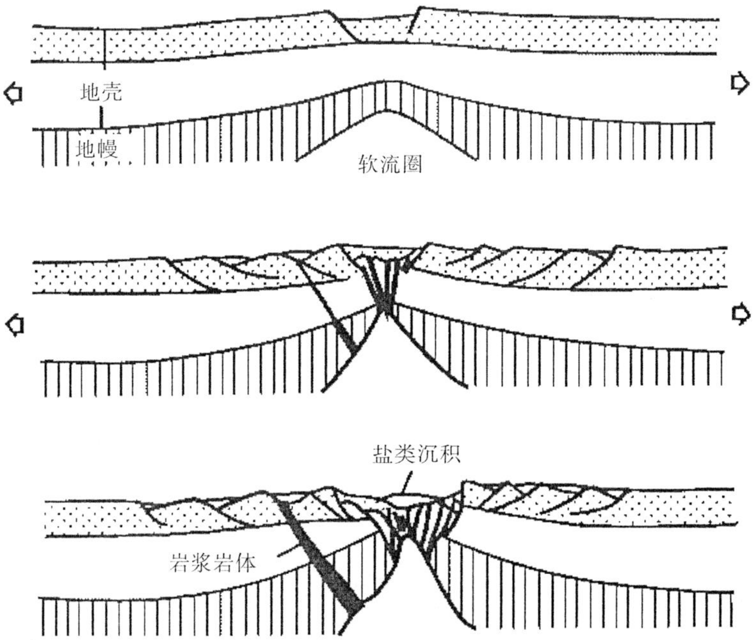

图 11-11 裂谷发育过程中正断层发育示意图

2.局部拉伸作用

1)背斜构造上发育的正断层

无论是纵弯褶皱还是横弯褶皱作用形成的背斜，在其外侧转折端必然诱导产生与枢纽垂直的顺层张应力，而竖直方向则由于重力作用产生直立应力。这两种应力作用下可产生两组相向倾斜的正断层，并常组合成地堑(图 11-12)。若是短轴背斜，沿枢纽方向的局部拉伸可形成走向与背斜枢纽垂直的两组倾向相反的横向正断层；若是穹窿构造，必然会产生以穹窿顶部为中心的环状正断层和放射状正断层。

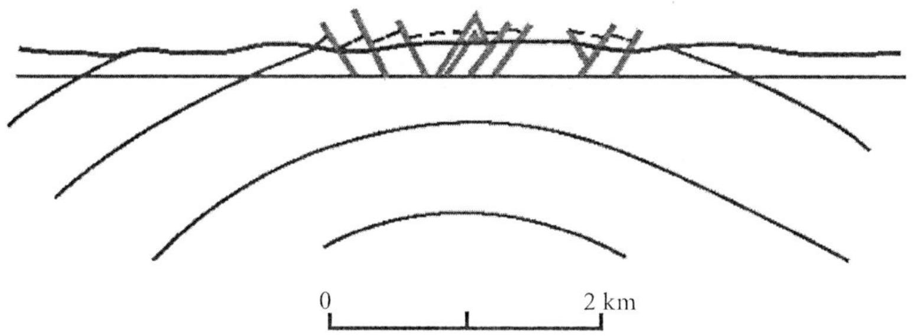

图 11-12　美国海员山背斜顶部正断层和小型地堑(据狄塞特尔，1964)

2)海沟外隆处发育的正断层

海洋板块向大陆俯冲时，海沟外侧发育有略微隆起的海沟外隆构造，与背斜顶部相似，在与外隆垂直的方向上产生侧向拉伸，形成正断层及其组合形式(图 11-13)。

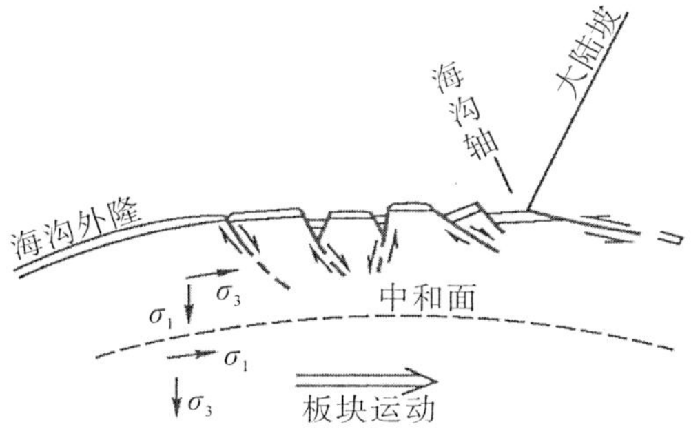

图 11-13　海沟外隆上的正断层(据 Schweller，1981)

此外，区域性的差异升降运动、重力滑动作用以及走滑断层的派生断层也都可能导致正断层的发育。

正断层广泛发育于各种的地质环境，不仅在拉张背景下发育，也在构造变形强烈的挤压褶皱带发育。不过在构造挤压强烈的变形区域，正断层一般不占主导地位，常以伴生或派生构造产出，常位于背斜的转折端部位或两种构造的交替部位。

二、逆断层

（一）逆断层、逆冲断层和推覆构造

断层上盘沿断层面相对上升，下盘沿断层面相对下降的断层是逆断层。根据断层面倾角的大小，逆断层可以分为高角度逆断层和低角度逆断层。高角度逆断层的断面倾角较陡，一般大于 45°；低角度逆断层的断层倾角较缓，一般在 45°以下甚至更低。一般来说，位移量很大的低角度逆断层称为逆冲断层(thrust fault)，也叫作逆掩断层，其断面倾角一般在 30°左右或者更缓；若断层推覆距离在数千米(一般为 5km)以上的大型逆冲断层就称为逆冲推覆构造或推覆构造(nappe structure)。

与高角度逆断层相比，逆冲断层(尤其逆冲推覆构造)在地壳中最为常见。而且，具有理论和实践研究意义的断层几乎都是逆冲断层(逆冲推覆构造)。因此，作为逆断层中最具代表性的构造类型，针对逆冲断层(逆冲推覆构造)专门予以论述。

（二）逆冲断层(逆冲推覆构造)的一般特征

逆冲断层(逆冲推覆构造)常常显示出强烈的挤压破碎现象，形成构造角砾岩、碎粒岩和超碎裂岩等断层岩，沿逆冲断层还常出现劈理化、节理化、剪切带或各种复杂揉褶现象。断层两侧的岩层常常具有强烈变形特征，形成复杂褶皱变形，这种变形在造山带表现得尤为明显。然而，有些逆冲断层带或者断层带的某些部分，地层变形破碎却不十分明显，甚至非常微弱，譬如沿大型盐席推覆的盐上地层就很少发生明显褶皱变形。

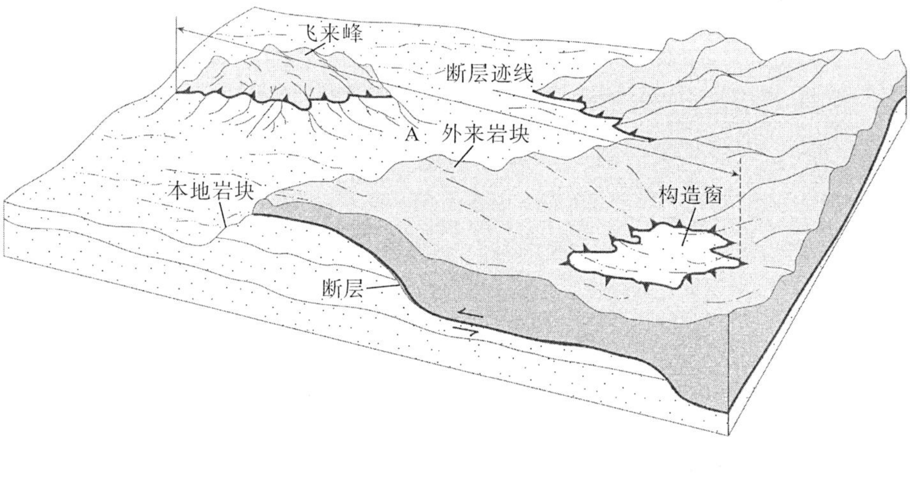

图 11-14　外来、本地岩块及构造窗和飞来峰拟平面示意图(据 Davis et al., 2012)

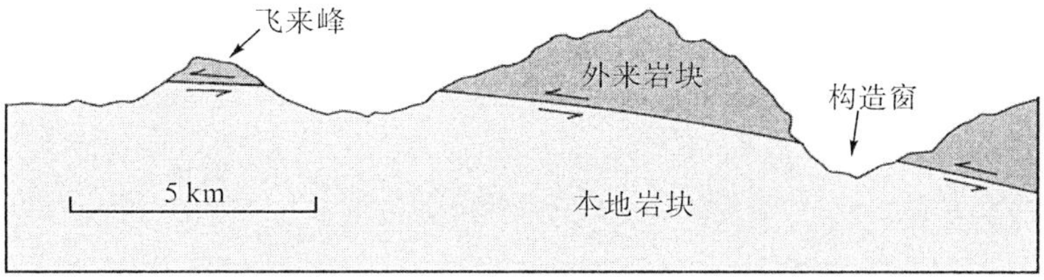

图 11-15 外来、本地岩块以及构造窗和飞来峰的剖面示意图(据 Davis et al.，2012)

逆冲推覆构造的上盘地层是从远处推移过来的，故称为外来岩块(allochthon)，下盘地层称为原地岩块(autochthon)。当逆冲断层和推覆构造发育地区遭受强烈剥蚀切割后，若部分外来岩块被剥掉露出下伏岩块，表现为在一片外来岩块中露出一小片由断层圈闭的较年轻地层，这种现象就称为构造窗(window)；若剥蚀强烈，外来岩块仅局部残留在大片的原地岩块上，便形成了飞来峰(klippe)。飞来峰常成为陡立的山峰，且无论是构造窗还是飞来峰，它们与周围原地岩块都呈断层接触关系(图 11-14，图 11-15)。

(三)逆冲断层(逆冲推覆构造)的几何特征和扩展方式

逆冲推覆构造包括逆冲断层和逆冲岩席两部分。逆冲断层的几何形态常呈台阶状，即断层面由长而缓的断坪和短而陡的断坡交替构成(图 11-16)。断坪常沿软弱岩层发育，断坡则以高角度切过强硬岩层。这种台阶状断层形态在造山带前缘的前陆盆地非常普遍，如美国的松树山地区(图 11-17)，我国的天山南北山前，四川盆地川西褶皱冲断带等地均有广泛发育。

逆冲岩席是逆冲断层的上盘，一般变形较为强烈。1934 年，Rich 在研究美国松树山断层时发现，在断层转折处逆冲岩席会发生褶皱，这种褶皱明显与断层面的转折有关，故称为断层转折褶皱，它们终止于断层面而不向下盘延续，故又称无根褶皱(图 11-17)。

逆冲推覆构造的扩展方式有两种：前展式(图 11-18)和后展式(图 11-19)。前展式中的每一新的逆冲岩席发育在老逆冲岩席的下盘，各逆冲岩席依次向逆冲方向扩展。后展式中每一个新逆冲岩席发育在老逆冲岩席的上盘，各逆冲岩席依次向逆冲来源方向或者腹地扩展。因此，在前展式中位置最高或者最后侧的逆冲岩席形成最早；在后展式中，位置最高的逆冲岩席形成最晚。自然界中前展式是最常见的逆冲扩展方式。

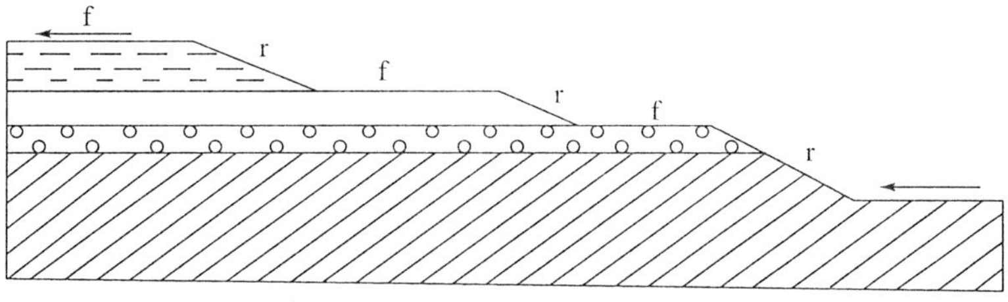

图 11-16 逆冲断层的台阶式结构(断层上盘揭去)

f.断坪；r.断坡

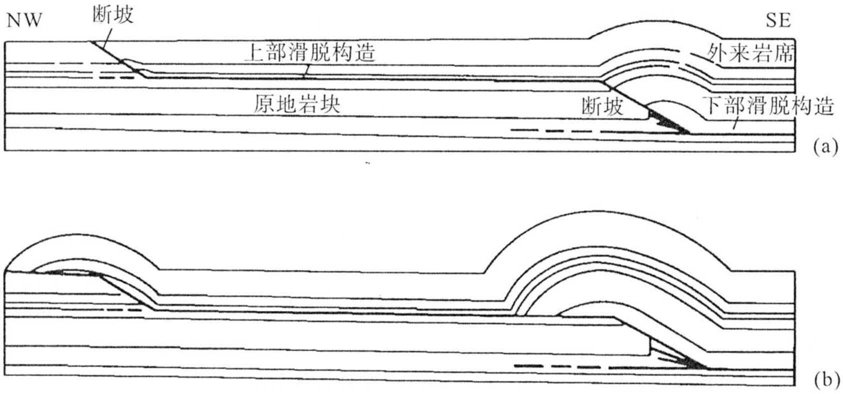

图 11-17 美国阿巴拉契亚松树山断层的台阶式结构和无根褶皱

(a)台阶式结构；(b)无根褶皱

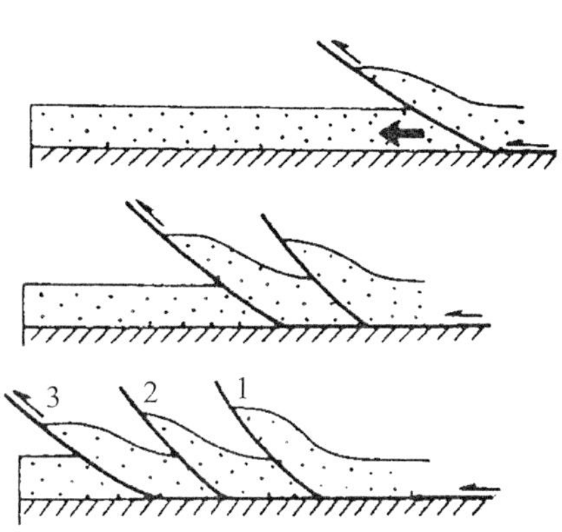

图 11-18 前展式逆冲断层发展顺序

1～3 为发展顺序；箭头表示扩展方向

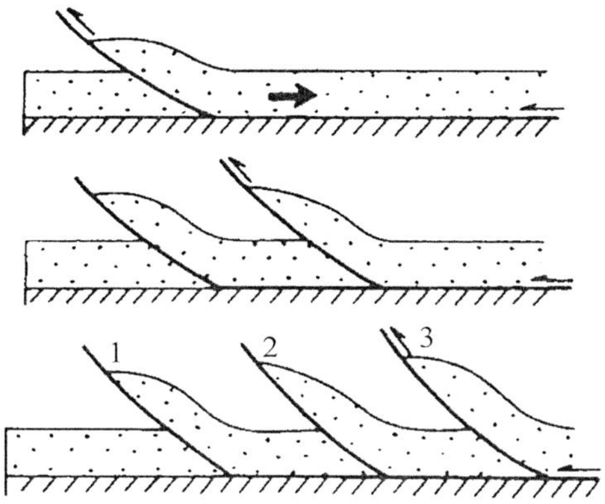

图 11-19 后展式逆冲断层发展顺序

1～3 为发展顺序；箭头表示扩展方向

(四)逆冲断层(逆冲推覆构造)的组合型式

逆冲断层的主要组合型式有：

1.叠瓦式逆冲断层

叠瓦式逆冲断层(imbricate structures)是逆冲断层最主要、最常见的组合形式，是由一系列产状大致相同的逆冲断层组成，各断层上盘依次向同一方向冲掩，剖面上呈叠瓦状(图 11-20)。

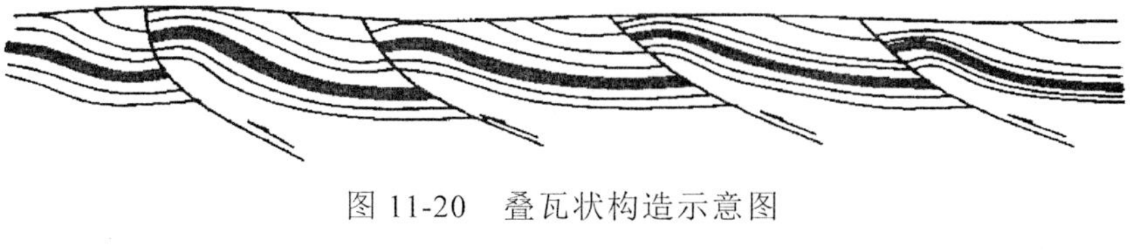

图 11-20 叠瓦状构造示意图

叠瓦状构造通常表现为前(上)陡后(下)缓，即凹面向上的弧形，各断层面倾角往下逐渐变缓，各条断层向深处有时收敛汇拢成一条主干大断层。

2.背冲式逆冲断层

背冲式逆冲断层(back thrust fault)由两条或两组相向倾斜的逆冲断层组成，表现为自一个中心分别向两个相反方向逆冲，一般自背斜核部向外撒开逆冲。与造山带复背斜伴生的两组逆断层，分别在两翼上产出，常常总体呈扇形(图 11-21)。

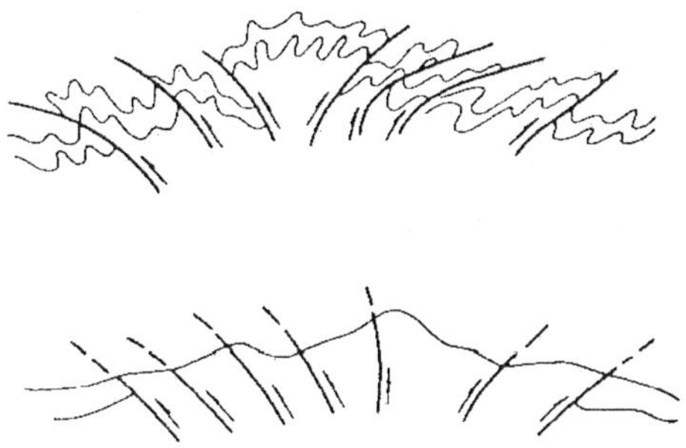

图 11-21 背冲式逆冲断层

3.对冲式逆冲断层

对冲式逆冲断层(face to face thrust fault)是由两条相反倾斜，相对逆冲的逆冲断层组成。小型对冲式逆冲断层常与背斜构造伴生(图 11-22)；大型对冲式逆冲断层产出于拗陷带边缘，自两侧隆起分别向拗陷带内逆冲。

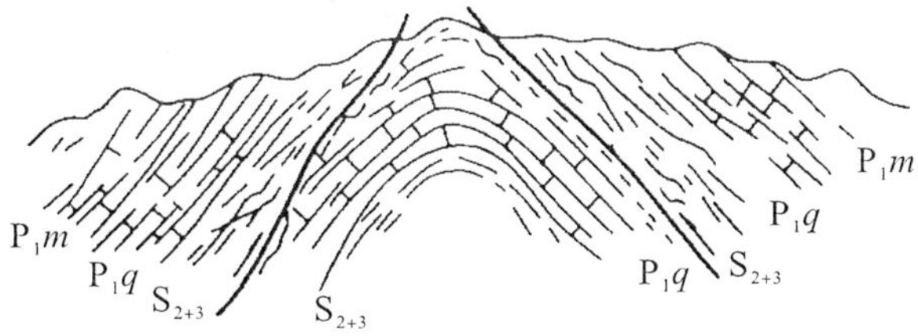

图 11-22 四川广元月明峡背斜中的对冲式逆冲断层

4.楔冲式逆冲断层(wedge shape thrust fault)

老岩系一侧逆冲于新地层之上，另一侧则与新地层呈正断层接触，形成上宽下窄的楔形断片。断层面是勺状弯曲的弧面，深部逆冲，浅部由于断层面倾向反过来了，逆冲楔状体成了下盘，浅部表现似正断层。我国南方一些较大的红色盆地中有时出现的一些基底老岩层，过去一般认为是断块式上升，以地垒形式隆起于红层中。近年研究发现：这些老岩层一侧逆冲于红层之上，而另一侧与红层呈正断层接触，形成上宽下窄的楔形断片，称为楔状冲断体构造(图 11-23)。

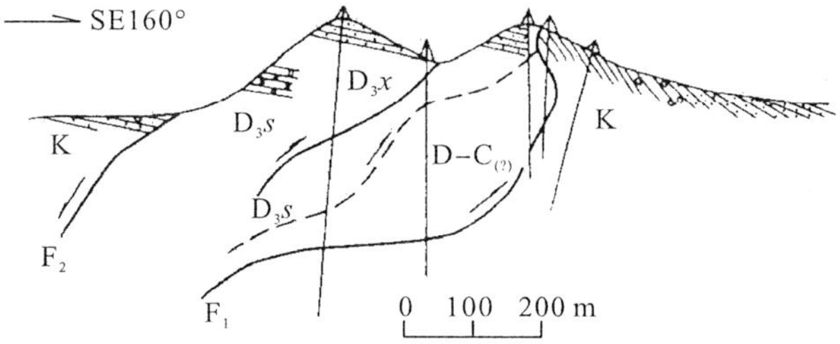

图 11-23 湖南衡阳谭子山楔状冲断体

(五)逆冲断层形成的地质背景

逆冲断层一般是区域性挤压作用的结果，常常与强烈的褶皱运动相伴生。

1.高角度逆断层的成因

造山带中与褶皱同时发育的高角度逆断层在一些造山带中一系列轴面陡倾的紧闭同斜褶皱的倒转翼，常发育有很多相同造山期的，但比褶皱形成略晚的高角度逆断层，它们的倾向与褶皱倾向一致，甚至倾角也一致。它们是在水平侧向挤压下，造山带物质垂向差异塑性流动的一种表现(图 11-24)。

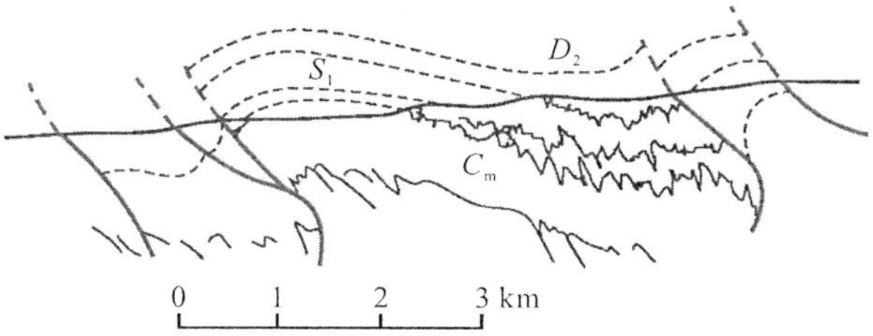

图 11-24 萨拉伊尔山梁与同斜褶皱同时发育的高角度逆断层

1)造山带中与深成岩浆活动有关的高角度逆断层

在许多造山带的主要褶皱构造形成之后，往往有剧烈的岩浆活动。当岩浆从深部楔入地壳时，常形成高角度逆断层(图 11-25)。

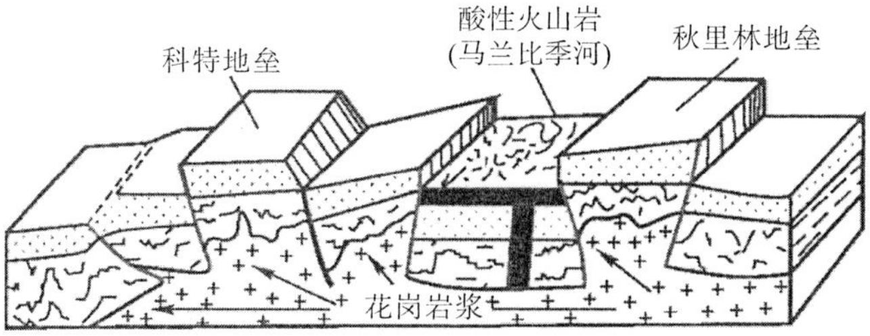

图 11-25 堪培拉区与花岗岩侵入有关的高角度逆断层(据 Hills，1972)

2) 差异升降运动造成的高角度逆断层

在侧方受限，差异升降运动造成挠曲时，由上下剪切作用导生的一组次级同旋向剪裂面，可进一步发展成为高角度逆断层(图 11-26)。哈弗奈模式中的第三种附加应力状态可解释这种断层的形成。在隆起区与下降区的交替部位，原来在隆起区的一组正断层变成了隆起区倾斜的高角度逆断层。

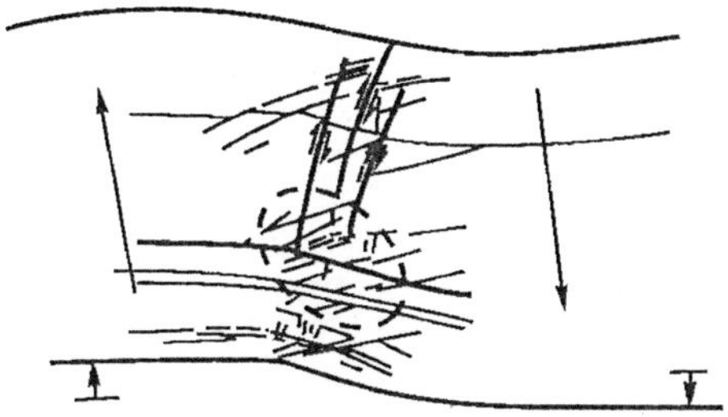

图 11-26 上下剪切作用导致的高角度逆断层(据 Hills，1972)

2.低角度逆断层的成因

低角度逆断层的形成符合安德生的逆断层模式。若考虑到水平应力的侧向和垂向变化，它们与哈弗奈的第一种附加应力模式相符，与第二种附加应力模式中一组在浅部向水平应力高的一侧倾斜的逆断层也相符。

1) 由褶皱进一步发展而成的延伸逆断层

在水平挤压甚强并向一侧减弱的情况下，褶皱发生倒转。倒转翼在持续变形的过程中，会逐渐被拉薄，最后沿剖面 X 剪裂面中的一组断开而成逆断层[图 11-27(b)]。这种成因的逆断层常见于造山带边缘强烈不对称褶皱的地带。

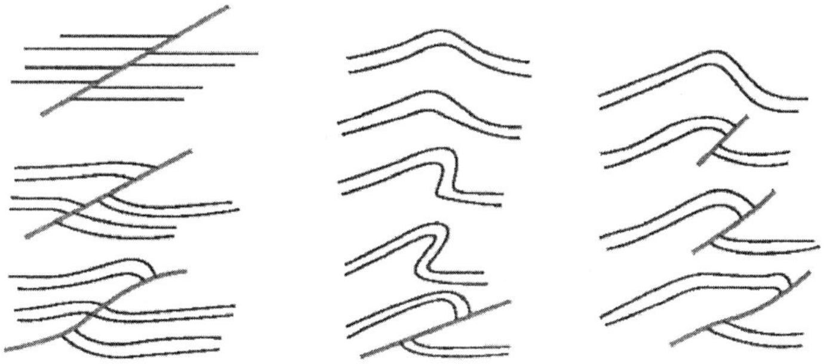

(a) (b) (c)

图 11-27 逆断层与褶皱的关系(据 Desitter，1964)

(a)剪开逆断层；(b)延伸逆断层；(c)破裂逆断层

2) 与褶皱同时发育的破裂逆断层

脆性岩层在水平挤压作用下可以形成开阔褶皱，同时也很快出现破裂，形成一系列在剖面 X 剪裂面基础上发育起来的破裂逆断层[11-27(c)]。破裂逆断层与延伸逆断层的区别在于前者形成过程中不伴有褶皱翼部岩层的减薄现象，而是与同心褶皱相联系。

3)早于褶皱形成的剪开逆断层

剪开逆断层发生之前并无明显褶皱现象，它是在水平地层的背景上发展起来的，是水平挤压作用的结果[图 11-27(a)]。剪开断层常呈台阶式(图 11-28)，某些段顺岩层面滑动，形成断层弯曲褶皱。因此逆断层作用在前，褶皱作用在后。

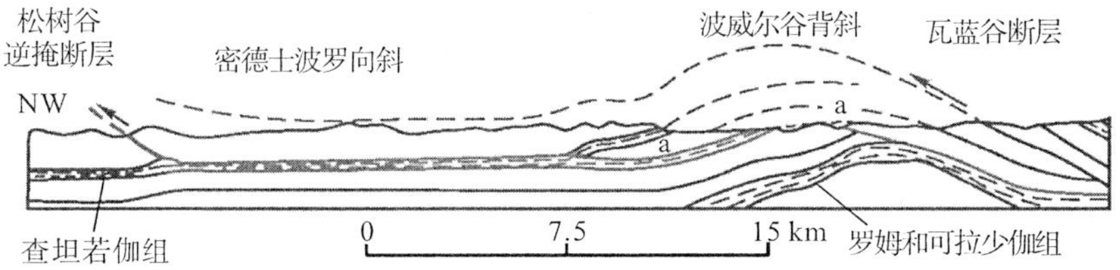

图 11-28 松树谷台阶式逆断层和断层弯曲褶皱(据 King，1951)

4)逆冲断层相关褶皱

与逆冲断层作用相关的褶皱形式包括断层弯曲褶皱(断弯褶皱)、断层扩展褶皱(断展褶皱)和断层滑脱褶皱(断滑褶皱)三种(图 11-29)，这些都属于无根褶皱。从图 11-29 中还可以看出，断坡在褶皱形成中具有重要作用，褶皱的几何形态和组合型式受断坡(倾角、长度、间距)、运移速度和规模、岩系组成、逆冲作用进程、滑脱层(性质、厚度和深度)诸因素的影响。

(1)断层弯曲褶皱(fault bend fold)。简称断弯褶皱［图 11-29(a)］，是逆冲岩席在爬升断坡过程中形成的褶皱作用。这种褶皱作用与断坡密切相关，褶皱发生在断坡形成之后。

(2)断层扩展褶皱(fault propagation fold)。简称断展褶皱［图 11-29(b)］，与下伏逆冲的断坡密切相关，不过褶皱形成于逆冲断层终端，是在断坡形成同时或近于同时发生的。这种作用意味着逆冲断层沿着断坡的位移逐渐消失以至停止，褶皱实际上是塑性应变的地质表现。

(3)断层滑脱褶皱(decollement fold)。又叫滑脱褶皱［图 11-29(c)］，是在一个或多个滑脱层之上形成的收缩背斜(Dahlstrom，1990)。它的形成是岩层将平行断层的位移传递到上盘地层的褶皱之中，即顺层滑脱的结果。因此，褶皱与下伏逆冲断层的断坡无关，而是产生于断层的终端。在褶皱之下，顺层滑脱的位移也逐渐消减以至停止。

中国西部含油气盆地，如位于天山南、北两侧对称分布的塔里木盆地库车前陆冲断带和准噶尔盆地南缘前陆冲断带都发育一系列逆冲断层和上述三种相关褶皱，构造变形复杂，是大油气田勘探目标。

逆断层及其各种组合形式一般是区域性挤压作用的结果，常常与强烈的褶皱运动相伴生。此外，区域性伸展和重力滑脱作用也可形成逆断层。

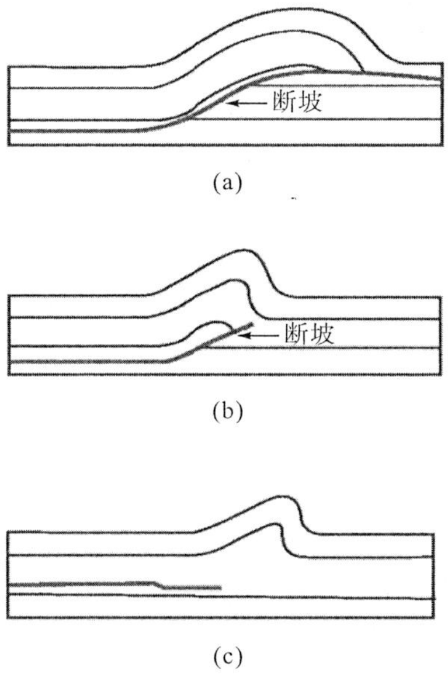

图 11-29 断层相关褶皱(据 Jamison, 1987)

(a)断层弯曲褶皱；(b)断层扩展褶皱；(c)断层滑脱褶皱

三、平移断层

(一)平移断层的一般特征

平移断层的断面一般较陡峭，有的甚至直立。如果断层横切倾斜地层(倾向断层)，从横剖面上观测时产生与正断层或者逆断层一致的断层效应，有时还具有一定程度的顺倾斜滑动，所以一些平移断层有时会被误认为是正断层或逆断层。一般说来，平移断层(尤其走滑断层)常常表现为强烈的破碎带、密集剪裂带、角砾岩化带及超碎裂岩带等，与前面两类断层相比，剪裂破碎往往更为强烈。

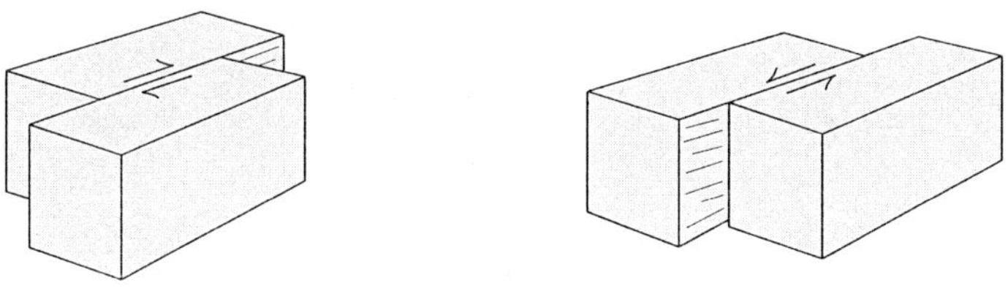

(a) 右行平移断层　　(b) 左行平移断层

图 11-30 平移断层示意图

根据平移断层两盘的相对滑动方向，平移断层可分为左行平移断层和右行平移断层。右行是指观察者的视线垂直于断层走向观察断层时，对盘向右滑动[图 11-30(a)]；左行是指观察者的视线垂直于断层走向观察断层时，对盘向左滑动[图 11-30(b)]。

(二)平移断层的组合型式

平移断层的形成过程中，由于两盘地层基本沿断层面走向方向滑动，可形成左行和右行平移断层组合(图 11-31)。由于平移断层两盘的地层发生强烈剪切滑动，在断层附近常可见到派生的一系列构造，如雁列断层及其形成的正、负花状构造(图 11-32)，以及沿大型走滑断层发育的拉分盆地和冲起构造等(图 11-33)。

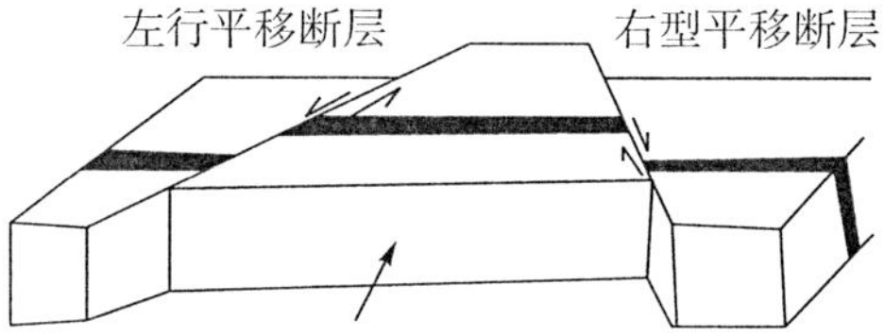

图 11-31 左行和右行平移断层组合示意图

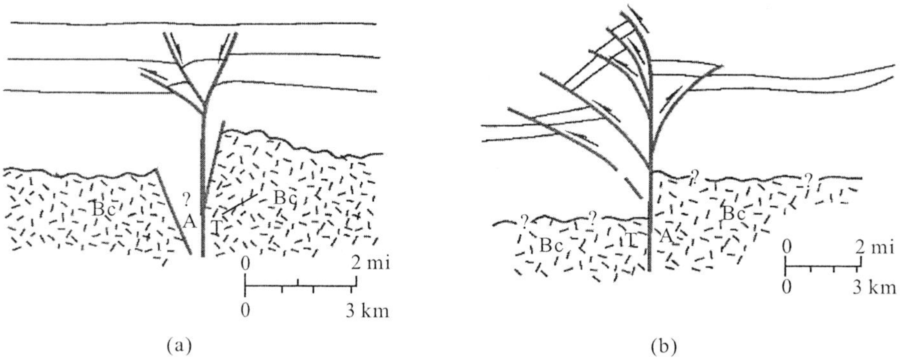

图 11-32 负花状构造(a)和正花状构造(b)示意图

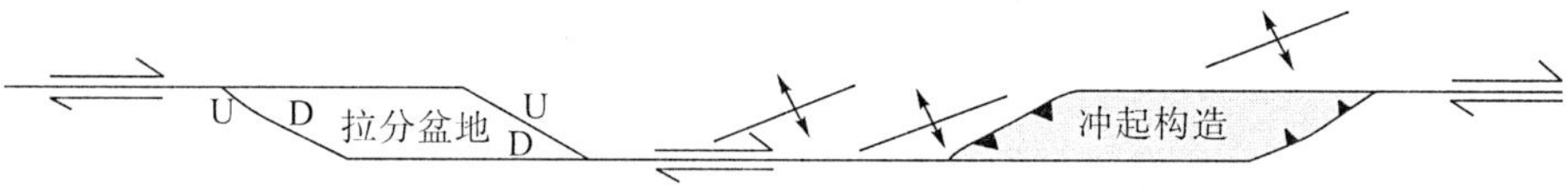

图 11-33 右行走滑断层作用下地表可见的拉分盆地和冲起构造(据 Suppe，1985)

D.下降；U.上升

(三)平移断层形成的地质背景

平移断层发育的地质背景可以分为两类。一类是与褶皱等构造伴生的平移断层，另一类是区域性平移断层。与褶皱或大逆冲断层伴生的平移断层规模一般不大，是在形成褶皱或逆冲断层的统一应力场中形成的，常与褶皱或逆冲断层斜交或横交。斜交构造线的平移断层是顺着一对共轭剪裂面发育的；横交构造线的平移断层可能是顺着张裂面发育，并在差异应力下形成。这两种产状的平移断层，特别是斜向平移断层在造山带广泛发育。

规模较大的区域性平移断层又称为走滑断层，如美国西海岸的加利福尼亚州的圣安德烈斯断层、新西兰的阿尔卑斯断层、我国的郯庐断裂等都属于典型的走滑断层。

四、同沉积断层

（一）同沉积断层的概念

同沉积断层(contemporaneous fault)主要发育于沉积盆地边缘。在沉积盆地形成发育过程中，盆地不断沉降，沉积不断进行，盆地外侧不断隆起，在断层演化的同时，沉积作用也在进行，这些作用都是由于控制盆地边缘断层的不断活动而发生的。这种一边发生断裂运动，一边发生沉积作用的断层，称为同沉积断层，又称为生长断层或同生沉积断层。表现在沉积岩的岩性、厚度和岩相等均受断层控制[图 11-34(a)]。

同沉积断层规模大小不一，以大、中型为主。在形成时代上，主要发生在中、新生代，很可能与中、新生代断陷盆地的广泛发育有密切关系。

与同生断层相对照的是非同生断层[图 11-34(b)]。这类断层是在沉积岩形成以后，受力而成。基本上是一次构造运动的产物，一般规模较小，数量很大，虽然对岩性和厚度没有影响。但能破坏油气的构造形态，并使油气藏分割成块，使之复杂化。

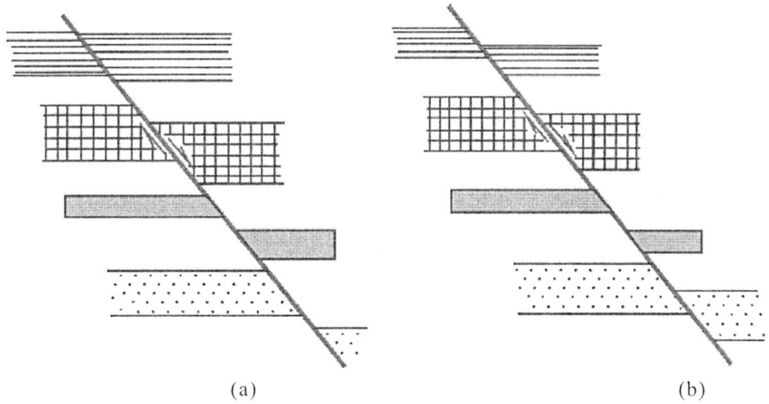

(a) (b)

图 11-34 同生断层(a)与一般断层(b)示意图

（二）同沉积断层的一般特征

(1) 同生断层一般为走向正断层，在剖面上常呈上陡下缓的凹面向上的勺状。

(2) 同生断层的上盘(即下降盘)地层明显增厚，这是同生断层最基本的特征和识别标志［图 11-34(a)］，同一地层在下降盘与上升盘的厚度比称为生长指数，生长指数反映了同生断层的活动强度。

(3) 断距随深度增大，地层时代愈老，断距愈大，因为断距是累积的，所以任一标志层的断距都反映了这层以前断层活动引起的断距之和。

(4) 常在上盘发育逆牵引构造，逆牵引一般构成背斜或半背斜，与断层走向一致延伸，背斜顶点向深部逐渐偏移，偏移的轨迹与断层面大致平行。

逆牵引构造也称反牵引构造、滚动背斜、翻转构造，是断层上盘沿凹向上的断层面下滑时，由于向下倾角变小(缓)而在上部出现开放裂口，为弥合这个空间，上盘下降的拖力使上盘岩层下弯形成［图 11-35(a)］。逆牵引构造一般发育在产状平缓的地层中，而且多发育在同生断层的上盘上，是同沉积断层的标志性伴生构造。如果地层脆性较高而未能发生塑性弯曲时，则可能形成反向断层地层［图 11-35(b)］。

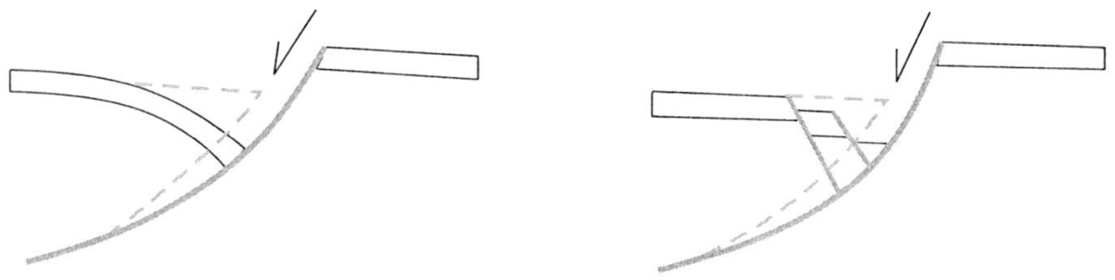

(a) (b)

图 11-35 逆牵引构造(a)与反向断层(b)

同沉积断层一般发育于拉伸张性断陷盆地的边缘，常常继承了基底断层。重力滑动和差异压实作用也在一定程度上促进了同沉积断层的活动。同沉积断层与含油气盆地的形成和演化，以及逆牵引构造与油气储聚具有密切关系。

第四节 断层形成机制

断层形成机制是一个复杂的课题，涉及的问题是多方面的，包括破裂的发生和断层形成、断层作用过程与应力状态、发生破裂岩石的力学性质，以及断层作用与断层形成环境的物理状态等方面的问题。

当岩石受力超过其强度极限，即差应力超过其强度极限时岩石便开始破裂。破裂之初，首先出现微裂隙，微裂隙逐渐发展，相互联合和扩展，形成明显的破裂面，即断层两盘借以相对滑动的破裂面。

断裂开始出现时的微裂隙一般呈羽状散布排列。微裂隙可属于剪裂，也可属张裂性质，但扫描电子显微镜观察揭示出大多数微裂隙具张裂性。

当断裂面一旦形成而且差应力超过摩擦阻力时，两盘就开始相对滑动，形成断层。而随着应力释放或差应力趋向于零，一次断层作用也就终止。

一、安德森模式

安德森(E.M. Anderson)等从断层形成的应力状态分析了断层的形成机制，他认为因地面与空气间无剪应力作用，故形成断层的三轴应力状态中有一个主应力轴趋于垂直水平面，并以此为依据提出了形成正断层、逆断层和平移断层的三种应力状态(图 11-36)。安德森模式被地质学家所接受，并将其用作分析解释地表或近地表脆性断裂的依据。

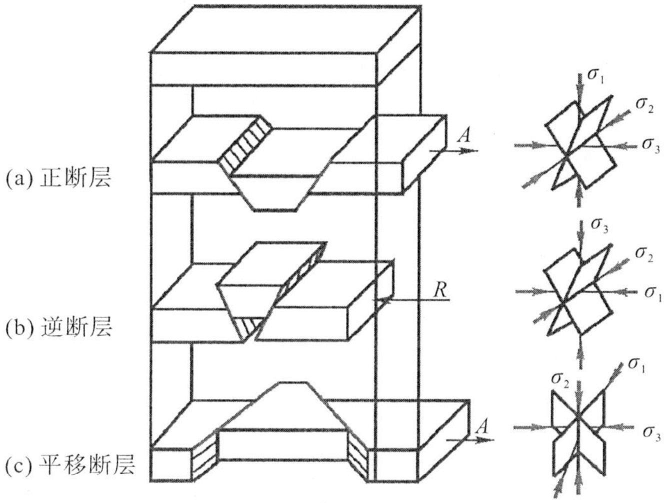

图 11-36　形成三类断层的三种应力状态(据 Anderson，1951)

一般认为，断层面是一个剪裂面，最大主应力 σ_1 与两个剪裂面的锐角等分线一致，最小主应力 σ_3 与两个剪裂面的钝角等分线一致。此外，最大主应力 σ_1 所在盘向锐角角顶方向滑动，就是说断层两盘垂直中间主应力 σ_2 方向滑动。

1.正断层的形成机制

最大主应力(σ_1)直立，中间主应力轴(σ_2)和最小主应力轴(σ_3)水平，中间主应力轴(σ_2)与断层走向一致，上盘顺断层倾斜向下滑动[图 11-36(a)]。根据形成正断层的应力状态和莫尔圆表明，引起正断层作用的有利条件是：最大主应力(σ_1)在铅直方向上逐渐增大，或者是最小主应力(σ_3)在水平方向上减小。因此水平拉伸和垂直上隆是最适于发生正断层作用的应力状态。

2.逆断层的形成机制

最大主应力轴(σ_1)和中间主应力轴(σ_2)水平，最小主应力轴(σ_3)是直立的，中间主应力轴(σ_2)平行于断面走向[图 11-36(b)]。根据逆掩断层的应力状态和莫尔圆表明，适于逆断层形成的可能情况是：最大主应力(σ_1)在水平方向逐渐增大，或者是最小应力(σ_3)逐渐减小。因此水平挤压有利于逆断层的发育。

3.平移断层的形成机制

最大主应力轴(σ_1)和最小主应力轴(σ_3)是水平的，中间主应力轴(σ_2)是直立的，断层面走向垂直于 σ_2，滑动方向也垂直于 σ_2，两盘顺层走向滑动[图 11-36(c)]。

二、哈弗奈模式

实际上，自然界应力在垂直方向和水平方向都是有变化的，因为断层面既不可能保持对于水平面铅直面的对称关系，也不可能向深处或侧方保持断面产状的恒定。哈弗奈(W.Hafner)分析了地球内部可能存在的各种边界条件所引起的应力系统。他假定一个标准应力状态并附加以类似实际构造状况的边界条件，从而推算出各种边界应力场下势断层的可能产状和性质。

哈弗奈提出的标准状态的边界条件是：第一，岩石表面为地表，没有剪应力作用，仅受一个大气压的压力；第二，岩石底部，应力指向上方，等于上覆岩块的重量；第三，边界上没有剪应力作用。

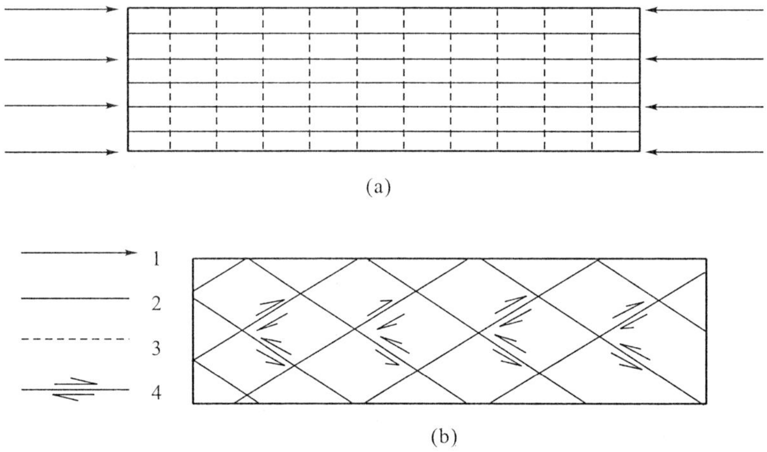

图 11-37　两侧均匀水平挤压应力作用下势断层的分布(据 Hafner，1951)
(a)两侧均匀挤压下应力状态；(b)势断层分布箭头方向代表相对位移方向
1.应力；2.最大主应力迹线；3.最小主应力迹线；4.势断层

任何处于标准状态的岩石，如果受到水平挤压，最简单的情况就是两侧均匀受压(图 11-37)。在这种受力情况下，可能出现两组共轭逆断层，它们的产状不论在水平面上或向地下深部，均无变化。但是两侧均匀受压毕竟不是地质环境中常见的受力状态，最常见的倒是不均匀的侧向挤压。因此哈弗奈提出了三种附加应力状态。

三种附加应力状态均假设中间主应力轴呈水平状态，共轭剪裂角约 60°，以最大主应力轴等分之。

1.第一种附加应力状态

水平挤压力不仅自上而下逐渐增大，而且在同一水平面上，两端挤压力不等。图 11-38(a)所示为左端大于右端(由图上箭头长度表示)，计算出的最大与最小主应力迹线绘于图 11-38(a)。图 11-38(b)显示了由附加应力形成的势断层分布区与应力太小不足以产生断层的稳定区。这里的势断层为两组倾角约 30°、倾向相反的逆冲断层，由于最大主应力轴的倾角各点不一，并且有向右增大趋势，所以倾向稳定区的一组逆冲断层的倾角自地表向下逐渐增大，但断层性质不变。

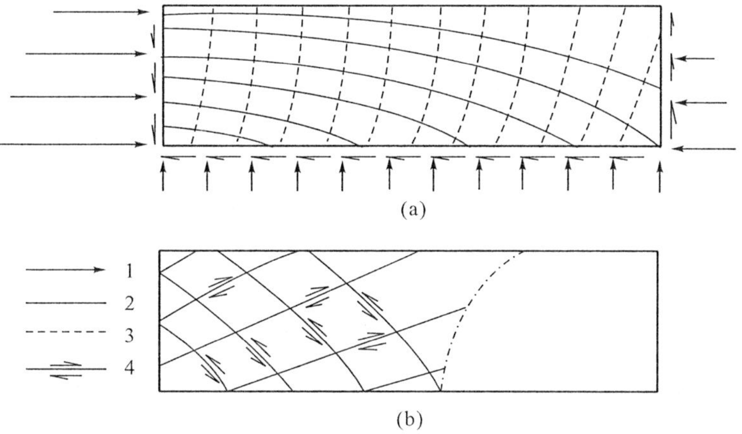

图 11-38 第一种附加应力状态(a)及势断层的分布(b)(据 Hafner，1951)
1.应力；2.最大主应力迹线；3.最小主应力迹线；4.势断层
(b)图空白区为未产生断裂的稳定区

2.第二种附加应力状态

水平挤压力在水平方向上自左至右呈指数递减，因而稳定区远远大于势断层分布区，后者局限于左端一狭窄地段(图 11-39)。倾向稳定区的一组断层为陡倾斜逆断层，其倾角自地表向下显著增大；另一组断层为倾角平缓，但倾向有变化，近地表为倾向左端的低角度逆断层，向下逐渐转变为倾向稳定区的缓倾斜正断层。

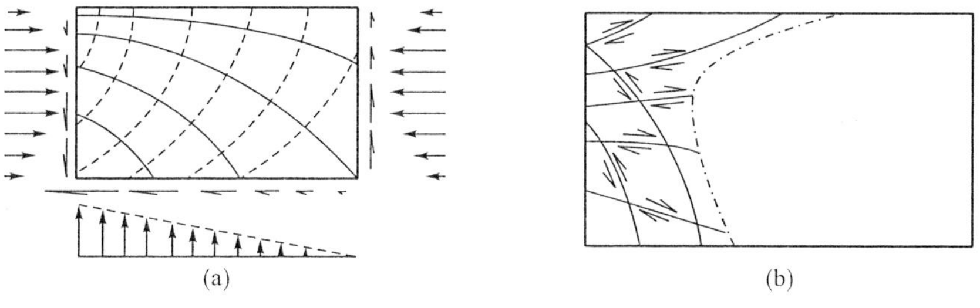

图 11-39 第二种附加应力状态(a)及势断层的分布(b)(据 Hafner，1951)
1.应力；2.最大主应力迹线；3.最小主应力迹线；4.势断层
(b)图箭头方向代表势断层相对位移方向

3.第三种附加应力状态

附加应力包括两种：一种为作用在岩块底面上呈正弦曲线形状的垂向力；另一种为沿岩块底面作用的水平剪切力。这种应力状态下形成的势断层产状比较复杂。在中央稳定区的上部形成两组高角度的正断层，每组正断层的倾角都向深部变陡。自中央稳定区趋向边缘，断层倾角变缓，一侧变成低角度正断层，一侧变成逆掩断层(图 11-40)。

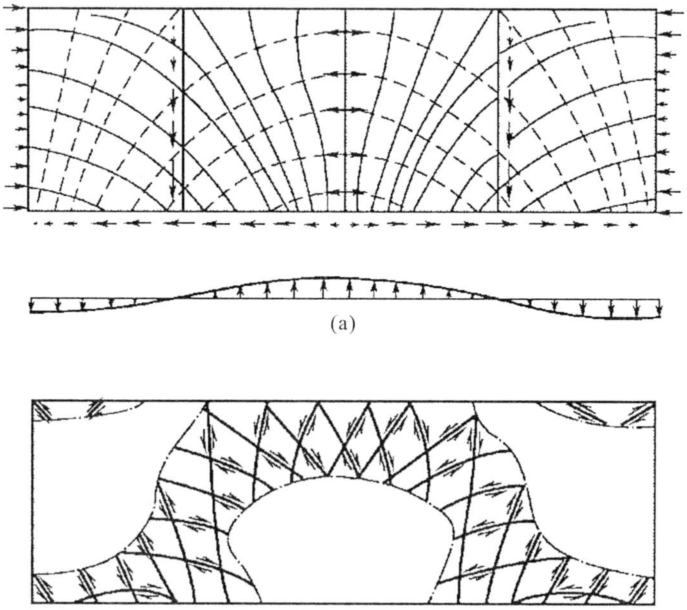

(a)

(b)

图 11-40　第三种附加应力状态(a)及势断层的分布(b)(据 Hafner，1951)

1.应力；2.最大主应力迹线；3.最小主应力迹线；4.势断层

(b)图箭头方向代表势断层相对位移方向

安德森模式和哈弗奈模式所表现的断层与主应力轴位置的关系都是以均匀介质为前提的。但是，实际上岩体往往是非均质的，其中包含着现存的力学上的软弱面(层面、老断层面、不整合面等)，而这些软弱面的取向与上述两种模式给出的断裂面方位并无固定关系。因此，沿软弱面发展而成断层，其方位与最大主应力(σ_1)的夹角可大可小，断层面也不一定平行于中间主应力(σ_2)，断层两盘的运动方向也不一定与中间主应力(σ_2)垂直。只要某个方向有软弱面，其上的剪应力达到了该软弱面的抗剪强度，断层就可顺其发生。

指出这个现象，并不是说安德森模式和哈弗奈模式就没有意义了。在巨大的岩体或者地质体中虽有很多软弱面，但若其规模不大，方向又多，从这个岩体的尺度来看，仍然表现为相对的均质性。因此，主体大断裂仍将顺着上述模式所给出的与主应力有一定关系的方位发育。受局部干扰因素产生的一些小的软弱面可形成一些小断层，它们使上述断裂体系趋于复杂化。在这种情况下，区别整个岩石中的新生断层和软弱面导生断层或再活动断层是很重要的。所以在分析断层形成作用时，一定要结合具体地质条件来进行。

第五节　断层效应

断层效应是指断层作用引起的各种视觉效应。在实际工作中，由于岩层与断层复杂的交切关系以及两盘滑动引起标志层在平面和剖面上的视错动，常常难以从标志层的相对视错动上正确判定出两盘的相对滑动或断层性质。特别是斜向断层和横向断层可引起多种视觉效应。下面我们从几个不同方面对这个问题加以讨论。

一、正(逆)断层引起的效应

倾向断层的两盘沿断层倾斜方向滑动时，经地表侵蚀夷平后在水平面上(地表)两盘岩层表现为水平错移，给人以平移断层的假象。从图 11-41 中可以看出，平面上，上升盘的岩层界线相对下降盘同一岩层的界线向岩层倾斜方向错动，并具有总滑距增大，岩层倾角变小时，水平地层断距越大的规律。

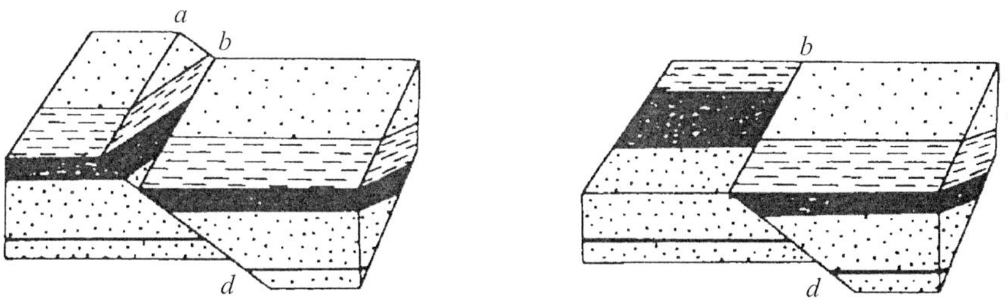

(a) 初始　　(b) 地表被夷平后

图 11-41　倾向正断层引起的平移断层假象

二、平移断层引起的效应

倾向断层的两盘顺断层面走向滑动时，剖面上会表现为正(逆)断层。如图 11-42 所示，顺错断岩层倾向平移错动的一盘在剖面上表现为上升盘。铅直地层断距的大小取决于总滑距和被错断岩层的倾角，岩层倾角越大，铅直地层断距也越大。

在野外观察断层时，对于倾向正(逆)断层和倾向平移断层应综合岩层水平面和剖面的错移情况来进行正确判断。

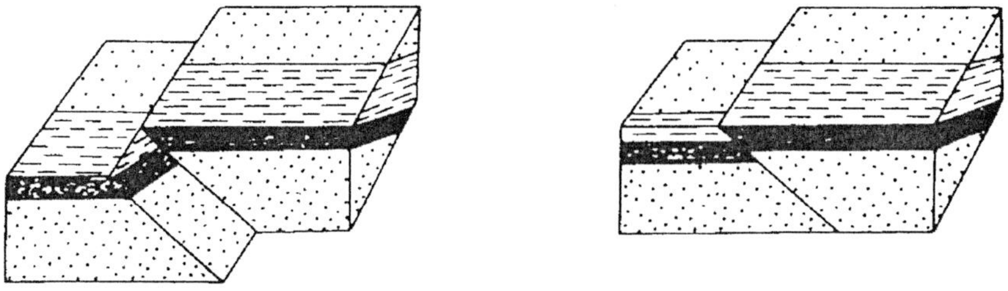

(a) 初始　　(b) 地表被夷平后

图 11-42　倾向平移断层(a)在剖面上引起的逆断层的假象(b)

三、平移-正(逆)断层和正(逆)-平移断层引起的效应

当倾向断层的上盘沿断层面斜向下滑时，会出现三种效应。

(1)当滑移线与岩层在断层面上的交迹线平行时，不论总滑距大小，在平面或剖面上岩层好像没有错移(图 11-43)。

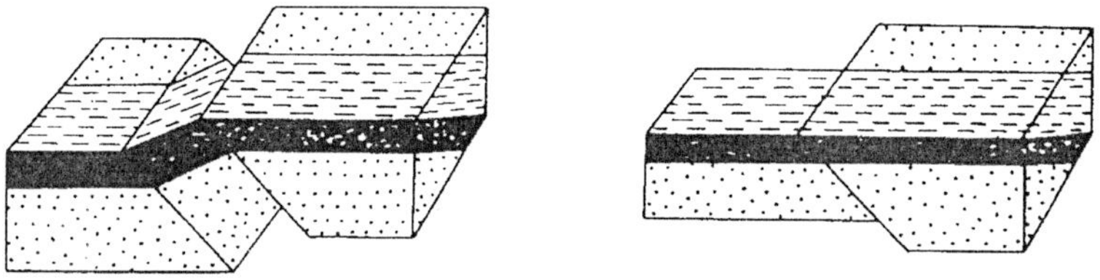

(a) 初始　　(b) 地表被夷平后

图 11-43　滑移线与岩层在断层面上的交迹线平行，在剖面(a)和在平面(b)上岩层好像未被错动(据 Billings，1956)

(2)当滑移线位于岩层在断层面上交迹线的下侧时，在剖面上表现为正断层，而在平面上则表现为平移断层(图 11-44)。

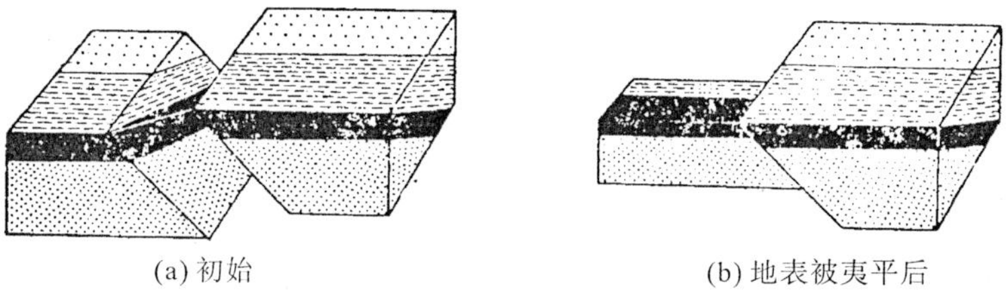

(a) 初始　　(b) 地表被夷平后

图 11-44　滑移线位于岩层在断层面上交迹线的下侧，剖面(a)表现为正断层，平面(b)表现为平移断层(据毕令斯，1959)

(3)如果滑移线位于岩层在断层面上交迹线的上侧，则在剖面上表现为逆断层，在平面上表现为平移断层(图 11-45)。

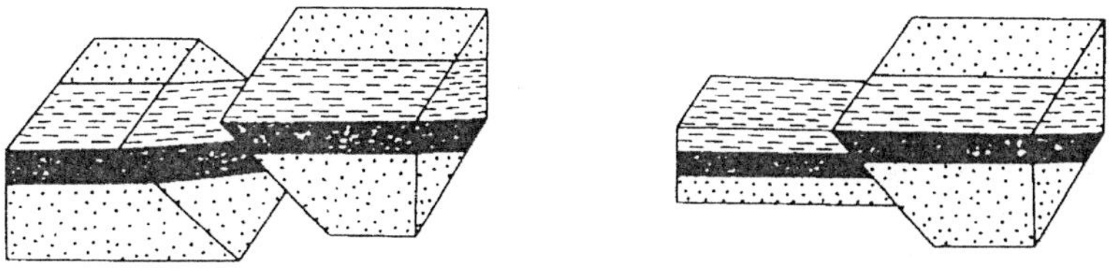

(a) 初始　　(b) 地表被夷平后

图 11-45　滑移线位于岩层在断层面上交迹线的上侧，剖面(a)表现为逆断层，平面(b)表现为平移断层(据毕令斯，1959)

四、走向断层引起的断层效应

走向断层常造成两盘地层重复的缺失(图 11-46)。缺失是指地层序列中的一层或数层在地面上断失的现象。重复是原来顺序排列的地层部分或全部重复出现。由于断层的性质不同，断层与岩层的倾向、倾角不同，可以造成以下六种重复和缺失情况，如表 11-1 及图 11-46 所示。在自然界中，经常看到的是断层倾角大于岩层倾角的 4 种情况［图 11-46(a)、(b)、(d)、(e)］。

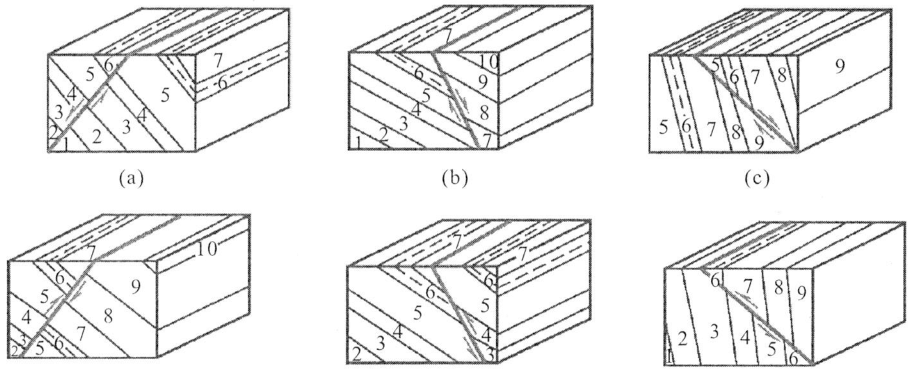

(a)　(b)　(c)　(d)　(e)　(f)

图 11-46　走向断层造成的地层重复(a)、(c)、(e)和缺失(b)、(d)、(f)

表 11-1　走向断层造成的地层重复和缺失

断层性质	断层倾向与地层倾向的关系		
	二者倾向相反	二者倾向相同	
		断层倾角大于岩层倾角	断层倾角小于岩层倾角
正断层 逆断层	重复(a) 缺失(d)	缺失(b) 重复(e)	重复(c) 缺失(f)
断层两盘相对动向	下降盘出现新地层	下降盘出现新地层	上升盘出现新地层

上述情况说明断层性质、倾向和地层倾向的关系及地层重复或缺失三个变量具有一定的几何关系。如果知道三个变量中的两个变量，便可确定另一个变量。例如，若

已知道地层重复，并已确定断层产状与岩层产状相反，则该断层应为正断层。

五、横断层错断褶皱引起的效应

褶皱被横断层切断后，在平面上有两种表现，即断层两盘中褶皱核部宽度的变化和褶皱轴迹的错移。

如果横断层完全沿断层走向滑动，则核部在两盘的宽度相等，仅核部错开［图 11-47(a)、(c)］。

如果断层两盘沿断层倾斜方向滑动，若横断层错断背斜，则上升盘核部变宽［11-47(b)］；若横断层错断向斜，则上升盘核部变窄［图 11-47(d)］。

如果断层两盘沿断层面斜向滑动，则不仅褶皱核部宽度发生变化，而且核部也会被错开。

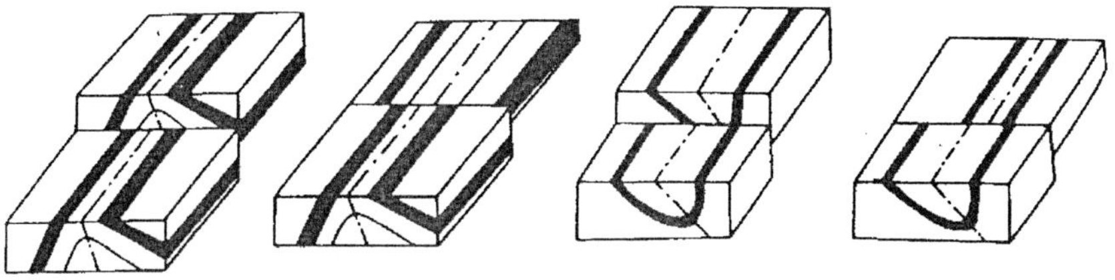
(a) (b) (c) (d)

图 11-47 褶皱被横断层切断后两盘核部宽度的变化和轴迹错移

一般说来，断层是否具有平移性质，主要依据褶皱轴迹在平面上的错移情况来判断。如若被横向正断层切断的直立褶皱，两盘中的迹线仍连成一线，表明无平移滑动(图 11-48)。反之，表明有平移分量。如若褶皱是斜歪或倒转的，轴面被横断层切断后，若两盘沿断层面倾斜滑动，夷平后两盘在平面上表现出轴迹错移，轴迹在两盘被错开的距离随倾角增大而减小。如果轴面倾斜的褶皱被横断层切断并夷平后，在平面上两盘轴迹仍在一直线上，表明断层两盘沿着轴面在断层面上的迹线滑动既有顺断层面走向滑动的分量，又有顺断层面倾斜滑动的分量。

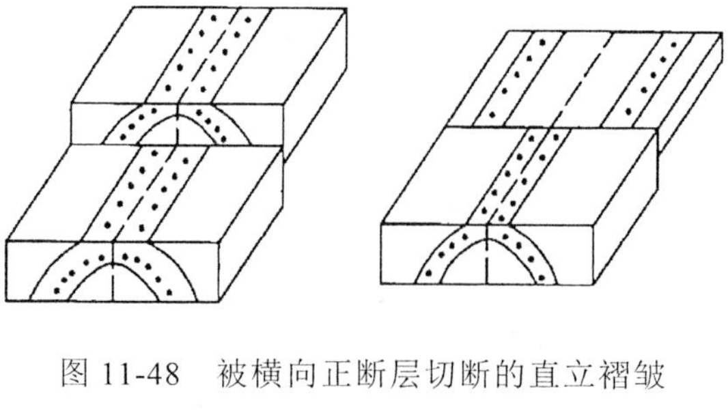

图 11-48 被横向正断层切断的直立褶皱

总之，断层两盘位移分量的大小和方向、两盘倾斜滑动分量的大小、褶皱轴面倾角这三个变量及其相互关系，决定褶皱轴迹是否错移及错移方向和距离。因此，在分析断层时，应从断层面产状、两盘位移大小和方向、岩层产状和褶皱形态及其相互关系等，结合有关构造、地形切割进行整体分析。

第六节 断层的观察和研究

断层广泛发育于不同构造环境，类型众多，形成机制各异，规模大小也相差很大，因此，针对不同的断层发育情况，其研究内容、方法和手段也各不相同。断层观察和研究的主要内容有断层的识别、断层产状的确定、断层两盘运动方向的确定、断距的确定、断层形成时代的确定和断层活动演化过程，进而探讨断层的组合、形成机制及其产出地质背景和构造环境。

一、断层的识别

断层活动的特征会在产出地段的有关地层、构造、岩石及地貌等方面反映出来，这些特征就是所谓的断层标志。它是识别断层、确定断层存在的主要依据。

(一)地貌标志

断层活动后常在地貌上有明显表现，这些表现是识别断层最为直接的标志。

1.断层崖(fault scarp)

由于断层两盘的相对滑动，断层的上升盘和下降盘之间常形成陡崖，称为断层崖(图 11-49)。但要注意的是，并非所有的陡崖都是断层崖。

图 11-49 滇池断层崖

图 11-50 断层三角面

2.断层三角面

断层崖受到与崖面垂直方向的水流侵蚀、切割被改造成沿断层走向分布的一系列三角形陡崖，这种三角形陡崖，即为断层三角面(图 11-50)。

3.错断的山脊

有些山脉在延展方向上如遇有横向或斜向断层存在时，则组成山脉的各山脊便发生相互错开，叫错断山脊。错断的山脊往往是断层两盘相对位移所致，横切山岭走向的平原与山岭的接触带往往是一条较大的断层。

4.山岭和平原的突变

横切山岭走向的平原与山岭的接触带往往是一条较大的断层(图 11-51)，如龙门山造山带和四川盆地之间就发育沿山岭走向的逆断层。

5.水系特点

断层的存在往往影响水系的发育，河流遇断层有可能急剧转向，河谷也有可能被断层错开(图 11-52)。

图 11-51 断层形成的平原与山地的线状分界

图 11-52 断层造成的水系错断

6.串珠状的湖泊、洼地

由断层活动引起的断陷常形成串珠状的湖泊和洼地。如云南东部顺南北向的小江断裂带分布了一串湖泊，自北向南有杨林海、阳宗海、抚仙湖、杞麓湖及昆明盆地、宜良盆地、嵩明盆地、玉溪盆地等。

7.泉水的带状分布

泉水的带状分布往往也是断层存在的标志。如西藏念青唐古拉山南麓从黑河到当雄一带分布着一串高温温泉，控制这些温泉分布的断层现今仍在活动。

(二)构造标志

断层活动总是形成或留下许多构造现象，这些现象也是判别断层存在的重要依据。

1.构造线的不连续

任何线状或面状地质体，如地层、矿层、岩脉或片理等均顺其走向延伸，若这些地质体沿其走向突然中断或被错开，则是断层存在的直接标志。

如图 11-53，走向断层(F_1)、倾向断层(F_2)和斜向断层(F_3)均切断地层，且早期形成的断层被后期断层所切割，这种现象既可表现在平面上或剖面上，也可以在平面和剖面上同时表现出来。

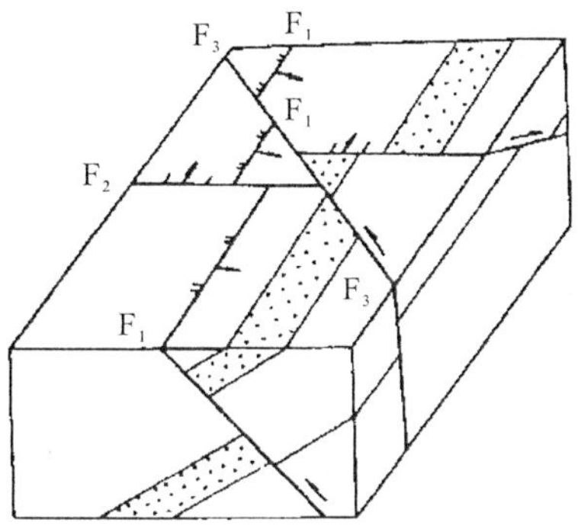

图 11-53　断层引起的构造线不连续现象

F_1.走向断层；F_2.倾向断层；F_3.斜向断层

2.构造强化现象

断层活动引起的构造强化是断层存在的重要依据。构造强化现象包括岩层产状的急变；节理化和劈理化带的突然出现；小褶皱急剧增加以及岩石挤压破碎和各种擦痕等。如若我们在野外观察到这些构造现象，就要进行认真观察，分析引起这些现象的可能原因。

此外，构造透镜体也是断层作用引起构造强化的一种表现。野外可以看到断层带内或断层面两侧岩石碎裂成大小不一的透镜状角砾块体，其长颈一般为数十厘米至二三米(图 11-54、图 11-55)。透镜体有时单个产出，有时可以数个或数十个成组出现。

构造透镜体一般是挤压作用产生的两组共轭剪节理切割岩石形成的菱形块体，其棱角被进一步挤磨而成(图 11-55)。包含透镜体长轴(A 轴)和中间轴(B 轴)的平面(AB)(见第四章)，或与断层面平行或与断层面呈小角度相交并成雁列，如形成雁列，则构造透镜体的 AB 面与断层的锐夹角指示对盘的运动方向。

图 11-54 断裂带内的透镜体化和劈理化带

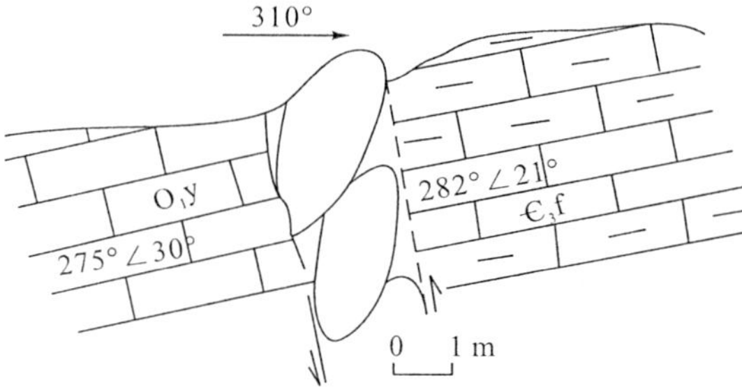

图 11-55 挤压断层带中的构造透镜体

3.断层两侧的复杂小褶皱

在断层带中或断层两侧，有时可见到一系列复杂紧闭的次级褶皱组成揉褶带（图 11-56），揉褶带一般产于较薄弱的岩层中，受断层性质和岩性控制。

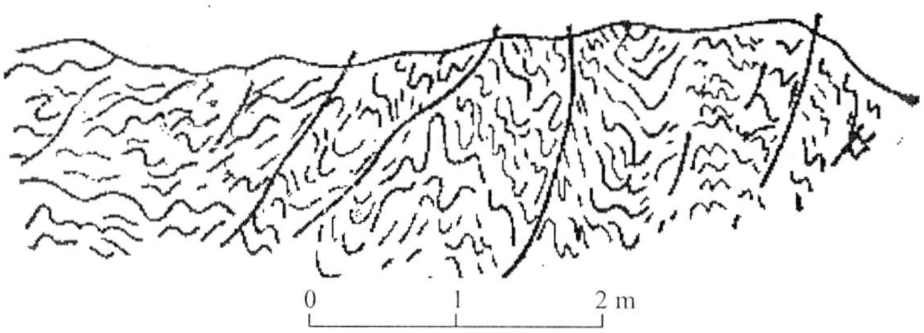

图 11-56 断层带附近的揉皱现象

（三）地层重复与缺失

地层的重复与缺失是识别断层存在的主要依据。表 11-1 中显示断层性质、倾向和地层倾向的关系及地层重复或缺失三个变量具有一定的几何关系。如果知道三个变量中的两个变量，便可确定另一个变量。

关于地层的重复，褶皱与断层均可引起地层的重复，但是两者的特征明显不同。褶皱引起的地层重复是一种对称性的地层重复现象（图 11-57），而断层造成的地层重复是一种单向性的重复（图 11-58）。关于地层缺失，不整合和断层都可以造成地层的缺失现象，但是不整合引起的地层缺失具有区域性，而断层引起的地层缺失仅仅具有局部性。此外，不整合上覆的地层系统，总是以其最老的一层与不整合接触，而在断层造成的地层缺失中，则有可能以最新的一层与断层面接触。不整合一般发育底砾岩或者风化壳，而断层通常发育构造角砾岩或断层泥。因此区分底砾岩和断层角砾岩或者风化壳与断层泥是关键。

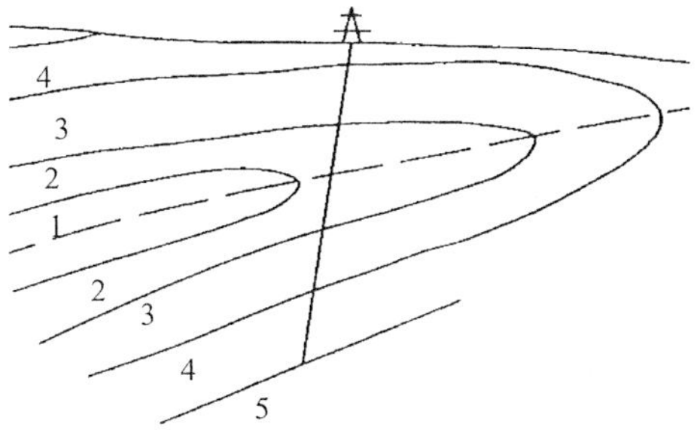

图 11-57 倒转背斜引起的井下地层重复示意图

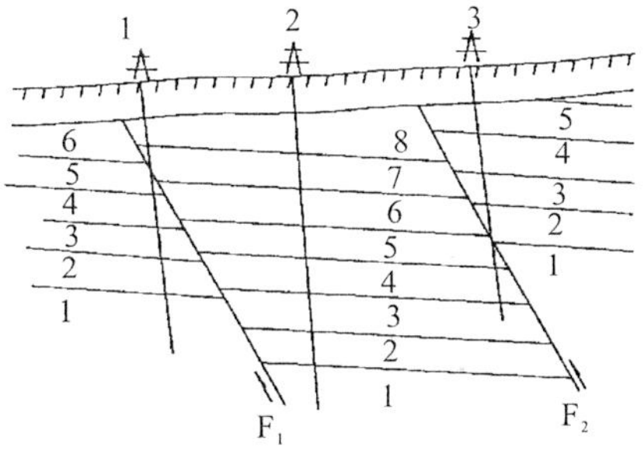

图 11-58 断层造成井下地层重复和缺失示意图

(四)断层岩

断层岩是断层带中或断层两盘岩石在断层作用中被改造形成的，具有特征性结构、构造和矿物成分的岩石。它也是断层存在的一个重要标志。

图 11-59 断层角砾岩

图 11-60 碎裂岩

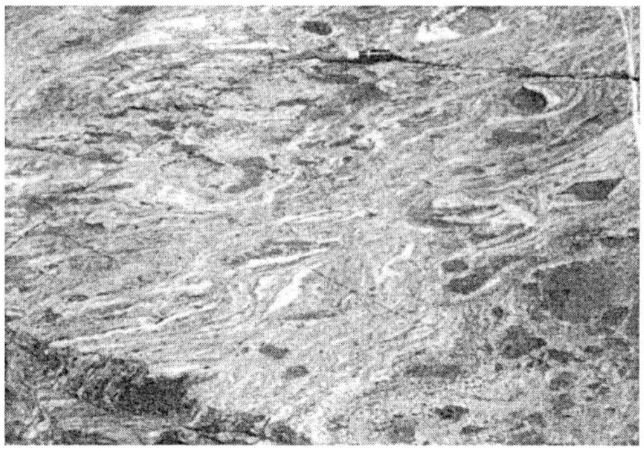

图 11-61 糜棱岩

图 11-62 构造片岩

断层从产出的构造层次上分为脆性断层和韧性断层(韧性剪切带)，断层岩也相应地分为与脆性断层伴生的碎裂岩系列和与韧性剪切带伴生的糜棱岩系列。碎裂岩系列一般包括断层角砾岩(图 11-59)、碎裂岩(图 11-60)、超碎裂岩、玻华岩(假玄武玻璃)和断层泥等类型；糜棱岩系列主要包括糜棱岩(图 11-61)、超糜棱岩以及片理化岩等(图 11-62)类型。

显然，根据对断层岩性质的研究，可以根据其是碎裂岩或糜棱岩系来指示断层是脆性断层还是韧性断层。此外，我们还可以利用断层岩来测定和分析断层形成时的温度和压力，为分析断层形成时的深度和形成环境的温度压力状态提供一定信息。而且，断层岩的结构可以为分析确定断层两盘运动方向提供依据，有时也有助于分析断层形成时的应力状态。值得一提的是，由于断层的形成因素较多，在同一条构造带中可以发育多种构造岩，甚至多种构造岩呈有规律的分带现象。

(五)岩浆活动和矿化作用标志

大断层尤其是切割很深的大断裂常常是岩浆和热液运移的通道和储聚场所。如果岩体、矿化带、热液蚀变带等沿一条线断续分布，常常指示有大断层或断裂带存在。

(六)岩相和厚度标志

如果一个地区的沉积岩相和厚度沿一条线发生急剧变化，可能是断层活动的结果。

断层引起岩相和厚度的变化有两种情况：一种是控制沉积盆地和沉积作用的同沉积断层活动；另一种是断层的远距离推移，使相差很大的岩相带直接接触。

除以上断层的识别标志以外，近年来随着地球物理技术的发展和在地学方面的应用，地震手段、测井手段、重磁手段、电法手段及遥感手段等也越来越多地应用于断层的识别与研究中。

二、断层面产状的测定

断层面产状是断层观察与研究的重要内容，在观察和研究断层时，应尽可能测量其产状。出露于地表的断层可以直接用罗盘测量其产状，若断层没有直接出露，只能间接测定。如果断层面比较平直、地形切割强烈且断层线出露良好，可以根据断层线的“V”字形来判定断层面产状。隐伏断层的产状，主要根据钻孔资料，用三点法求出。此外，利用物探资料也可以方便地判断出断层的产状。

断层伴生和派生的小构造也有助于判定断层的产状，例如断层伴生的节理带和劈理带，一般与断层面近一致，而断层派生的同斜紧闭褶皱带、片理化断层岩的面理以及定向排列的构造透镜体带等，常与断层面成小角度相交。这些小构造变形愈强烈、愈压紧，说明其与断层面愈接近。但需要指出的是，这些小构造有产状易变的性质，需经过大量测量并进行统计分析后，方可利用。

在确定断层面产状时，还要充分考虑到断层产状沿走向和倾向可能发生的变化，例如逆冲断层的断层面，由于岩石可能沿两组交叉剪切面发生破裂，在断层发育过程中经进一步的挤压和摩擦而形成波状弯曲，或是大断层形成前由分散的先期小断裂逐渐联合而形成，因联合方式不同常呈波状起伏或台阶式。

此外，由于断裂的形态在纵向上会发生变化，而且断层活动也具多期性等特点，导致断层的产状随空间和时间均会发生改变。因此，不可简单地把局部产状作为一条较大断裂的总产状，也不可认为某类断层一定具有某种固定形态。例如，上文提及的台阶状逆冲断层形态，而某些正断层常表现为上陡下缓的犁式。此外，切割很深的大断裂，其产状总是具有一定的变化，如隆起边缘的大断层，地表常为低角度逆冲断层，向深处倾角可逐渐变大，甚至直立(图 11-63)。

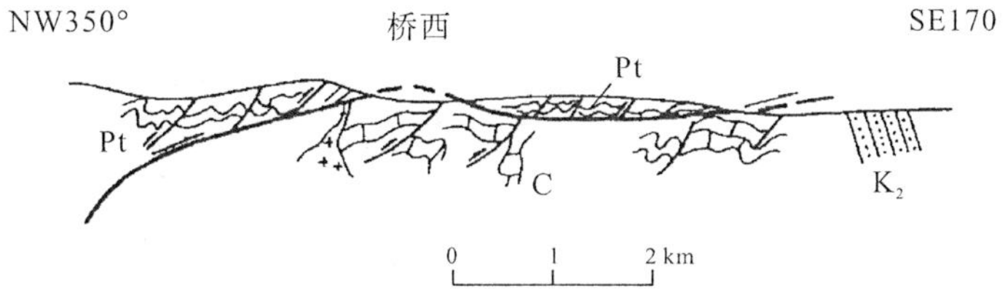

图 11-63　江西宜丰九岭隆起南缘逆冲断层向地下变为高角度断层

三、断层两盘相对运动方向的确定

断层运动是复杂的，一定规模的断层常常经历了多次脉冲式滑动。例如一条逆断层，在多次微量变形中虽然总体表现为上盘相对向上滑动为主，但也可能包括多次斜向滑动甚至向下滑动。然而，由于断层活动复杂性及多期性，在确定两盘运动方向时，还需考虑其他的一些相关因素。判断两盘相对运动的主要依据有以下几种。

1.两盘地层的新老关系

断层两盘地层的新老关系是判断断层相对错移的重要依据，对于走向断层，老地层出露盘常为上升盘[图 11-46(a)、(b)、(d)、(e)]。但如果地层倒转，或断层倾角小于岩层倾角时，则老地层出露盘是下降盘[图 11-46(c)、(f)]。但如果两盘地层变形复杂，则不可简单地依据两盘直接接触的地层新老关系来判定其相对运动关系。例如，横断层切割褶皱时，对背斜来说上升盘核部变宽，下降盘核部变窄[图 11-47(b)]；对于向斜，情况刚好相反[图 11-47(d)]。

2.牵引构造

断层两盘紧邻断层的岩层，常常发生明显弧形弯曲，这种弯曲叫作牵引构造(drag structure)。一般认为这是两盘相对错动对岩层拖曳的结果，因此，褶皱弧形弯曲的凸出方向可指示本盘的运动方向(图 11-64)。

但值得注意的是，牵引褶皱的弯曲方位，不仅取决于两盘相对运动的方向，而且还决定于断层产状与两盘地层的产状以及不同剖面或平面上的表现特征。一般说来，变形越强烈，牵引褶皱越紧闭。此外，除正常牵引构造外，还有一种逆(或反)牵引构造(counter drag structure)。这种逆牵引构造的弯曲形态与牵引构造的弯曲形态相反，即弧形弯曲的凸起方向指示对盘的运动方向。

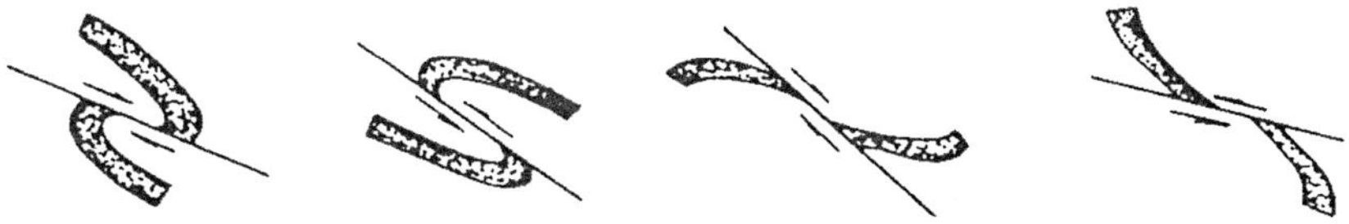

图 11-64 断层带中的牵引褶皱及其指示的两盘滑动方向

3.擦痕和阶步

擦痕和阶步是断层两盘相对错动时在断层面上留下的痕迹。擦痕(slicken line)表现为一组比较均匀的平行细纹(图 11-65～图 11-68)。在硬而脆的岩石中，擦痕面常被磨光，有时附有铁质、硅质或碳酸盐质薄膜，形成光滑如镜的面，称为摩擦镜面。

擦痕是两盘岩石被磨碎的岩屑和岩粉在断层面上刻画的结果，有时表现为一端粗而深，一端细而浅的“T”字形，其细而浅端一般指示对盘运动方向。如果用手顺擦痕抚摸，可以感觉到顺一个方向比较光滑，相反方向则比较粗糙，感觉光滑的方向指示对盘运动方向。

图 11-65 擦痕

图 11-66 擦痕和阶步

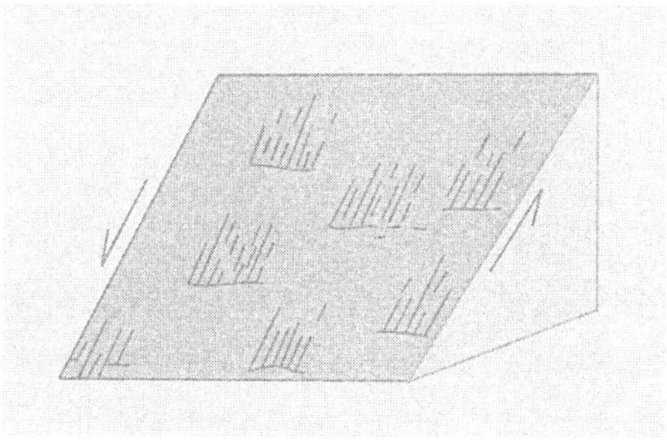

图 11-67 由摩擦形成的擦痕和阶步

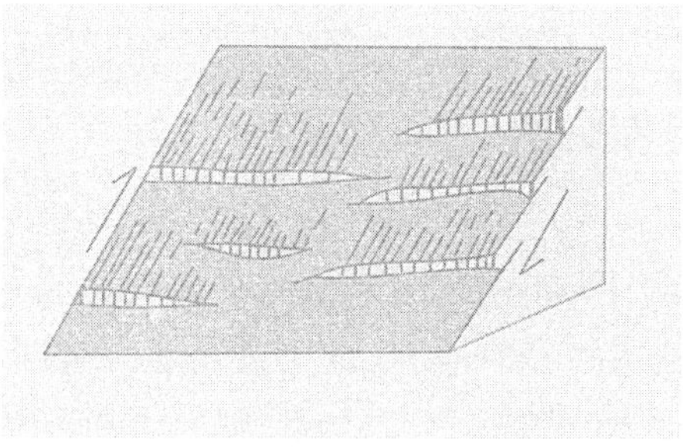

图 11-68 由羽列剪裂隙形成的擦痕和反阶步

在断层滑动面上有时还可以看到一片片纤维状的矿物晶体，如纤维石英、纤维方解石以及绿帘石、叶蜡石等。它们是两盘错动过程中，在两盘逐渐分开生长的纤维状晶体，这类纤维状结晶体称为擦抹晶体。各纤维晶体常被横张裂隙错开而形成一系列微小阶梯状断口。

在断层滑动面上常看到与擦痕呈直交的细微陡坎，这种细微陡坎就称为阶步(图 11-66、图 11-67)，阶步的陡坎一般面向对盘的运动方向。阶步作为一个帮助判断断层两盘相对运动的标志，多年来在实际运用中取得了良好的效果。然而，帕特森(Paterson，1958)对这一认识提出了异议。他用一系列实验证明，某些断层面上的小陡坎并不面向对盘的运动方向，而是指示本盘的运动方向。也就是说，阶步指示的方向与对盘的运动方向相反。这样的小陡坎被称为反阶步(图 11-68)。反阶步是微剪切羽列横断的结果。可是，为什么野外观察到的阶步大都是正阶步，而实验做出的结果却相反呢？进一步研究表明，在断层面形成初期生成的小陡坎都属于反阶步，而随着断层两盘的相对运动，初始形成的反阶步大都被磨失了，保留在断层面上的陡坎主要是断层发育晚期形成的正阶步。一般说来，野外区分正阶步和反阶步可依据如下两点进行判别：

(1)正阶步的眉峰常呈弧形弯转，而反阶步的眉峰常呈棱角状直切；

(2)如果阶步有擦抹矿物或在眉峰部位有压碎现象则常是正阶步。

还要指出，断层运动常常是多期多次活动的，即便是一次活动中，两盘运动也不一定保持稳定的方位和方向，且晚期运动的擦痕常将早期擦痕抹去或掩盖，保留在断层面上的往往是最后一次运动造成的擦痕。因此，不能仅以擦痕指示的方向来代表总的运动方向，也不能简单地根据断层面上出现不同方向的擦痕就轻易判定一个地区发生了两次或多次构造运动。

4.断层附近次级小构造

在断层两盘相对运动过程中，断层一盘或两盘的岩石中常常会产生羽状排列的张节理和剪节理；同时在断层两侧的岩层有时形成复杂的紧闭小褶皱(图 10-32)。

这些次级小构造也可用来判断断层两盘的运动方向。羽状张节理与主断层常成 45°相交，其锐角指示节理所在盘的运动方向；羽状剪节理有 S_1 和 S_2 两组(图 10-32)，S_2 节理组与断层呈小角度相交，方位比较稳定，S_2 节理与断层所交锐角方向指示本盘运动方向。断层两侧的紧闭小褶皱轴面常与主断层呈小角度相交，其所交的锐角指示对盘运动方向(图 10-32)。

5.断层角砾岩(fault breccia)

如果断层切断并搓碎某一标志性岩层或矿层，根据该层角砾岩在断层带内的分布可以推断两盘相对位移方向，如图 11-69 指示上盘上升。此外，有时断层角砾岩呈规律性排列，这些角砾岩的长轴与断层所夹锐角指示对盘运动方向。

以上讨论了确定断层两盘相对运动的各种标志。但是由于断层运动的复杂性和多期性，后期构造活动常叠加和改造前期的标志。因此在利用上述标志时，需进行综合分析并相互印证。

图 11-69 根据断层带中标志层角砾岩的分布推断两盘相对动向

四、断层作用的时间性

断层作用的时间性涉及断层形成的和活动的时间以及断层的长期活动问题。

(一)断层活动时间的确定

断层在一定构造力作用下而形成。由于自然界构造力作用具有复杂性、多期性以及长期等特点，断层的活动过程也非常复杂，其形成时间往往难以准确厘定。

断层一般是在一定构造运动中形成的，对于这些基本上于一次构造运动中形成的断层，可以利用断层与同期变形的地层和褶皱等的相互关系来确定其形成时期。例如一断层切割一套较老的地层，而其上又被另外一套较新的地层以角度不整合接触所覆盖，则该断层的形成时间是在不整合面下伏的最新地层形成以后和上覆地层中最老的地层形成之前这一时间区间内。

如果断层被岩墙(或岩脉)充填，而且岩墙(或岩脉)有错断迹象，则于断层形成或活动时期早于岩墙(或岩脉)的形成时间。利用放射性同位素法测定岩墙(或岩脉)时代，便可大体确定出断层的活动时代上限。如果断层被岩墙(或岩脉)切断，断层则形成于岩体之前；若断层切断岩墙(或岩脉)，则断层活动晚于岩墙(或岩脉)。

如果断层与被其切断的褶皱呈有规律的几何关系，很可能两者是在同一次构造运动中形成的。查明这次构造作用的时期，也就确定了断层的形成时期。

此外，由重力作用引起的重力滑动断层，可以在沉积时期、成岩时期、构造运动时期或在其后的任何一个时期发生。这类断层的形成时期可以根据卷入断层的最新地层和未被断层切割的上覆最老地层年龄来确定。

总之，断层一般形成于某一构造运动时期，也可与某一沉积盆地的沉积作用同时活动，而重力滑动断层则可以在地质发展的任一阶段形成和发育。因此，确定断层的形成时代应针对具体断层进行具体分析。

(二)断层长期活动的分析

地壳上一些区域性大断裂大多是经历过长期活动的。这些断裂常常经历了一个以上的构造旋回。即使在一个构造旋回中，有些断裂不仅在构造旋回的强烈时期活动，在相对宁静时期也在活动。有些断层可以在活动一定时期后静止，以后又再活动。大断裂的长期多次活动主要根据断裂控制下发育的地层及其厚度和岩相的变化来确定。主要表现为断层两盘地层的沉积厚度和岩相在不同断层活动时期明显不同。此外，经历过长期活动的断层，各个阶段活动的强度及断层性质可能都有很大的变化，譬如早期为逆冲性质的断层，后期由于构造应力场改变，断层有可能发生反转，变为正断层，或早期的正断层后期反转为逆断层。这种反转断层在四川盆地、天山南北缘以及非洲的安哥拉地区都非常常见。

有一些断层甚至现在仍然在活动，这类断层称为活动断层，如我国的郯庐断裂、川西龙门山前映秀—北川断裂带、鲜水河断裂以及美国的圣安德列斯断层等。

岩浆活动是分析确定断层是否有长期活动的一个依据。长期多次活动的大断裂往往是多期岩浆带，由此形成的构造岩浆活动带也为分析断裂的长期活动提供了重要依据，其岩性还在一定程度上反映出切割深度的变化。

复习思考题：

1.什么是断层？它与节理的主要区别是什么？

2.简述断层几何要素及其组成部分。

3.简述断层分类依据及其类型。

4.正断层和逆断层的组合类型有哪些？

5.什么叫构造窗和飞来峰？它们的形成条件是什么？

6.安德森模式关于正断层、逆断层和平移断层形成的应力状态是什么？

7.识别断层的地貌标志有哪些？

8.识别断层的构造标志有哪些？

9.断层两盘位移方向的判断方法有哪些？

10.如何确定断层活动的时间?

11.试分析断层效应。

12.试述推覆构造的形成机制及其研究意义。

第十二章　地震与板块构造

第一节　地　　震

地震是构造运动的一种特殊形式，也是地球内部存在巨大能量的证明。地震是地下某处岩块中集聚的地应力突然释放产生的地壳快速颤动，是地球上经常发生的一种地质现象。地应力突然释放产生地震波，它是弹性波，以波动形式向四面八方传播并引起介质快速振动。当其传播到地面时，地面及其上的树木和建筑物随之晃动甚至毁坏，这就是人们见到的地震现象。据不完全统计，全世界每年发生的地震约 500 万次，其中绝大部分是不能被人们感觉到的微小地震，大约只有 5 万次人们感觉到，能造成破坏的强烈地震每年只有十几次。如 2008 年 5 月 12 日四川省汶川县 8 级地震造成几万人死亡，桥梁、道路、房屋大量破坏，山体滑坡，形成堰塞湖并引发次生灾害等(图 12-1、图 12-2)。

图 12-1　地震之前的四川省北川县

图 12-2　5·12 汶川地震之后的四川省北川县

一、地震的基本概念

(一)地震术语

地震波的发源地称为震源，震源在地面的投影区称为震中，震中与震源之间的距离称为震源深度(图 12-3)，震中地区的震动最强烈，一般也就是破坏最严重的地区，称为极震区。从震中向外，随距震中距离的增大，受震程度逐渐降低。在地图上把地面上受震程度相同的各点连接起来构成的闭合曲线，称为等震线。按震源深度的不同，将地震分为浅源地震(0～70km)、中源地震(70～300km)和深源地震(300～720km)。

浅源地震最多，约占地震总量的 72.5%；中源地震次之，约占 23.5%；深源地震很少，仅占 4%。

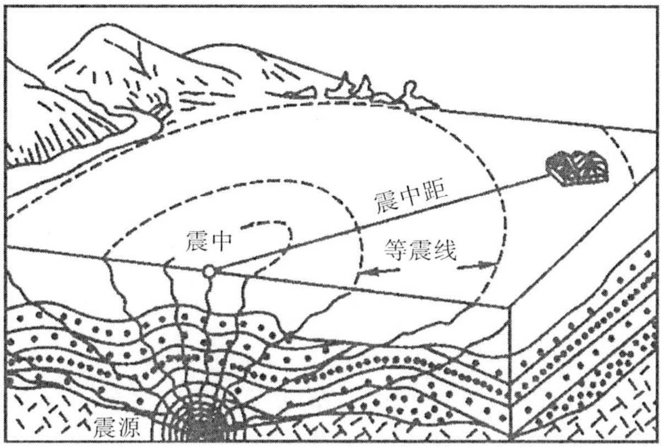

图 12-3　震源、震中、等震线关系图

(二)地震的震级和烈度

地震震级是表示震源释放能量大小的级别，释放的能量越大，震级越大。通过地震已记录到的地震波的最大振幅值来计算该次地震震源释放的能量。按下列里克特实验公式得出地震的震级：

$$\lg E=11.8+1.5M$$

式中，E 为产生地震释放的总能量(单位为 J)；M 为震级。表 12-1 列出了不同震级的能量值。震级每相差 1 级，其能量相差 31.6 倍；震级相差 2 级，能量相差 1000 倍。实验证明，在地下的花岗岩硐中爆炸一个 2 万吨(TNT)级的原子弹(8×10^{12}J)，其结果和一个震源深度相当的 5 级地震(2×10^{12}J)的地震效应差不多。5 级地震的能量较小是由于用地震波振幅计算的能量并不包括地震过程中转变成的热能和引起岩块断裂位移的机械能。

表 12-1　震级与能量关系

震级 E	能量 E/J	震级 M	能量 E/J
1	2.0×10^{6}	6	6.3×10^{13}
2	6.3×10^{7}	7	2.0×10^{15}
3	2.0×10^{9}	8	6.3×10^{16}
4	6.3×10^{10}	8.5	3.6×10^{17}
5	2.0×10^{12}	8.9	1.4×10^{18}

地震的烈度是地震造成地面及建筑物破坏的尺度。烈度的高低是根据多种标志综合确定的，如人的感觉、家具震动和树木摇晃情况、各类建筑物的破坏程度、地面破坏和变形情况以及仪器测量的速度和加速度值等。我国及世界上多数国家采用的是十二度的地震烈度表，即最高的烈度为十二度。一次地震的烈度以极震区或震中烈度为代表。

震中烈度、震级与震源深度之间存在某种对应关系，可以用下列关系式近似地表示：

$$I_0=1.52M-\lg H \tag{12-1}$$

式中，I_0为震中烈度；M为震级；H为震源深度。这个关系适用于浅源地震。

（三）地震的成因分类

地震的成因是相当复杂的，各种成因假说也很多，但不管何种成因假说，几乎所有科学家都认为，地震是由于震源区物质发生瞬时位移所形成的弹性波达到地表所引起的震动。

一般认为，地震的成因是因为地球内部岩石所承受的应力超过了岩石的强度发生破裂而产生的。地壳上部的岩石是一种弹性物质，容易发生各种弹性变形(图 12-4)。

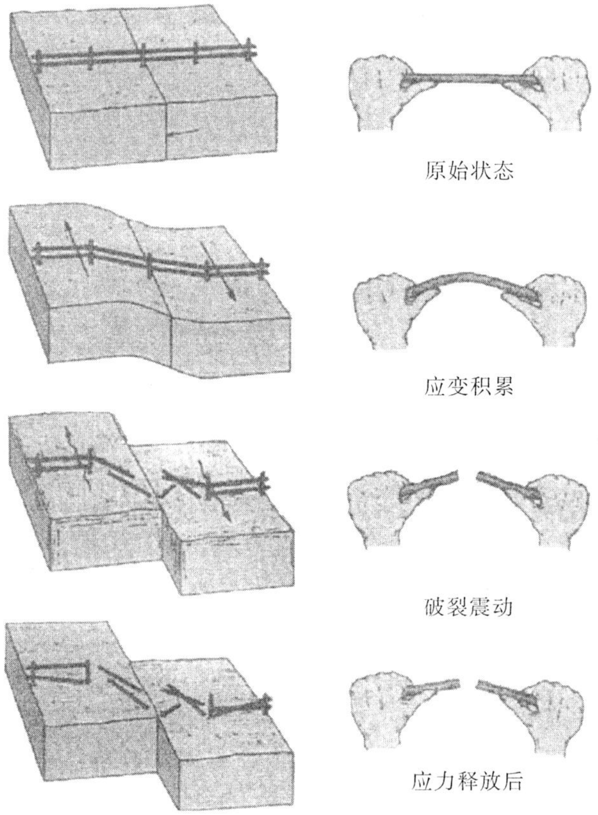

图 12-4 地震成因示意图(据吴泰然，2003)

原始状态中的岩石在应力作用下不断发生变形，在岩石的弹性应变范围内，这种变形并没有释放能量，而是转化成应变的形式，并随着能量的积累使应力和应变不断加大。每一种岩石都有其强度，也有一定的弹性变形范围，当地球内部岩石所承受的应力超过了岩石所能承受的弹性变形范围时，岩石便发生破裂，同时由于弹性回跳而发生震动，地震就此发生了。地震过后，地球内部的能量得到了释放，但岩石的断裂变形却无法再恢复。

地震往往沿一些断裂带发生，因为断裂带是地球内部的薄弱地带，岩石的联结性差，容易发生位移变形。另外，由于断裂带的存在使应力的传递发生障碍，应力场不连续，在断裂带某处产生应力集中而发生地震。这些断裂带被称为发震断裂或地震活动断裂。如美国西部的圣安德列斯断层就是一条发震断裂，沿此断裂带已经发生了多次破坏性很强的地震，造成了旧金山、洛杉矶等城市的破坏。

地震按其发生原因可以分为以下四种类型：

1.构造地震

由岩石圈及上地幔物质的机械运动使刚性岩块突然断裂而引起的地震，称为构造地震。每年发生的构造地震约占地震总数的90%，包括绝大部分浅源地震和全部中源、深源地震。

构造地震很少孤立发生。一个地区在一定时期内往往出现由弱到强再变弱的一系列地震，称为一个地震序列。其中最强的一次或相伴的几次强震称为主震，主震发生之前的连续中小地震称为前震，主震之后的连续中小地震称为余震。1966 年 3 月 8 日和 22 日，河北邢台地区发生了 6.8 级和 7.2 级两次强震，在此前一个月内地震台网已监测到该区发生了数百次小震和个别中强震。3 月 22 日之后的几年中该区又发生了数以千计的小震和少量的中强震。这是一个具有双主震的地震序列。

2.火山地震

与火山喷发有明显成因联系的地震称为火山地震。火山地震均为浅源地震。火山地震约占全球地震总量的 7%，震级较小，一般很少造成大的灾害。

3.陷落地震

地下洞穴的顶板突然严重崩塌和陡峭山崖突然崩坠而引发的地震，称为陷落地震。陷落地震震级较小，其波及的范围也较小。此外，大陨石坠落到地面也可引发地震，但在大陆上这种成因的地震极少。

4.诱发地震

由于人为因素诱使地下岩块中积蓄的应力突然释放而形成的地震称为诱发地震。例如某地区在修大型水库前的地震强度不大，数量较少。库区蓄上几亿至几十亿立方水后，地震发生频率显著增高，甚至发生一些较强地震，其中一些地震应属于诱发地震。在地下进行核爆炸也可能发生诱发地震。

(四)地震效应

地震前后在地下和地面上由于地震而形成的直接的和间接的影响统称为地震效应。它反映了地震的强度。一次大地震发生前，地下岩块在构造运动的应力作用下不断积累能量，这一过程相当长久。当应力作用达到一定程度后，引起地下水位的升降和成分的变化，甚至引起局部地段地电场和地磁场的变化，个别地段岩块的破裂会产生较小的地震。地下岩块突然大规模断裂和位移，产生该次地震的主震，不仅造成地面变形和地面建筑物的毁坏，还会使地下水带动泥沙从地裂缝中涌出地面。如 1970 年 1 月 5 日云南通海 7.6 级强震，在地面上出现一条断续延伸 60km 的断裂带，两盘水平错开达 2.2m，许多地段涌水、冒沙。主震之后，地下断裂位移的岩块在后继应力作用下调整位态以达到新的平衡，所以在较长时间内还会不断发生较小地震；受其影响的地面变形变位和地下水位也有一个调整过程。所以，地震效应是地震破坏力、地震地质环境和人类活动相互影响的结果。地震烈度表主要是以地震效应为基础编制出来的(表 12-2)。

表 12-2　中国地震烈度简表(据中国国家质量技术监督局，1999，简化)

烈度	人的感觉	一般房屋震害程度	其他现象
一	无感		
二	无感		
三	室内少数静止中的人感觉		悬挂物微动
四	室内多数人感觉，室外少数人感觉	门、窗轻微作响	悬挂物明显摆动，器皿作响
五	室内普遍感觉，室外多数人感觉	门、窗颤动作响，抹灰出现微裂缝	不稳定器皿翻倒
六	惊慌失措，仓皇逃出	损坏：个别砖瓦掉落，墙体发生微细裂缝	河岸和松软土出现裂缝，有些地点出现喷沙冒水。砖砌烟囱轻度裂缝、掉头
七	大多数人仓皇逃出	轻度破坏：局部破坏、开裂，许多还可使用	河岸出现塌方，常见喷沙冒水，松软土上地裂缝较多，大多数砖烟囱中等破坏
八	摇晃颠簸，行走困难	较重破坏：墙体龟裂，局部倒塌，修复困难	干硬土上也有裂缝。大多数砖烟囱严重破坏
九	坐立不稳，行走的人可能摔跤	严重破坏：墙体开裂，许多倒塌	干硬土上多处出现裂缝，基岩区可能出现滑坡、塌方，常见砖烟囱倒塌
十	骑自行车的人会摔倒，行动的人会摔出几尺远	倒塌：大都倒塌	山崩和地震断裂出现，基岩上的拱桥破坏，大多数砖烟囱从根部破坏或倒塌
十一		毁灭	地震断裂延续很长，山崩，常见基岩上拱桥毁坏
十二		毁灭	地面剧烈变化，山河改观

(五)地震的地理分布

1.全球的地震分布

1)环太平洋地震带

此地震带主要沿太平洋板块的岛弧-海沟带分布，在太平洋东北侧沿北美板块与太平洋板块间走向滑动断裂带分布。世界上 80%的浅源地震、90%的中源地震和 95%的深源地震都发生在这个地震带内。

2)地中海—喜马拉雅—印尼地震带

此地震带沿非洲板块、印度洋板块与亚欧板块的结合部位分布(图 12-6)。其地震约占地震总量的 15%，主要是浅源地震，有少量中源地震和深源地震。

3)大洋中脊和大陆裂谷地震带

较多的地震出现在大洋中脊上，大陆裂谷尚有少量地震发生，且均为浅源地震。

4)大陆内部活动断裂地震带

地震集中于近代活动的大断裂附近，全部是浅源地震，其地震不到全球地震总量的 2%，但因这些地带靠近大、中城市和居民较集中的农村，发生强震对人类社会造成的危害很大。

2.我国的地震活动

我国位于环太平洋与地中海-喜马拉雅-印尼两大地震带交会的三角区内，加上境内分布着很多活动断裂带，因而地震活动甚强。自公元前 1831 年有历史地震记录以来，到 2003 年记录到的震级 6 级以上灾害性强震超过 850 次，8 级以上大地震超过 20 次。国境内的地震绝大多数为浅源地震，仅在吉林和黑龙江两省发生过少量中源地震和深源地震。

二、地震波与地震仪

(一)地震波

地震发生时，部分能量以弹性振动波的形式在地球中传播，称为地震波(seismic wave)。地震波按传播方式分为体波和面波。

1.体波

体波包括纵波和横波(图 12-5)。

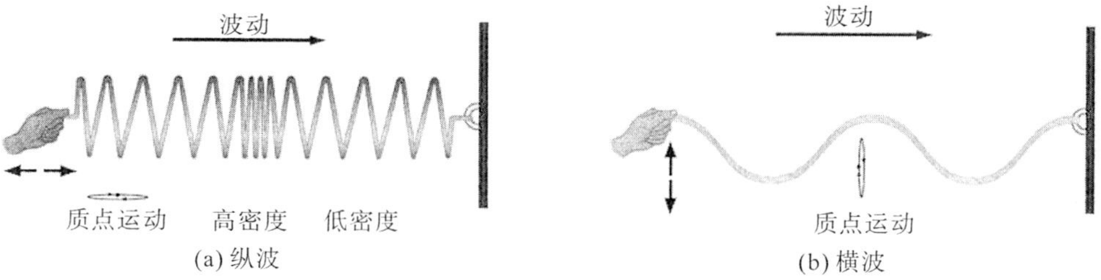

图 12-5 纵波、横波质点运动方式

(1) 纵波(P-wave)。为推进波(push wave)，如弹簧，质点振动方向与波的传播方向一致；在固、液、气体中均可传播，它通过介质体积的变化而传播。纵波的速度快，在地壳中的传播速度为5.5~7km/s，所以又称为初至波(primary wave)。最先到达震中，引起地面最先发生上下振动，但破坏性较弱。

(2) 横波(S-wave)。为剪切波(shear wave)，如抖绳，质点振动方向与波的传播方向垂直；只能在固体中传播，它通过介质形态的变化而传播。横波速度较慢，在地壳中的传播速度为3.2~4.0km/s，晚于纵波到达震中。因为横波是横向震动，因此当横波到达震中时，会引起地面前后左右振动，破坏性较强。

2.面波

面波(surface wave)不是从震源发生的，而是由纵波与横波在地表相遇后激发产生的。它仅沿面(或沿不同介质的界面)传播，不能传入地下。其波长大、振幅大、传播速度比横波小。由于面波的振幅大，因此，它是造成建筑物强烈破坏的主要因素。面波又分为勒夫波和瑞利波。

(1) 勒夫波(Love wave)。又称L波(或地滚波)，是震动平行于层的地震横波在物质层中干涉叠加，并在物质层中传播的波。由于振动平行于地面，结果导致地面产生一种蛇形状前进的横向波动。它的振幅随深度增加而衰减。当表层较薄时，会出现很强的勒夫波。

(2) 瑞利波(Rayleigh wave)。又称R波。瑞利波振动方式兼有纵波和横波的特点，类似于质点做圆周式振动的水波。可理解为平面纵波与平面横波在地表相交或叠加产生的，只存在于半空间表面附近的波。它只存在于震中以外的地方。

(二) 地震仪

记录地震波的仪器称为地震仪(seismograph)。它能客观而及时地将地面的振动记录下来，其基本原理是利用一件悬挂重物的惯性，地震发生时地面振动而它保持不动(图12-6)。

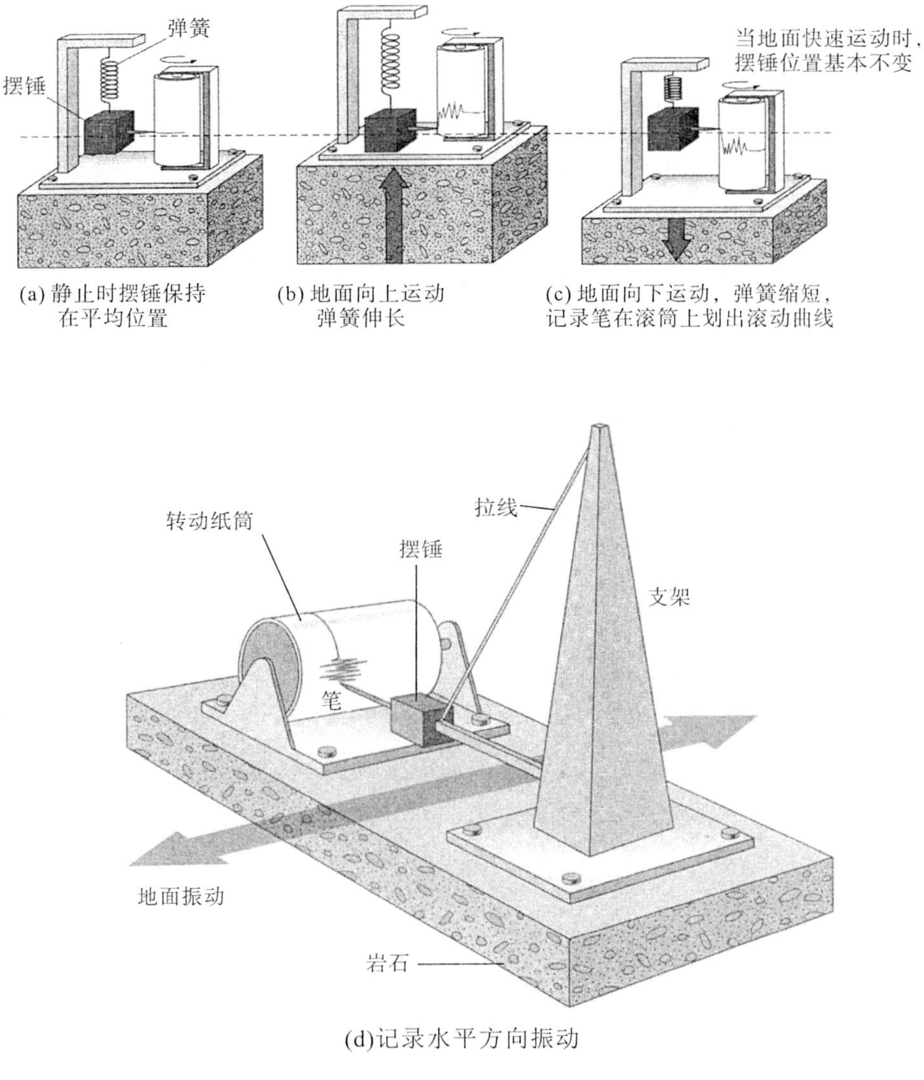

图 12-6　地震仪装置原理示意图(Irving et al., 1975)

由地震仪记录下来的是一条具有不同起伏幅度的曲线，能够指示地震发生的时间、不同性质地震波所到达的时间和振动强度等一系列信息。由这些振动曲线构成的图件，称为地震图(seismic record)(图 12-7)。曲线起伏幅度与地震波引起地面振动的振幅相应，它标志着地震的强烈程度。地震图还显示出不同性质、不同传播路径的地震波特征。

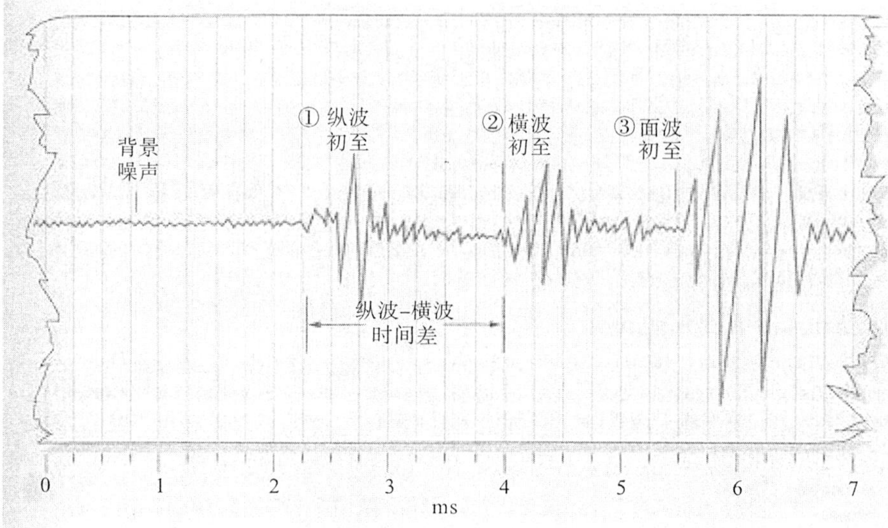

图 12-7 地震图

三、地震的预报和预防

(一)地震预报

地震预报要求回答三个问题：什么地点将要发生地震？什么时间发生？该地震强度(震级)有多大？这叫作地震预报三要素。对于第一个和第三个问题尚可回答。因为地震的发生主要由地质因素决定的，其强度可以根据地质因素并结合历史资料加以推断。根据我国地震地质环境并结合历史地震资料和现代震情监测资料的综合分析，地震部门和科研机构已编制出新一代的全国地震区划图和地方性地震区划图，可以比较精确地确定暂时不活动的和正在明显活动的断裂地带(活断层带)，划出了地震危险区带，并指出了危险程度。

对于第二个问题是很难作出肯定回答的。我国地震工作者曾对 1975 年 2 月 4 日发生在辽宁海城 7.2 级强震做出了准确临震预报，极大地减少了人员伤亡。但还是有不少强震未能作出准确预报。地震发生时间的预报分为中长期预报、短期预报和震前预报。其中后两者的工作是相互关联、紧密衔接的。

中长期预报是数年以上时间跨度的预报，主要通过地震和地质情况的调查研究来实施。根据历史地震资料，可以建立起对中长期地震活动趋势的认识。在我国，公元 1011～1076 年的 65 年间是地震活跃期，1077～1289 年的 212 年间是地震平静期，1290～1369 年的 78 年间又是地震多发期，1369～1483 年的 114 年间是地震平静期，而 1484～1730 年的 246 年间是地震活跃期，1731～1811 年的 80 年间是地震平静期，从 1812 年至今，一直是地震活跃期。总的趋势似乎是，活跃期越来越长，平静期越来越短。

短期预报是指 1～2 年时间跨度的预报，这既要靠地震和地质情况的调查研究，还要运用各种监测手段。

震前预报主要是靠各种预测手段。地震的监测主要是利用各种仪器设备测量以研究岩石中正在发生的各种物理变化，如测量地形变化，监测地下水位和水质，监测地下岩体地应力变化，研究地磁场和地电场的变化，观察动物、植物的异常反应等。在对这些资料的综合分析研究基础上，作出地震中期预报和短期预报。前者为 1～2 年或几个月内某地将要发生的强、大地震预报，后者为几个月内或几天内将要发生的中、强震预报。只有对该地区地震活动性有了准确的认识，能判定近期发生的中、小地震确属一次强震的前震时，才能做出临震预报，即几小时或 1～2 天内将要发生的大震预报。

(二)地震的预防

大震和强震给人类社会造成极为严重的损失。为了减轻这种损失，必须采取一切必要的预防措施，主要措施有：

(1)在深入研究现代活动断裂与地震活动性等地震地质环境基础上，编制全国性和地区性地震区划图，为我国县级以上城市和居民集中的乡镇提供可靠的基本烈度，以指导各地区和重要工程建设的防震抗震工作。

(2)严格按基本烈度进行设计和施工。实践证明，增强建筑物的抗震能力，特别是大型矿山、水库、重大工程设施以及工业建筑等，是减少人员伤亡和财产损失的最有效措施。

(3)做好可能发生中强地震地区的地震活动性监测和研究工作，力争准确预报强震发生的地点、时间和震级。

(4)对居民经常进行预防地震、震时自救和震后救灾的科学知识教育。

(5)政府应建立地震救灾指导机构，平时经常检查各单位防震措施的完善情况，震后能及时组织起抢险救灾队伍，防止灾情扩大化。

第二节 板块构造

板块构造(plate tectonics)是建立在岩石圈水平变位的基础上，有趣的是，最早发现并鼓吹岩石圈存在大幅度水平变位的并非地质学家，而是一位德国的气象学家魏格纳(Wegener，1880～1930 年)。他于 1912 年首先发表了大陆漂移学说的观点。魏格纳起初从大西洋两岸，尤其是南美洲和非洲海岸线弯曲形状的相似性中得到启发，后来他进一步发现美洲、欧洲与非洲在地层、古生物化石和地质构造上都有着惊人的相似性。

20 世纪 60 年代后期提出的板块构造学说掀起了地球科学的一场革命，现已成为最受欢迎的大地构造理论。板块构造学说建立的基础则是大陆漂移学说和海底扩张学说。

一、大陆漂移学说与海底扩张学说

(一)大陆漂移学说

1620 年法国的巴肯(Bacon)就在地图上对大西洋两岸相似的部分作出了标记。奥地利地质学家休斯(Suess，1909)把南半球大陆拼在一起，并推测存在一个统一的南方大陆——冈瓦纳大陆(Gondwanaland)。但最先系统地提出大陆漂移观点的是德国气象学家和地球物理学家魏格纳(Wegener)，他根据古生物化石、岩石特征和地质构造的相似性提出大西洋两岸曾是一个大陆，随后收集了大量证据，推测 3 亿年前曾经存在一个全球统一的联合古陆(Pangea)，并于 2 亿年前开始破裂，发生了大规模的水平位移(实际上是沿球面的漂移)后，才慢慢分离成现今的陆洋格局。

大陆漂移学说的证据可归纳如下：

1.大陆形状相似性

大西洋两岸的非洲和南美洲的海岸似可吻合。粗略地看，大西洋略呈“S”形，北美的新斯科舍半岛可以和比斯开湾对应，西撒哈拉可以嵌入墨西哥湾，巴西的布兰科角与几内亚湾对应。这种相似性，似乎预示着大西洋两岸曾是连在一起的。现今曾有人用计算机将两侧大陆进行拼合，发现在大陆坡的水下 915m 等深线处进行拼合效果最佳(图 12-8)。

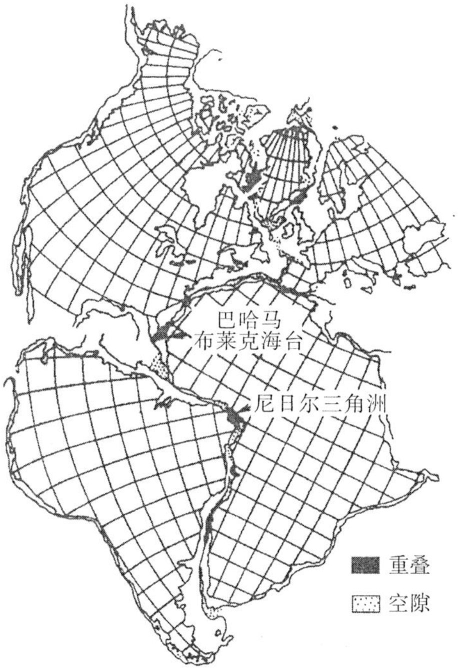

图 12-8 用计算机拼合的大西洋两岸边界图(据 Bullard et al.，1965)

2.古生物证据

生物学关于物种起源的单祖论观点认为，相同生物种是不可能在相隔遥远的两个地区分别独立形成的，它们必定起源于某一地区，然后直接或间接地传播到另一地区去。目前研究发现，在远隔大西洋的两岸及世界其他地区都有许多相同种类的生物。如非洲和南美洲均发现有石炭纪—二叠纪时的陆生动物水龙兽化石，它们与印度、澳大利亚及南极洲发现的二叠纪和三叠纪的爬行动物群极为相似。现在热带生长的舌羊齿植物过去曾在伦敦、巴黎、北极圈的格陵兰岛生长过。有一种庭园蜗牛既发现于德国、英国等地，也发现于大西洋对岸的北美洲等。种种古生物证据都说明，大西洋两岸的大陆过去曾是相连在一起的，从而可使两岸生物能相互牵引。

3.古气候证据

距今3亿年前的晚古生代，在南美洲东缘、非洲中部和南部、澳大利亚南部及印度、南极洲曾发生过广泛的冰川作用。在冰碛岩的底下能够找到冰溜面，其上的擦痕、擦槽显示这是一次规模很大的大陆冰川，但据此恢复的方向竟是从海洋往陆地流动（图12-9）。对于这种反常现象，只有把这些陆地拼合起来，才能得到冰川是从陆地中心向外侧海洋流动的满意解释。

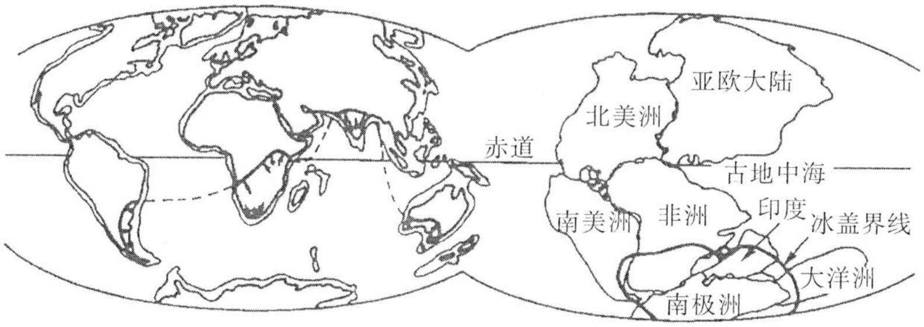

图12-9　南方大陆（冈瓦纳大陆）晚古生代冰川的分布及拼合示意图（据Freeland et al.，1971）

除古冰川遗迹之外，岩盐、石膏等蒸发岩和红层、珊瑚礁是另一些古气候标志。若把石炭系中的蒸发岩等标在重建起来的泛大陆上则呈两大条带状分布。夹于条带之间的是盛产石炭纪煤层的北美阿帕拉契亚、欧洲的顿巴斯、鲁尔、比利时、英国及亚洲的中国。若将这个盛产煤炭的条带置于赤道上，则蒸发岩、红层等恰好分布在副热带高压区，而非洲南部正处于南极圈内，是当时冰川活动的中心。

4.地质构造证据

各种有利证据使大陆漂移学说风行一时。但魏格纳犯了一个致命错误：他认为大陆漂移的机制如同木块漂浮在水面上那样，是“硅铝质的大陆漂移在硅镁质的洋壳之上”，这一推断与地球物理观测不符，遭到了以英国著名地球物理学家杰弗里斯（H.

Jeffreys)为代表的地球物理学界强烈反对和抨击。由于无法提出更加合理的大陆漂移机制，至19世纪30年代前后，这一极富想象的科学假说被嘲讽为“魏格纳狂想曲”而几乎销声匿迹。

位于非洲最南端的好望角东西向的二叠纪褶皱山系开普勒山脉，在海岸线附近突然中断，但却可与南美布宜诺斯艾利斯附近的山脉在地层和构造上彼此衔接。横亘美国东部的阿巴拉契亚褶皱山脉，以北东走向延伸到芬兰，中止于大西洋，但又重新出现于对岸爱尔兰和英国。巨大的非洲片麻岩高原和巴西的片麻岩高原遥相对应（图 12-10）。此外，非洲和印度、澳大利亚等大陆的中生代以前的地层和构造也可有类似的联系性。

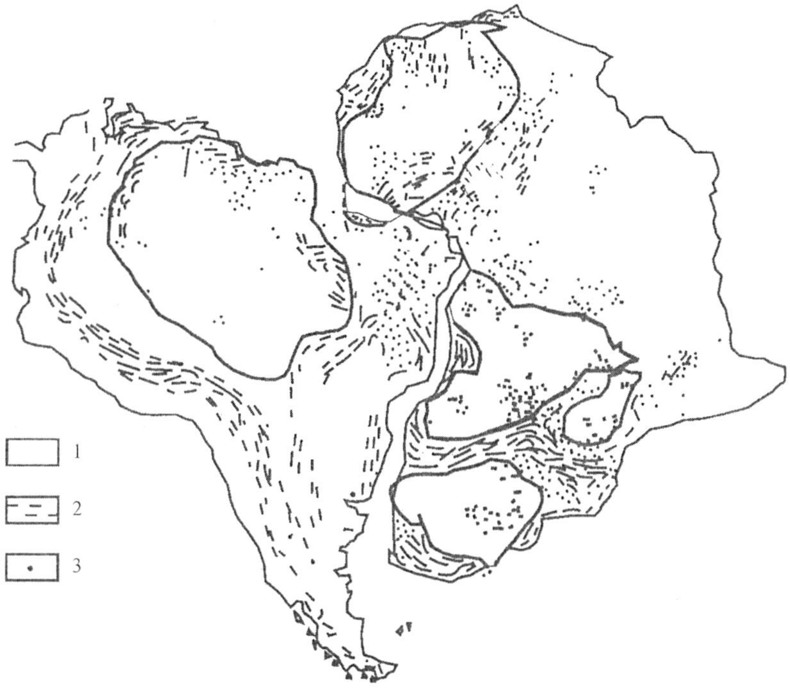

图 12-10　根据岩石和构造特征对南美洲和非洲所进行的拼合（据汉布林，1980）
1.20亿年前变质岩和火山岩组成的陆块；2.年轻岩层，由褶皱轴线所示的构造线走向（450～650Ma前）；3.同位素年龄的测定地点

（二）海底扩张学说

20世纪50年代，国际上开展了大规模的海洋科学探险，积累了丰富的海底地质和地貌资料。尤其是古地磁学所取得的重大进展，导致赫斯（Hess，1962）和迪茨（Dietz，1961）几乎同时提出海底扩张的观点。他们认为，海底搜集到的古地磁资料极有可能是海底扩张的确凿证据。而所谓海底扩张是指大洋岩石圈在大洋中脊处裂开，地幔中炽热、熔融的玄武岩浆从中涌出，到达海底后，冷凝并固结成新的大洋岩石圈。这些

新形成的大洋岩石圈把早先形成的老岩石圈向两侧推挤开去，从而导致大洋海底不断扩张。另一方面，海底扩张也并非无限发展的，因为被推开的大洋岩石圈到达大陆边缘的海沟处后，会沿着大陆边缘的消减带向大陆岩石圈之下俯冲，重新消亡于软流圈中(图 12-11)。因此，海底扩张的实质是全球大洋地壳不断进行的生灭循环，一般在 2 亿～3 亿年内整个海底全部更新一次。

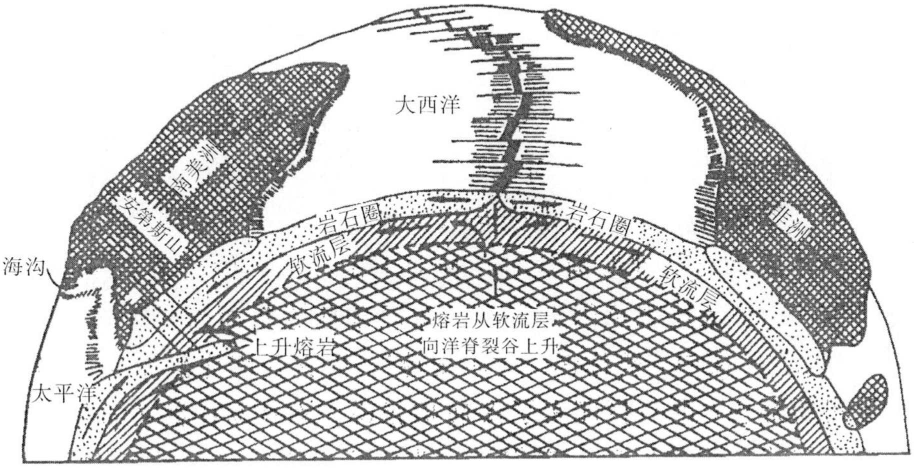

图 12-11　海地扩张与板块构造(据 Irving et al.，1975)

海底扩张和大陆漂移一样，都强调岩石圈板块的水平运动方式。在大陆漂移假说被严厉抨击之后，海底扩张的设想能够面世，得益于科学的进步和广泛的海洋调查，而最重要的依据，则是海底古地磁条带的发现、海底岩石年龄的分析和转换断层的发现。

1.海底磁异常与地磁场倒转记录

众所周知，所有的岩石都或强或弱显示磁性，它是岩石在形成时获得的，其极性与当时的地球磁场一致，这种磁性也被称为化石磁性。化石磁性具有较大的稳定性，其磁化方向与岩石形成时所处位置的地球磁力线方向一致。50 年代后期梅森(Mason)对海洋探险所采集的大洋岩石标本进行了古地磁学研究，发现东太平洋海底以洋中脊为对称轴，两侧岩石分布显示出相同的地磁异常条带。这些磁异常条带相互平行，统一呈南北向展布。如果把所测定的磁异常条带标在海底地形图上，并且沿洋中脊轴对折，那么其东西两侧磁异常条带将大致重合(图 12-12)。磁异常曲线中峰和谷的顺序存在惊人的对称性，这一现象一直使学者们困惑不解。直到 1963 年英国的瓦因(Vine)、马修斯(Mattews)指出，地磁异常条带并非磁化强度不均匀引起的，而是地磁场方向转变的历史记录，地磁条带的正负异常对应于当时古地磁场的正反方向变化，如实记录下了海洋扩张的历史。通过对太平洋、大西洋和印度洋所测得的地磁极性年代表，证明全球各大洋的地磁正向期与反向期记录完全一样，从而肯定了海底扩张的普遍性。

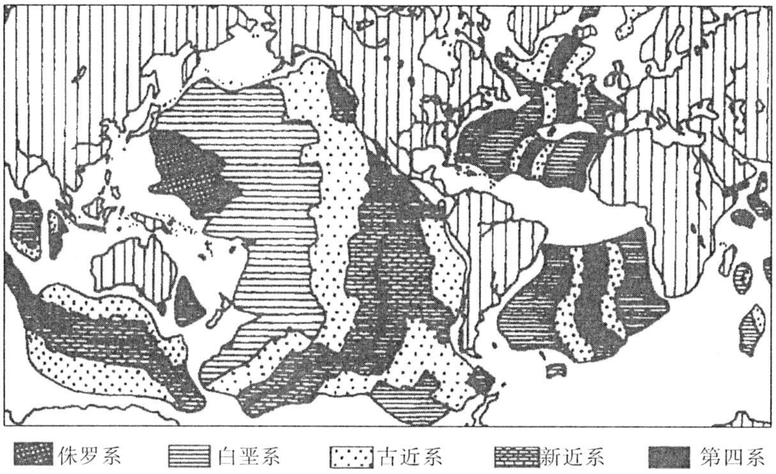

图 12-12 海底磁异常与年龄条带分布图(据 Pitman et al.，1972)

2.海底岩石年龄的测定

20 世纪 60 年代以来，在各大洋打了上千个钻孔，根据所采集的放射虫标本鉴定发现，盖在玄武岩基底之上的最老沉积物年龄与根据磁异常所测得的年龄一致，并且岩石年龄值的分布与磁异常条带的分布特征有一个重要的相似之处，即以大洋中脊为对称轴，两侧岩石年龄的新老也是对称分布的。并且接近洋中脊，洋底年龄愈新，反之亦然。这也进一步证明了海底扩张推断的合理性。

图 12-12 反映了全球海底扩张的状况。从中可以看出大洋中脊与最年轻的海底吻合。而通过对海底岩石标本磁异常年龄测定，得到自洋脊形成以来的年龄，最老的海底年龄只有 1.7 亿年左右，这间接给出了海底的扩张速率。因为参照每个磁异常条带的年龄及其距大洋中脊的距离，就可以推断出各大洋的半扩张速率(只考虑洋中脊一侧)。按此方法，再计算出海底扩张的全速率为 1～20cm/a。以此推算，太平洋海底板块在 2 亿年内即可以全部更新一次。

3.转换断层(transform fault)的研究

转换断层概念由加拿大学者威尔逊(Wilson)1965 年首次提出。在此之前的 50 年代，人们已发现洋脊被一系列横向断层切割，并明显错位，错距可达数百千米至数千千米。断层本身长可达数千千米，并在海底地貌上构成很深的沟槽(图 12-13)。而威尔逊认为这些断层是由于洋中脊轴部向两侧的海底扩张引起的，并称这种横断洋中脊的特殊断层为转换断层。

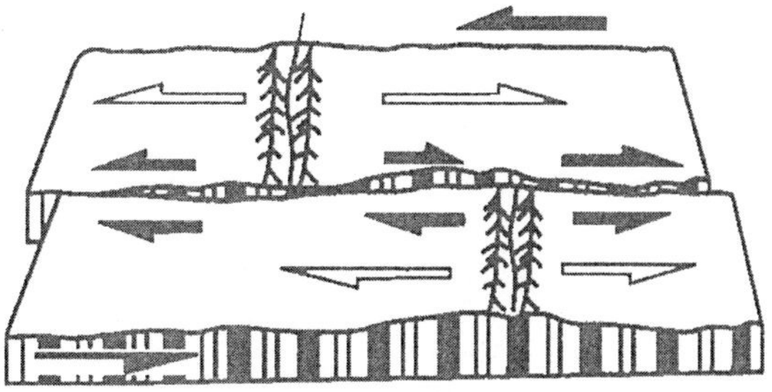

图 12-13　转换断层块状示意图(据宋青春等，2004)

转换断层两侧的洋中脊之间的相对距离，尽管存在洋中脊轴两侧海底的不断扩张，但其距离相对不变；转换断层两侧洋底的相对错动仅发生在两侧中脊轴之间的区间上，该区间外的断层两侧洋底具有同方向的海底扩张率，其间无相对错动。对海底地震的研究发现，地震活动几乎集中在被错开的洋中脊之间的区段上，其他区段基本无地震发生。由此可见，转换断层是的确存在的，它的发现又为海底扩张学说提供了有力的证据。

无论是大陆漂移还是海底扩张，都不过是规模更大的全球岩石圈运动的一个组成部分。20 世纪最伟大的三大自然科学发现之一——板块运动，在 20 世纪 60 年代后期，也随之揭开了面纱。

二、板块构造学说

(一)板块构造学说理论的建立

板块构造学说归纳了大陆漂移学说和海底扩张学说所取得的成果，并汲取了当时对地球内部岩石圈和软流圈所获得的新认识，从全球的统一角度阐明了岩石圈活动和演化的许多重大问题。

板块构造学说的基本思想：

(1)固体地球表层在垂向上可分为物理性质显著不同的上覆刚性岩石圈和下伏塑性软流圈。

(2)刚性的岩石圈在侧向上可划分为若干大小不一的板块，它们漂浮在塑性较强的软流圈上作大规模的运动，其驱动力来自地幔物质对流。

(3)板块内部是相对稳定的，板块的边缘则由于相邻板块的相互作用而成为构造活动强烈的地带，是发生构造运动、地震、岩浆活动及变质作用的主要场所，同时也从根本上控制着各种地质作用的过程。

(4)板块运动以水平运动为主，位移可达几千千米。运动过程中各板块间分散裂开或碰撞焊合或平移相错，决定了全球岩石圈运动和演化的基本格局。

(二)板块的边界类型

依据板块之间的相对运动方向及其物质的生长消减特征，将板块边界划分为三种类型(图 12-14)。

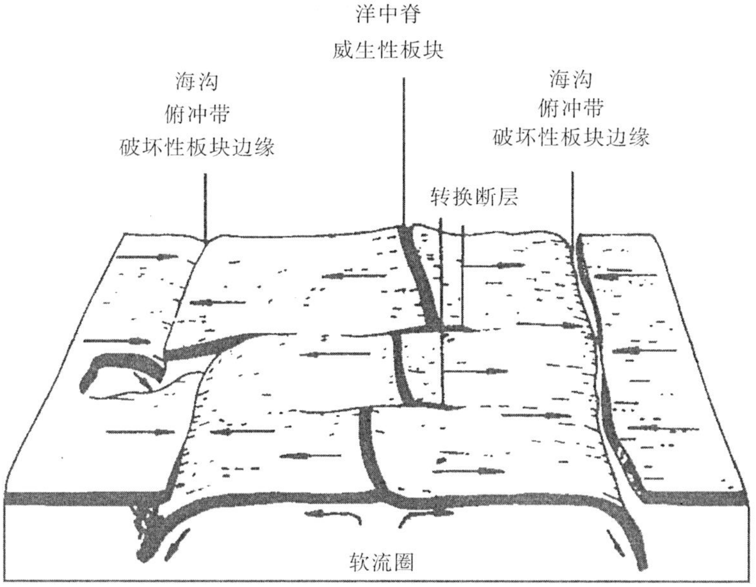

图 12-14　板块边界类型示意图(据汉布林，1980)

1.分离型板块(divergent plate)边界

分离型板块边界又称成生性边界、建设性边界。即两个板块沿边界相背运动，地幔对流物质不断沿边界涌出并添加到两侧板块边缘上，形成新的洋壳，故而也是板块生长的边界。大洋中脊和大陆裂谷系统属于这类边界。

2.汇聚型板块(plate convergence)边界

汇聚型板块边界又称破坏性边界。即边界两侧的板块作相对运动，发生挤压、对冲或碰撞。进一步可分为两个亚类：

(1)俯冲边界(subducting edge)。相邻的大洋与大陆板块发生叠覆，由于大洋板块厚度小、密度大、位置低，大陆板块厚度大、密度小、位置高，因而一般是大洋板块俯冲于大陆板块之下。这种板块俯冲边界主要分布于太平洋周缘及印度洋东北缘，也有人称其为太平洋型汇聚边界。由于这类板块边界是由大洋板块俯冲潜没消减于地幔之中，因而也称为消亡型边界。俯冲边界进一步分为两类：

岛弧-海沟型：指大洋板块沿海沟俯冲于以海盆相隔的岛弧和大陆之下。主要见于西、北太平洋边缘，如日本、琉球群岛等，故而又称为西太平洋型大陆边缘或沟(海沟)-弧(岛弧)-盆(海盆)体系；

山弧-海沟型：指大洋板块沿陆缘海沟俯冲于山弧之下。主要见于太平洋东南部的南美大陆边缘，故而又称安第斯型大陆边缘。

(2)碰撞边界(collision boundary)。又称地缝合线，指两个大陆板块互相碰撞，使大洋闭合，陆壳彼此受挤压形成高耸的山脉并伴随强烈的构造变形、岩浆活动及变质作用。如阿尔卑斯-喜马拉雅山构造带，是印度板块和欧亚板块的碰撞边界，形成印度河-雅鲁藏布江缝合线。

(3)平错(剪切)型板块(shear plate)边界。即两个板块沿边界互相水平错动，两侧板块不发生褶皱、增生或消亡，即相当于转换断层，主要分布于大洋内，也可在大陆上出现。例如美国西部的圣安德烈斯断裂就是一条著名的从大陆上通过的转换断层。

(三)板块的划分

地球科学家以上述板块边界类型为基础，将全球岩石圈划分为七大板块，即欧亚板块、非洲板块、印度板块、太平洋板块、南极洲板块、北美洲板块和南美洲板块。这七大板块称一级大板块，它们决定了全球板块运动的基本格局。一级大板块通常既包括陆地，也包括海洋。

除上述七大板块之外，根据全球地震研究资料可进一步划分板块。目前较流行的是划分成12个板块的方案，如图12-15。

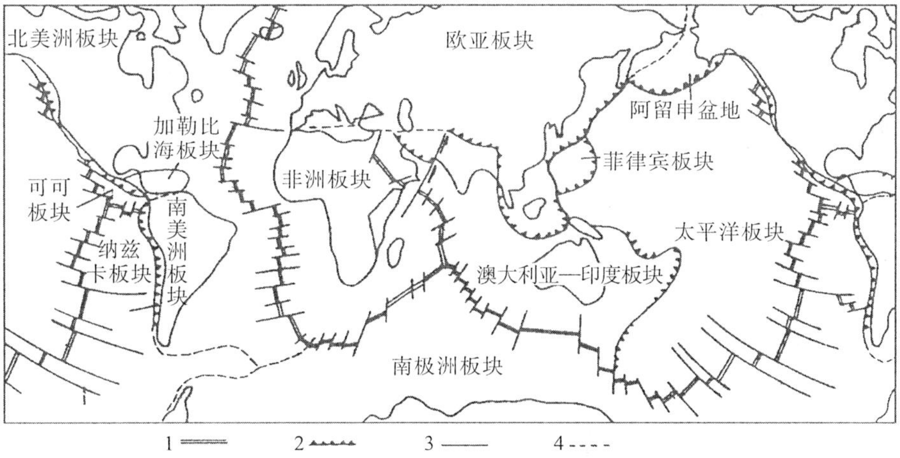

图12-15　全球板块的划分示意图(据Strahler，2005)

1.洋中脊；2.消减带；3.转换断层；4.被动边缘或性质未定

(四)板块运动的威尔逊旋回

加拿大学者威尔逊(Wilson，1973)从板块构造观点出发，将岩石圈从大陆破裂、裂谷出现到洋盆形成，再从洋盆俯冲、缩小到闭合的完整过程，划分为六个阶段(期)，完整地解释了岩石圈板块从生到灭的全过程。

(1)胚胎期(embryo stage)。地幔的活化最初引起稳定大陆壳的破裂，形成大陆裂谷，东非裂谷就是现代的开裂的实例。

(2)幼年期(infancy)。地幔的活化使其热熔物质喷流或上涌对流，岩石圈进一步破裂并开始出现狭窄的洋壳盆地，红海和亚丁湾为其代表。

(3)成年期(adult stage)。随着洋中脊系统的延伸和扩张作用的加强，终于出现了新的大型成熟洋盆，大西洋是其典型。洋盆两侧未发生俯冲作用的称为被动大陆边缘。

(4)衰退期(degenerating stage)。在洋脊系统扩张的同时，洋盆一侧或两侧开始了俯冲消减作用，称为主动大陆边缘。洋盆面积开始收缩，以太平洋为代表。尤其是太平洋板块沿着亚洲东部大陆边缘的千岛海沟、日本海沟、琉球海沟和菲律宾海沟，向欧亚板块下面俯冲，形成(海)沟-(火山岛)弧-(边缘海)盆型的汇聚带，形成现今亚洲东缘花彩列岛式的地理面貌。

(5)残余期(residual period)。随着洋脊扩张作用减弱，两侧陆壳地块相互逼近，其间仅存残留海盆，如地中海。

(6)消亡期(extinction period)。最后两侧大陆直接碰撞拼合，海域完全消失，转化为高峻山系。横亘欧亚大陆的阿尔卑斯—喜马拉雅山脉就是最好的代表。例如，印度板块与欧亚板块的碰撞是属于陆-陆碰撞型的板块汇聚带。由于大陆壳较轻，它漂浮在软流圈之上，大部分不可能被带往消减带的深处。因而当两个大陆碰撞时，先前的大型古洋盆因俯冲消亡而在地表只保留一些残迹(由蛇绿岩、基性火山岩及深海放射出的硅质岩组成)，称为板块缝合带，代表板块构造演化最后的陆—陆碰撞阶段。

威尔逊的板块演化模式反映了岩石圈板块构造演化的一种经典周期，迅速获得了广泛的传播和应用。旋即被公认为威尔逊旋回(Wilson cycle)。

(五)板块构造与地质作用的关系

1.板块构造与地震作用关系

地震是地球活动的一个重要标志。现代板块构造的三种边界型式都是建立在地震研究基础上的。全球的地震主要发生于环太平洋地震带、地中海—喜马拉雅—印尼地震带、大洋中脊地震带及大陆裂谷地震带上，其分布位置与板块边界非常一致。全球地震的能量约95%都是从板块边界地带释放出来的，其中大部分又集中在板块的汇聚型边界上，由此可见板块边界处的相互作用是引起地震的一种基本成因。

板块的运动特征对地震震源机制研究至关重要。如汇聚型板块边界地区，随着俯冲作用进行，俯冲下去的板块在俯冲带深部的运动使得靠向岛弧或大陆一侧发育深源地震。而在俯冲带中上部的俯冲运动使靠洋一侧发育中深源地震和浅源地震。二者构成一个沿俯冲带倾斜的震源带。20世纪50年代贝尼奥夫(Benioff)将其作为一个巨大的断裂带，后人称之为贝尼奥夫带(图12-16)，此带倾角45°左右(30°～70°)，最深达

700km，厚度只有几十千米。

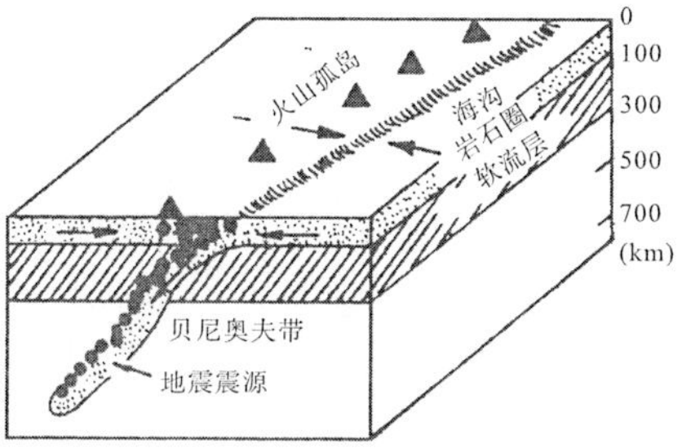

图 12-16 贝尼奥夫带(据 Wyllie，1975)

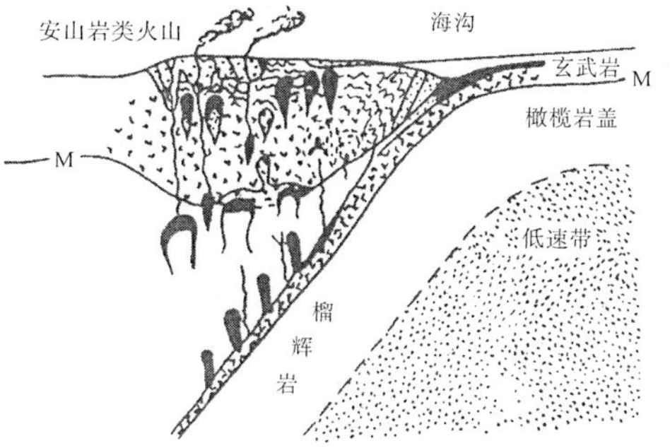

图 12-17 块状俯冲带与岩浆作用关系示意图

2.板块构造与岩浆作用关系

火山活动是岩浆作用的一种方式，它的活动特征和规律是岩浆作用的具体表现。全球火山活动集中分布于环太平洋火山带、地中海—喜马拉雅—印尼火山带及大洋中脊和大陆裂谷带。这一分布规律与现代板块边界也十分吻合。不仅如此，板块的边界活动特征还决定了岩浆活动的成分、来源及成因机制等(图 12-17)。如洋中脊地区岩浆成分主要为基性和超基性，它们来源于地幔。俯冲带的岩浆活动以中、酸性岩浆为主，形成岛弧地区著名的安山岩带。碰撞边界的岩浆活动主要以酸性为主，主要由地壳局部重熔形成。

3.板块构造与变质作用关系

分离型板块边界的洋脊轴部附近，由于岩浆不断上涌形成新的洋壳，因而具有较高的地热梯度及热流作用，使先形成的洋壳岩石遭受中—低级变质作用，并随海底扩张分布于整个洋底，Miyashiro(1972)称之为洋底变质作用。平错型板块边界，由于相对错动而发育动力变质作用，如圣安德烈斯转换断层发育一条宽达几千米的动力变质岩带。汇聚型板块边界，由于强烈的板块俯冲或碰撞及由此引起的岩浆作用，常引起广泛的区域变质作用。在板块的俯冲边缘，由于俯冲压力及上覆岩层的重力而产生高压环境，冷的洋壳和沉积物的俯冲使得在海沟及海沟靠大陆一侧的内壁附近出现低的地热梯度和热流值，二者共同作用下形成了低温高压变质作用，以蓝闪石片岩出现为主要特征，故又称蓝片岩带。与此同时，在远离海沟的火山岛弧地区，板块俯冲导致火山和岩浆活动，使热流值和地热梯度增高，而因俯冲作用产生的压力则相对减小，从而形成高温低压变质作用，以红柱石片岩出现为特征。上述低温高压变质带与高温低压变质带成对发育在俯冲板块边界近海沟和近陆地一侧，称为双变质带(图 12-18)。如果出现两次以上的板块俯冲作用，则可形成两对以上的双变质带。

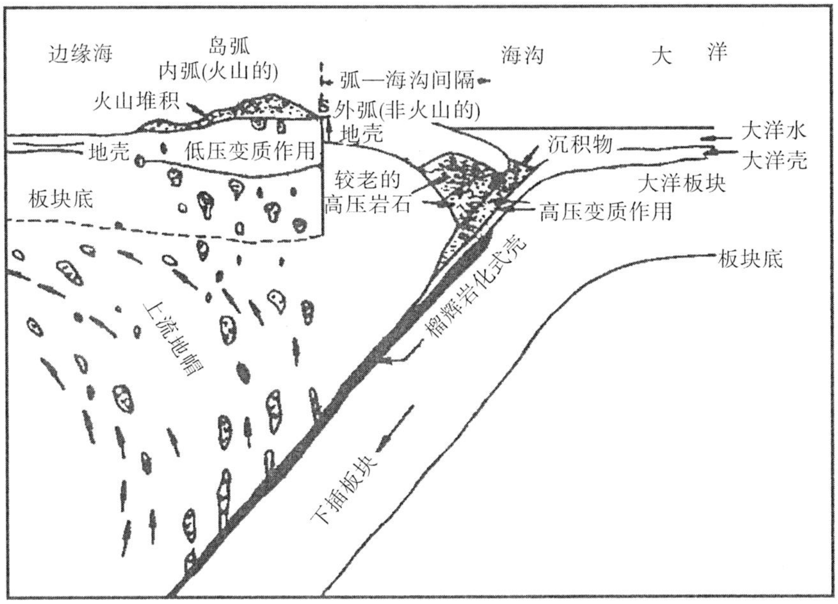

图 12-18 板块俯冲与变质作用关系示意图(据 Miyashiro，1972)

4.板块构造与造山运动关系

地球上年轻的山脉都分布于板块的汇聚型边界上。环太平洋山系发育于太平洋周缘的汇聚型板块边界上，如北美的科迪勒拉山脉及南美的安第斯山脉。阿尔卑斯—喜马拉雅山系展布于欧亚板块与非洲板块及印度板块的碰撞边界上。洋中脊是分离型板块边界中地幔对流物不断上涌的产物。不仅如此，现代大陆内部的一些较古老的巨型褶皱山系(如阿帕拉契亚山脉、祁连山、天山、大别山等)也都是地质历史时期板块俯冲或碰撞作用的产物。

5.板块构造与地表地质作用关系

各种地表地质作用受地形、气候、植被、岩性及构造运动的影响，这些影响因素都与板块活动密切相关。汇聚型板块的俯冲或碰撞作用，造就了地球表面高大的山系，迫使地表地质作用以剥蚀作用为主。当山系高出雪线时，地表作用方式由原来的风化、地面流水等作用转变为以冰川地质作用为主。同时地形的巨变还影响到周围地区的地表地质作用。如新生代后期喜马拉雅山的崛起，阻挡了印度洋向北吹的潮湿空气，使中亚地区变成荒漠，发育强烈的风力地质作用。分离型板块的扩张分离，造就了地球上最主要的沉积盆地——海洋和大陆裂谷。快速的海底扩张使海洋周围发生广泛的海侵，沉积范围扩大。大陆裂谷的快速扩张，可在短期内形成巨厚的沉积物，等等。

显然，板块构造与地震、岩浆、变质、造山运动及地表地质作用均密切相关。板块构造理论可成功地解释 100 多年来地球科学工作者在地球上发现的大多数事实，因而被称为地球科学的一场革命。有人将其重要性与天文学上哥白尼的太阳中心论和生物学上达尔文的进化论相提并论。

（六）板块分界线的活动性

世界上各个板块的内部，一般都是构造活动、岩浆作用、变质作用以及地震作用等相对稳定的地区。但是，在各个板块之间的分界线上则是各种地质作用活动非常强烈的地带，它们的活动性表现为多种形式。

1.岩浆上升

在海底扩张地壳生长过程中，地幔上部的基性、超基性岩浆，经洋中脊轴部上涌到海底，冷却凝固后而成为岩石。岩浆的上升涌出是连续不断的，后涌出冷却凝固的岩浆，将先前上涌的岩浆往两侧推移，从而使海底向两侧扩张。由于岩浆活动，洋中脊处的热流量比大洋盆地和大陆的热流量要高得多。

2.地震活动带

无论是洋中脊、转换断层、岛弧-海沟或年轻的地缝合线，所有这些板块分界线都是地震活动带。活动带的宽度有所不同，震源的深浅程度也有差别。洋中脊、转换断层和地缝合线上的地震大多数属于浅源地震。聚敛板块分界线分布浅源、中源和深源地震。海沟是板块俯冲带，也是构造最活跃的地带，主要分布浅源地震。

3.地壳下降

在深海沟处岩石圈板块俯冲下去，深入地幔。大洋地壳上的沉积物由于比重小，被刮下来，停留在外边。俯冲带向岛弧内侧或大陆内部倾斜，最多达 700km，就要被地幔所同化。

4.火山

在岛弧地带有强烈的火山活动，如环太平洋四周的火山活动带。小板块边界线上也有火山活动，如菲律宾、斐济、加勒比等板块边界。洋中脊生长新地壳，其作用与火山相近而不同。

5.剪切

剪切也是板块边界上活动性的一种表现形式。除了切断大洋中脊的许多转换断层外，近年来研究发现，现在大陆上的美国加利福尼亚州的圣安德烈斯断层和新西兰的大阿尔卑斯断层均是具有转换断层性质的、目前还在活动的断层。

6.喜马拉雅式造山带

板块边界的活动方向主要有三种：一是两个板块相向而行，一个俯冲下去，一个仰冲上来；二是两个板块相背而行，从洋中脊或地壳裂缝向外扩展；三是两个板块的边界在相反的方向上进行错动，形成转换断层。

两个板块相向而行，当洋壳俯冲已尽，原来驮载在洋壳之上的两个陆壳相遇，挤压造成山脉，在地史上是常有的事。古老板块所形成的山脉，已失去活动性，不能作为分界线。而现代年轻的山脉就可以作为现代板块的边界，比如喜马拉雅山山脉。

(七)板块构造形成机制探讨

现在，地球科学家都一致认为，岩石圈的变形与变位都受到板块运动的控制，在同一过程中发生，互相关联。同一时期，不同的板块可具有不同的运移方向和速度。不同时期的同一板块，也可以有不同的运移方向和速度。然而，岩石圈板块到底为什么会运移呢？即岩石圈板块构造的动力学机制问题，则仍是一个至今尚未解决的难题。

1.洋壳生长的机制

岩石圈和其下软流圈之间的分界面表明它们的物理性质有差异。由于软流圈的存在，岩石圈板块才能在它的上面缓慢地移动，板块一边生长，扩大面积，一边下沉，减少面积。

岩浆沿洋中脊轴部上升，冷却凝固成薄而长的岩墙。新的岩浆又从墙下裂缝钻出，冷却凝固成新墙，这样形成的一堵一堵的薄而长的岩墙，一墙推一墙地向两边扩张而形成新的洋壳(图 12-19)。

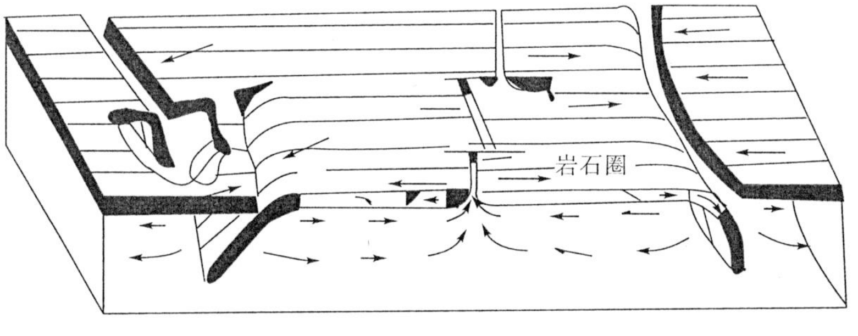

图 12-19　岩石圈板块一边生长扩散，一边俯冲消亡的机制示意图

2.洋壳的俯冲机制

在海底扩张过程中，随着洋壳的生长，洋壳板块逐渐远离中脊，当移动到大陆岩石圈板块边缘的岛弧前缘时受阻，便沿着岛弧外侧的深海沟向陆壳下边俯冲，斜插到地幔软流圈中。在海洋板块沿着海沟向下俯冲的同时，大陆板块向海洋方向仰冲。在仰冲板块一侧，由于岩浆作用和火山喷发，形成岛弧和火山碎屑岩，在其顶部，往往形成褶皱山脉(图 12-20)。

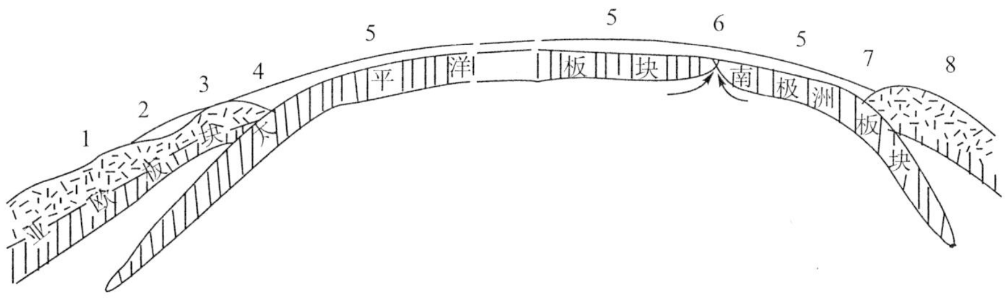

图 12-20 太平洋板块与南极洲板块的生长与消亡

1.亚洲；2.日本；3.日本弧；4.日本海沟；5.太平洋；6.东太平洋生长脊；7.智利海沟；8.南美洲

3.板块运动的驱动力问题

板块构造学说刚提出来时，不少学者曾经以为刚性的岩石圈既然在软流圈上面运移，想当然地认为一定是地幔对流带着它运移，认为地幔中由于存在温度差异或密度差异，可能引起物质的缓慢移动，热的、轻的物质上升，造成大洋脊的热显示，同时带动大洋脊两侧岩石圈板块作相背移动，在俯冲带处大洋板块下插，冷的、重的物质下沉。于是地幔物质就形成了对流环，好像“传送带”一样带着岩石圈板块运移。这就是板块构造学说早期所主张的地幔对流的“传送带模式”。

4.板块运动的膨胀、收缩理论

有的学者想用地球周期性的膨胀、收缩或有限膨胀来解释板块运动，主要根据是海平面的确一直在不断地升降变化，古大陆残留的面积远远小于地球总面积，因而，以为地球有胀缩变化，并在不断地膨胀着。这种设想似乎颇适合宇宙大爆炸说。然而，天文与地质观测资料都不支持地球在近40亿年来曾经有过显著膨胀(例如10%～15%)的观点，而认为地球在近 40 亿年以来，体积没有显著的变化，仅有 1/600 左右或不足 1/100 的体积加大。另外，如果利用地球膨胀观点，想要解释岩石圈曾经发生过数百万米的水平位移的事实，也是十分困难的。

5.板块动力学机制的最新成果

近年来，根据大洋钻探的成果，发现大洋中有两次巨大的陨石撞击事件(Glass，1982)，在海底沉积物中形成上亿吨的微玻璃陨石。撞击中心点正好与几个板块的拼接点位置相近。巨大陨击作用有可能造成直径几十万米、深度几万米的陨击坑，使岩石圈表层物质发生显著的亏损，在岩石圈均衡补偿作用的影响下，诱发深部地幔物质上涌，造成海洋板块的张裂、扩张，从而使周邻板块沿着不同的方向运移。这种观点，尽管似乎比以前的假说更合理一点，然而，受到当前技术条件的限制，所获的资料有限(海底钻探深度一般仅为上千米)，只能较好地解释古近纪以来的两次陨击作用与板块运动的关系。

(八)大陆板块的识别标志

板块构造学说起源于海洋，对于海洋构造地质，论述得有理有据，但对大陆构造，特别是古大陆构造，谈论得较少。那么，是不是板块构造学说不适应大陆和古代地质构造的研究呢？近年来，广大的地质工作者从不同的角度，用板块构造的理论对大陆构造进行探究，得到了一些结论，下面分述之。

1.深断裂带

两个板块碰撞的接触界线，一定是一个又深又大的断裂带，它的切割深度可达岩石圈，甚至到达软流圈。

大陆上深断裂一般是古大陆型地壳与古大洋型地壳的接合线。

在地史发展过程中，深断裂带的地方，一般具有良好的蛇绿岩套、高压低温变质带以及混杂岩堆积等。同时又是地壳厚度突变带、重力异常梯度带和地震活动带。我国境内可能是古板块缝合线的断裂带有：雅鲁藏布江和台湾大纵谷深断裂带。北祁连、金沙江—红河、西昆仑、北秦岭等深断裂带也可能是古板块缝合线。

2.混杂堆积

混杂岩(melange)是板块俯冲带上特有的一种堆积物。

当一个板块向另一个板块俯冲时，仰冲侧的板块像推土机一样，把俯冲板块上的不同地区、不同时代，甚至包括基底的洋壳碎片堆积在一起，称为混杂岩。

混杂岩内堆积物颗粒大小悬殊，小的只有几毫米，大者达到数十米，甚至上千米。例如，沿西秦岭深断裂带就发现不少混杂堆积(图 12-21)。

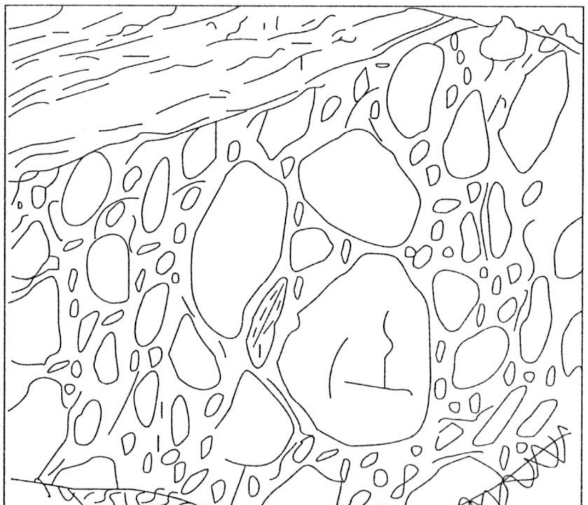

图 12-21 甘肃合作下卡家公路旁混杂堆积素描图

3.蛇绿岩套

沿着两个板块的接触带，在俯冲板块的一侧，或在地槽内部，往往有一条由基性、超基性杂岩和深海沉积岩的共生体构成的条带，断断续续延伸很远，这就是所谓的蛇绿岩套(ophiolite suite)。

蛇绿岩套是认识古板块构造的一个重要的标志。我国境内最著名的蛇绿岩带是雅鲁藏布江蛇绿岩带和祁连山蛇绿岩带。

4.双变质带

沿板块构造接触线俯冲的一侧，常见有高压低温的变质带——蓝片岩(蓝闪石片岩)带，是古板块构造的重要标志之一。

在俯冲带，俯冲下降的大洋板块，沿着较陡的面向下俯冲，由于俯冲压力和重力作用，形成高压；又因为海沟热流值低，就形成了高压低温变质带。蓝闪石是该变质带的特有矿物。

研究发现，标志高压低温的蓝片岩带和低压高温的红柱石片岩带，往往成对出现称为双变质带。前者一般位于俯冲板块边界近海沟一侧，后者一般位于靠近大陆板块的一边(火山发育带)(图 12-22)。

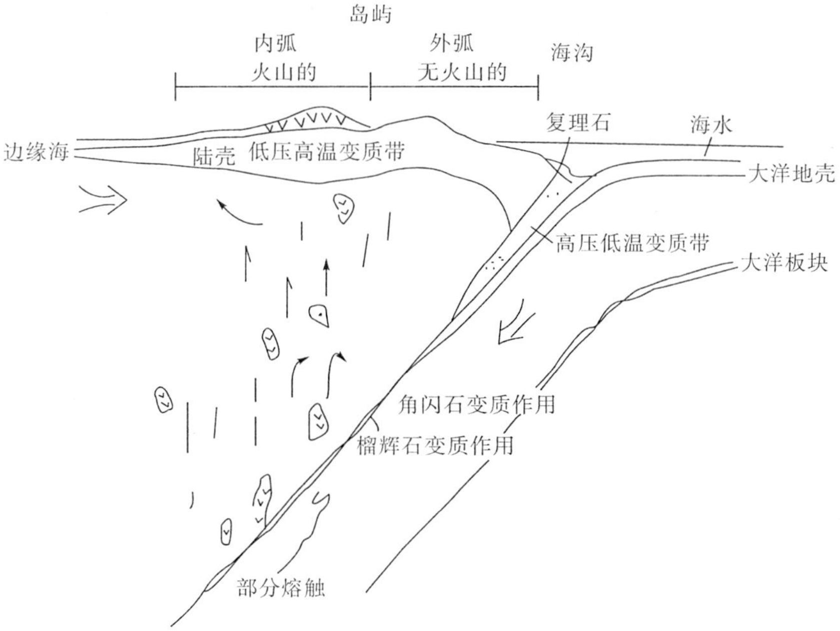

图 12-22　岛弧及双变质带示意图

5.沉积岩相和古生物群特征

在板块接触带或分裂的界线两侧，沉积岩相和古生物群的特征截然不同。

由于两个性质完全不同的大地构造单元的界线，往往是深大断裂带，所以界线两侧的沉积岩相、厚度和古生物群特征，必然反映出它们的差异性。如我国华南地区在寒武纪和奥陶纪时，以巨厚的碎屑岩沉积为主(硬砂岩及复理石建造)；而华北地台和扬子地台则以碳酸盐岩建造为主。另外，秦岭南北的沉积岩相和化石群，也完全不相同。

6.侵入岩及喷发岩的分布规律

在两个板块接触带上，当板块俯冲进入上地幔达到一定深度(150～200km)时，洋壳板块及其上覆沉积物便局部熔化，成为岩浆，沿着断裂上升穿入地壳上部以至喷出地表，生成了侵入岩和火山岩，在岛弧地区形成了著名的安山岩带。

有人认为：安山岩带的存在，可以作为判别古板块接触带——古岛弧存在的证据。反过来，古岛弧分布地区可能是相邻两个板块的接触带。

7.地震震中的分布

现代地震震中分布，与板块活动有着密切的关系。据统计，震中的分布主要集中在太平洋两岸，其次是古特提斯海所成山脉地带，再者是海底分裂地带。这些均是两个板块互相冲击接触处。

在我国有文字记载的地震的震中主要分布在以下一些地槽褶皱带和大断裂带上：龙门山—川西南—滇西褶皱带、秦岭褶皱带、喜马拉雅山—横断山褶皱带、辽东营口—郯城—庐江大断裂带、台湾太平洋褶皱带等。

8.古地磁所指极向的移动

用古地磁(paleomagnetism)方法可以测知某一地区，在一定的地质历史时期其南北极的位置。如果在板块构造接触带两侧，所测出的两个板块的磁极，各个时期彼此互不相同，可以证明它们原来不是处于现代的位置，而是在不同部位经过板块移动后汇合到一起的。

(九)中国板块构造的轮廓

中国位于亚欧板块的东部，其西南边缘正处于亚欧板块与印度板块的交界地带，而其东南边缘位于亚欧板块与太平洋板块的接触带上。所以，中国境内板块构造的发展和特征，必然受到三大板块的控制。

1.亚欧板块与印度板块的碰撞及喜马拉雅山系的形成

从我国西藏地区的地质发展史知道，亚欧板块与印巴次大陆之间，在古、中生代和新生代早期，曾存在着一个东西向延伸的古地中海。新生代以后，那里的海洋地壳由于印度板块的向北移动，在亚欧大陆南缘的古地中海处俯冲；北部亚欧板块南缘的藏南地块向南仰冲，两陆壳相碰后，形成了构造复杂，巍峨挺拔的喜马拉雅山脉

（图 12-23）。

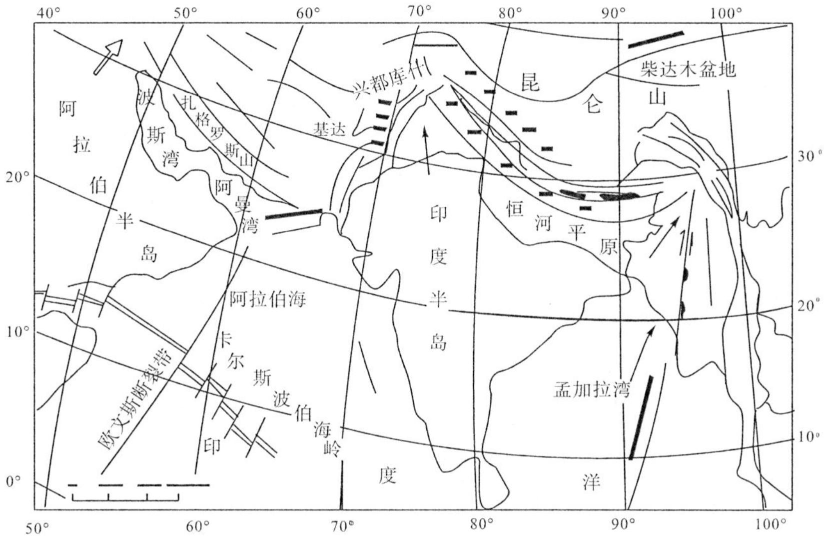

图 12-23　喜马拉雅弧形构造同印度洋底构造格式的关系示意图

喜马拉雅山的形成是现在的印度板块在新生代时期向北俯冲的结果，喜马拉雅弧形构造同印度洋底构造格式，清楚地反映了这种向北俯冲的遗迹。

同样，在喜马拉雅山以北的各条东西向山脉，也都是南部板块向北俯冲的结果。如唐古拉山是印支运动时期藏北板块向北俯冲的结果等。

2.太平洋板块与亚欧板块的碰撞及台湾东断裂谷的形成

台湾是一个中生代和新生代优地槽褶皱带。在台湾东海岸的断裂谷附近，有蛇绿岩套和混杂岩存在，中生代玉里组变质岩中还发现有蓝片岩。所以认为大断裂谷就是板块构造的缝合线。

大断裂谷是太平洋板块与亚欧板块相互作用所产生的缝合线的一部分。太平洋板块沿菲律宾、台湾、日本等岛弧东侧的深海沟俯冲下去。这样大规模的板块活动所产生的挤压力是非常巨大的，涉及的面积相当广阔。

复习思考题：

1.试述板块构造学说的基本理论。

2.板块的边界可划分为哪些类型？据此可将岩石圈划分为哪些板块？

3.简述板块运动的威尔逊旋回。

4.大陆板块有哪些识别标志？

参 考 文 献

阿日吉列，1966. 构造地质学[M]. 秦其玉等译. 北京：中国工业出版社. 1966.

毕令斯，1959. 构造地质学[M]. 张炳熹等译. 北京：地质出版社.

陈业全，王伟锋，2004. 准噶尔盆地构造演化与油气成藏特征[J]. 石油大学学报(自然科学版)，28(3)：4-9.

戴俊生，2006. 构造地质学及大地构造[M]. 北京：地质出版社.

狄塞特尔，1964. 构造地质学[M]. 张文佑译. 北京：科学出版社.

杜远生，童金南，1998.古生物地史学概论[M]. 武汉：中国地质大学出版社.

范存辉，王时林，袁云峰，等，2014. 腰英台地区青山口组裂缝期次及对渗流的影响[J]. 特种油气藏，21(6)：19-22.

冯增昭，1982.碳酸盐岩分类[J]. 石油学报，(01)：11-18.

冯增昭，1993.沉积岩石学[M]. 北京：石油工业出版社.

郭正吾，邓康龄，韩永辉，等，1996. 四川盆地形成与演化[M]. 北京：地质出版社.

汉布林，1980. 地球动力系统[M]. 北京：地质出版社.

胡明，2005. 四川盆地东北部构造成因探讨及未来天然气勘探方向[J]. 特种油气藏，12(6)：11-14.

胡明，2015. 构造地质学[M]. 北京：石油工业出版社.

黄定华，2004. 普通地质学[M]. 北京：高等教育出版社.

拉根，1984. 构造地质学—几何方法导论[M]. 邓海泉，徐开礼等译. 北京：地质出版社.

李贺，等，1988. 岩石断裂力学[M]. 重庆：重庆大学出版社.

李尚宽，1982. 透视与地质素描[M]. 北京：地质出版社.

李书达，2009. 动力地质学原理[M]. 北京：地质出版社.

李亚美，等，1984. 地质学基础[M]. 北京：地质出版社.

李忠华，2013. 断层作用形成构造裂缝的预测与分析[J]. 中国石油和化工标准与质量，34(1)：65-69.

李忠权，刘顺，2010. 构造地质学[M]. 北京：地质出版社.

刘本培，等，2000. 地球科学导论[M]. 北京：高等教育出版社.

刘吉余，2006. 油气田开发地质基础[M]. 北京：石油工业出版社.

刘英俊，1984. 元素地球化学[M]. 北京：科学出版社.

陆松年，李怀坤，王惠初，等，2005. 对国际地层委员会前寒武纪划分参考方案的简介及评述[J]. 地质论评，51(02)：169-173.

陆廷清，陈晓慧，胡明，2009. 地质学基础[M]. 北京：石油工业出版社.

罗蛰潭，王允诚，1986. 油气储集层的孔隙结构[M]. 北京：科学出版社.

马杏垣，1981. 嵩山构造变形[M]. 北京：地质出版社.

马宗晋，邓起东，1965. 节理力学性质的判别及其分期、配套的初步研究.见：构造地质问题[M]. 北京：科学出版社.

马宗晋，等，1965. 劈理现象的观察与讨论[J]. 地质科学，(4)：004.

毛翔，李江海，张华添，等，2014. 准噶尔盆地隆起区石炭系顶面不整合及其意义[J]. 古地理学报，16(4)：527-536.

普斯托瓦洛夫，1954. 关于沉积岩石学的现状问题[M]. 北京：科学出版社.

强子同，1998. 碳酸盐岩储层地质学[M]. 东营：石油大学出版社.

全国地层委员会，2002. 中国区域年代地层(地质年代)表说明书[M]. 北京：地质出版社.

全国地层委员会，2005. 中国区域年代地层(地质年代)表(Ⅰ)[J]. 地层学杂志，(B11)：645-645.

石玉章，杨文杰，钱峥，2006. 地质学基础[M]. 东营：中国石油大学出版社.

四川省地质矿产局，1991. 四川省区域地质志[M]. 北京：地质出版社.

斯宾塞，1981. 地球构造导论[M]. 朱志澄等译. 北京：地质出版社.

宋鸿林，1983. 共轭雁行脉列分析[J]. 地震地质，5(2)：1-10.

宋春青，邱维理，张振青，2005. 地质学基础[M]. 北京：高等教育出版社.

孙殿卿，邓乃恭，吴佳影，等，1958. 柴达木盆地雁形排列和“S”形构造所表现的运动程式，旋钮和一般扭动构造及地质构造体系符合问题（第二辑）[M]. 北京：科学出版社.

谭应佳，1987. 北京周口店地质及地质教学实习指导书[M]. 武汉：中国地质大学出版社.

陶世龙，等，1999. 地球科学概论[M]. 北京：地质出版社.

童崇光，1992. 四川盆地构造演化与油气聚集[M]. 北京：地质出版社.

童亨茂，曹戴勇，2004. 柴达木盆地西部裂缝的成因机制和分布模式[J]. 石油与天然气地质，25(6)：639-643.

万天丰，1988. 古构造应力场[M]. 北京：地质出版社：22-25.

汪新伟，汪新文，刘剑平，等，2005. 准噶尔盆地南缘褶皱-逆冲断层带分析[J]. 地学前缘，12(4)：411-421.

王德滋，周新民，1982. 火山岩岩石学[M]. 北京：科学出版社.

王根厚，王训练，余心起，2009. 综合地质学[M]. 北京：地质出版社.

王鸿祯，1989. 地层学的分类体系和分支学科—对修订中国地层指南的设想[J]. 地质论评，35(03)：271-276.

王平，1993. 含油盆地构造力学理论[M]. 北京：石油工业出版社.

王仁，等，1979. 固体力学基础[M]. 北京：地质出版社.

王允诚，等，1992. 裂缝性致密油气储集层[M]. 北京：地质出版社.

希尔斯，1981. 构造地质学原理[M]. 李叔达等译. 北京：地质出版社.

吴巧生，王华，吴冲龙，1998. 沉积盆地构造应力场研究综述[J]. 地质科学情报，17(1)：8-12.

吴泰然，2003. 普通地质学[M]. 北京：北京大学出版社.

夏邦栋，1995. 普通地质学[M]. 北京：地质出版社.

肖树芳，杨淑碧，1987. 岩体力学[M]. 北京：地质出版社：68-90.

徐开礼，朱志澄，1989. 构造地质学(第二版)[M]. 北京：地质出版社.

杨伦，等，1998. 普通地质学简明教程[M]. 武汉：中国地质大学出版社.

杨桥，2004. 地球科学概论[M]. 北京：石油工业出版社.

叶俊林，黄定华，等，1996. 地质学概论[M]. 北京：地质出版社.

于兴河，2002. 碎屑岩系油气储层沉积学[M]. 北京：石油工业出版社.

曾锦光，1988. 构造裂缝的理论分析研究:中国南方油气勘查新领域探索论文集(一)[M]. 北京：地质出版社：200-211.

翟光明，1989. 中国石油地质志(卷十)－四川油气区[M]. 北京：石油工业出版社.

张琴，2008. 地质学基础[M]. 北京：石油工业出版社.

张文佑，1984. 断块构造导论[M]. 北京：石油工业出版社.

张扬，田少亭，吴一凡，等，2012. 桐湾运动形成古风化壳对华南上震旦统储层的控制作用——以南山坪古油藏灯影组储层为例[J]. 石油地质与工程，26(6)：29-31.

赵澄林，2001. 沉积学原理[M]. 北京：石油工业出版社.

周文，张银德，王洪辉，等，2008. 楚雄盆地北部 T3-J 地层天然裂缝形成期次确定[J]. 成都理工大学学报：自然科学版，35(2)：121-126.

朱志澄，宋鸿林，1990. 构造地质学[M]. 武汉：中国地质大学出版社：228-245.

佚名，2001. 中国区域年代地层(地质年代)表(Ⅰ，Ⅱ)[J]. 地层学杂志，25(z1).

Anderson E M，1951. The dynamics of faulting[M]. London ：Edinburgh.

Bieniawski Z T，1970. Time-dependent behaviour of fractured rock[J]. Rock Mechanics & Rock Engineering，2(3)：123-137.

Billings M P，1972. Structural Geology (3rd ed) [M]. New York：.Prenticehall.

Bowen N L，1922. The Behavior of Inclusions in Igneous Magmas[J]. Journal of Geology，30(6)：513-570.

Bullard E，Smith A G，1965. The Fit of the Continents around the Atlantic[J]. Philosophical Transactions of the Royal Society A Mathematical Physical & Engineering Sciences，258(258)：41-51.

Clarke F W，Washington H S，1924. The composition of the Earth' s crust[J]. Professional Paper.

Currie J B，1956. Role of Concurrent Deposition and Deformation of Sediments in Development of Salt-Dome Graben Structures[J]. Aapg Bulletin.

Dahlstrom C D A，1990. Geometric constraints derived from the law of conservation of volume and applied to evolutionary models for detachment folding[J]. Aapg Bulletin，74：3(3)：336-344.

Davis H G，Reynolds S J，Kluth C F，2012. Structural geology of rocks and regions(3rd ed)[M]. New York：John Wiley&Sons，Inc.

Dennis J G，1972. Structural Geology[M]. New York：Konald Press.

Desitter L U，1964. Structural Geology(2rd ed) [M]. New York：McGraw-Hill.

Dietz R S，1961. Continent and ocean basin evolution by spreading of the sea floor[J]. Nature，190：854-857.

Freeland G L，Dietz R S，1971. Plate tectonic evolution of Caribbean-gulf of Mexico region[J]. Nature，232(5305)：20-3.

Glass B P，1982. Introduction to planetary geology[J]. Cambridge：Cambridge University Press ：447.

Griggs D T，1936. Deformation of rocks under high confining Pressure[J]. Jour. Geol，(44) ：451-577.

Griggs D T，Turner F J，Borg I，et al.，1951. Deformation of Yule marble，Part Ⅳ[J]. Geological Society of America Bulletin，62(12)：1385-1406.

Hamblin W K，1980. 地球动力学系统[M]. 北京：地质出版社.

Hafner W，1951. Stress distributions and faulting[J]. Geological Society of America Bulletin ，62(4)：373-398.

Hess H H，1962. History of the ocean basins[J]. In：Engel A E J，James H L，Leonard B F，eds. Petrological Studies-a Volume in Honour of A. F. Buddington. Geol. Soc. Am ，85-449.

Hobbs B E ，Means D W ，Williams P F，1976. An outline of structural geology[M]. New York：Wiley：571.

Irving A J，Wyllie P J，1975. Subsolidus and melting relationships for calcite，magnesite and join $CaCO_3$-$MgCO_3$ to 36 kbar[J]. Geochim Cosmochim Acta，39：35-53.

Jamison W R.1987，Geometric analysis of fold development in overthrust terranes[J]. Journal of Structural Geology，9(2)：207-219.

King P B，1951. The tectonics of middle North America[M]. Princeton University Press.

King-Hele D G，Scott D W，1969. The effect of atmospheric rotation on a satellite orbit，when scale height varies with height [J]. Planetary & Space Science，17(2)：217-232.